明治・大正期の科学思想史

金森 修［編］

Essais d'histoire de la pensée scientifique au Japon moderne

La pensée japonaise sur les sciences approximativement entre les années 1860 et 1930

Osamu Kanamori éd.

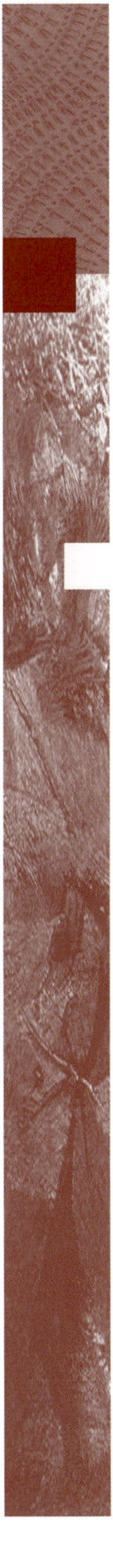

勁草書房

明治・大正期の科学思想史　目次

目次

序章

橋本　明

編者の金森修氏に代わって、私がこの章を書くことになった。その経緯は「あとがき」で述べることにして、本来であればここで「明治・大正期の科学思想史」の概説を記すべきなのかもしれない。だが、そもそも私は「科学思想史」が何であるかを知らない。なるほど、これまで医学やその関連領域の歴史的な研究には携わってはきたが、「科学」全体について考えたことはないし、その「思想」の歴史は自分の守備領域から大きく逸脱している。私の困惑は、私の研究の「芸風」を知る人からは納得してもらえるだろう。であるので、「科学思想史」が何であるかについては、『昭和前期の科学思想史』（金森修編著：2011）に収められた金森氏の序章「〈科学思想史〉の来歴と肖像」を参照していただければ幸いである。同書の記述の中心は昭和期だが、わが国の科学思想史を概観することができる。

本書は、『昭和前期の科学思想史』（金森修編著：2011）および『昭和後期の科学思想史』（金森修編著：2016）につづくものである。時代とともに科学的な知識が増大し普及していっただろうことを考えれば、昭和期を前期と後期にわけた二冊本、明治・大正期が一冊本にまとめられたのは妥当だろう。けれども、明治・大正期には、昭和（前＋後）期と同じく、約六〇年という時間が流れていた。金森氏は、科学思想史は「伝統的にマルクス主義との強い繋がりの中で構築されてきた」のであって、「昭和初期頃を起点とするというのが原則だ」（金森：2011, p. 11）と述べている。とすれば、科学思想史の構築という点では未成熟だった、この還暦的というべき歳月のなかで醸成された明治・

大正期の科学をめぐる言説の特徴とは何だったのだろうか。その答えは、本書の各章を読み比べることで自ずと浮き彫りにされるはずである。とはいえ、序章の役割は書物全体の道案内をすることだろう。そこで、以下ではまず本書の構成を確認し、各章に通底していると思われる視角あるいはモチーフを概観し、さらに各章の内容を簡単に紹介していきたい。

本書は（序章をのぞく）八つの章から構成されている。これらの章は大きく二つのタイプに分けられるかもしれない。ひとつは、おもに一人の人物に焦点を当てて、その学問／科学に関わる思想を検討するものである。具体的には、福澤諭吉（第一章）、山川健次郎（第二章）、横井時敬（第三章）、三宅雪嶺（第五章）となる。もうひとつは、特定の学問分野の形成・展開・評価を人物や社会事象に絡めて述べるもので、地理的知（第四章）、精神病学（第六章）、天変地異（第七章）、千里眼事件（第八章）である。さらに、人物の肩書きや記述の内容から、それぞれの章にあえてひとつの学問分野（とはいえないものもあろうが）を割り当てるとすれば、窮理学（第一章）、物理学（第二章）、農学（第三章）、地理学（第四章）、宇宙論（第五章）、精神医学（第六章）、地震学（第七章）、心理学（第八章）などとなるだろう。だが、そもそも明治・大正期は学問的な制度が整う途上の、いわば不安定な時代だとすれば、今日的な学問分野を割り当てること自体にあまり意味がない。また、一般的には「○○学者」「△△の専門家」などと認識されていても、本書ではむしろその専門領域からは外れた部分に議論が広がっているようにも見える。

さて、以上が章の構成に関わることであるが、全体に通底していると思われる視角あるいはモチーフは、どのように抽出されるのだろうか。八つの章という限られた内容からの抽出ではあるが、それは明治・大正期という時代の科学をめぐる言説のアウトラインを示しているに違いない。そこで三つのキーワードを考えた。もちろん、これらのキーワードは多かれ少なかれすべての章にあてはまるものだが、とくに関連が深い章に触れて、ごく短いコメントを述べたい。一つ目のキーワードは、〝啓蒙とメディア〟である。科学知識の伝達と普及は富国強兵と国民国家形成に欠かすことができないものであり、いわゆる啓蒙家と大衆的なメディアが科学知識の伝達と普及に果たす役割はきわめて大きかったと考えられる。第一章が明治初年における福澤諭吉の啓蒙戦略とメディアをめぐる軋轢に焦点を当てている一方、第七章は関東大震災前後の時流をたくみにとらえて科学啓蒙に結びつけていく、アカデミズムやメディアのふるまいを論じる。二つ目のキーワードは〝インサイダー／アウトサイダー〟である。明治初年の啓蒙の時代を経て、帝国大学をはじめとする高等教育機関の整備が進むと、大学アカデミズムが形成されていく。欧米を範とする学問体系を堅持するのが大学アカデミズムの正統＝インサイダーならば、そこから外れたものは異端＝アウトサイダーとなる。だが、欧米にあるいは正統に接近すればするほど、逆に日本の伝統や東洋（という異端）へと向かう力も高まり、オリジナリティを追究するという正統な焦燥感が異端的思考へのハードルを低くする。やや乱暴なくくり方だが、第二章の山川健次郎の日本回帰、第三章の横井時敬の統合的な農学、第六章の身体主義的な精神病学と「もうひとつの」精神病学、第八章の千里眼事件をめぐる心理学の正統と異端、のすべての深層にインサイダーとアウトサイダーとの間の葛藤を見いだすことが可能だろう。三つ目のキーワードは〝境界〟である。明治・大正期におけるわが国の対外政策は、欧米列強諸国との協調と対立の狭間にあり、日本国土の境界を確定する作業に腐心するものだったともいえよう。第四章の地理的知はこの時代の要請に応えて生み出されてきたものだが、その境界を「宇宙」にまで広げ、境界自体を無化していく第五章の三宅雪嶺の生命論言説は特異なものだった。

それでは、以下で各章の内容を簡単に紹介していきたい。

第一章は、啓蒙思想家としての福澤諭吉を中心に論じている。概して、明六社に代表される明治の啓蒙思想家たちは、「伝統的な政府中心主義思想」を持っており、日本の「人民」を社会や国家を構成する能動的な主体としての

「国民（ネーション）」へと育てていこうという意識に欠けていた。これに対して福澤は、「封建的な身分制度（門閥制度）」から解き放たれた「人民」は、「社会―市場」での活動に相応しい主体として再編成される必要があると考えていた。その再編成された主体である「国民（ネーション）」とは、市民であり、国民であり、人的資本でもあるという三重の側面を持つ存在である。福澤が推奨した「学問」、すなわち「実学」とは、こうした「国民（ネーション）」を育成するためのものであり、各人の市場価値を高める手段であった。さらに、「国民（ネーション）」に相応しい「学問」として、「物理学を中核とする自然諸科学の知識体系」を学ぶ「究（窮）理学」が基底とされた。福澤の「究（窮）理学」推奨の一環として『訓蒙 窮理図解』の発刊があり、この科学啓蒙書が、封建制度下では一部の知識人たちが独占していた近代科学の知を、世俗化＝平等化した役割は大きかったという。

だが、啓蒙活動自体が、啓蒙的言説に対して「絶えず異議申し立ての『多事争論』を持ち込む他者」をも内包していた。知識人階級に独占されてきた知を広く解放するために、福澤があえて「俗文」によって啓蒙書を刊行する過程で、それらのパロディとして登場する「戯作」が、シリアスな「窮理」の態度を「河童の屁」ほどの「軽々しさといかがわしさ」にまで引きずり落とす。啓蒙的言説は、誤読され、歪曲され、徹底的に「俗」化され、本来の意義はなおざりにされたまま流布してく。こうした「戯作」的な「俗」に対して苛立つ福澤ではあるが、それは彼自身が進める啓蒙によって生み出された「智」の「蛆虫」たち、あるいは「貧にして智ある者」によってもたらされた当然の帰結ともいえる。しかも、その苛立ちの正体とは「啓蒙家が、自身の推進した啓蒙の産物をそうと自覚せずに嫌悪」するという「無意識の症候」なのである。

第二章は、日本人として最初に物理学教授となり（一八七九年）、東京、九州、京都の各帝国大学の総長を歴任するなど教育者としても知られる山川健次郎を扱っている。山川は官費留学生として一八七一年に渡米し、諸学問の基礎として物理学を学ぶ方針をたてた。進学先のイェール大学シェフィールド科学校では土木工学を専攻し、その基礎として物理学を学んだ。この米国留学は山川の国家意識を高めることになる。最晩年の山川は、富国強兵という国家的な目的のために数理科学を基礎とする物理学―生物学―社会学という階層的な学問観に従って物理学を選択した、とやや後付け的に回想している。

山川は一九〇一年に東京帝国大学総長に就任すると、独自の教育論・国家論を展開していく。日露戦争の時期には、「西洋科学を補うための日本の誇る文武両道の精神論」と評価されていた武士道を論じるようになった。日露戦争後から大正期にかけて、山川は当時の世界的な傾向であった徳育教育へ関心を寄せながら、列強諸国に対する日本の劣等性を補強するための精神的な武器として愛国心を重視した。さらに、科学技術の進展とともに国家間の生存競争が激化していくや、富国とともに強兵がより明確に意識されるようになる。第一次世界大戦中の山川の演説では「正義人道に従って正当な自衛のために軍備を充実させる」という尚武主義に力点が置かれた。

以上の記述からは、山川の物理学者としての活動に疑問符が付くかもしれない。だが、本質においては、物理学の学問的姿勢に通じる合理性に貫かれていたようである。たとえば、「千里眼問題」（一九一〇年）には客観的・中立的な「白紙の態度」で臨んだ。また、山川は「富国強兵の基礎は科学に在る」と確信していたが、基礎研究を重視するという学問の自律的な姿勢こそが重要であり、物理学などの研究テーマが、産業、ひいては富国強兵と個別具体的に関連づけられている必要はないと考えていた。一九一七年の理化学研究所の設立にあたっても、産業に資するという同研究所の目的に同意しつつも、あくまで学理の探求を優先すべきことを主張したという。

第三章は、「農界の巨星」と称され、東京農業大学の創始者である横井時敬の農学を論じている。明治・大正期の農学界で絶大な存在感があった横井は、東京帝国大学教授として農業経済学を講ずる身でありながら、その学問体系は「八方破れ」「素人臭くスキが多い」など、アカデミズムとの距離感が大きい人物と評される。

　横井の評価軸は、「農学栄えて農業亡ぶ」という自身の警句が示すように、現場にとって役に立つか立たないか、といった徹底したプラグマティズムである。農民との交流を経て考案された、比重の重い種籾を選別する「塩水撰種法」は「横井の顔」ともいうべき方法といえる。だが、横井の「田植え歌廃止論」からは、労働の徹底した効率化と管理論への志向性がうかがわれ、彼自身が批判していた「農業の工業化」に通じるという方法的な欠陥が露呈している。他方、横井の主張する農本主義は、貧農の救済、小作人の地位向上、大地主の保護、のいずれでもない。その基調は「軍国主義と地主小作協調」であり、それを包摂するのが「邑」だった。また、横井の論点には、農民の土地所有欲を軽視した社会主義革命への批判、また、土地を値段で評価するだけの資本主義への不満があるのだが、その根拠に「愛着心」という農民の心理や、地主と小作人との間の「友情」というおよそ農業経済学には馴染まない言葉が使われるなど、学問としての危うさがぬぐえない。横井の『合関率』（一九一七年）は、分解的方法が発展しすぎた農学の統合を目指したものの、「試みは壮大だが、分析になっていない」書物であり、「高遠なる目的」を目指すがゆえに、経済問題を道徳問題に落とし込んでいる。

　このように、横井は多角的な農学を総合するための重石として、「軍国主義、近代労働の賞揚、そして、その二つを結びつける、支配者感覚に染まった根性論かつ道徳主義」を持ち出し、彼がもともと意図していた「現場感覚に根ざした農学を作り損なった」ことに限界があったと評される。

　第四章は、朝鮮半島の地誌や旅行記を手がかりに、明治・大正期の地理的知について述べている。この時期は地理学が制度化される以前にあたり、アカデミックな地理学を意識して朝鮮に関心を向けたものの、帝国大学が主導する地理学とは結びつかなかった矢津昌永と田淵友彦に焦点が当てられている。

そもそも、朝鮮に関わる地理的知の生産は、その実用性ゆえに「需要の高下に正直なまでに敏感であり、政治状況を後追いして供給された面が強い」という。明治初年に作られた地図や地誌的書物は近世の資料や欧米の資料に頼っていたが、日清戦争で喚起された地理への突発的な需要は、近世的な朝鮮地誌をなぞることから離れて、日本人の関心や視点から「ナマ」で朝鮮を体験した旅行記を多数生み出した。日露戦争の前後にはふたたび刊行物のうねりがもたらされ、実業家や拓殖希望者に地理的な事柄を含む具体的・実用的な概観が示された一方で、伝統的な地誌とは異なるアカデミックな地理学を意識した矢津の『韓国地理』（一九〇四年）および田淵の『韓国新地理』（一九〇五年）が発刊された。

矢津は、帝国大学が地理学を主導する前に、地理学者として活躍した人物である。彼の『韓国地理』は近代地理学の自然地理・人文地理・地誌という三区分を意識した最初の朝鮮地誌である。一方、田淵は東京帝大史学科卒業後に私塾舎監や中学校教員を務めた。彼の『韓国新地理』は、上記の三区分構成を明示した最初の朝鮮地誌となった。これらの書物で展開されている「地理的植民地論」は、陸地の形状や自然環境の条件から、植民地としての朝鮮半島を評価しながら、そのポテンシャルを活かしきれていない人々として朝鮮人を論難する面を持ち、日本による植民地化を正当化するものだった。

第五章は、三宅雪嶺の『宇宙』（一九〇九年）を主たる対象として、彼の思想のなかから自然科学に関する成分を抽出し、その含意することを吟味している。ナショナリズムの思想家として知られる雪嶺の思想傾向は、単なる守旧的・復古的思想とも国家主義とも一線を画する、コスモポリタンな性格をもち、日本固有の真善美を見、日本の主体性を確立することで世界へと通じるという普遍主義だった。だが、太平洋戦争が始まると、「中庸を行った古き良きナショナリスト」雪嶺の姿は、「幾分の曇り」を帯びていったという。

雪嶺の『宇宙』は、彼の著作全体のなかでも、当時の思想状況のなかでも、独特な位置を占める。その基調にあるものは、宇宙が生きているという〈宇宙有機体論〉、地球の人類に特権的地位を与えない〈人間中心主義批判〉、あるいは、生命現象を特権視せず自然現象の一部とみなす〈生命中心主義批判〉といったものであり、その認識論的な立場は、絶対的な真善美のようなものを認めず、時間の経過とともに、より真なるもの、より善なるもの、より美なるものへと漸近する〈近似的認識〉というべきものだった。確かに、全体論と有機体論の傾向を強く持つ『宇宙』は、東洋的なアニミズム的自然観を連想させるものの、その時代の科学知識を挙げて動員し具体的に宇宙を論じた思想書は日本の思想界にはほとんど存在しなかった。その意味で、『宇宙』は雪嶺の独創性が生み出した、日本近代で空前絶後の宇宙主義《コスミズム》の書であった。雪嶺にとっては、〈国粋〉と〈宇宙〉はいささかも矛盾せず、彼は日本や世界のみならず、宇宙を考える特異なナショナリスト＝コスミストだったといえよう。

第六章は、明治・大正期における精神病治療思想の系譜をたどるものである。近代日本の精神病学《プシヒアトリー》は、その黎明における各地の病院の設立・閉鎖や混沌とした医学校の盛衰を経て、欧米諸国とりわけドイツの精神医学体系を受容しながら、帝国大学というわが国特有の研究教育機構のなかで学術的基盤を固めていった。当時のドイツの精神医学界では、ロマン主義的な自然哲学の影響も衰退し、「精神病は脳の病気である」という身体主義が台頭する一方、経験主義に貫かれた臨床的疾病分類学も発展をとげていた。帝国大学を頂点とする日本の精神病学の研究および教育は、その流れのなかに位置づけられる。

だが、精神病学のもうひとつの側面である精神病者の治療・処遇論の進展は、はかばかしくなかった。精神的療法への強い関心がその発端にある日本精神医学会の発足や森田療法の開発——いわば「もうひとつの精神病学」——は、研究中心主義、身体主義的な精神病学へのアンチテーゼでもあった。他方、精神病者の処遇に決定的な影響を与える法制度や精神病者を監置・収容・治療する「治療の場所」に関わる議論も、精神病治療思想の系譜の一端を成している。とりわけ、精神病者監護法（一九〇〇年）と精神病院法（一九一九年）は、明治・大正期における精神病者の監置と医療をめぐる処遇理念を強く反映していた。また、医療施設の設置に関わる設計・建築の際に巻き起こった議論や、医療施設ではない宗教的施設などでの患者の治療・看護のあり様は、近代日本の精神病治療思想の特徴を考えるうえで重要な素材を提供している。

第七章は、明治・大正期の地震学者や科学啓蒙者の言説を中心にして、天変地異をめぐる科学思想について論じている。関東大震災後に登場する「天譴論」をどう捉えるか、さらには、天変地異という不確実な現象をめぐる科学知識の「啓蒙」がどのように可能なのか、という本章のメインテーマに迫る前段として、わが国のアカデミックな地震学を主導した東京帝国大学教授・大森房吉と同助教授・今村明恒との対立に言及する。『太陽』に掲載した論文（一九〇五年）が、人々の地震への危機意識を煽っていると大森に批判された今村は、しばらく不遇な身に置かれることになる。

しかし、関東大震災の発生が状況を大きく変える。渋沢栄一らが唱えた、この地震が政界、経済界、風紀の乱れに対する罰であるという「天譴論」が人々に支持される一方、大正デモクラシーによって社会における存在意義を低下させていた軍部は、大震災時の動乱を収める役割を担うことでその存在意義を示すことに成功し、文部省はこの機会を利用して国民道徳教育への取り組みを強化した。地震学界も変化していく。一九二三年に他界した大森にかわって今村が指導的立場になった。今村は、過去に世間の誤解を生んだ反省から、地震と震災、予測と予言などを区別することの重要性を述べ、地震は対策をすれば恐れるべきものではないと説いた。他方、関東大震災は『科学知識』、『科学画報』に代表される科学雑誌出版ブームの只中に起こった。これらメディアを通して、大震災を科学の重要性を訴える好機と捉える科学啓蒙家たちの論述は、地震そのものが天譴であるというより、地震に伴う災害が、それに対する備えをしなかった人々への罰であるという「天譴論的言説」でもあった。

第八章は、御船千鶴子らがもつと称された千里眼（透視）能力をめぐる、東京帝国大学の心理学者・福来友吉らによる公開実験などで新聞メディアを騒がせた、いわゆる千里眼事件を扱う。京都帝国大学の精神病学者・今村新吉は、福来との共同実験をまとめた「透視に就て」において、心理学や精神病学では行き届かない、厳密な科学的実験にもとづく認識枠組みを主張した。だが、「柔軟な発想で不可思議な精神現象に切り込む理想的な科学者」と称揚される福来は、透視を「五感を基とした心理学で説明することは全然不可能だ」とし、今村の示した科学的アプローチから逸脱してしまう。千鶴子の東京での公開実験は専門家の関心を惹くことはできず、東京帝国大学での合同チーム結成は幻に終わる。

他方、四国丸亀の新たな「能力者」長尾郁子についても、福来と今村による共同実験が行われたが、背後には京大の巨大な学際型総合研究プロジェクトが見え隠れする。学長の命により丸亀を訪れたとされる同大学哲学科の学生・三浦恒助は、郁子の人体から発せられる放射線（「京大光線」と命名）を発見したという。同じ頃、福来も郁子の「精神線」を発見したと発表。だが、やがて「京大光線」問題は三浦個人の見解のなかに収斂され、京大という組織的な関与の影は跡形もなく消滅した。今村もほぼ無傷で懲罰などを免れたが、福来は千里眼事件で世間を騒がせたかどで、大学当局から注意喚起をされる身となる。いずれにせよ、千鶴子の自殺、郁子の病死を経て、事態は沈静化していった。

こうした千里眼ブームの背景には、急速に進行する科学教育と唯物論的な世界認識に疑問を抱く人々との落差、西欧の心霊学が流入することでにわかに活気づいた精神主義の主張があった。また、日露戦争以後、急速に発展した新聞メディアが三面記事を読者獲得の武器とし、千里眼事件は新聞メディアによって膨張し、物語化した側面を持つ。

以上が各章の概要である。全体を通読すれば、明治・大正期の科学的言説が現代日本の状況に驚くほど符合する側面を見いだすことができよう。たとえば、第二章の山川健次郎の教育論・国家論からは、昨今におけるわが国の防衛と安全保障の問題を想起せずにはいられないし、第七章の天変地異をめぐる科学言説は、東日本大震災以降に巻き起こった議論と重なって見える。一見して社会の役に立ちそうもない科学思想史にも、現代の諸問題に対応する「有用性」があるということだろうか。

だが、こうした浅はかな希望的観測を、金森氏なら批判するだろう。氏は『昭和前期の科学思想史』において、「〈現代性への参加〉というような響きのよい言葉に陶然として、もし科学史家・科学思想史家たちが、本来複層的な問題機制を構築すべき自らの役割を忘却し、より単純化された図式でしか自己理解をしえなくなるとすれば、それこそまさに〈衰退〉ではないだろうか」（金森：2011, p. 85）と述べているからである。科学思想史家としての矜持ともとれるこの発言の一方で、金森氏は「科学思想史という切り口自体が現代社会のあり方とはそぐわないものになりつつあるのではないか。私にはそう思えてならない。科学思想史は、一度として完全開花を迎えることもないままに、いつしか古色蒼然としたものに成り下がる。それが、既定路線のような気さえする」（金森：2016, p. 509）とネガティブな気持ちを吐露している。

けれども、「座して死を待つ」だけが、科学思想史のあり様ではないだろう。金森氏は別のところで、「我が国の知識界からフェイド・アウトしていく」のを避けるために、「科学思想史もそれなりの刷新とネットワーク形成を目論むべきときがきている」（金森：2011, p. 86）とも述べている。そのネットにかかったのが、「科学思想史」が何であるかを知らないと冒頭で述べた、当の私なのである。その意味で、本書『明治・大正期の科学思想史』は「刷新とネットワーク形成」のひとつの成果である。ただし、果たして金森氏の目論見どおりの書物になっているのかどうか、私には判断する資格もない。氏が『昭和前期の科学思想史』に書いた一〇〇頁あまりの「長い序章」に比べれば、とても「短い序章」をここで終えたいと思う。

文献

金森修編著（2011）『昭和前期の科学思想史』勁草書房
金森修編著（2016）『昭和後期の科学思想史』勁草書房

第一章　国民《ネーション》と実学
――「啓蒙」と「戯作」の交点

金子亜由美

はじめに

福澤諭吉（一八三五―一九〇一）が、「天は人の上に人を造らず人の下に人を造らずと云へり」の一文ではじまる『学問のすゝめ』初編を上梓したのは、一八七二年のことである。ここで説かれた「学問」推奨の主張は、様々な通俗的解釈にさらされつつも、本書の刊行から一四〇年以上経た現在でもなお、有効性を保っているようにみえる。福澤がこの「学問」を、「人間普通の実学」と称し、封建的な秩序を基礎づけていた儒学的な知を徹底的に批判する「窮理」の態度をもって構築しようとしたことは周知の事実である。このとき彼が想定していた「人間」とは、封建制のくびきから解放された互いに「同位同等」かつ「自由」な存在である。また、この「自由」とは、政治的な「自由」であるのみならず、経済的なリベラリズム、すなわち、資本主義的な市場に適合的な「自由」という意味でもあった。啓蒙思想家福澤は、「窮理学」を諸学の学として最も重んじていたが、その知がもたらす「理」は、同時に、経済的な「利」へと「活用」されるべきものであり、このような「学問」に従事することが、「人間」を価値ある人的資本として編成していく手段になり得ると考えたのである。

一方で、福澤は日本に「国民《ネーション》」が存在しないことを憂えてもいた。専制的な「政府」によって無力化された「人民」たちを、「窮理」の精神を基礎とした「学問」を通じて、近代的な国家《ステイト》にふさわしい「国民《ネーション》」――それは国内においては「政府」から「独立」した市民、国外においては諸外国から「独立」した〝民族〟としての国民となる――として訓育していくことも、彼の喫緊の課題の一つであった。福澤にとって、経済的に「自由」な「人間」は、同時に「国民《ネーション》」でなければならず、封建的な「門閥制度」が解体された後、「人民」は、「日本」という国民国家の下に再編される必要があった。福澤の「窮理」の精神に基づいた「人間普通の実学」としての「学問」による啓蒙のプロジェクトは、人的資本であると共に、市民でありまた国民でもある「国民《ネーション》」訓育のために進められたといっても過言ではない。

本章では、以上のような視点から、「窮理」の精神に基礎づけられた「学問」提唱を中心とする福澤の啓蒙活動を改めて検討していく。同時に、このような福澤の啓蒙に内在する限界についても考察の目を向けていきたい。その限界を象徴するのが、福澤の活動に並走するように現れた「戯作」である。この時期の「戯作」は、日本近代文学が成立する以前の過渡的な状況を反映したにすぎないとされることが多いが、これらを福澤の推し進めた啓蒙としての「実学」の無意識が顕在した場として捉えたとき、新たな解釈を施すことが可能になるのではないか。実際、啓蒙の人たる福澤は、その論理に包摂しきれぬ存在《もの》に直面した際、それを「戯作」の形式で書こうとした。「啓蒙」と「戯作」が交わる瞬間を直視することによって、明治維新期という極めて特異な時代を共有した両者の関係の問い直しを試みるつもりである。

第一節　「人民」から「国民」へ――福澤諭吉の「国民《ネーション》」像

福澤諭吉は名高い『文明論之概略』（一八七五）の中で、明治初頭の日本における「国民《ネーション》」の不在を、次のように指摘している。

「譬へば古来日本に戦争あり。（……）此戦は唯両国の武士と武士との争にして、人民は嘗てこれに関することなし。元来敵国とは、全国の人民一般の心を以て相敵することにて、仮令ひ躬から武器を携て戦場に赴かざるも、我国の勝利を願ひ敵国の不幸を祈り、事々物々些末のことに至るまでも敵味方の趣意を忘れざるこそ、真の敵対の両国というべけれ。人民の報国心は此辺に在るものなり。然るに我国の戦争に於ては古来未だ其例を見ず。戦争は武士と武士との戦にして、人民と人民との戦に非ず。家と家との争にして、国と国との争にあらず。両家の武士、兵端を開くときは、人民之を傍観して、敵にても味方にても唯強きものを恐るゝのみ。故に戦争の際、双方の旗色次第にて、昨日味方の輜重を運送せし者も今日は敵の兵糧を担う可し。（……）今若し此全国を以て外国に敵対する等の事あらば、日本国中の人民にて仮令ひ兵器を携へて出陣せざるも戦のことを心に関する者を戦者と名《なづ》け、此戦者の数と彼の所謂見物人の数とを比較して何れか多かる可きや、預め之を計てその多少を知る可し。嘗て余が説に、日本には政府ありて国民（ネーション）なしと云ひしもこの謂なり」

日本の「人民」がこれまでに経験してきた「戦争」とは、各地域を支配する封建領主である「武士」同士の勢力争いであった。その渦中において、彼らはあくまでも「傍観」する立場の「見物人」でしかなかった。このような「人民」が「日本」の大多数を占める現在、諸外国との「敵対」が生じた場合、彼らのほとんどが「戦者」となることなく、従来通りの「見物人」の側に回るだろう。福澤は、この点をもって「日本には政府ありて国民（ネーション）なし」と結論したのである。

「日本」に「人民」は存在する。(1)だが、「国民《ネーション》」は存在しない。「国民《ネーション》」とは、たとえ戦闘行為に参加せずとも、自国の「戦争」の勝利を我がことのように祈り、「敵国の不幸」を念ずる「報国心」に満ちた存在である。しかし、「今」、福澤の目に映る「人民」たちは、たとえ外国との「戦争」が起ころうとも、その帰趨を、自らの運命とは無関係の事象として「傍観」するのみである。このような「人民」を、「日本」という近代国家にふさわしい「国民《ネーション》」としてデザインしていく方途を模索することは、福澤にとって喫緊の課題であった。

一方、「かつて余が説に」とある通り、福澤は別の視点からも、「日本」における「国民《ネーション》」の不在を指摘している。『学問のすゝめ』第四編（一八七四）の次の箇所である。

「政府一新の時より、在官の人物力を尽さゞるに非ず、其才力亦拙劣なるに非ずと雖ども、事を行うに当り如何ともす可らざるの原因ありて意の如くならざるもの多し。其原因とは人民の無知文盲即是なり。（……）近日に至り政府の外形は大に改りたれども、其専制抑圧の気風は今尚存せり。人民も稍権利を得るに似たれども、其卑屈不信の気風は依然として旧に異ならず。（……）譬へば方今出版の新聞紙及び諸方の上書建白の類も其一例なり。出版の条例甚しく厳なるに非ざれども、新聞紙の面を見れば政府の忌諱に触るゝことは絶て載せざるのみならず、官に一毫の美事あれば慢《みだり》にこれを称誉して其実に過ぎ、恰も娼妓の客に媚るが如し。又彼の上書建白を見れば其文常に卑劣を極め、妄に政府を尊崇すること鬼神の如く、自から賤《いやしん》ずること罪人の如くし、同等の人間世界にある可らざる虚文を用ひ、恬として恥る者なし。此文を読て其人を想へば、唯狂人を以て評すべきのみ。（……）

然るに其不誠不実、斯の如きの甚しきに至る所以は、未だ世間に民権を首唱する実例なきを以て、唯彼の卑屈の気風に制せられ其気風に雷同して、国民の本色を見はし《あら》得ざるなり。これを慨すれば日本には唯政府ありて未だ国民あらずと云ふも可なり」

ここでは、「政府」の「人民」に対する「専制抑圧の気風」と、それによって必然的に蔓延する「人民」の「政府」に対する「卑屈不信の気風」が問題となっている。「人民」は「政府」をいまだ「鬼神の如く」に「尊崇」し、自分たちと「同等の人間世界」にあるべきものだと考えていない。そのため、「出版新聞紙及び諸方の上書建白の類」を出すジャーナリズムの担い手たちですら、「政府」を大袈裟な美辞麗句で褒め称えるのみで、批判精神を発揮してみせようとすることもないまま、「恬として恥ずる者なし」という有様である。

福澤は、このような状況の原因を、「未だ世間に民権を首唱する実例なきをもって、ただかの卑屈の気風に制せられその気風に雷同して、国民の本色を見わし《あら》得ざるなり」と分析する。この「気風」に制された「人民」たちは、「自ら一個の働きを逞しうすること」も出来ず、「政府」を無批判に肯定する「無知文盲」に留まっている。

このような「卑屈」な「人民」たちが、「日本」という国の運営に対する責任を自発的に引き受けることはあり得ないだろう。彼らにとって、それは「政府」、すなわち自分たちとは切断されたところにある絶対的に尊い「鬼神」たちの仕事である。「人民」は、ただその仕事ぶりを「傍観」し、「卑屈」に「称誉」していればよい。そして、対国家「戦争」も、こうした「鬼神」たちの仕事の一つであるならば、「人民」たちが無関心な「見物人」に甘んじることになるのも、自然な成り行きであろう。

「人民」から「国民《ネーション》」へ。それは、「人民」と「政府」との間に、ある精神的紐帯を育むことである（その制度的な到達点が、国会の開設、すなわち議会制民主主義の導入であることはいうまでもない）。だがそれは、いたずらに「政府」

を畏れて崇め、そこに要職を得ることにのみ至上の喜びを見出すような、従来の官民の関係性を乗り越えたところに設定されねばならない。なぜなら、「政府」とはあくまでも「国民の名代」（同第六編）として国を支配するものであるからだ。「国民《ネーション》」に必要なのは、「政府」を自分自身の「名代」とみなし、「政府のなす事はすなわち国民のなす事」という責任を引き受け、適切な距離を保ちつつ「政府」の活動に様々な形で関心を寄せる「気風」である。そうした「気風」を養い、「人民」を「国民《ネーション》」に改造するためには、まず「人民」たちに根付く「専制抑圧の気風」に由来する「卑屈不信の気風」と、その裏に横たわる政治的無関心を払拭しなければならない。

その第一歩として福澤が提唱したのが、「私立」への志向である。「学者は学者にて私に事を行ふ可し、町人は町人にて私に事を為す可し、政府も日本の政府なり、人民も日本の人民なり、政府は恐る可らず近づく可し、疑ふ可らず親しむ可しとの趣を知らしめなば、（……）始めて真の日本国民を生じ、政府の玩具たらずして政府の刺衝と為り、学術以下三者も自からその所有に帰して、国民の力と政府の力と互に相平均し、以て全国の独立を維持すべきなり」（『学問のすゝめ』第四編）と主張するとき、福澤が念頭に置いていたのは、「国民《ネーション》」の市民としての側面であろう。この主張と、『文明論之概略』の記述とを併せて読めば、福澤が求めていた「真の日本国民」とは、国内においては、「国法」を尊重しつつも自らの「名代」たる「政府」に対して「同位同等の地位」（『学問のすゝめ』第二編）を保つ「独立」した市民、国外においては諸外国に対して「独立」した国家への帰属意識を持つ〝民族〟(2)たり得る「国民《ネーション》」であることがわかる。「内に居て独立の地位を得ざる者は、外に在って外国人に接するときもまた独立の権義を伸ぶること能わず」（同第三編）なのである。

しかし、福澤の「国民《ネーション》」には、もう一つの側面が存在する。それは、自身を一個の資本とみなし、その価値を高めるべく「学問」に勤しむ存在としての「国民」である。坂本多加雄は『市場・道徳・秩序』（一九九一）において、福澤が『学問のすゝめ』の冒頭で示した平等概念（「天は人の上に人を造らず人の下に人を造らずと云へり。されば天より人を生ずるには、万人は万人皆同じ位にして、生れながら貴賤上下の差別なく（……）」は、「結果の平等」ではなく、「人々が身分によってその人生の選択肢をあらかじめ限定されているような『門閥制度』」のくびきから「人民」を解放する「機会の平等」、「より正確には、社会の各領域に対する『自由参入』」の可能性を保証するものと解すべきだと指摘している。そして、その背後には、「『平等』の下での社会が何よりも業績主義的な原理で運営されること、従って各人の努力や能力が何にもまして重要な意義を持つ」という福澤の信念がある。

更に坂本は、福澤が『学問のすゝめ』の中で「独立」を説く際、「他人の世話厄介にならぬ」こと、「人に物を貰わぬ」ことを強調していることに着目し、「独立」した「他人」同士の Reciprocity（相互性）に基づく「交際」こそを理想として、「他人の一方的な贈与に与ることが従属関係をもたらすことを指摘していた」とする。この点から、「福沢の『独立』とは（……）情誼的関係の存在しないところにおいてなお社会の成立を可能にするような原理」であり、「人々が相互に交わりつつ互いに『独立』を維持するためには、他人の依存を排して、『一毫をも貸さず一毫をも借らず』という『交易の主義』に立つことが重要」になる。福澤においては、「交換の特質たる『相互性』こそが対等な人間関係を保障する」ものであり、それは「政府」と「国民」の関係においても同様であった。坂本も注目しているが、福澤は『学問のすゝめ』の中で、「政府」と「国民」の関係を、「商社」の「支配人」と「社中」＝従業員になぞらえ、税金を対価とした「政府」の治安維持業務を「商売」とみなしている。このことからも、福澤のイメージする「人間の交際」が、市場における交換関係と類似のものであることがわかる。そして、「『独立』の確保が交換に負っているのだとすれば、こうした『独立』の主体としての人間によって構成される『文明社会』」とは、おのずから「この交換関係の網の目によって蔽われる市場社会」（坂本）であるということになる。

福澤が一八七五年頃に書いたとみられる「覚書」の一節には、「競争は相抗するの義なり。同等同権の義なり。レシプロシチの在る処なり。レスペクトの生ずる源なり。不自由の際に生ずる自由とは正に此辺にあるものなり」とある。「門閥制度」から解放された「人民」たちは、互いに「同位同等」の「他人」として、「情誼」に依存しない相互的な等価交換の原則に基づく「交際」の空間に投げ込まれる。『文明論之概略』によれば、そこに溢れるのはおびただしい数の「異説争論」であり、それらの絶えざる競合によって構成される「多事争論」状態こそが、「自由の気風」を保障する。「人民の会議、社友の演説、道路の便利、出版の自由等」は、ことごとくこの「人民の交際」を助長するために必要不可欠のものであり、「人民」たちはこうした制度や権利を行使して、「異端妄説」のそしりを恐れることなく「勇を振て我思う所の説を吐く」ことを求められる。なぜなら、「昔年の異端妄説は今世の通論であり、「昨日の奇説は今日の常談」であるならば、「今日の異端妄説も亦必ず後年の通論常談」たり得る可能性が存在するからである。

坂本が指摘する通り、「産業界の『企業者』の『革新』が、多数の人々によって構成される市場で、その成否を試されるように、『異端妄説』もまた、こうした知識交換の網の目の中で、将来の『通論常談』たり得るか否かが試される」のだ。つまり、「自由」な「多事争論」の「交際」空間は、市場原理による価値の弁別によく似た、知の自然淘汰が絶えず行われる場でもある。「人民」たちは、こうした「交際」の「社会―市場」（坂本）へ「自由」に参入し、そこで生じる「他人と他人との附合」（『学問のすゝめ』第十一編）や「競争」を通じて、自己の価値を不断に高めることにより、「一身独立」を図っていくことになるのである。

そして、この「交際」の賭金となるのが、各人の「才徳」であることはいうまでもない。「身に才徳を備へんとするには物事の理を知らざるべからず。物事の理を知らんとするには字を学ばざるべからず。是即ち学問の急務なる訳なり」（『学問のすゝめ』初編）とある通り、「学問」とは、「交際」の資源となるべき「才徳」の価値を絶えず向上させていく手段なのである。

このように、『学問のすゝめ』において提示された平等概念は、資本主義に適応可能な「自由」を必然的にもたらすものでもあった(3)。封建的な身分制度（「門閥制度」）が解体された後、そこから解き放たれた「人民」は、「社会―市場」での活動に相応しい主体として再編成される必要がある。ここから、福澤の求める「国民《ネーション》」とは、市民でありかつ国民であるのみならず、人的資本でもあるという、三重の側面を持つ存在であることがわかる。福澤の推奨した「学問」、そこで学ばれるべき「実学」とは、このような市民＝国民＝人的資本育成のための手段であったことを見逃してはならないのである(4)。

第二節　「学者」にして「経営者」——「私立」の背後にあるもの

前節で確認したような福澤の「国民《ネーション》」像からわかるのは、福澤のリベラリズムが、常にナショナリズム及びキャピタリズムとの繋がりにおいて展開されているということである。しかし、リベラリズムとナショナリズムの結びつきは、福澤に固有の特徴というわけではなく、明治十年代に勃興した明治啓蒙思想全体にいえることであった。この点に関しては、既に諸家による指摘が多く存在しているが、例えば植手通有は『日本近代思想の形成』（一九七四）において、次のようにまとめている。

「まず第一に、日本の啓蒙思想は幕末における対外的危機を背景とし、いかにして西洋列強に対抗するかという課題をめぐって展開された。このため、明治の啓蒙においては、ナショナリズムの傾向が刻印され、西洋列強に対抗しうる近代国家を形成することが、終始主要な目標とされていた。（……）日本の啓蒙においては、対外的な独立を達成するために、近代的な統一国家ないし国民国家を新たに形成することが問題とされ、個人の自由・権利の観念はこの課題と結びついて展開される。（……）この意味では、明治の啓蒙はなによりもまず『国家の自覚』――国際社会において日本が一つの政治的単位であるという自覚――であったのであり、『個人の自覚』はいわばその裏面として形成されたということもできる。（……）ここでは、個人の自由・権利は国家の自由・独立なくしては守ることができず、逆に国家の自由・独立は個人の自由・独立なくしてはありえないとされるばかりではなく、個人の自由・独立と国家の自由・独立とがともに達成すべき課題として、同時的に提起されていた。『一身独立して一国独立す』という『学問のす丶め』第三編の言葉は、この関連を端的に示しているが、明治の啓蒙がナショナリズムの傾向を刻印されていたという真の意味は、この点にある。西欧の場合とは異って、ここでは、個人の自由・権利の確立と近代国家の確立とが、同時的な課題として内面的関連をもってあらわれるのである」

福澤が、明治維新から約一〇年間に展開された明治期の啓蒙思想運動の主たる担い手の一人として、西周（一八二九―一八九七）、中村正直（一八三二―一八九一）、加藤弘之（一八三六―一九一六）らと明六社を結成したことは周知の事実であるが、植手は、そうした明六社の啓蒙思想家たちの中で、「個人の自由・独立、国家の自由・独立と普遍的な文明の関係をもっともつきつめて考えたのは福沢諭吉である」と評価している。しかし、「普遍的な文明の観点から国家の独立を相対化する視点」を相対的に維持していた福澤にあっても、「国家の独立が個人の自由・独立や普遍的な文明から乖離して、前面に押出される傾向があった」とも述べている。

植手によれば、福澤をはじめとした明六社の思想家たちの間には、「かなり高度な共通性」がみられるという。まず、彼らは概ね、一八二〇年代の後半から一八三〇年代の半ばに、下級士族として生を受け、「士族のなかにおける身分・地位の点でも、また経済の点でも、かなり劣悪な境遇のうちに育」っている。そのような生育環境は、「彼らのうちに一面では封建的な身分的閉鎖制にたいする批判・反抗の態度を生じさせると同時に、他面では立身出世にたいする強い野心を植えつけ」たとされる。例えば福澤も、晩年の『福翁自伝』（一八九九）の中で、亡父について回想しながら、「父の生涯、四十五年の其間、封建制度に束縛せられて何事も出来ず（……）私の為めに門閥制度は親の敵で御座る」と断言している。

加えて、彼らの中には、幕藩体制最末期に幕臣であった者が多い。(5) 福澤も、一八六〇年に幕府外国奉行支配翻訳方に雇われて以来、一八六八年八月に正式に依願退職するまで、幕府に仕えている。

更に、彼らの多くは基礎学問として儒学を修めており、その後に蘭学及び洋学の道を志している。このため、「西洋の自由・権利の観念が儒教、とくに朱子学の理論を媒介にして受け入れられる」傾向が少なからず生じた。福澤は、自身を含めた洋学者たちの置かれたこのような特異な立場をかなり自覚的に引き受けており、例えば『文明論之概略』「緒言」の中で、「試に見よ、方今我国の洋学者流、其前年は悉皆漢書生ならざるはなし。悉皆神仏者ならざるはなし、封建の士族に非ざれば封建の民なり。恰も一身にして二生を経るが如く一人にして両身あるが如し」と記している。この強烈な知性上の分裂体験を、むしろ「僥倖」と捉え、「比較に基づいて日本文明を相対化する一方、物差したる西欧文明をも他方において相対化し、こうした『実験』を通して福沢自身のいわゆる『文明』のなんたるかを『改進』というよりはむしろ『始造』せんと」（安西敏三『福沢諭吉と西欧思想』一九九五）したのが、福澤の啓蒙思想でもあった。

また、彼らは兵学を経由して蘭・洋学の道に入っている場合が多く、福澤も「砲術という軍事技術」（佐々木力『学問論』一九九七）を学ぶことをきっかけに、西洋の知への関心を深めている。福澤は一八五四年、中津藩の西洋砲術導入の意向を受けて、長崎に砲術修行に出向いている。その際、長崎奉行所役人で砲術家の山本物次郎の食客となり、山本家所蔵の砲術書の管理を任されると共に、関連技術を学習する機会を得ている。また、適塾入門後の一八五六年には『ペル築城書』という兵学書を訳している。その他、『海岸防御論』（一八六五）、『雷銃操法』（一八六七—一八六九)、『兵士懐中便覧』(一八六八)、『洋兵明鑑』(一八六九)など、福澤の訳業には兵学関連の書籍が多い。佐々木も指摘する通り、「福澤の洋学修行がかなりの程度、西洋式兵学を身につけるため」であったことは明らかである。この背景には無論、冒頭で言及した、当時の日本を取り巻く危機的な国際状況があった。明治期に啓蒙思想家となる者たちの蘭・洋学志向には、やはりナショナリズムに裏打ちされた動機が存在したわけである。

このように、福澤をはじめとした明六社の思想家たちは、多くの思想的背景を共有していた(6)。しかし、福澤や西、加藤らの思想的立場を比較してみると、そこには明確な差異が存在することが見て取れる。

例えば植手は、「明治の啓蒙においては、福沢諭吉を除くと、民衆を啓蒙しようという姿勢がいちじるしく弱く、他の思想家はほとんどが官吏となって国家機構を整備することに奔走した」と指摘する。幕末期の幕臣が、そのまま明治政府の官僚にスライドする形で、明六社の思想家たちはなんらかの官職を得ている場合が多かった。彼らがそうした立場を選択した理由には、一刻も早く国民国家を成立させねばならないという時代の切迫した要請も勿論あったが、それ以外にも、彼らの「漢書生」としての価値観、すなわち、「伝統的な――とくに儒教的な――思考様式が十分克服されず、いわば政府中心主義的な考えが強く存続していた」(植手)ためでもあった。彼らは啓蒙思想家として、新たな国家機構を作るためには、「門閥制度」をはじめとした封建的な諸制度をある程度打破する必要があることには、十分自覚的であった。しかし、それでもやはり、「伝統的な政府中心主義思想」(同)を完全に克服し得た者は稀であり、日本の「人民」を、社会や国家を構成する能動的主体としての「国民《ネーション》」として育成しようという意識が不足していたのである。

一方、前節でも言及した通り、福澤は『学問のすゝめ』第四編において「私立」を提唱し、自身も明治維新直後に幕臣としての職を辞して以降、生涯官途に就くことはなかった。この「私立」の立場の堅持は、一八七三年末頃の明六社の会合において、「学者の職分」として説かれたものでもあり、「今の世の学者、此国の独立を助け成さんとするに当て、政府の範囲に入り官に在て事を為すと、其範囲を脱して私立するとの利害得失を述べ、本論は私立に左袒したるものなり」という一文は、「学者」にして官僚である明六社の思想家たちに対して、彼らとは一線を画する福澤の立場を表明するものであった。福澤はこの第四編の中で、「学者」兼官僚という立場を鋭く批判した。当然、明六社中の官僚思想家たちは福澤の主張に反発し、『明六雑誌』第二号（一八七四）には西、加藤のほか、森有礼（一八四七―一八八九）、津田真道（一八二九―一九〇三）の反論が掲載された。(7)

「学者」はあくまでも政府から離れ、「私」＝個人としての「独立」を示して「人民」の模範となるべきだという福澤の「私立」の主張は、「公的・政治的活動は官にいてなすべきもの」という「儒教的な士大夫」（同）とは全く別種の、リベラリストとしての知識人像を提示し得ている。福澤はなぜ、このようなリベラルな立場を堅持することが可能だったのか。大久保利謙はその理由を、福澤が「慶應義塾の経営者」であったことに見出し、次のように述べている。(8)

「彼は如何なる時も、この慶應義塾という大世帯を一身に荷なって、その私学としての独立、その財政の維持、卒業生の将来等々、これらの雑多な現実的事業を背景として、言論を張ったのである。官から俸給を得ていた官僚学者の方が、この点では遥かに自由であって、官規に触れない限り勝手な放言ができた。彼らの方がむしろ変節自在であった。しかし、それができなかったところに却って福沢の言論の現実性があったので、彼の私学論も決して単なる思想的な一本調子の反官学主義ではなかった。彼が明六社に外様的で、また東京学士会院に積極的に協力したのも、彼自らの社会的活動を推進する上に適当と考えた結果と解される。（……）義塾の維持は主義だけの問題でなく、現実の問題で、その時々の社会情勢に支配されたのは已むを得ない」

大久保は、時に「変節」とも受け取られかねない福澤の種々の態度変更も、「慶應義塾の維持と私学の立場の堅持という大きな目的」を達成するため、「その時々の現実情勢に応じて採った態度の違いから生じた現象形態」であるとしているが、これはつまり、福澤のリベラルな「私立」の主張の根底には、「経営者」としてのプラグマティズムが存在していたということに他ならない。西や加藤らが、「学者」兼官僚であるならば、福澤はいわば「学者」兼「経営者」なのであり、明六社にあって福澤が「外様」となる本質的な理由の一つは、この点にある。また、「経営者」としての福澤は、市場原理を機能させるにあたって、個々の「人民」たちが、交換体系の中に能動的に身を投じていこうとする自発性が、いかに重要であるかをよく知っていたはずだ。福澤が、明六社の官僚思想家たちに比して、相対的にリベラルたり得た理由の一端も、ここにあるとみるべきである。

このように、福澤の啓蒙思想にみられるリベラルな側面は、キャピタリズムと親和性の高いものであり、この点で、明六社の他の啓蒙思想家とは立場を異にしていた。国家の官僚である彼らが、市民＝国民としてのみ目指すべき「国民《ネーション》」の像を捉えていたのに対し、「経営者」である福澤の場合は、そこに資本という要素が必然的に加味されることになる。「福沢は学問の近代化の条件として、封建的道学の束縛からの解放を必要と信じたが、そのためには学問研究の自由が確立されねばならず、この自由は同時に独立が伴わなければならない。かくて彼は学問の独立論を唱えた」という大久保の指摘は正鵠を射ているが、前節でも言及した通り、福澤にあっては、この「学問」が各人の市場価値を高めるための手段として捉えられていたことに注意すべきである。この点で、福澤の「学問の独立論」で示されたリベラリズムは、資本主義的な市場経済を導入するための地ならしを、一層推し進めるものであったといえよう。

それでは、このような「国民《ネーション》」に相応しい「学問」とは、一体どのようなものであったのか。

第三節　「人間普通の実学」としての「学問」——儒学批判と「窮理」の精神

福澤は『学問のすゝめ』において、「学問」の内実を次のように簡潔に説明してる。

「(……)専ら勤むべきは人間普通日用に近き実学なり。譬へば、いろは四十七文字を習ひ、手紙の文言、帳合の仕方、算盤の稽古、天秤の取扱等を心得、尚又進で学ぶべき箇条は甚多し。(……)是等の学問をするに、何れも西洋の翻訳書を取調べ、大抵の事は日本の仮名にて用を便じ、或は年少にして文才ある者へは横文字をも読ませ、一科一学も実事を押へ、其事に就き其物に従い、近く物事の道理を求て今日の用を達すべきなり。右は人間普通の実学にて、人たる者は貴賤上下の区別なく皆悉くたしなむべき心得なれば、此心得ありて後に士農工商各各其分を尽し銘々の家業を営み、身も独立し家も独立し天下国家も独立すべきなり」

「(……)人は生れながらにして貴賤富貴の別なし。唯学問を勤て物事をよく知る者は貴人となり富人となり、無学なる者は貧人となり下人となる」とも書かれる通り、封建的な「門閥制度」から解放され、互いに「同等同権」となった「人民」たちは、今後は「学問」の下で、改めて序列化されることになる。しかし、この「学問」とは、「唯むづかしき字を知り、解し難き古文を読み、和歌を楽み、詩を作るなど」といった「実なき学問」ではあり得ない。あくまでも「人間普通実用に近き実学」(9)でなくてはならないのである。福澤が「実学」に対置する「実なき学問」が、幕府の御用学問であった朱子学をはじめとする儒学を指していることはいうまでもない。福澤の「学問」論は、封建制度を長く支えてきた儒学の知を徹底的に批判するところからはじまったのである(10)。

福澤は、「実学」の具体的な例として、「地理学」、「究理学」、「歴史」、「経済学」、「修身学」を挙げている。この中でも、「天地万物の性質を見てその働きを知る学問」、すなわち「物理学を中核とする自然諸科学の知識体系」(周程『福澤諭吉と陳独秀』二〇一〇)を学ぶ「究理学」[11]は、福澤にとって「学問の学問であり、あらゆる学問の基底であり、予備学であった」(丸山真男「福沢に於ける実学の転回」一九四七)[12]。例えば、「学校之説」(一八七〇)の「窮理学」の項では、「窮理学とて、理窟ばかり論じ、押えどころなき学問にはあらず。物の性と物の働を知るの趣意なり。日月星辰の運転、風雨雪霜の変化、火の熱きゆえん、氷の冷たきゆえん、井を掘りて水の出ずるゆえん、火を焚きて飯の出来るゆえん、一々その働きを見てその源因を究るの学にて、工夫発明、器械の用法等、皆これに基づかざるものなし。元来、物を見てその理を知らざるは、目を備えて見ざるが如し。ゆえに窮理書を読まざる者は瞽者に異ならず」と説明している。また、『学問のすゝめ』第十五編では、「文明の進歩は、天地の間にある有形の物にても無形の人事にても、其働の趣を詮索して真実を発明するに在り」と言い、ガリレオの地動説やニュートンの万有引力の法則などの例を引きながら、「何れも皆疑の路に由て真理の奥に達したるものと云ふ可し」と結論し、懐疑主義的な精神を養うよう促している。

こうした福澤による「究(窮)理学」推奨の一環として、一八六八年には『訓蒙《きんもう》　窮理図解』が発刊された[13]。本書の章立てを見てみると、「第一章　温気《うんき》の事」「第二章　空気の事」「第三章　水の事」「第四章　風の事」「第五章　雲雨の事」「第六章　雹雪露霜氷の事」「第七章　引力の事」「第八章　昼夜の事」「第九章　四季の事」「第十章　日蝕、月蝕の事」となっている。いずれも、「明治初年からさかのぼり半世紀、なかには一世紀くらいの間にすでに紹介は事済みになっている」知識ではあったが、それらは「南蛮紅毛の知識に通じていた」「上流学者社会」に属する少数の人々の間に流通していたに過ぎず、それ以外の大多数の人間たちにとっては、極めて新しい知識であった(三枝博音『日本の唯物論者』一九五六)。

福澤は『福澤全集』「緒言」において、『窮理図解』出版以前の「物理書」翻訳の状況を「多くは上流学者社会の需《もとめ》に応ずるものにして、其文章正雅高尚なると共に難字も亦少なからず（……）我国俗間の耳目に解し難きものあり」と説明している。「種々様々の物理書を集めて其中より通俗教育の為めに必要なりと認るものを抜抄し（……）恰も国民初学入門の為めに新作したる物理書」（「緒言」）であった福澤の『窮理図解』は、封建制度下の社会において、一部の知識人たちによって独占されていた近代科学の知を、一挙に世俗化＝平等化することになる。本書の「序」において、「苟《かりそめ》にも人としてこの世に生れなば、よく心を用いて、何事にも大小軽重に拘わらず、先ずその物を知り、その理を窮め、一事一物も捨て置くべからず」と簡潔に書かれているように、「先ずその物を知り、その理を窮め」る合理的な思考様式は、「上流学者社会」に属する少数のエリートたちだけの専門技能なのではなく、普遍的な「人間の職分」として定位されているのである。

『窮理図解』発刊後、様々な科学啓蒙書が出版されるようになり、一八七三年には、科学啓蒙書及び科学教科書の出版点数が二〇点を超える。こうした科学啓蒙書出版ブームは「究理熱」と呼ばれたが、注目すべきは、これらの啓蒙書のほとんどが、「究理」すなわち物理学を中心とした基礎理論書であり、化学・生物学・機械技術に関するものは大変少なかったという点である。板倉聖宣はこの点について、福澤をはじめとした洋学者たちは、「科学を生み出した自然観と科学精神」にまず着目したが故に、天体運動や万有引力の法則、迷信の解明批判などをテーマにしたNatural Philosophyとしての「究（窮）理学」を取り上げたのだとしている。そして、その根底には、「ニュートン力学に基づく機械的な自然観と実証的な科学精神とを日本人大衆に知らせ、封建的儒学的な自然観を打ちこわす」という大きな課題があったと指摘している。

福澤が、「究（窮）理学」の導入・普及を通じて、「封建的儒学的自然観」を批判しようとしていたことは、例えば「局外窺見」（一八八二）の記述にも明らかである。福澤はこの中で、「我固有の文明に於ては智学の形跡なしと云ふも可なり」と断言し、これまでの「儒仏の道」は「双方共に道徳の中に局促し風流の間に逍遥するものに過ぎず。其物理に至ては陰陽五行の附会説に非ざれば空風地水火の空論、一も信據するに足るものなし」と、仏教や儒教といった日本の伝統的な知の中では、専ら「道徳」が重んじられ、自然科学（Natural Science）・自然哲学（Natural Philosophy）としての「物理」はほぼ発達することがなかったとしている。このような「儒仏に育てられた国人」たちは、個々の具体的な現象の背後に働く普遍的な「物理の原則」に気づくことができない。一方、「西洋諸国」の場合は、「智学の據る所は自然の原則にして、実物の形と実物の数と其の動静の時間とを根本に定め、人類の感触機たる耳目鼻口皮膚の働を以て之に応じ、両間の万相一として包羅せざるはなし、一として究めざるはなし」といったように、その知は「物理の原則」の下に体系化されている。「電信」「瓦斯」「望遠鏡」「顕微鏡」「汽船汽車」といった「西洋近時の文明」は、すべてこの「物理の原則」の賜物なのだ。「西洋各国は早く既に此文明を利用して其面目を改め、兵制に商売に又学術に、千八百年代は恰も新西洋を創始して、其活発なる実に驚く可きもの多し」と述べる福澤は、「物理の原則」こそが西洋諸国の「活発」さの源であると考えている。

こうした福澤の主張は、西欧で展開された「理性・科学を唱えて、宗教的蒙昧主義に反対し、自由・民主を唱えて封建的専制主義に反対する」（周）啓蒙思想と重なるものである。『文明論之概略』では、「智力発生の道に於て第一着の急須は、古習の惑溺を一掃して西洋に行わるゝ文明の精神を取るに在り。陰陽五行の惑溺を払はざれば、窮理の道に入る可らず。人事も亦斯の如し。古風束縛の惑溺を除かざれば人間の交際は保つ可らず。既に此惑溺を脱して心智活発の域に進み、全国の智力を以て国権を維持し国体の基初て定るときは、又何ぞ患る所かあらん[14]」と、端的に述べている。『西洋事情』初編（一八六六）「小引」冒頭で、西洋の「文学技芸」（Science and Useful arts）を単に導入するのではなく、それを成立させた「其各国の政治風俗」をも考究すべきだという福澤は、「物理の原則」を重んじるよう合理主義的・懐疑主義的な思考態度を日本に根付かせるためには、人同様、知もまた「儒仏の道」に象徴されるような封建的秩序や制度から切り離される必要があることに気づいていた。「儒仏の道」を温存したまま、西洋の「文学技芸」を取り込むことは、本質的に不可能なのである。全集「緒言」中の、『窮理図解』出版意図の回想でも、「開国の初に当り吾々洋学者流の本願は、兎も角も国中多数の人民を真実の開国主義に引入れんとするの一事にして、恰も西洋文明の為めに東道の主人と為り、一面には漢学の固陋を排斥すると同時に、一面には洋楽の実利益を明にせんことを謀り、あらん限りの方便を運らす其中にも、凡そ人に語るの物理の原則を以てして自から悟らしむるより有力なるはなし。少年子弟又は老成の輩にても、一度び物理書を読み或は其設を聴聞して心の底より之を信ずるときは、全然西洋流の人と為りて漢学の旧に復帰したるの事例殆ど絶無なるが如し」と言われているように、「物理書」に象徴される「西洋文明」の知的体系へと参入することは、「漢学」的伝統からの不可逆的な離脱を促進することとされている。人々は制度的な側面のみならず、知的側面においても封建制から切断されてはじめて、近代的な国民—国家—資本の秩序の中に再編されることが可能になるのである。

丸山真男は、このような福澤の儒学批判と「究（窮）理学」の導入の核心を「倫理学より物理学への転回」にあるとした。しかし、これは倫理を軽視した科学万能主義的態度なのではなく、むしろ「新たなる倫理と精神の確立の前提」として行われたことだと指摘する。

「人間が己れをとりまく社会的環境との乖離を自覚したとき、彼ははじめて無媒介に客観的自然と対決している自分を見出す。社会からの個人の独立は同時に社会からの自然の独立であり、客観的自然、一切の主観的価値移入を除去した純粋に外的な自然の成立を意味する。環境に対する主体性を自覚した精神がはじめて、『法則』を『規範』から分離し、『物理』を『道理』の支配から解放するのである。（……）彼〔福澤——引用者注〕は社会秩序の先天性を払拭し去ることによって『物理』の客観的独立性を確保したのであった。上の言〔『文明論之概略』

中の「物ありて然る後に倫あるなり、倫ありて然る後に物を生ずるに非ず。臆断を以て先づ物の倫を説き、其倫に由て物理を害する勿れ」を指す――引用者注〕は直接には、君臣の倫をアプリオリとする宋学理論に対する駁撃を目標としているのであるが、それはつまり『物理』精神の誕生が、身分的階層秩序への反逆なくしては可能でない事が福沢に於て明白に自覚されていたからであった。（……）この近代理性の行動的性格を端的に表現するのが、いわゆる実験精神である。（……）理性は単に本質を観想するにとどまらずして、実験を通じて自然を主体的に再構成しつつ、無限に新領域へ前進して行く。（……）福沢が物理学を学問の『範型』としたということは、つまりこの実験的精神を学問的方法の中核に据えたことにほかならない。（……）福沢はこの実験的精神を単に自然科学の領域だけでなく、政治、社会、等の人文領域にまで徹底して適用したのである」(15)

こうして、「物理の『定則』の把握を通じて人間精神は客観的自然を逞しく切り開き、之を『技術化』することによって自己の環境を主体的に形成する」ようになり、「つねに原理によって行動し、日常生活を絶えず予測と計画に基いて律し、試行錯誤（try and error）を通じて無限に新しき生活領域を開拓して行く奮闘的人間」が生まれる(16)。福澤は、『学問のすゝめ』十七編で、人との交わりを避け学問のための学問に引き籠るような知的態度を崇める「無気無力の腐儒」を批判し、「今この陋しき習俗を脱して活溌なる境界に入り、多くの事物に接し博く世人に交」わるよう勧めている。そして、「学問の要は活用に在るのみ。活用なき学問は無学に等し」と断じて、「今の学者は内の一方に身を委して外の務を知らざる者多し」と批判する（十二編）。ここで福澤がいう「学問」の「活用」とは、封建的秩序から解放されたまま手つかずになっている諸分野を、「物理の原則」に基づいた知によって改めて開拓・編成すると共に、絶えず変化し流動する「活発なる境界」としての社会の中で、それらを各人の生を能動的に形成する手段として用いることなのである。

では、この「活発なる境界」とはいかなる空間であるのか。福澤は、『文明論之概略』において、「文明とは結局、人の智徳の進歩と云て可なり」と断言する。「智徳」とは「智恵」intellectと「徳義」moralを指し、「究（窮）理学」は前者の「進歩」に大きく関わる。「智恵」は「外物に接してその利害得失を考へ、此の事を行ふて不便利なれば彼の術を施し、我に便利なりと思ふも衆人これを不便利なりと云へば、輒《すなは》ち又これを改め、一度び便利と為りたるものも更に又便利なるものあれば之を取らざる可らず」と説明され、「『ゼイムス・ワット』蒸気機関を工夫して世界中の工業これがために其趣を一変し、『アダム・スミス』経済の定則を発明して世界中の商売これがために面目を改めり」と具体例が挙げられているところからも、福澤が「智恵」の「進歩」を、「究（窮）理学」によって発見された普遍的な原理・原則を応用した絶えざる技術革新のイメージによって捉えていることがわかる。そうした「活発」な「文明」社会は、「昨日便利とせしものも今日は迂遠と為り、去年の新工夫も今年は陳腐に属す。（……）電信、蒸気、百般の器械、随て出れば随て面目を改め、日に月に新奇ならざるはなし」（『学問のすゝめ』九編）といった、非常に変化の激しい世界である。(17)

福澤はまた「利を争ふは古人の禁句なれども、利を争ふは即ち理を争ふことなり」（『文明論之概略』）と、「利」と「理」の繋がりを明確にし、「理」を巡る論争はそのまま経済的な利害関係の闘争に通底していることを強調する。(18)このような衝突が絶えず生じる「多事争論」的なダイナミックな空間こそ、福澤の求める「自由」な社会の理想像である。「蓋し天下とは個々人々の集合したるものを総称したる名目にして、一人一個の外に天下なるものある可らず。故に人々自ら己の利を謀りて、他人に依頼せず又他人の依頼を受けず、一毫も取らず一毫も与へずして、独立独行の本文も守りたらば、期せずして自から天下の利益となり、天下は円滑に治るべし」（「漫に大望を抱く勿れ」一八八九年）という福澤の言葉の背後には、社会の秩序とは、封建的身分制度から「独立」した諸個人が「自由」に追求する、無数の「理」＝「利」の熾烈な競合と衝突の過程の中から、結果的に構成されるものだという考え方がある。

坂本多加雄は、福澤の「社会の秩序は紊乱の中に却て燦然たるものを見る可し」（一八八三）を引きつつ、このような「一見して雑然たる各人の個別的行為の諸関連の総体の中」に「秩序」を読み込む福澤の念頭には、「市場が相知らざる無数の人々の間に意図せざる協力関係を生み出す」といったアダム・スミスのいう「市場の自動調整作用」が齎す自律的な秩序モデルが置かれていたのであろうと推測している[19]。福澤は『西洋事情』外編において、イギリスのロンドンにおける旺盛な経済活動の有様を「一の機関」とみなし、その「昌大精巧」さに驚いているが、彼にとって「社会の秩序」とは、そのような各人の「理」＝「利」を巡る「活発」にして時に「紊乱」さを伴う「交際」という永久動力機関に支えられることによって、はじめて実現するものであった。

このような市場の秩序に最も相応しい存在こそ、丸山が、福澤による儒学批判を経由して成立した「物理学」（「究（窮）理学」）を範型とした「学問」モデルから導き出した「つねに原理によって行動し、日常生活を絶えず予測と計画に基いて律し、試行錯誤（try and error）を通じて無限に新しき生活領域を開拓して行く奮闘的人間」である。なぜなら、各人がそれぞれの「理」＝「利」を追求し、新たな価値が絶えず生み出された結果、「昨日便利とせしものも今日は迂遠となり、去年の新工夫も今年は陳腐に属」してしまうような予期せぬ激しい転変に耐え得るためには、そのような不断の状況変化に対応し、「試行錯誤」を繰り返していける精神性と、その活動を支えるに足る「智恵」が必要になるからだ[20]。このような「奮闘的人間」たちにとって必要となるのとは、規律に誠実で勤勉であること、そして、絶えず流動する市場に適応していくのに十分な柔軟性を備えることである[21]。

これまで論じてきた通り、福澤の政治的「自由」及び学術的「自由」への志向は、経済的「自由」、即ち資本主義的な市場経済導入への志向と強く結びついている。『学問のすゝめ』十二編で「学問の要は活用に在るのみ。活用なき学問は無学に等し」と断言し、また「学問の所得を活用するは何れの地位に於てす可きか」（一八八六）の中で「学問は人生の目的にあらず。学問を学び得て大学者に為りたりとて、其の学問を人事に活用して自身自家の生計を豊にし、又随て自然に国を富ますの基と為るに非ざれば、学問も亦唯一種の遊芸にして、人事忙しき世の中には、先づ以て無益の沙汰なりと云ふ可し」という福澤において、「究（窮）理学」をはじめとした「学問」は、諸個人を人的資本化し、「社会—市場」内での価値を絶えず高めていくための手段であるのは自明のことだった。(22)

「究（窮）理学」によって得られた普遍的な原則からなる「智恵」が、「社会—市場」において「活用」されることにより、「利」を得るための「理」となる。逆に言えば、このような「利」と交換されぬ「理」は、「社会—市場」において価値を持てず、「無益」なものとならざるを得ない。各人は常に、自らの「学問」が「無益」に堕する可能性を抱えているが、それが本当に「無益」となるか否かは、他の様々な「理」と、自分の「理」とを実際に競合させてみることでしか決定できない。こうして諸個人は、「社会—市場」の中で、己の価値を賭けた命がけの飛躍を試み続けることになる。「文明は多事の際に進むものなり。多事なれば各種の元素互に其権力の平均を得るべし」（「覚書」）と考える福澤にとっては、このような「多事争論」の緊張に満ちた「活発」な「交際」＝交換過程の不断の継続こそが、真に「自由」な「社会の秩序」を構成する原動力とみなされるのである。

しかし、このような「交際」＝交換の空間たる「社会—市場」が必然的にもたらす問題について、福澤が無自覚だったわけでは決してない。『学問のすゝめ』十三編で、福澤は人間の「交際」に最も害をなすのは、「疑猜、嫉妬、恐怖、卑怯の類」を生じさせる「怨望」であると断言している。この「怨望」の原因は、「窮の一事」にあるのであるが、福澤によれば、この「窮」とは「困窮貧窮」の意味ではなく、「人の言路を塞ぎ人の業作を妨る等の如く、人類天然の働を窮せしむること」を意味する。坂本が指摘する通り、「怨望は貧賤に由て生ずるものに非ず。唯人類天然の働を塞て禍福の去来皆偶然に係る可き地位に於て甚しく流行するのみ」という福澤は、たとえスタート地点において貧富の格差があったとしても、その差を「後天的努力によって克服しうる条件を整えること」、すなわち「人類天然の働」を妨害するものを撤廃し、諸個人が目的を達成するための機会の平等性を確保することによって、人々の間に「怨望」が生じることをある程度は回避し得ると考えていたようだ。

だが、このような平等性を導入したとしてもなお、「怨望」は回避されるどころか、「社会―市場」での「交際」が促進される過程で、ますます助長される。なぜなら、「禍福の去来」が「偶然」に左右されるという点にこそ、「社会―市場」の本質が存在するからである。「市場に提供した財やサーヴィスが不特定多数の消費者に受容されるか否かを決するのは、単に生産者の労力や工夫のみではなく、当人の予知せざる様々な状況の変化」（坂本）である以上、「社会―市場」から完全に「怨望」の原因たる「偶然」を排することはできない。人々が、「学問」によって各自の「理」を磨き上げ、その「理」を「利」へと「活用」しようと誠実に奮闘したとしても、それが「利」として実現するかどうかは、究極的にいって「偶然」に左右される。その結果、競争の勝者と敗者が生まれ、「偶然」によって敗者の側に立たされた人々は、勝者、更には、自らを挫折させた「社会―市場」全体に対して「怨望」を抱くことになるだろう。福澤は十三編を、「自由に言はしめ、自由に働かしめ、富貴も貧賤も唯本人の自から取るに任して、他より之を妨ぐ可らざるなり」と結んでいるが、このような「社会―市場」における「自由」の促進は、かえって「怨望」を増大させる結果に繋がる。それはやがて、人々の間に深刻な分裂と経済的対立を生じさせ、「社会―市場」の脅威となるだろう。(23) この意味で、「究（窮）理学」を範型とした「学問」によって達成されるはずの「自由」のプログラムには、あらかじめ限界が埋め込まれていた。

福澤はこの限界を、「智恵」と併せて「徳義」moralを「進歩」させることで乗り越え得ると考えていたようである。安西敏三によれば、福澤はミル『功利主義』の読書を通じて、「人間の道徳心を突き動かす良心を形作る心情的基盤」は、「同胞と一体化したいとの欲求」にあるという考え方を得、「他人の利益は自分の利益であるとの感情」を持つことができるという点に「良心の存在可能性」を見出したという。福澤にとって、真に「独立」している人物とは、「自己以外の同胞を単なる手段として扱うのではなく、それ故に自己の幸福達成の為に他の同胞の目的が挫折することを望むことを拒否する」社会的な共感能力を備えた人物なのである。ミルの功利主義的道徳観を経由した福澤にとって、「独立自尊」と社会的良心は充分に両立可能なものであった。たとえ、こうした「一体感」への志向が弱い人間がいたとしても、「教育・世論・制度」を通じてそれを教え込むことができる。福澤は啓蒙思想家として、「否定的存在としてのあるべからざる人間」を、「同胞への一体感」に裏打ちされた「一般的存在としての当たり前の人間性を備えた人間にまで引き上げる」ことの重要性を意識しており、各人が理想的な人間像に(24)到達すべく、不断に奮闘努力することによって、「怨望」に象徴される個人間の対立・分裂も自ずと弥縫されるとみていたのだろう。

しかし、こうした福澤の「人間性の至上なるものに対する信頼の念」(安西)にも関わらず、現実の「社会―市場」に生じる分裂が解消されることはなかったし、むしろ「社会―市場」が成熟すればするほど、この分裂も深刻化していったことは否定し難い事実である。福澤は、人々の社会的良心の足場を、「同胞」への共感に求めた。これは近代国民国家黎明期である当時の文脈に即していえば、日本という共同体に属する「国民《ネーション》」としての想像的な同一性に人々を統合していこうとすることと同義である。市場の「交際」＝交換が必然的にもたらす諸矛盾は、「国民《ネーション》」の情動によって(あくまでも想像的にではあるが)乗り越えられるというわけだ。

だが、封建的な身分制度から解き放たれた人間同士が互いに直面し合うとき、そこに生じるのはまず、「同胞」という意識以上に、未知かつ異質な他者への畏怖を含んだ脅威ではなかろうか。この他者の異質性は、「同胞」＝日本人という均質な同一性《アイデンティティ》(25)にとって、拭いきれぬ染みとして残存し続け、その結果、「社会―市場」の分裂は補われぬまま、調和なき敵対関係が全面化する可能性もまた残り続けることになる。皮肉なことに、このことを誰よりも鋭敏に直感していたのもまた、「同胞と一体化したいとの欲求」を「徳義」の基盤に据えた当の福澤自身であった。更に興味深いことに、福澤はこのような「国民《ネーション》」に埋め込まれた他者の問題を、彼の推奨した「実学」が、ほとんど「無益」なジャンクとみなした「戯作」という形で書き記した。ここに、「究(窮)理」と「戯作」(文学)の奇妙な交点が生じるのである。

第四節　「実学」の無意識——症候としての「戯作」

福澤は、翻訳を含む多数の著作を遺したが、その文体や語彙が、同時代の啓蒙思想家たちのそれに比べて、「極めて分かりやすい俗語」（安西）であったことは、夙に知られている。福澤自身も、全集「緒言」の中で次のように述べている。

「（……）俗文俗語の中に候の文字なければとて其根本俗なるが故に俗間に通用す可し。但し俗文に足らざる所を補ふに漢文字を用ふるは非常の便利にして、決して棄つ可きに非ず。行文の都合次第に任せて遠慮なく漢語を利用し、俗文中に漢語を挿み、漢語に接する俗語を以てして、雅俗めちゃ〳〵に混合せしめ、恰も漢文社会の霊場を犯してその文法を紊乱し、唯早分りに分り易き文章を利用して通俗一般に広く文明の新思想を得せしめんとの趣意にして、乃ち此趣意に基き出版したるは、西洋旅案内、窮理図解等の書にして、当時余は人に語りて云く、是等の書は教育なき百姓町人輩に分るのみならず、山出の下女をして障子越に聞かしむるも其何の書たるを知る位にあらざれば余の本意に非ずとて、文を草して漢学者などの校正を求めざるを勿論、殊更らに文字に乏しき家の婦人子供等へ命じて必ず一度は草稿を読ませ、其分らぬと訴る処に必ず漢語の六かしきものあるを発見して之を改めること多し」

このような福澤の「俗文俗語主義」（同右）が、ベネディクト・アンダーソンのいう俗語革命の要請に即応していることはいうまでもない。絓秀実が『天皇制の隠語《ジャーゴン》』（二〇一四）で指摘する通り、ある種の多言語社会であった明治期以前の日本には、統一的な「国語」は存在せず、在住する地方や身分等によって使用される話し言葉が異なっていたのみならず、漢文や仮名文など複数の書き言葉が混在していたことがわかっている。絓によれば、このような言語間の差異を均質化するのにまず一役買ったのが、諸外国の書籍の翻訳であった。

封建制崩壊後、かつての身分から解放された人々（当然のことながら、そこには福澤のような知識階級の人間だけではなく、「教育なき百姓町人輩」や「山出の下女」までが含まれている）を、改めて「同胞」＝「国民」として編成していく際、必然的に要求されるのは、彼らの意思疎通を可能にし、それを使用していることが「同胞」の証となるような共通の言語たる「国語」である。(26) 福澤の著作物における「俗文」採用も、「俗文俗語主義」的な翻訳方針も、このような言語の均質化の要求に基づいて試みられたといってよい。そして、それは同時に、「雅俗めちや〳〵に混合せしめ、恰も漢文社会の霊場を犯してその文法を紊乱し」という、言語の側面からの「門閥制度」の打破としても行われたものであった。

実際、福澤は未完成原稿「掃除破壊と建置経営」の中で、この時期に書かれた「俗文」の著作物の根底にあったのが、「掃除破壊の主義」（一八八二）であったことを明確に述べている。それは第一に、「儒林を攻撃して門閥を排する」ことを目的としており、「門閥を攻撃する」福澤は、「大名も人なり穢多も人なり」という考えの下、『学問のすゝめ』初編冒頭の一文のような形で「人」の原理的な平等性を強調する。「俗文」とは、こうした平等性を言語の内にも導入していく実践であり、また、「平易なる事理を説くにも故さらに難事を用ひて人を瞞着する」儒者たちの教えを、「平易なる俗事俗語を以て高尚の理を述べ」ることで徹底的に「転覆」させる手段でもあった。

このような「俗文」で書かれた「西洋旅案内、窮理図解等の書」は、当時の知識人たちによって構成された「漢文社会」がほぼ独占していた「文明の新思想」の知を「通俗一般」化する。その結果、それらは「人間普通の実学」として広範に享受されていくことになる。[27]しかし福澤は、この享受の過程を通して、「同胞」の中に潜在する他者の存在を、苛立ちと共に意識させられることになるのである。

それはまず、偽版の問題として表面化する。福澤は、明治初期に版権思想を紹介し、自身の著作物の偽版を取り締まろうとする過程で、著作物の保護に関わる権利の主体を、本屋から著作者個人に切り替えようとした。[28]だが、こうした一連の尽力にも関わらず、一八七二年の学制発布以降、教科書不足などを理由に、福澤の著作の不正な複製が、ますます出回ることになる。こうした不正複製版の中には、単純なコピーというだけではなく、本文の内容を婦女童蒙向けに易しく改変したものも多く含まれていた。たとえば、『西洋事情』や『世界国尽』（一八六九）などから記事を取り合わせ、仮名による文体に書き換えて作られた『内外事情』（一八七四）という書物が、その典型である。谷川恵一は、本書の「緒言」と『西洋事情』の「小引」を比較しながら、福澤が『西洋事情』を「新聞」の代用だというところを、『内外事情』が「草双紙」の代用だと言い換えている点に着目し、「福沢が『俗語』を用いた文だから『文字ニ拘泥』しないといっているのが、じつはたぶんに『漢儒先生』の視点からのものいいであったこと」が暴露されてしまっていると指摘している（『歴史の文体　小説のすがた』二〇〇八）。つまり、福澤の「俗文」もまた、知識人の言語たる「漢文」の域を出るものではなく、その意味で、彼が「転覆」しようとした「漢文社会」の言葉から質的に切断されていたわけではなかったのである。

福澤が俗語革命の初期唱道者でありながら、本質的な意味でその担い手たり得なかった理由が、ここにある。[29]俗語革命の要請する均質な「俗文」とは、従来「漢文」と「草双紙」の間に厳然と存在していた垣根を取り払い、その格差を無視して「雅俗めちゃ〳〵に混合」するところから生じるものであり、封建的な「漢文社会」の言語秩序との連続性を保ったままの改良によっては成立しない。啓蒙に左袒する思想家である以上、福澤は俗語革命の遂行による言語の平等化＝均質化を容認する必要があった。しかし実際には、福澤の言語面における封建制批判は、「漢文」という前提を手放さぬまま行われたという点で、不徹底なものであった。そのような不徹底さの根底には、俗語革命がもたらすことになる、「雅俗」が「めちや〳〵に混合」される言語状況――それは必然的に、福澤自身の知をも規定している「漢文」の秩序の内に、有象無象の「草双紙」的な「俗」が無遠慮に流入してくることをも意味する――への、無意識的な怖れがあったと考えられるのである[30]。

そのことがより明確になるのが、福澤による新聞批判である[31]。一八七八年、福澤は『民間雑誌』に四回にわたって「売薬論」という記事を連載し、その三回目の中で、「新聞紙屋」に対して痛烈な批判を加えている。その矛先は主に新聞の「雑報」に向けられており、「本来民衆に売薬の無効性を啓蒙すべき立場にある新聞が、雑報欄において逆に売薬を提灯持ちのごとく賞賛且つ宣伝し、民衆を非開明的な方向に誘導している」（松原真『自由民権運動と戯作者』二〇一三）と非難している。更に福澤は、「身を大切にする者なれば一分時の間も売薬に命を托す可らざるは論にも及ばず。如何にこの新聞社中が無学文盲とて此くらいの理屈を知らざる者に非ず」と、中傷に近い言葉遣いで新聞記者たちを責めている。

このように福澤は、啓蒙的論説と、「売薬」を宣伝するような「惑溺」的「雑報」を同じ紙面に掲載して平気な顔をしている「新聞紙屋」に対して、満腔の怒りを抱いている。だが、「雅俗がめちや〳〵に混合」される俗語革命後の言説空間とは、本来この「新聞紙屋」たちが提供する紙面のようなものではなかろうか。そこでは、啓蒙的言説も「惑溺」的言説も、新聞記事という限りで「同位同等」の情報とみなされ、同一の紙面上に水平的に配置される。同じ新聞に包摂され記事として併存している以上、啓蒙と「惑溺」とは、いわば互いに互いの「同胞」として、否応なく向き合わされ、「混合」されることになる。福澤が耐え難かったのは、本来「惑溺」を徹底的に排除することを目指した啓蒙が、かえってその「惑溺」に浸食され、不能化していく有様を目の当たりにすることではなかったか。彼の批判が、「論説を生命とするいわゆる大新聞全体」（松原）を対象としている点からも、そのことが窺える。

繰り返すが、福澤は啓蒙家として、このような「混合」を根底から否定することは不可能であり、むしろ意識的にはそれを推進しようとしさえした。だが、その「混合」が「草双子」的「俗」に塗れた「惑溺」の啓蒙的秩序への浸食という形で現実化したとき、福澤は自らの行った啓蒙の結果に対して、少なからぬ怯えを抱いた。そして、その怯えは、増殖する偽版やいかがわしい「雑報」への怒りや苛立ちとなって、絶えず回帰してくることになるのである。

　こうした偽版や「雑報」と同様の立ち位置にあったと考えられるもう一つの「俗」が、福澤の啓蒙書を対象としたパロディとしての「戯作」である。松原真はこの点について、「福沢本を対象としたパロディ」が「啓蒙家の深刻に抱いた危機感や使命感に対する無理解の産物」であるならば、偽版は「文明国における版権の重要性に対する無理解の産物」であり、「『西洋道中膝栗毛』、『安愚楽鍋』、『胡瓜遣』に見られる福沢本への理解の仕方は、すぐれて近代的内容を持つ福沢の啓蒙書が、偽版という非近代的なかたちで享受されるという矛盾と似通うものがある。福沢が『売薬論』のなかで、売薬という経済行為と雑報の文体とをその猥雑さ無節操さにおいて論理的に重ね合わせていたように、偽版とパロディも、論理的にはやはり重なり合うのである」と述べている。

　松原が言及する『西洋道中膝栗毛』（一八七〇―七六）、『安愚楽鍋』（一八七一―七二）、『胡瓜遣』（一八七二）は、いずれも仮名垣魯文による「戯作」である[32]。なかでも、『胡瓜遣』は、タイトル自体が『窮理図解』をそのまま踏まえており、福澤著作のパロディであることがあからさまにわかる。初編「自序」では、「胡瓜遣」の由来を「福澤先生の窮理図解世に高評の音通《ひゞき》を仮用し実学有益の確論を無用の戯編に翻案せる其條《こと》河童の屁に等類《ひとし》く一度水中に響くと雖《いへども》水上に則《ときん》ば淡《あわ》となりて消ゆるに同じ（……）当編《このへん》も既に然り原書も同音題号《おなじとなへ》はあれども理り窮《せめ》たる説もなく蒙《わらべ》を訓《みちび》く図解もなし」と洒落のめして説明している。目次を見ると、「第一章　運気の事」「第二章　食気の事」といった具合に、やはり『窮理図解』をいちいち踏まえており、本文の内容も、福澤の自然科学知識を紹介する文章を意識した上で、それを「戯作」に換骨奪胎している。魯文は、福澤の説く啓蒙思想の鍵語を文章の随所に散りばめると共に、各章に、そこで説明された事柄に合致する人物のエピソードを配することで、そうした啓蒙思想が、実際はどのような形で世人に受け止められているのかを結果的に描き出している。

例えば、「運気の事」と題された第一章では、『窮理図解』の第一章「温気の事」の書き出し「世界に温気なくば、万物忽ち縮みて形を失い、禽獣草木も生を遂ず、いかでこの世の機を保つべけんや」を、「世界に運気なくば万民忽ち縮みて。小人国の瘤咳病《ろうせうやみ》の如く生涯貧乏神の奴僕《やつこ》となりて。借銭の淵に堕入浮む瀬はあるべからず。運気あるをもって禽獣草木も生育し狗児《ちんころ》も盗門の番犬となり」と書き換え、話題を経済上の運不運の話へとスライドさせていく。そして、「方今《いまや》西洋各物窮理の学問行われて経験実学の御代と変り（……）かゝる開知のときに生れ。天地の道理を聊かなりとも。知るに至るは天運なり」と、啓蒙の鍵語を並べて見せた後、「身体平等」であるべきはずの人間に「貧福」の差があるのも、この「天運」のためであるとする。更に、たとえ「天運」によって「西洋学び」が出来、それで商売に成功したとしても、「人心天地反すれば。運気忽地退くなり」と、「西洋学び」を悪用する「奸商」とならぬよう戒めている。直後に、「開運身の上話」として、横浜の「日傭取」であった男が、「天運」によって富豪となるまでの回想が置かれているのだが、男はここで自らの「開運」の秘訣を、「運勢とは申ながら第一はこゝろがけと勉強」であったと述べているのである。こうした部分には、『窮理図解』序でも強調されている学問精励の主張への意識が一応反映されているとみてよいだろう。

一方、「第三章　水の事」では、『窮理図解』における水の解説を、「狂水」即ち酒の解説に置き換え、章の後半には「酔狂の放心」と題して、「なまなべ牛斎」と名乗る男が、泥酔して暴言を吐くさまを活写している。このとき、「なまなべ牛斎」は、「人間は一匹どりけへダ自主自立の権ダどんな奴が来ようともびくともするのじゃアねへぞ腕づくでも議論でも持ツてこい（……）何酔ツてゐるから車へでも駕《の》ツて帰《けえ》れとか大きに世話だうぬさの指揮《さしづ》をうけるもんか自主自立の権があるはへ此牛斎は酒はいくら飲ンでも天授の器械備はツたからだじゃはへ」と、「自主自立の権」をやたらと振りかざしている。しかし勿論、この男が「自主自立の権」のなんたるかを真に理解しているわけではないのは明らかである。「なまなべ牛斎」は、その名の通り、生聞きした啓蒙思想の鍵語を、ただ弄んでいるに過ぎないのだ。

この他、「独逸字典の複写」の仕事で得た金で食道楽をする「貧書生」や、柳橋で遊び呆ける男、父親の目を盗んで仲間と廓通いに精を出す遊蕩息子がそれぞれの章で登場する。第一章の「日傭取」から立身した男以外は、いずれも、『窮理図解』の序にいうところの「人の人たる所以を知らば、無所惜《おしげもなく》、身を役し、無所憚《はばかりもなく》、心を労し、徳誼を修め知識を開き（……）真に万物の霊たらんことを勉むべし」という人間像には程遠い人物ばかりであるのはいうまでもない。彼らにとっては、啓蒙もまた流行り廃りを繰り返す様々なる意匠の一つ以上でも以下でもないのである。

こうして、福澤の要請するシリアスな「窮理」の態度は、それが「戯作」に移し替えられた途端、「河童の屁」にも等しい軽々しさといかがわしさにまで引き下げられ、徹底的に「俗」化される。松原も指摘する通り、「文明開化をひたすら物質的快楽においてのみ享楽し、謳歌してみせる仮名垣魯文の『天真爛漫』なパロディ」は、「一般的な啓蒙言説の提示する文明開化の像と背反する（……）近代日本出発期の現実を暴露してしまう」。のみならず、この「現実」の中で、啓蒙は決して無傷ではいられない。福澤があえて「俗文」によって啓蒙活動を行ったのは、それまでは知識人階級によって寡占状態になっていた知を、広く解放し、世俗化するためであった。だが、その過程で、啓蒙的言説は簡単に誤読され、歪曲された挙句、その本来の意義はなおざりにされたまま流布されていく。

福澤はおそらく、封建制のくびきの下で知の恩恵に与れずにいた大衆たちが、「俗文」で書かれた知に触れることでまさに蒙を啓かれ、「学問」を導き手として、「惑溺」と「戯作」的な猥雑さに塗れてきた「『下等社会』(33)特有の慣習とそれに伴う生活言語」（松原）から離脱し、啓蒙的言説を正しく内面化した「同胞」＝「国民」となって、「社会―市場」に参入することを望んでいたにちがいない。しかし、実際に生じたのは、「下等社会」の「俗」による啓蒙の汚染ともいうべき事態であり、福澤はこのような汚染、即ち、啓蒙と「戯作」的猥雑さの混淆への苛立ちを抑えることができなかったのである。

福澤にとって、「戯作」とはあくまでも改良の対象であり、いずれは啓蒙的言説の中に解消されるべき存在であった。それにも関わらず、「戯作」の言語は啓蒙に包摂されるどころか、かえって啓蒙を侵食し、猥雑化してしまう。それは、物理的には偽版の横行や新聞紙上での「雑報」掲載としても現れ、福澤がいかにそうした現象に抗議し、取り締まろうとしても、完全に防ぎきることはできない。更に、啓蒙は論理的にも、このような啓蒙の「戯作」化を拒むことは不可能だ。なぜなら、啓蒙の目指す平等性とは、封建制度が解体された後、知識人たちの「漢文社会」も、婦女童蒙俗人たちの「戯作」的な世界も、いったん「めちゃ〳〵に混合」された上で、互いが互いを「同胞」と看做すところに成立するものだからである。啓蒙の「戯作」化は、知あるいは言語の世俗化の必然的な結果であり、これを拒めば啓蒙の論理自体が破綻してしまう。

こうしてみると、福澤の「戯作」的な「俗」への怒りは、実は自ら唱道する啓蒙が現実化していくことに対する怒りであったことがわかる。福澤が啓蒙に終生信頼を寄せていたことは明らかではあるが、その啓蒙が「戯作」と交わる瞬間、啓蒙主義者・福澤が無意識裡に抱えていた分裂が浮かび上がってくるのである。この分裂は、啓蒙的言説に包摂された「社会—市場」の矛盾を暴露する「貧人」問題に直面したときにも、鮮明になる。「貧富痴愚の説」（一八八九）において福澤は、「社会は貧愚者を以て多数を占め、所謂彼の公義輿論抔も多くは此類の人より起るものにして、随て其議論も亦貧愚の臭気を帯ぶるもの多しとす。（……）目を閉じ鼻を掩ふて此臭気をも忍ぶべしと雖ども、此に最も恐るべきは貧にして智ある者なり」だとして、このような知恵ある貧者は、経済的に不如意な状態に置かれているが故に、内にある才気を発揮する機会を持てない不満を鬱積させ、やがては「財産私有の法」を始めとする「世の中の総ての仕組を以て不公不平のものとなし、頻りに之に向て攻撃を試み」るようになると危惧している。そして、土地の共有を奨めたり、賃上げを要求したり、「職人の同盟罷工」を組織し「社会党」・「虚無党」を結党したりすることも、こうした知恵ある貧者の不満が爆発した結果であるとして、「貧人に教育を与ふるの利害、思はざる可らざるなり」と、かつて『学問のすゝめ』を執筆した人間とは思われない慨嘆を漏らしている。重要なのは、製造業等に従事する低賃金の職工たちであっても、「学問」をしさえすれば「智慧」を手に入れることができる「自由」が保障されることこそ、福澤の啓蒙の到達点であったはずだという点である。しかし、実際にそのような「自由」が浸透した結果、「貧にして智ある者」が登場し、「社会—市場」に参入する「同胞」として、その「仕組」の「不公」を唱え、それについての「不平」を述べるようになると、福澤はそれを脅威とみなし、防衛的な態度を取っている。ここにも、福澤が啓蒙を推進しつつ、事実上、その啓蒙の現実化を拒絶する分裂があからさまに現れているのである。

福澤は『民情一新』（一八七九）の中で、「文明開化」によって「蒸気電信」を始めとする「利器」を手にした人間たちを「胡蝶」になぞらえ、「今改進世界の人民が思想通達の利器を得たるは人体頓に羽翼を生ずるものに異ならず。千七百年代の人民は芋虫にして八百年代の人は胡蝶なり。芋虫を御するの制度習慣を以て胡蝶を制せんとするは亦難からずや」として、専制的な政府によっては、このような「人民」を統治することは不可能であろうと結論している。このとき、福澤は文明の「利器」を武器に、「人民」が専制的な政府の支配から離脱することを、啓蒙家として肯定している。一方、服部撫松（一八四一—一九〇八）は、「痴呆漢会議傍聴録」[34]の中で、「痴呆漢（地方官）」たちが、いまだ「人間」となりきれていない有象無象の存在を「蛆虫」になぞらえ、「同ク是れ蛆虫ナリト雖モ豈ニ一様視スヘキ者ナランヤ（……）動物ノ肉腐レテ出ル者アリ此ヨリ出ル蛆虫ハ最モ智アリ（……）此蛆虫ヲ御スルニ猶ホ糞溜ノ蛆虫一般ニ壓気ノミヲ以テセントセバ以ノ外ナル紛議ヲ醸モシ我々カ髯府モ万一ニ転《ヒッ》クラ返ヘルナキヲ保ツヘケンヤ」と危惧する様子を、奇しくも福澤の「胡蝶」の比喩と類似の表現を用いて諷刺している。啓蒙による「文明開化」は、権力や知識人たちからは「蛆虫」も同然と考えられている存在に対しても、「究（窮）理」の精神と「学問」

を通じて、「世の中の総ての仕組」に闘いを挑めるだけの「利器」と「智」を与える。そして、「胡蝶」となった彼らは「社会―市場」に本当の意味での「多事争論」を持ち込み、「物理の原則」に統治された啓蒙の調和空間を失調させるのである。

このように、啓蒙の徹底的な現実化は、その論理に支えられた「社会―市場」自体を掘り崩すことになる。しかし、啓蒙は、「智」のある「蛆虫」たちの出現を決して拒むことはできない。福澤の苛立ちと嫌悪をよそに、彼の推進した啓蒙の産物たる「智」のある「蛆虫」たちによって開かれた「多事争論」の磁場は、「社会―市場」に終わりなき不調和と敵対関係を引き起こすことになるのである。

第五節　「戯作」を書く啓蒙家――「かたわ娘」論

「戯作」が露わにするのは、啓蒙の論理を肯定しつつも、その全面的な現実化を嫌悪する啓蒙家の分裂した態度であった。啓蒙家は啓蒙家である以上、啓蒙の論理的な帰結である知の世俗化＝平等化を拒否することはできない。そのことは、封建制下の社会においては、知を手にすることなど考えられなかった人々が、「学問」によって知を携え、「人間」として「社会―市場」の「交際」に参入することをも意味している。そして啓蒙は、彼らが「社会―市場」の中に、新たな「多事争論」を持ち込む「自由」を妨害することはできない。たとえそれが、「社会―市場」の「仕組」をことごとく批判し、打ち倒そうとするものであったとしても、である。福澤の「貧にして智ある者」たちへの苛立ちは、啓蒙家が、自身の推進した啓蒙の産物をそうと自覚せずに嫌悪しているという点で、まさに無意識の症候というべきものであろう。

このような啓蒙家・福澤が、一度だけ「戯作」に手を染めたことがある。彼はその執筆動機を全集「緒言」で次のように説明している。

「かたわ娘は実にたわいもなき小説やうのものなれども、之を綴りたるには自から其時の事情あり。明治四五年の頃、人の噂を伝聞するに、京都の堂上公卿の中には今尚ほ鉄漿《おはぐろ》を着ける者ありと云ふ。余は密かに不平に堪へず、王政維新既に四五年を経過して堂上貴顕の因循文弱、唯驚くの外なし、数百年来京都の公卿輩が国中に重きを為し得ざりしも偶然に非ず、実に気の毒なる次第なれば、今これを文明に導て活発男児たらしめんとするには、先づ其外形よりして兎も角も婦人やうの鉄漿を廃せしむるこそ至急なれと思ひ、執筆起草して之を議論せんとする折柄、不図思案すれば待てしばし、公卿が婦人の真似するは固より可笑しけれども、其婦人が天然に白き歯を持ちながら態と之を黒く染るも亦笑ふに堪へたり、左れば小数の公卿は咎るに足らず、全国大多数の婦人の歯を白くして天然の美を保たしむるは事の順序なり、婦人にして果して鉄漿の陋習を脱するときは、京都の柔弱男児も自から愧ぢて自から改むるや必せり、一挙両善の法なりと、是に於てか最前の文案を改め単に婦人に向て鉄漿の利害を説かんとして、歯を黒くするは人為の片輪者なりとの意味を以て之を諷したることなり」

こうした意図の下に一八七二年に発表されたのが、『かたわ娘』というごく短い「戯作」であった。福澤の回想からも明白であるが、この作品は、最終的に「婦人に向て鉄漿の利害を説かん」とする教化の目的で書かれている。そのため、和田繁二郎は、この作品を近代的な意味での小説とはみなさず、あくまでも「啓蒙、教化の手段と化した寓話」であるとしている。このような見方は、平岡敏夫にも共有されている。平岡は、福澤が『学問のすゝめ』初編で、「人間普通の実学」に対して、「和歌を楽み、詩を作るなど」の行為を「世上に実のなき文学」としながらも、「これ等の文学も自から人の心を悦ばしめ随分調法なるもの」と、一応の存在意義を認めている点を示しつつ、この「人の心を悦ばしめ」るという「『快楽』性」に着目し、教化の一助に役立てようとしていたと指摘する。また、『かたわ娘』については、「京都の公卿輩」に向けて「議論」をしようと考えていたが、途中で「婦人」にその的を変更しようと思い立ち、「大多数の婦人向けとしたとき、そこに小説性がとられるに至った」として、「小説というものが大多数の婦人をとらえる力をもっていることを福沢は認め、『実用』の見地から、その『快楽』性を利用したわけである」と分析する。しかし、平岡もやはり『かたわ娘』の小説世界は「貧困」であると結論している。

和田も平岡も、『かたわ娘』を近代文学成立の途上にある作品として位置づけながらも、一個の小説としては失敗していると断じている。その理由を、和田は「その表現の過程で、現実がたしかめられたり、作者の内部がさらに追究されたりするような近代性」の欠如に求め、平岡は「女たちの人情・存在にじゅうぶん立ち入り得ない」点に求めている。これらの見解は、端的に言えば、『かたわ娘』の中に、読者が共感＝同一化可能な「内面」が存在しないことを批判したものといえる。しかし、こうした批判は、和田や平岡が、このような「内面」の成立を保証する俗語革命以後の世界に属しているからこそ可能になることであり、福澤が『かたわ娘』を執筆した当時においては、この俗語革命自体がいまだ端緒に就いたばかりであったことに注意を払う必要がある。この点を踏まえた上で、『かたわ娘』に現れている「近代性」を改めて検証していく。

『かたわ娘』のあらすじを確認しておこう。ある裕福な夫婦の間に、娘が生まれる。この娘は「かほかたち中分なく、玉の如き子」であったが、「生れつき眉毛なし」という容貌であった。のみならず、長じてから生えてくる歯は「墨の如くうるしの如」く黒い。年頃になっても、眉毛が生えず、歯も黒いままだったため、近隣の「文盲連」の人々は「あの家にはいかなる前世の宿業ありて斯る稀代のかたはものを生みしや」と噂し、「洋学先生」は「造物主の深き趣意」の産物である眉毛を持たないこの娘は、「天に見放されたる罪人といふべし」と断じる。両親はこのような話を耳にするたびに悲しんだが、娘が適齢期を超えると、心ない噂は一切無くなってしまう。それどころか、娘は「今は中分なき一家の細君」となっている。話者はこの理由を、周囲の娘たちが結婚して「人の妻」となった際には、自ら眉を落として歯に鉄漿をつけ、まさにこの娘と同様の容貌になるため、結果的に、本来は「不具」であるはずの娘の姿が、「隣の細君」とまったく見分けがつかなくなるからだと説明し、こうした慣習を次のように批判する。

「実に不思議なるは世間の婦人なり。髪を飾り衣裳を装ひ、甚だしきは借着までしてみゑを作りながら、天然に具わりたる飾をば、をしげもなく打捨て、かたわ者の真似をするとは、あまり勘弁なきことならずや。まして身体髪膚は天に受けたるものなり。慢りにこれに疵付るは天の罪人ともいふべきなり」

「婦人に向て鉄漿の利害を説かんとして、歯を黒くするは人為の片輪者なりとの意味を以て之を諷したることなり」という福澤の趣旨が端的に表わされているといえよう。しかし、福澤の説明する『かたわ娘』執筆の経緯を丁寧に踏まえてみると、この作品を、単なる旧習廃止を訴える教化寓意としてのみ片づけるわけにはいかなくなる。

そもそも福澤は、「京都の堂上公卿」[35]を対象に、その文化の「因循文弱」を正し、「今これを文明に導て活発男児たらしめんとする」ために「婦人やうの鉄漿を廃せしむるこそ至急なれと思ひ、執筆起草して之を議論せん」として、鉄漿廃止論のような「議論」を企てようとしたという。注目すべきは、福澤が「京都の堂上公卿」たちが、数百年に渡って「国中に重きを為し得ざ」る理由を、暗に「鉄漿の陋習」に象徴される「婦人よう」の「柔弱」さに帰している点である。福澤は、「婦人」の如き「因循文弱」さを持つ公家を、「文明」に導くことで「活発男児」に改めることが可能だと考えた。このとき、「活発男児」と「婦人」という性差《ジェンダー》の記号は、「文明」と非「文明」（「陋習」）にそれぞれ対応するものとして配分されている。ここから、福澤の「文明」に参与する「人間」とは、潜在的にMan＝「男児」であることが前提となっているのが読み取れると同時に、彼が結局は公家よりも先に、「婦人」を啓蒙すべきだと考えた理由もみえてくる。

　福澤が「鉄漿の陋習」を、啓蒙の観点から問題だと見做したのは、それが「人」という想像的な同一性の中に、性差という形で亀裂を持ち込むことになるからである。「天は人の上に人を造らず、人の下に人を造らず」といったとき、その「人」はひとまず封建的身分制度とは無関係の中性的な存在として提示され、そうすることで初めて、「男児」であろうが「婦人」であろうが（ひいては、公家であろうが「穢多」であろうが）、「人」は「人」として平等＝均質であり、互いに「同胞」であるという主張が可能になる。だが、「鉄漿の陋習」は、この「人」の一員たるべき「婦人」に、顔貌の「人為」的な変更という形で、殊更その女性性《フェミニニティ》を強調するよう仕向ける。性差の表徴としての「鉄漿」は、中性的で均質な「人」の同一性を損ないかねない。だからこそ福澤は、「婦人」（あるいは公家）が「人」として均質＝同一化されるためには、それを挫折させる可能性、すなわち性差の象徴的刻印である「鉄漿」を捨てねばならないと考えるのである。

　絓は「かつて身分制のもとで階層的に秩序化された男と女の関係が一応崩壊し、女が男と同様の『世人』と見做された時、男にとって女は、逆に不可解な『他者』として現前し始めたのである」（『日本近代文学の〈誕生〉』）と指摘している。絓の指摘は、一八八七年に書かれた二葉亭四迷（一八六四―一九〇九）の『浮雲』などを念頭に置いてなされたものだが、この「不可解な『他者』」としての「女」の問題は、「かたわ」と「娘」＝「女」を結び付けたタイトルという形で、福澤の「戯作」にも既に予兆されている。「鉄漿」という習俗の前提となっていた封建制が崩壊したとき、その習俗に従って顔貌を造った「婦人」たちは、「男児」＝「人《マン》」の「天然」＝全体性の側からみて、そこから逸脱した「かたわ」としかいいようのない存在であった。啓蒙家である福澤としては、このような「かたわ」もまた、「人」として「社会―市場」に統合していかなければならない以上、「人為」的な「かたわ」を生み出す「陋習」たる「鉄漿」を撤廃し、「天然の美」を回復させねばならない。こうして、「不可解な『他者』」としての「婦人」は、すぐさま「人」の同一性を阻害しかねない差異を刻印された「かたわ」というスティグマを負わされ、啓蒙の対象として同定される。

更に重要なのは、福澤がこうした他者としての「婦人」を、直接的な啓蒙の「議論」としてではなく、「戯作」として書いたことである。啓蒙にとって、その論理の下に存在するのは、あらゆる差異を均質＝平等化された「人」のみである。しかし、現実には、「婦人」をはじめとした、到底「人」として同一化することのできない「かたわ」的な他者が無数に存在する。そして、論理的には存在しないが、そこに在る〝もの〟を思考する必要に迫られたとき、必然的に要請されたのが「戯作」という方法なのである。「戯作」は啓蒙の限界を指し示すと同時に、その論理によってはもはや思考不可能であるところの〝もの〟に、かろうじて触知するための方途でもある。この意味で、啓蒙家である福澤が、封建制崩壊後に現われた「不可解な『他者《もの》』」としての「婦人」を、啓蒙の論理によってではなく、「戯作《メタファー》」として描き出そうとした『かたわ娘』は、封建制下で書かれてきたそれまでの「戯作」とは全く異質なものであり、優れて近代的な作品といえるのである[36]。

ところで、この『かたわ娘』への反論として提出された「戯作」が存在する。それが、万亭応賀（一八一九—一八九〇）による『当世利口女《とうせいりこうむすめ》』（一八七三）である。平岡はこの作品を、「開化主義に対する保守主義」と位置づけ、両作の関係に、後の欧化主義と国粋主義の対立の萌芽を見て取っている。平岡の指摘通り、『当世利口女』は、「国の風俗」を擁護する立場から、終始『かたわ娘』の中で主張される啓蒙的鉄漿撤廃の説に反対している。しかし、そうした内容面以上に、『かたわ娘』の啓蒙性への抵抗を示しているのは、本作の形式それ自体である。

『かたわ娘』が、啓蒙的言説を内面化している話者によって一貫して語られているのに対して、『当世利口女』は、この話者に「かたわ」と名指された側である「女《むすめ》」の一人称語りによって構成されている。『かたわ娘』において、話者は娘の両親や、その近隣に住む人々（「文盲連」あるいは「洋学先生」）など、娘の周辺に存在する要素に対して焦点を当てはするものの、肝心の娘自身については、容貌に言及し、それを「かたわ」というイメージの中に封じ込める以上の語りは行わない。本作の主人公であるはずの「かたわ娘」は、いわば「かたわ」と名付けられただけの空白として、物語の中に消極的に存在するにすぎないのである。

一方、『当世利口女』の「女《むすめ》」は、「童《わらは》」という一人称を用い、あたかも『かたわ娘』に空いた空白を埋めようとするかの如き饒舌な語りを展開する。ここで重要なのは、この「女《むすめ》」が自らを「物読書のすべさへしらぬ」「たらわぬ身」であることを認めながらも、「愛国の為」という立場に依拠して自説を述べている点である。この「たらわぬ身」には、「物読書のすべ」を知る者たちと比較して「たらわぬ」という含意があることは明白であろう。だが、そのような「たらわぬ」者であっても、啓蒙の論理においては、既に「人」＝「国民《ネーション》」として認められている以上、「物読書のすべ」を知る啓蒙家と「同位同等」に、「愛国」を語ることが可能となるのである。

もとより、応賀によって仮構された「女《むすめ》」の反論のロジックは、「西洋の人己が風俗をもつて他国の風俗の是非をいふことなかれ（……）今そのためしに皺がれたる顔へ眉をおき三ツわくむ老を白歯にすればとて化物《やほっ》と見る者あるともいかで美人と見るものあらんや」といったもので、啓蒙への感覚的反発の域を出ていない。しかし見落としてはならないのは、このような「女《むすめ》」の一人称による反論を可能にしているのが、他ならぬ啓蒙的平等の論理であり、そうである以上、啓蒙の側はこのような「女《むすめ》」の抵抗を封じることは不可能だという点である。

福澤は『かたわ娘』において、娘を「かたわ」という他者性のスティグマの中に緘黙させたが、啓蒙とはそもそも、「婦人」や「穢多」といった封建制下において「たらわぬ」者の身分に置かれていた存在にも、知識人あるいは為政者たちと「同位同等」にものを語る機会と、そのための知や言葉を授ける「学問」を解放するものではなかったか。『当世利口女』における「女《むすめ》」の一人称語りという啓蒙批判の形式は、このような啓蒙の論理的帰結を、当の啓蒙自身に象徴的につきつけるものなのである。無論、『当世利口女』の内容自体は、当時としても反時代的かつ陳腐な開化への反動に過ぎない。しかし、啓蒙的言説に包摂された「社会―市場」、あるいは、「人」＝「国民」の均質な同一性の内に、絶えず異議申し立ての「多事争論」を持ち込む他者の存在を予兆しているという点において、「女《むすめ》」の一人称語りという『当世利口女』の形式には、やはり啓蒙の盲点を突く鋭い一閃が宿っているのである。

おわりに

これまでみてきた通り、福澤諭吉による啓蒙のプロジェクトは、封建的な秩序から諸個人を解放し、それまでは一部の知識人階級によって独占されてきた学知を、「窮理」の精神に基づく「人間普通の実学」としての「学問」を通じて世俗化＝平等化することを目指していた。しかし、このような啓蒙の「自由」の論理が貫徹されたときに拓かれるのは、「雅俗」が「めちゃ〳〵に混合」されるアナーキーな空間である。この空間の中で、啓蒙は「戯作」的な「俗」に汚染され、その純粋性を保つことができなくなる。それはまた、福澤のようなエリートと、『胡瓜遣』に登場した酔漢「なまなべ牛斎」のような存在が、「人」＝「国民《ネーション》」として「同位同等」の「同胞」とみなすことを肯定するような空間でもある。福澤は啓蒙家として、「俗文俗語主義」を掲げた著述活動などを通じて、このような空間の編成を積極的に推進しさえしたのであるが、一方では、啓蒙の論理が「戯作」によって猥雑化されることへの嫌悪を抑えることができなかった。

啓蒙は、その論理的帰結として、啓蒙自身の他者を生み出した。それらは、啓蒙から生まれたにも関わらず、啓蒙に内在する限界を構成し、その論理を挫折させる。こうした啓蒙の論理によっては把握できない存在に直面したとき、福澤は「戯作」を書くことでそれらを捉えようと試みる。福澤は、啓蒙の論理的可能性を徹底的に追求した結果、その臨界点にまで到達した。そのような地点で福澤が取り組んだのは、まさしく「文学」の問題であった。その「文学」とは無論、封建的な秩序に奉仕する従来の「世上に実のなき」「学問」のことではない。啓蒙がいやおうなく切り拓いてしまった〝近代〟という「多事争論」の空間から生じる様々な課題を、批判的に問い続ける「学問」としての「文学」である。福澤諭吉の残した膨大な量の著作物を現在なお読むべき理由があるとすれば、それは、啓蒙のプロジェクトが必然的に抱え持つこととなった啓蒙自体の限界に、彼がまさに啓蒙家としてどのように対処し、思考しようとしていたかという点を問うところにこそあるだろう。

註

（1）福澤は「国権可分の説」（一八七五）の中で、「人民」について、「人民とは政府に対したる名称にして、政府の外は悉皆人民に非ざるはなし」と、その範囲を極めて広範に設定している。そして、「されば人民とは必ずしも貧弱無智の細民のみを指したる言葉に非ず。（……）町人も、百姓も、富豪も、学者も、官に在らざる者は之を人民と云はざるを得ず。（……）人民の世界は最も広くして、其の数は最も多きものなれば、其議論も亦下流の細民のみより出るものに非ず」と説明している。更に、「西洋諸国」における「衆論国是」、即ち世論は、「人民」の内の「中人以上、学者士君子」から提出されるとしている。

（2）『文明論之概略』中では、このような〝民族〟としての「国民」（nationality）は「国体」という言葉で表わされている。「国体とは、一種族の人民相集て憂楽を共にし、他国人に対して自他の別を作り、自から互に視ること他国人を視るよりも厚くし、自から互に力を尽すこと他国人の為にするよりも勉め、一政府の下に居て自から支配し他の政府の制御を受るを好まず、禍福共に自から担当して独立する者を云ふなり」。

（3）多田顕は「福沢諭吉と自由の概念」（一九七七）において、一八六八年に刊行された『西洋事情』外編三巻に現れる「自由」の概念を分析して、「福沢は、個人の自由な行動は、それだけでは意味を持ち得ず、私有財産制の確保と結びついて始めて、充分な意味を持つことを認識していた。それ故、彼は、特に、チェインバーの経済書の中のポリチカルエコノミーの部分に含まれている財産権の項をも外編に取入れたのであろう」と指摘している。また、一八七〇年に刊行された『西洋事情』二編の中でも、「国民の自由とともに、私有財産権の確保が強調されている」点に注意を促している。

（4）柄谷行人は、ブルジョア革命以後、資本・国家・ネーションは統合され、相互に補完し補強し合う関係となったと指摘している。「だから、私は、近代国家を、資本制＝ネーション＝ステート（capitalist-nation-state）と呼ぶべきだと思います。（……）たとえば、経済的に自由にふるまい、そのことが階級対立や諸矛盾をもたらすとき、それを国民の相互扶助的な感情によって越え、議会を通して国家権力によって規制し富を再分配する、というような具合です」（『日本精神分析』二〇〇二）。本章でも、このような近代国家の「三位一体構造」を踏まえて考察を行う。

（5）前田愛は『幕末・維新期の文学』（一九七二）「文明開化」において、「『文明開化』をめぐる諸思想の力関係は、明治初頭における幕府知識人の、それぞれの姿勢によってほぼ決定されていたといっていい」と総括し、「絶対主義的改革による日本の『文明開化』をもくろんだ『転向者』」西や加藤に対し、「『瘠我慢』の精神と『文明』の精神との二元的対立を相対的に把握する視点に立って、『近代化』の本質を最も鋭く洞察した」福澤という構図を提出している。

（6）ここで注意しておきたいのは、福澤をはじめとする明治期の啓蒙思想家たちが主に摂取した西欧の思想が、厳密にいえば、啓蒙主義の時代が過ぎ去った一九世紀のものであったにも関わらず、彼らの思想が「啓蒙主義」的であったことである。「幕末から明治一〇年までの時期をとってみると、現在分っているところでは、広く読まれた思想家は、ミル、ベンサム、ギゾー、バックル、スペンサー（ただし、スペンサーがもっとも流行するのは、明治一〇年代に入ってからである）などである。（……）しかし、一八世紀の啓蒙思想家は、三権分立論の点でもてはやされたモンテスキュー（彼は啓蒙主義の主流とはいえないが）を除けば、ほとんど読まれた形跡がない。（……）ところで、ミルなど先に名前をあげた人々の思想は、多かれ少なかれ啓蒙的自然法思想から変化しており、ある場合にはそれを真正面から批判している。幕末から明治初年には、そうした一九世紀の思想が摂取されながらも、自然法的な天賦人権の観念が展開されたのである」（植手）。明治期の啓蒙思想は、啓蒙主義とその批判を同時に受け容れた上で展開されていったのである。

（7）西周「非学者職分論」、加藤弘之「福沢先生ノ論ニ答フ」、森有礼「学者職分論ノ評」、津田真道「学者職分論ノ評」。

（8）大久保はまた、学者職分論における福澤の「私立」の主張が、「ベンサム・ミルの流れを汲む自由放任論の立場」を背景に書かれたものであることに注意を促している。

（9）辻哲夫は、福澤のこのような「実学」の説明について、実用性が強調されすぎているきらいはあるが、「たしかに近代西欧の科学的知識」を念頭に置いたものだとしている。また、福澤は「science（科学）の訳語として実学を想定したであろうし、『一科一学』という用語法には、後にはっきり『科学』として定着するはずの、個別的な専門科学の観念すら姿をみせている」としつつも、「その学問的構想は、直接に自然学・技術学を母胎にして生れたものでもないし、また自然学・技術学の分野のみをめざして主張されたものでもな」く、むしろ「人文・社会科学をも含めた西欧の近代的な学問全体を念頭におき、その学問の観念を日本にとりいれるつもりで、実学を提唱した」と指摘する。そしてそこには、西欧啓蒙主義の学問的展開を承けて「近代自然科学の方法を、さらに広く人文・社会科学にまで適用し、拡張しようとする方法論的な問題意識」があったのである。

(10) 前節で指摘した通り、福澤自身も、蘭・洋学を志す以前は、儒学を中心とした漢学の素養を身に着けた「漢書生」であり、『福翁自伝』(一八九九)の中では、特に左伝を愛読していたことを回想している。彼の批判は、儒学的な知の高度な理解に立脚したものであった。

(11) 福澤は明治一〇年代に入ると、「究理学」ないし「窮理学」ではなく、「物理学」という言葉を使用するようになる。周は、福澤は「物理学」を「自然に存在する物の真理原則を定量的かつ実証的に究明し、そういった究明を介して自然をコントロールし、人間社会に物質的に利用させる学問」と捉えていたと指摘する。更に、「物理学」は基本的に「究理学」の延長線上にあるが、両者の間には微妙な差異があるともいう。福澤は「物理学」を説く際、「自然真理の絶対性」と共に、殖産興業を促す技術への応用可能性を強調する。これは、「究(窮)理学」という術語を使用していた明治維新初期には、ほとんど見られなかった傾向であると周は分析する。周は、このような福澤の科学思想観の変化について、自由民権運動による国内の政治危機の高まりと、東アジアの対外政治的危機の深刻化を受け、福澤が次第に「思考の重点を、民権から国権に、国民の精神変革から富国強兵へと移動させた結果、「『物理学』の応用価値がことさらに強調される」ようになったのではないかと推測している。周の分析は非常に詳細で説得力があるものである。だが、こうした変化を被ったにせよ、福澤の「物理学」から、「物に即して日常生活や現象の背後にある因果法則(理)を徹底的に追及する合理主義の精神」が完全に消失したわけではないという点を踏まえ、本稿ではこれら二つの術語を質的に区別せず、ほぼ類似の言葉とみなすことにした。なお、「物理」概念の歴史的変遷については、三枝博音『技術史研究』(一九四四)「『物理』の概念の歴史的彷徨について」も参照のこと。

(12) 前節で言及したように、福澤は、中津藩の意を受けた砲術修行を契機に蘭学の道に入り、一八五五年には緒方洪庵が主宰する適塾に入門し、医術の他、物理学、化学、解剖学、生理学の知識を身に着けると共に、それらを実験によって確かめてみようとする実証精神を養った。その後、三度にわたる欧米への渡航経験によって、「西洋社会に強く影響を与えた技術の発明のほとんどすべてが『究理学』、すなわち科学に基づいた産物であること」(周)を改めて理解することとなる。晩年に至るまで、「究(窮)理」を重んじる福澤の態度は一貫しており、『福翁自伝』の中でも「元来私の教育主義は自然の原則に重きを置いて、数と理と此二つのものを本にして、人間万事有形の経営は都てソレカラ割出して行きたい」と述べている。また『福翁百余話』(一九〇一)の「物理学」の中でも、「人間万事経営の大本は何処の辺に在るやと自問すれば、天然の真理原則に在りと自答せざるを得ず」とした上で、「物理学は此真理原則を教ふるものにして、人間万事を包羅する学問」であると結論している。安西は、『国際科学叢書』(The International Scientific Series)第五巻のスペンサー『社会学研究』第一三章における教課論(Discipline)についての福沢のノートを調査し、スペンサーが生物学や心理学に話題を移そうとしているところで、福澤がノートを取るのを中断している点に着目して、「福沢の本書読了時である明治九年三月十四日以降の著述を見ても、福沢は学問の範型を生物学や心理学に変更することなく、依然として『物理学』にしていることを合わせて考えると、福沢はスペンサーの学問論に必ずしも賛意を示していないことがわかる」と結論し、本書受容以後も、福澤が「物理学」を「学問の範型として固守」していることが確認されている（ただし安西は、スペンサー自身においても「心理学や生物学に固執しつつもどこまでそれらの学問を学問の範型として考え、社会学に適用しようとしていたかは甚だ疑問」であるとしている。そして、福澤が、日本の思想界において社会ダーウィニズムが流行した際、それを茶化すような文章を書いたり、「物理学之要」（一八八二）を記して「物理学」の重要性を改めて強調したりと、必ずしも肯定的な態度を取らなかった点と併せて注意を促している）。

(13) 凡例に拠れば、福澤が本書を書くにあたって参考にしたのは「英版『チャンバー』窮理書」、「米版『クワッケンボス』窮理書」、「英版『チャンバー』博物書」、「米版『スウヰフト』窮理初歩」など、複数の英米系の自然科学や地理の書籍であった。

(14) 柳田泉によれば、明治初期における「文学」は、「文の心の現われ」としての「文」が「文字になったもの」という極めて広い範囲をカバーする概念であったため、「文学的関心から受け入れたものばかりでなく、学問的関心から受け入れたものも、殆ど皆文学と見て疑わなかった」。したがって、「人文科学的なものはいうまでもなく、科学的のもの」も、多くが「文学」に分類されることになった。その一例として、柳田は福澤の『西洋事情』初編の「文学技術」の項を挙げている。この項では、「文学史の大体なるものが語られているが、その文学はそのまま科学史であり、学術史」なのである。

(15) 経済学にも、『西洋事情』外編（一八六八）の中で「抑〻経済の学に於ても亦、一定の法則あること、他に異なることなし。（……）人、或は問を発する者あらん、何等の趣意を以て是学を研究するやと。余答て云はん、唯其定則を知て之に従はんが為なり。（……）経済学を研究するは人身窮理を学ぶ趣意に事ならず」と書かれている通り、やはり同様の「究（窮）理」の精神が適用されていた。福澤が「自然の近代的な『合理的』理解の学問である物理学の唱道者であると同時に、複式簿記に基づいた経済の『合理的』管理方式を紹介した学者」（佐々木力）たり得た理由がここにある。

(16) 丸山はまた、福澤のいう「物理の原則」は静的かつ固定的なものではなく、「むしろ個別的な状況の中に絶えず具体化されていく過程」として存在するものであり、このような福澤の態度は「事物の価値を事物に内在した性質とせずして、つねにその具体的環境への機能性によって決定していく」プラグマティズムに近いと指摘している。

(17) 丸山は、福澤が「十九世紀初頭の産業革命」の産物である、鉄道や船、郵便・電信、印刷などの蒸気の力を利用した諸技術に大きな関心を寄せていたことに触れ、「固定的な社会関係が破れて人間相互の交渉様式がますます多面化することが社会的価値の分散を促し、価値基準が流動化するに従って精神の主体性はいよいよ強靭となるとするならば、社会的交通（人間交通）の頻繁化こそが爾余の一切の変化の原動力にほかならない。かくて、近代西洋文明の優越の基礎も究極においては、この交通形態の発展に基づくということになる」という福澤の歴史観が、一八世紀の啓蒙主義のそれを超えるものであることを指摘している。

(18) この闘争の最大の相手が「外国人」である。福澤は「国と国との交際」には、ただ二つの道があるだけだと述べている。すなわち「平時は物を売買して互に利を争ひ、事あれば武器を以て相殺すなり」。「今の世界は、商売と戦争の世の中」であると喝破する福澤にとって、「商売」とは「平時」における「戦争」の継続でありその手段なのである。

(19) 市場の自動調整作用について、坂本は次のように説明している。「市場は無数の生産者と消費者がそれぞれ自己の利益の増大を図りつつ、価格変化という信号によって自己の行動を制御することで成立する秩序である。(……)各人の欲望充足を目指す行動が財の相対的必要度を示す価格変化を通して自律的に調整されるのである」。「私利は公益の基にして、公益は能く私利を営むものあるに依て起る可きもの」(「私の利を営む可き事」一八七七)という福澤の言葉からも、彼がこうした市場のメカニズムに信頼をおいていたことが見て取れる。また、「覚書」においても、孔子の「心の欲する所に従て則を超へず」という言葉を引き、「其行ふ所よく外物の状態に適するに至れば、家内安全天下泰平の極みに達したるものと云ふ可し。此有様に進むには、人民の自由を広くし政府の束縛を解くの一路あるのみ、之を人心と世事との平均と名く」と書いている。安西は、福澤のこうした功利主義的道徳観が、J・S・ミルを読むことによって獲得されたものであると指摘し、次のように述べている。「福沢の描く道徳観はここにおいてはミルと同様功利主義であり、その意味内容は、信頼できる人間が構成する社会にあって、その社会全体の利益を考慮するものであった。公益を考慮するには社会への感情ベクトルを持つ必要があり、それは独立自尊を前提にしているのであるが、最大多数の最大幸福という功利の原理を充実させるべき利他心、つまり利益追求能力と共感能力とを兼ね備えている人間がいて始めてもたらされるものであった。しかも知性と利他心は密接に関係していた。知性が増し利他心を伝えれば、公益を基準とする道徳律を持つべく、社会への感情ベクトルを具えるに至るのである」。

(20) 坂本はまた、福澤の想定する「社会―市場」は「常に拡大基調にある」と指摘しているが、この「拡大基調」の原動力もまた、各人が既存の「理」を、自らの「理」と不断に結合し、組み替えることによって生じる新しい「利」であることはいうまでもない。

(21) 福澤は「覚書」の中で、「国の教育」の目的は「唯人品を高尚にして社会の有様を整斉し、人の品行と社会の有様と互に相適し互に相迫て進歩するに在」るとし、それは具体的にいえば「経済上にて云へば、他人に依頼して生計を求む可らず(……)徳行上にて云へば、不正を止め正直を勧るの趣意を立てざる可らず」ということであると書いている。

(22) 廣重徹は、「富国強兵と帝国主義が科学の推進力となったのは日本だけのことでなく、むしろ十九世紀における一般的通則であった」と結論しているが、注五でも指摘した通り、日本においては、この「一般的通則」が、啓蒙主義の受容とほぼ同時に展開されている点に注意を要する。啓蒙主義の思想家でありながら「経営者」でもあった福澤の場合、啓蒙主義的な科学観を、「社会―市場」の中にいかに組み込み、価値化していくかという問題意識が非常に鮮明だったといえる。

(23) 実際、このような対立は、明治二〇年代以後（特に日清戦争後）、都市部における「貧民」増加の問題として露骨に現れるようになっていく。福澤は一八九〇年に「貧民救助策」と題した記事を書き、現物支給等の「貧民」への恤救は、彼らをますます「遊惰」に流れさせるとして批判し、「救貧の最良策は、是らの窮民をして仕事に有付しむるの外ある可らず」と主張する。ここで注意したいのは、福澤がこれらの「仕事」の創出を、政府ではなく「世間の富豪輩」に期待している点である。「金持の倹約、能く貧乏人を殺す」という言葉からもわかる通り、福澤の提示する「救貧」策の背景には、富裕層の経済活動の活発化を促し、彼らが蓄積している富を市場に放出させ、その結果生じた「仕事」への報酬という形で、「窮民」たちに富の幾分かを再分配するという、トリクルダウン理論的な発想があった。

(24) 安西は、福澤の考える「理想的存在としての人間」を次のように整理している。「それはまず私的領域においては『人心ノ内部ヨリ生スル』誠実さを持ち、質的快楽主義を採り、無限に高尚さを探求する『不満足ナル人』であった。しかも『自誠自存ノ習慣ヲ兼テ事物ノ実験ニ富ム』人でもあって、この人は『活蔟心』を有するが故に、単に私的領域に留まらないで公的領域にまで自己の活動を拡げようとする能動的人間たらざるを得なかった。即ち『ノーブルフ《ヒ》ーリング』を保って人間交際を活発にし、社会的感情を培い、『自己一個人ノ幸福ノミニ非ザル』社会全体の『大幸福』を画る人であった。その人はそれ故に、最大幸福という『大幸福ノ旨』に適うべき『利害得失ヲ比較スル』能力を有していた」。

(25) エルネスト・ラクラウとシャンタル・ムフは、『民主主義の革命』（一九八五）の中で敵対関係を次のように説明している。「かりに言語が差異のシステムであるとするならば、敵対は差異の失敗にほかならない。そうした意味で、敵対は言語の限界の内部にみずからを位置づけているのであり、言語の分裂としてのみ、すなわち、メタファーとしてのみ存在可能である。（……）敵対は、言語を通じて理解される可能性から逃れている。というのも、言語は、敵対が転覆するものを固定化する試みとしてのみ存在しているからである。敵対は、客観的関係であるどころか、そこではあらゆる客観性の限界が示される関係にほかならない。それは、語ることのできないものでも示すことができる、とヴィトゲンシュタインがつねに述べていた意味での関係なのである。（……）厳密にいえば、敵対は、社会に対して内在的であるのではなく外在的である。またはむしろ、敵対は社会の限界を構成し、社会みずからを完全に構成することの不可能性を示している」。やや先走っていえば、福澤は「敵対」の予兆としての他者を、「実学《サイヤンス》」の言葉で語ることの限界を触知していたからこそ、その存在を「戯作《メタファー》」として示すことを選択したといえるだろう。

(26) 明治期の俗語革命＝言文一致運動の展開や歴史的意義については、山本正秀『近代文体発生の史的研究』（一九六五）、柄谷行人『日本近代文学の起源』（一九八八）、絓秀実『日本近代文学の〈誕生〉』（一九九五）を参照のこと。絓は『吉本隆明の時代』（二〇〇八）の中で、「言文一致」とは端的にいって「その言語（俗語）が抽象的であり、なおかつ普遍性へと開かれているという虚構を構築すること」であり、「そのような虚構によって、はじめて、対外的には普遍的な『民族』として相対することが可能になり、対内的には『市民』相互の抽象的な交通が可能になる」とまとめている。つまり、「『市民』的平等は、同一の国語を話すところの（話すがゆえに）、似たような『人情』（……）の持ち主が普遍的に存在するという擬制によって保証される」のである。

(27) 事実、前田愛「明治立身出世主義の系譜」（『近代読者の成立』、一九七三）によれば、「民間の読本または小学の教授本」にすることを想定し「俗語を用い文章を読み易くするを趣意」として書かれた『学問のすゝめ』の初編は、明治一〇年一〇月までに、一八万二千八百九〇部を売り切った。また、「県によっては県庁から区長を通じて、各区に一定数が割当てられたという記録があり、民間人の自主的な購読とはべつに、このような公的な回路をとおして流布した部数も多かったと考えられる」ほか、「口話コミュニケイションを通じて、文字の読めない階層にも、滲透したと思われるふしがある」というほどの凄まじい流行の仕方をみせた。福澤の全集「緒言」中の回想にも、「毎編凡そ二十万とするも十七編合して三百四十万は国中に流布したる筈なり」と述べられている。また、明治五年に布達された小学教則では、『窮理図解』等の著作と共に、『学問のすゝめ』が下等小学用の教科書に採用されたため、発行部数も一段と増加したと考えられる。

(28) イギリスのコピーライトの思想を理論的背景とした福澤の版権思想と、偽版取り締まりについては甘露純規『剽窃の文学史』（二〇一一）を参照のこと。また、明治初期の戯作出版の動向のついては、前田『近代読者の成立』「明治初期戯作出版の動向」を参照のこと。

(29) 柳田泉によれば、近代以前、特に江戸期を通じては「中国の儒学文学」と併せて「漢文学」が大いに奨励され、それらが「武士階級の唯一の公認の教養」としての「上の文学」と認められていた一方、「戯作（稗史小説）、戯曲、俳諧、随筆、雑録、狂文、川柳」などは、「町人（児童、婦人、俗人）」を対象とした「下の文学」とみなされていた。こうした文学の区分は「徳川時代の時代構造の分裂（武士と町人）を反映したもの」であり、「歴史的伝統と、政治的意義及び社会構造（武家中心）の関係で、上の文学は文字通り支配的に下の文学にのぞみ、下の文学は、上の文学をその文学源（柳田の造語で、「時代の文学に理想をかかげてこれを変化させる別の文学」を意味する――引用者注）と仰いできた」とされる。なお、「下の文学」の中心は「戯作」であり、「徳川末期、明治に近い頃の戯作は、作者の目標と読者の種類によって大よそ四種に分かれ、読本、滑稽本（洒落本の類も入れ《ママ》）、草双紙、人情本となっているが、文学としては読本が代表的なもので、その本質は稗史、すなわち歴史小説で、今いうロマンスである」と説明されている。

(30) 俗語革命のもたらす平等化への怖れは、福澤のみならず、言文一致運動により深くコミットしていく坪内逍遥にも共有されていたものだった。絓は、逍遥が『小説神髄』の中で、言文一致体の採用は日本語にとって必要であるとしながらも、『神髄』時点でのそれは「時期尚早」だとして、「あいまいな『新俗文』を過渡的に提唱するのみ」であった点に注意を促している（『天皇制の隠語《ジャーゴン》』）。絓は『神髄』が事実上、「国会開設を前にした時代の、『国民』＝『市民』を創設する平等化＝凡庸化のための政治的なパンフレット」であり、彼の小説改良論も、「単なるリアリズムの提唱ではなく、そこにいたるまでの政治的な訓育に主眼があった」とする一方、逍遥が同時期に書いた政治小説『京わらんべ』の主人公・「中津国彦」が、「あれこれ半端に洋学をかじっているが家産を食いつぶすだけの書生」という形で、「議会制を担うに足るほどに十分に訓育されてはいず、つまりは『国民化』されていない存在」として否定的に書かれている点に、逍遥をして「言文一致体を採用することに躊躇させた理由」を透かし見、次のように分析している。「逍遥の言文一致体への怖れは、別の視点から見れば、国民的な平等化への恐怖である。国会開設が含意する平等化――『社会』化――への傾斜は、『中津国彦』のような存在をも同一の『魂』として国民化＝市民化せざるを得ない。それを阻止しうるのは、文学にとっては、とりあえずは非言文一致体を維持していくことであり（……）作者（それが言表主体であり言表行為主体であれ）と登場人物との距離を保つことである」。絓はまた、「『社会』の擬制によって作為された、自由で平等な『市民』の資本主義市場への全面的依存は、逆に、市場支配への全面化へと方向づけられる。これは同時に、すべての人間が自由で平等であることを建前とする市場原理を、社会が採用せざるをえないことを意味する」と述べている。福澤もこのような「社会―市場」の逆説に直面したが故に、啓蒙家として諸個人の「同位同等」を主張しながら、その主張が現実化することに慄くという分裂した反応をみせることになったのである。

（31）明治初期の新聞には、大新聞と小新聞の二種類が存在した。土屋礼子『大衆紙の源流』（二〇〇二）によれば、小新聞とは、西南戦争の勃発した明治一〇年前後に成立した、大新聞と対になる新聞紙の分類区分である。この場合の大小とは、直接的には紙面の寸法の差異を指すが、両者の違いは、政治を論ずる社説の有無、フリガナの有無など多岐にわたっている。大新聞の記事が概ね漢文調で書かれ、フリガナの量が少ないのに対し、小新聞の場合はそれが「傍訓《ふりがな》新聞」と呼ばれる場合もあったように、記事は総フリガナ付きの平易な口語体で書かれていた。こうした記事の文体の違いは、無論読者層の違いを反映したものである。すなわち、大新聞が漢文を読めるリテラシーの持ち主である知識人を主たる読者として想定していた一方、小新聞は、仮名で書かれた「草双紙」が読める程度の、相対的にリテラシーの低い人々に向けた新聞であったということである。大新聞の例としては東京日日新聞や郵便報知新聞、小新聞の例としては後述する仮名垣魯文（一八二九―一八九四）が一八七五年に創刊した仮名読新聞（後、かなよみ）や、読売新聞が挙げられる。明治初期の新聞界の状況については、野崎左文『私の見た明治文壇』（一九二七）を参照のこと。

（32）魯文は幕末から戯作者として活動し、明治初期に、福澤の著作を下敷きにした上述のパロディを発表し、一躍売れっ子となる。しかし、一八七四年に横浜毎日新聞の雑報記者となって以降は、専ら新聞人として活動することとなる。魯文は、福澤が「売薬論」によって新聞の「雑報」の「猥雑さ無節操さ」を罵った際、自社のかなよみ紙上で、「民間雑誌売薬論関係の弁」と題して福澤への反論と「雑報」擁護の説を展開した。松原によれば、その際魯文が強調したのは、「啓蒙を趣旨とする理詰めの論説だけでは、広範な読者、つまり啓蒙すべき当の対象を獲得しえず、ゆえに新聞は雑報欄等に読者の嗜好にかなった通俗的表現を必要とする」という主張であり、その背景には、「漢文」的知を前提とする大新聞以上に、「草双子」的な「俗」（それは形式的には総フリガナの平易な口語文となる）に馴染む小新聞こそ啓蒙の媒体《メディア》としてふさわしいという自負があったと推測される。平田由美は「ワシントン豪傑物語——蘭学はいかにして婦女童蒙むけ海外知識《からっぱなし》になるか——」（一九九五）の中で、福澤のような洋学者や蘭学者がもたらす西欧の文化知識は、「戯作者のフィルター」すなわち「俗文体の回路」を通じ、知識人階級に属さぬ大衆に広く流布されていったと指摘し、大新聞で取り上げられていた時事問題も、かなよみのような小新聞においては、「戯作」の様式を踏まえて報道がなされていた点に注目している。

（33）松原はこの言葉を「開明的で高尚な論説を主とする大新聞を理解し得ず、通俗的な雑報欄を主とする小新聞（『傍訓新聞』『廉価新聞』）を好んで読むような『無知の人民』（『かなよみ』明一〇・八・一五仮名読珍聞）の属する社会的階層」と定義している。

（34）一八七八年に『東京新誌』にて連載。一八七八年四月に東京で開かれた第二回地方官会議を風刺した漢戯文である。西田谷洋は本作を「御用会議としての地方官会議を批判しつつ、諷刺としての『痴呆漢会議』を利用して地方自治の確立を示唆する物語テクストである。地方自治という民権思想を主題とする点で、『痴呆漢会議傍聴録』は政治小説だ」と指摘し、作者の撫松が後に立憲改進党の幹部になる点に注意を促している（『政治小説の形成』二〇一〇）。

（35）これらの公家の背後には、いうまでもなく天皇＝「帝室」の存在が控えている。福澤は「帝室論」（一八八二）の中で、「帝室」を「直接に国民の形体に触れずして其精神を収攬し給ふ者なり」と説明している。「帝室」は「政治社会の外」にある「民心収攬の中心」であり、この「中心」を得られない限り、「日本の社会は暗黒なる可しとの感を発することならん」という福澤は、「社会―市場」を四分五裂させかねない「民心」の矛盾対立を「収攬」させる「緩和力」として、「中道の帝室」を維持することの重要性を説いている。つまり福澤は、「帝室」を、「社会―市場」の「外」にあえて定位し、「人」の同一性を保証する条件として機能させるべきだと主張しているのである。福澤が「鉄漿」という差異（この場合は性差）を象徴化する習俗を問題にする際、公家を経由して「婦人」を見出しているのは興味深い。なぜなら、公家もまた、「帝室」という「人」の「外」を「婦人」同様に暗示する存在だからである。しかし、「婦人」が「人」の均質なイメージの成立を阻む「かたわ」とされる一方、「帝室」は「政治社会の外」から、「婦人」という「かたわ」をも「国民」の内に「収攬」する「中心」として、「人」の「上」に君臨することになるのだが。

（36）絓は『「帝国」の文学』第一章「『国民』というスキャンダル」の中で、島崎藤村の『破戒』を取り上げ、日本が国民国家を形成していく過程で、「女」と共に、他者性のスティグマを負わされることになる被差別部落民について次のように分析している。「論理的には部落民は存在しないはずである。『解放令』によって、部落民は過去の遺制から『解放』された自由な『市民』として措定され、新たに『国民』に包摂されたはずなのだ。（……）だが、被差別部落民は確かに存在する。端的に言えば、それは『市民』と『国民』のあいだの矛盾をつなぐ『もの』《フェティッシュ》として存在しているのだ。（……）『国民』一般は、日常的には自らが歴史性を欠いた『市民』でしかないことに、不断にさいなまれている。そこで、自らと同じ『市民』としか見えぬ者のうちに鏡像的（＝想像的）な歴史を見出そうと試みるわけだが、そのような『もの』こそが近代の部落民という『もの』なのだ」。絓は、福澤の啓蒙的言説には、このような「もの」を思考する方途が欠けていると結論している。しかし、これまで論じてきた通り、福澤は自らの啓蒙の論理によっては思考し得ぬ「もの」の存在を直感し、「戯作」に手を染めることによってかろうじて思考しようとしていた節がある。付言すれば、「戯作」もまた、啓蒙的な「実学」の論理に照らせば、もはや存在の許されぬジャンルであった。実際、維新期に活躍した魯文ら「戯作者」たちも、段階的に「戯作」を捨て、新聞のような新たなジャーナリズムに活動の場を移している。しかし、彼らの持つ「戯作」的な回路は、小新聞、あるいは「雑報」と形を変えて啓蒙が切り拓いた近代報道のフィールドに入り込み、その論理に掣肘を加え続ける。この意味で、「戯作」というジャンル自体が「存在しないにもかかわらずある『もの』」（絓）なのである。日本の近代文学の出自を辿っていったとき、このような〝もの〟としての「戯作」に突き当たるということを無視してはならないだろう。

第二章　山川健次郎の科学思想と尚武主義

——物理学・社会学・富国強兵

夏目賢一

はじめに

科学技術はとくに一九世紀以降、国家的な軍事政策と密接に関係して発展してきた。そして、科学思想もこの関係をさまざまな形で促進してきた。本章では、明治・大正期における科学思想と尚武主義、国家主義、そして軍国主義との関係を、山川健次郎（一八五四—一九三一）の言動から分析したい。尚武主義とは武道、武勇、軍事などを重んじ、軍備を盛んにしようとする考え方である。

山川健次郎は、日本人として最初の物理学教授になり、東京帝国大学、九州帝国大学、京都帝国大学の各総長などを歴任した人物である。また、会津藩の武家に生まれた山川は、幼少期に白虎隊に所属し、一八六八（明治元）年には新政府軍との戊辰戦争を経験した。(1) 外見は痩躯長身で巨眼炯々とし、その行動は「よく世人から武士道の典型を以て擬せられ」（花見：1939, p. 489）、「フロックコートを着た乃木将軍」（花見：1939, p. 515）などと称されていたという。

本章では山川の言動を分析するために、明治初期（一八七〇年代）、明治後期（一九〇一—一二年）、大正期（一九一二—二六年）という時代区分を設定する。明治初期は山川が米国留学（一八七一—七五年）を経て東京大学理学部の物理学教授（一八七九年）になった時期である。その後、明治初期から明治後期のあいだには教育勅語の発布（一八九〇年）や日清戦争（一八九四―九五年）があった。明治後期は山川が東京帝大総長（一九〇一―〇五年）を経て明治専門学校（以下、明専）の総裁（一九〇七年）と九州帝大総長（一九一一年）に就任した時期であり、この期間には日露戦争（一九〇四―〇五年）があった。大正期は山川が二度目の東京帝大総長（一九一三―二〇年）に就任した時期であり、この期間には第一次世界大戦（一九一四―一八年）があった。

山川は一八七一（明治四）年に一八歳で北海道開拓使の官費留学生として米国に留学し、一八七二（明治五）年にイェール大学シェフィールド科学校（Sheffield Scientific School）に入学した。そして、一八七五（明治八）年に学位を得て帰国し、東京開成学校と東京大学の物理学教授補を経て、一八七九（明治一二）年に二六歳で東京大学理学部の物理学教授となった。山川は最晩年の一九二九（昭和四）年に、自分が米国留学中に物理学を志すようになった理由を次のように語っている。

> ユーマンスの考へを私が段々考へて見ると、どうしても日本を盛にしなければならぬが、それには政治をよくしなければならぬ。然るに政治をよくするには社会をよくしなければならぬ。社会をよくするには社会学の研究が必要である。社会学の研究には生物学並にその他の自然科学の研究が必要である。就中国を富まし兵を強くするには物理化学が盛んにならなければならんと考へて、物理学を学ぶことに決心した（山川：1929c, p. 53）。

ここで言及されているユーマンズ（Edward L. Youmans, 1821-87）とは米国の評論家・著述家である。ユーマンズは一八七二年に一般向け学術雑誌『ポピュラー・サイエンス月報（*Popular Science Monthly*）』を創刊し、英国の思想家スペンサー（Herbert Spencer, 1820-1903）の論文「社会学研究（The Study of Sociology）」をその筆頭に掲載して(2)、スペンサーの学説を積極的に米国へと紹介した。

スペンサーは学問を、形式的で抽象的な論理学と数学、それらを基礎とした要素論的で抽象的でありかつ具体的でもある力学、物理学、化学、そして全体論的で具体的な天文学、地学、生物学、心理学、社会学などへと階層的に分類（classification）していた（Spencer 1864, p. 6）。この数理科学を基礎とする学問体系の階層的分類は一九世紀に普及した理解であり、幾何学や力学を模範として社会学を構築しようとしたコント（Auguste Comte, 1798-1857）の実証主義に代表される(3)。

このように山川は、物理学そのものへの関心というよりも、まずは富国強兵という国家的な目的意識があり、そのために物理学—生物学—社会学という階層的な学問観に従って物理学を選択したと述べている。ただし、この説明が最晩年の回想であることには注意が必要であろう。六〇年近く昔についての回想であるため、当時の記憶が後の理解でいくらか再構成されている可能性は否定できない。

その目的の直接的な実現を目指したのであれば、例えば富国であれ強兵であれ、工学を専攻する方が直接的なように思われる。また、一般論として、強兵は必ずしも富国につながるわけではなく、明治初期にはその現実問題としての両立の難しさも指摘されていた。その両立は、一八七三（明治六）年一〇月の政変で富国を優先して征韓論を排した政府の立場とも齟齬があった。富国と強兵が現実に両立するようになったのは日清戦争以降のことと考えられ（大日方：1999：鈴木：2006）、山川が留学当初から富国と強兵をそれぞれどこまで具体的に物理学と関連づけて理解していたのかは疑問が残る。また、そこにスペンサーやユーマンズの学問論がどのような影響を与えたのかも疑問である。

これまでの山川に関する先行研究や評論は、山川の顕彰が前提となっているものも多く、現在の価値観からは評価しにくい彼の尚武主義や国家主義については十分に分析されてこなかった(4)。本章では、山川の科学思想を手掛かりとして、これらの理念の歴史的な展開過程を分析したい。

第一節　明治初期――学問における物理学の位置づけ

明治初期の日本において、政策の基本路線は富国強兵であり、そのための殖産興業と文明開化であった。ただし、序論で指摘したように、富国と強兵の両立は必ずしも自明ではなかった。また、殖産興業が一八七〇（明治三）年の工部省設置によって、文明開化が一八七三（明治六）年の明六社発足によって、それぞれ具体的に先導されたとすると（阿部：2006：井上：2004）、一八七〇年代初頭は未だこれらの概念そのものの形成期であり、その具体化の模索期であった。

その中で、物理学は学制以前の明治最初期から、文明開化のための基礎学問として位置づけられていた。物理学は朱子学の伝統から「窮理学」や「格致学」とも言われ、例えば一八六九（明治二）年の学校規則では「西洋ノ格物窮理開化日新ノ学」と定められているし、翌一八七〇（明治三）年の大学規則及中小学規則でも同様に定められて格致学が理科の筆頭に置かれている（東京大学百年史編集委員会：1984, pp. 21–25）。

この大学規則及中小学規則では、学科が、教科、法科、理科、医科、文科の五科に分けられ、理科には「器械学」や「築造学」などの工学分野も含まれていた。理学と工学はまだ十分体系的に分類されていなかった。明治初年には、力学は機械学や重学として工学の基礎にもなっていたが、さまざまな自然現象を対象とする物理学一般は、工学の基礎としてはまだ十分に活用されていなかった。例えば、電磁気学のマクスウェル（James C. Maxwell, 1831–79）方程式は一八六四年に発表されたが、まだ四つの方程式に整えられておらず、当時はまだ普及していなかった。マクスウェルが有名な教科書『電気磁気論（*A Treatise on Electricity and Magnetism*）』を出版するのが一八七三年である。工学教育も未整備であり、工部省がダイアー（Henry Dyer, 1848–1918）を都検に迎えて工学寮を開校したのも一八七三（明治六）年であった。

1　物理学と社会学

このような時代において、富国強兵のためとされた物理学という山川の進路選択は、実際にどのように形成されたのだろうか。

山川は一八五四（嘉永七）年に会津藩郡奉行の三男として生まれた。山川が学んだ会津藩校・日新館の教育は、天理（万物の自然法則性と人間の道徳性に一貫している理）の存在を前提として窮理や格物致知を求める朱子学を根本としていた。山川は成績優秀で、一〇歳のときに藩主から四書集注一部を賞与されている。その一方で、会津藩でも中士は算盤の教育を受けたが、上士が学んだ日新館では算盤は随意科目であり、誰もそれを履修しようとはしなかったという。また、自然を対象とした、明治以降で言うところの理科も教えられてはいなかった（花見：1939, pp. 9-28）。そのため、上士であった山川は算盤を商人のための素養とみなし、「刀を手にする士がやるべきものではない」と考えていた（山川：1929c, pp. 50-51）。数学は一六歳まで学んだことがなく、九九を始めたのは一七歳であり、一八歳で渡米するときにも二桁以上の割り算がおぼつかない状態であったという（山川：1929c, p. 52）[5]。また、この渡米時点では、山川の専攻分野は未定であった。

山川が西洋科学を学ぶことの意義を強く認識したのは、留学出発後の太平洋上での体験を通じてであったという。このことを山川は次のように回想している。

> 私は当時まだいくらか攘夷といふ様な旧思想がぬけられず、外国人などはまだ敬する気持になれなかつたのであるが、其の私が、先一番に驚いて、どうしても彼等に学ばねばならぬと感じた事は何かといふと、丁度その太平

洋の真中でありましたが、今晩おそくか、或は明日の夜明けになるであらうが、吾が会社の太平洋郵便会社の船に会ふであらう。日本へ手紙を出したい人は用意して置なさいといふ事であつた。どうも私は太平洋の真中を通つて来た二つの船路が、こんな広い海の上できちんと会ふ事などは少しホラぢやないかと疑つた。とにかく手紙を書いたのであつた。然るに夜の三時か四時であつたか、二町も隔つた所で船を止めて此方からボートを出して先方の手紙を受取り、此方のものを先方に渡したのであつた。これを見て私は彼等の学問といふものは偉いものだ、到底日本の敵ふ所でない、向ふの学問は深遠なものであるとつくぐ〜思つた（山川：1929c, pp. 48-49）。

このように位置と時間の測定技術の正確さが、学問としての西洋科学の深遠さを山川に強く印象づけた。そして、平天下や治国を最終的に格物へと帰する朱子学の影響もあったのかもしれない(6)。山川は、その学問のなるべく深遠すなわち「理」を志向するようになった。彼の兄である山川浩（一八四五―九八）も、国境議定のための幕府使節団の一員として、一八六六（慶応二）年から一年間ほどロシアに随行している。そこで西洋の科学技術の威力を目の当りにし、攘夷論の誤りを悟って西洋の学問を奨励するようになった（桜井：1967, pp. 17-18）。山川健次郎も戊辰戦争などでその威力は体験していたはずだが、その理解は攘夷論を退けるほどではなかった。

山川の西洋科学の深遠さへの関心は、ユーマンズを通じてスペンサーの学問論を知ったことで物理学へと集約されていった。山川は一九二九（昭和四）年に、「この頃程自分の前途について考へた事はなかつた。丁度その頃ハーバート　スペンサーと云う人の新哲学の本が出来て、之は若い人の思想上に大変影響を及ぼした」（山川：1929c, p. 53）と回想している。スペンサーは、「適者生存（survival of the fittest）」という用語を導入して生物進化を法則的に説明し、さらに階層的な学問分類を念頭に置いて、社会を生物的な一つの有機体とみなしてその進化を論じていた（Spencer 1864-67）。スペンサーは「進化（evolution）」という用語を普及させた人物でもある。

一方、前述のように、ユーマンズはこの科学思想に基づくスペンサーの社会学を米国内で精力的に紹介し、米国での「進化の伝道者（the Apostle of Evolution）」（Fiske 1894, ch. 9）と評されるほどであった。山川は、ユーマンズが「スペンサー学を大に鼓吹した」（山川：1929c, p. 53）と回想しており、このユーマンズを通じてスペンサーの学問論を知ったのであろう。山川がスペンサーの議論を詳細に読み込んだ様子はない。

ユーマンズが『ポピュラー・サイエンス月報』を創刊したのは山川が渡米した翌年であり、その編集者欄ではスペンサーの社会学について解説している。そこでは、自然科学（physical sciences）だけでなく、知性、感情、行動、言語、教育、歴史、道徳、宗教、法律、商業など、あらゆる社会関係や活動も事実関係に基づいており、物理学的方法による正当な研究テーマであると論じている（Youmans 1872, p. 113）。もちろん、このユーマンズの解説は物理学ではなく、その応用としての社会学の可能性と重要性を主張するものであった（Youmans 1872, pp. 116-117）。しかし、西洋科学の深遠さを太平洋上で実感したばかりの山川にとって重要と考えられたのは、社会学よりも諸学問の基礎としての物理学であった[7]。

そもそも「社会学」という訳語が日本で最初に用いられたのは、一八八〇（明治一三）年に出版されたスペンサーの邦訳『斯氏教育論』においてであり（下出：1925, pp. 73-75）[8]、これは山川が帰国して東京大学の教授になってからのことである。当時の山川の関心の方向性からして、社会学の方を選択することは考えにくい。こうして、物理学に固有の研究テーマへの学問的関心というよりは、諸学問の基礎という理由で物理学が選択されたようである。

2　物理学と工学

山川はこのように物理学を学ぶ決心をしたと述べていたが、実際に米国で進んだ専攻は物理学ではなく土木工学であった。この物理学と工学との関係について、次に分析を進めたい。山川は一九二五（大正一四）年にも、自身の進路選択の理由を次のように回想している。ここでも富国強兵が目的にあげられているが、やはり五〇年以上を経てからの回想である。この回想時期の特徴については、第三節であらためて考察する。

時に我輩の胸中に浮かんだことは、我が国は富国強兵を以て第一とせんければならん。而して之が為めには富国強兵の基礎は科学に在るから、先づ科学の発達を期せざるべからずとの考であつた。因つて我輩は自らの専攻学科を物理学に定め、他の同志は他の科学を修むることに各自手別けして一念唯日本をして列強と同等若くは夫れ以上の国家たらしめんと欲して勉学研究にこれ努めたものであつた（山川：1925a, p. 480）。

山川はこのように方針を定めたが、物理学そのものを専攻できたわけではなかった。山川はシェフィールド科学校の土木工学（civil engineering）コースに進学し、学部三年間で Bachelor of Philosophy の学位を取得することになった（Chittenden 1928, pp. 124–126, 331–338）(9)。

山川が入学したシェフィールド科学校は、実用的な科学である工学の学校であり、フランスのエコール・サントラル（École Centrale des Arts et Manufactures）のように実践的な高級技術者の養成を目的としていた。そのため、学部（undergraduate）に設置されていたのは工学分野を中心に、化学・冶金学、土木工学、機械工学、農学、博物学のコースであり、医学や採鉱・冶金学などの予備コースであった。山川はこのシェフィールドへの入学を次のように回想している。

私はどうかして理科大学へ入れて貰つて、さうして勿論物理学のコースはありませんから、幾らか物理学の素養になるやうにと土木工学を選択して、その方へ入学した。それからグラヂュウェート　コースの（是は後の事だが）数学等の講義を聴かせて貰った次第でありました（山川：1929c, pp. 68-69）。

こうして山川は物理学を、工学の基礎として学ぶことになった。

しかし、そもそも北海道開拓使の留学制度そのものが実務者養成を念頭に置いたものであり、山川が工学を専攻したことは当然であったとも考えられる。開拓使留学生は、一八七一（明治四）年と一八七二（明治五）年に計三三名が米国二四名、ロシア六名、フランス三名へと順次派遣され、その留学先の専攻は男子が農学一六名、鉱山学八名、工学二名、不明二名、女子が普通学五名であった。[10] 山川は一八七一（明治四）年一月に出発した第一次七名のうちの一名であり、山川自身は土木工学を専攻し、あとはそれぞれ三名ずつ農学と鉱山学を専攻した。これらの専攻分野からも、この留学制度の目的が基本的に西洋技術を修得した実務者の養成であり技術者養成であったことがわかる（田中：2000, pp. 57-65）。

このように実務者養成が目的であったため、山川が留学生に選ばれた当初は、留学先としては北海道と同じ寒冷地であるロシアが想定されていたようだ。しかし、ロシアは留学生たちに不評であり、助言を求められた海外経験者の評価も低かったため、[11] 七名中一名だけがロシアに留学し、残る六名は米国に留学することになった。

このように留学制度の実態からして、山川が土木工学コースで物理学を学んだことは自然な選択である。ただし、山川の関心は応用としての工学ではなく基礎としての物理学、さらにその基礎としての数学に向いていた。山川の卒業研究のテーマは数学であり、その題目は「三角関数によって作られる曲線の研究（An Investigation of Curves Formed by the Trigonometric Functions）」であった（Sheffield Scientific School of Yale College 1876, p. 12）。

留学から帰国した山川は、東京開成学校の物理学教授補に就職した。[12] そして、就職当初から後年に至るまで、工学を基礎づける理学の重要性、さらに理学の中でもその基礎となる数学の重要性を主張し続けた。[13] 山川の伝記を編纂した歴史学者の花見朔巳（一八八一―一九四六）は、このことを次のように記録している。

先生は当時の工学といふものが理論に乏しきを嘲つて、「彼は彼の如くすべし、是は斯くすべしなぞといふやうな、記述的暗記法を教へるやうなものは学問ではない、学問は須らく理論に根柢を置かねばならぬ、工学は数学・物理学・化学に根柢を置かねばならぬ」と述べられ、之が後々に至るまで先生の持論であつた（花見：1939, p. 92）。

山川は数学の重要性について、一八八九（明治二二）年の東京物理学校の卒業式では「物理学ヲ修ムルニハ数学ヲ修メネバナラヌ。物理学ハ数学ノ応用ニ外ナラザレバ、数学ヲ修メズシテ物理学ヲ学バントスルハ、磁石ナクシテ大洋ヲ航シ、或ハ天文ヲ窺ハズシテ航海ヲ試ムルト一般ニシテ、迚出来得ベキコトデナイ」（山川：1889, pp. 666-667）と述べている。山川の太平洋上での体験は、まさにこの例の通りである。山川はこの式辞で「物理学ヲ修ムルニ一ニ数学、二ニ数学、三ニ数学」（山川：1889, pp. 668）であると述べている。

しかし、山川の理学志向とは逆に、帝国大学になって工学の専門化が進むにしたがって、工学教育における理学の比重は低下していった。それ以前、工部大学校では当初、工学の基礎として機械学や重学が重視されていたが、一八八三（明治一六）年からは理学が工学の基礎として位置づけられるようになった（大淀：2009, pp. 51-52）。一八八六（明治一九）年に帝国大学工科大学に合併された当初も物理学や物理実験が開講されていた。しかし、基礎科目の比重は講座制の創設（一八九三年）や高等学校令（一八九四年）とともに低下し、一八九五（明治二八）年までに廃止されていった（大淀：2009, pp. 87-90）。理学の重要性についての認識が社会的に高まるのは第一次世界大戦の頃である。

この山川の理学志向は、山川と同時期に米国に留学し、日本の工業教育の立役者となった手島精一（一八五〇―一九一八）とは対照的である。一八七〇（明治三）年に渡米した手島は、当初は法律を専攻することを考えていたが、「理学的な形而下の学問」が西洋文明の基礎になっている事実を目の当たりにして、理科や工芸を学ぼうと一八七二年にラファイエット大学（Lafayette college）に入学して建築を専攻した。しかし、手島は結局、資金難からほとんど大学教育を受けることなく一八七四（明治七）年に帰国し、東京開成学校の製作学教場に就職した（大日本工業学会編：1940, pp. 5-9）。そして、その間にスペンサーの教育論を文部省『教育雑誌』に抄訳・紹介した。この抄訳部分では、あらゆる民族が外面に装飾を求めていくように、精神面を対象とする教育分野でも「実益ノ学科ヲ捨テ虚飾ノ学科ニ従事」しているとして、それによる損失の大きさが訴えられている（手島：1876）[14]。そして手島も、実益を重視して工業教育の発展に尽力していった。

3　米国留学による愛国心の高まり

米国留学は、山川の国家意識も高めることになった。米国では、南北戦争で奴隷解放宣言（一八六三年）が出されても、クー・クルックス・クラン（Ku Klux Klan: KKK）による黒人への残虐行為や、その他の多くのリンチ（私刑）が多発した。山川は、ＫＫＫの行為が国の法的制裁によって禁止されていないことから、米国に対して「実に非道い野蛮な国」という印象を持ったと回想している（山川：1929c, pp. 70-72）。実際には、山川の渡米と同時期の一八七〇—七一年には連邦法が可決されて法的な処罰対象となり、ＫＫＫはこの時期に急速に解散へと向かったが、黒人などへのリンチはその後も続いた。

このような印象は、山川に自衛のための国家の重要性を強く意識させるようになった。山川の留学中に、日本からの留学生が増加して質が低下したことから官費留学生を整理して、一部の優等生以外を帰国させる方針になったことがあった。そのときに山川も帰国対象となったが、現地の富豪から金銭的な援助を受けることになり、その条件は

「君が学校を卒業して国に帰つたら一生懸命になつて国に尽すといふ証文を書けといふ事であつた」（山川：1929c, p. 54）という。山川はこれについて「斯様な注文に対して異義ある筈はなく、吾輩当然考へて居る事である」（山川：1926c, p. 382）として署名した。山川は、留学時代を回想しながら「同国人のあまり居らん処に居ると、愛国心といふものが非常に高まつて来るものだと申します」（山川：1929c, p. 54）と述べている。後に桑木彧雄（一八七八―一九四五）[15]も、「固より先生の本来の国粋主義は少年時の在外中にも著しかつたさうである」（桑木：1944, p. 508）と伝えている。

第二節　明治後期――近代化の進展と日露戦争

次に明治後期（一九〇一―一二年）の山川の言動について分析を進めるにあたって、まずはこの間の社会情勢の変化を概観しておきたい。日本の近代的な立憲国家としての体制は一八八〇年代に整った。内閣制度が一八八五（明治一八）年に始まり、さらに一八八九（明治二二）年には大日本帝国憲法が発布されて、帝国議会が開設された。また、一八八六（明治一九）年には学校令が公布されて体系的な学校教育制度が確立した。

一八九〇年代になると、さらに日本の近代化は進んでいった。その中で工業化の進展とともに足尾鉱毒事件が発生し、労働問題も深刻化していった。一八九〇（明治二三）年には教育勅語が発布され、道徳規範としての忠孝が強調されるが、近代的な自我の模索とともに個人主義の思潮も広がり、文学もロマン主義的になった。日本政府は労働運動などの拡大に危機感を強めて一九〇〇（明治三三）年に治安警察法を公布し、一九〇一年に結成された社会民主党はこの法律によって直ちに結社が禁止された。

一八九〇年代には東アジアにおける帝国主義政策の対立も鮮明になった。一八九四―九五（明治二七―二八）年には日清戦争が起こり、日本が勝利する。しかし、日本は清国に対して遼東半島を割譲させる講和条約を結ぶが、露・仏・独の三国干渉によってその返還を余儀なくされた。このことは、ロシアに対する日本国内の反感を強めて「臥薪嘗胆」が流行語になるとともに、欧米列強諸国に対する日本の劣位を痛感させることになった。

その一方で、清国の弱体ぶりを見て取った列強諸国は、東アジアでの勢力範囲を分割設定していった。とくにロシアは満洲の鉄道敷設権を獲得するとともに、日本に返還させた遼東半島の旅順と大連を租借して大規模な要塞や軍港を構築していった。そしてさらに、一九〇〇年の北清事変（義和団事件）にかこつけて満洲を事実上占領する。日本は、この東アジアでのロシアの勢力拡大に危機感を強め、同じくロシアの動きに危機感を抱いていた英国と一九〇二（明治三五）年に日英同盟を結んでロシアを牽制する。ロシアはその直後に清国と露清満洲還付条約を結ぶが、満洲からの撤兵を進めず、さらに韓国に対する利権で日本と対立していった。こうして、一九〇四年二月に日露戦争の開戦に至った。

日清戦争では戦費二億三千万円が費やされ、軍人軍属一二万名に対して戦死者は一万三千名を超えた。しかし、日露戦争ではこれを遥かにしのぐ戦費一八億円が費やされ、そのうち臨時戦費は一五億円でその半数近くが外債で賄われた。また、軍人軍属一〇〇万名に対して八万五千名の戦死者を出した（日本統計協会：1988, pp. 527, 535：大蔵省：1937, pp. 688–696）。このような大規模な戦争は日本にとって歴史上初めての経験となり、さらなる戦争の危機に備えていくためにも、借金の返済と兵士の確保が大きな課題となった。

このような時代背景において、一八九〇年代には三宅雪嶺（一八六〇—一九四五）らが近代的民族主義を展開し、さらに徳富蘇峰（一八六三—一九五七）や高山樗牛（一八七一—一九〇二）が対外膨張論、日本主義を展開して、国家主義が高まっていった。そして、この国家主義の高まりの中で、一八九〇年代末からは「武士道」を再評価する動きが社会に広がっていった。

1　日本の自我と武士道

この社会的な動向に合わせて、山川も武士道を積極的に再評価する言論を展開していく。この山川の言論を分析していくにあたり、まずは当時の一般社会における武士道論の展開を概観しておきたい。

武士道論の目的は、総じて欧米列強諸国との比較において日本の伝統的な道徳の優位性を示すことにあり、歴史の再解釈によって日本の国家的な自我を確立することにあった。その初期の例として、大日本武術講習会による『武士道』創刊（一八九八）があげられる。この第一巻の巻頭言では、西洋人が博愛平等、自由自治、経済利益を掲げて開国を求めながら、獣欲の本性によって他国を略奪していることが非難されている。そして、この生存競争における優勝劣敗や弱肉強食は人道天理にかなうものではなく、人天調和のためには「東洋鎮護の霊社」である日本に「世界人類の一大精華」たる世道としての武士道を発起することが重要であると説かれている（瑞穂太郎：1898a）。また、第二巻では、武士道が皇道に由来することが繰り返し説かれている（瑞穂太郎：1898b）。すなわち、直面する列強諸国の帝国主義政策が生存競争という概念によって理解され、西洋の言動を矯正することのできる東洋日本の優れた倫理として武士道が打ち出されている。

さらに、一八九九（明治三二）年には新渡戸稲造（一八六二—一九三三）が『武士道——日本の魂（*Bushido: The Soul of Japan*）』を英文で執筆し、翌年一月に出版した。新渡戸自身は武士の価値観についての史実には疎く、その内容は西洋の倫理を日本的に翻訳した創作とも言えるものであった。しかし、むしろそのことによって新渡戸の著書はさまざまな欧米のメディアに取り上げられ(16)、武士道は社会的に注目されるようになった(17)。

この武士道への注目は、日露戦争によって社会的な流行になった。一九〇五年三月から一二月にかけて井上哲次郎（一八五六—一九四四）らが古典的論考を網羅した『武士道叢書』全三巻を出版する。さらに、同年一二月には山川を含め当時の多数の論説を収載した『現代大家武士道叢論』が出版された。この序章で井上哲次郎は次のように述べている。

日露戦争は、我邦に取りて古来未だ曾て有らざる所の大災厄なりき。日清戦争の如き、固より未だ此の如く甚しからず。蒙古の来襲亦未だ之に比すべくもあらず。露国は覇を欧洲に唱へ、欧州強国の畏るゝ所にして、其人口は実に我邦に三倍し、其土地は殆ど我邦に六十倍せり。彼我の相違亦甚しからずや。我邦が一朝斯る大敵と戦を交へ、優に勝を制するに至りしは、テヴヰツドがゴライアスに打勝ちたる決闘よりも迥に目ざましき大勝利にして、海外万国の人をして真に舌を捲いて驚嘆せしむ。是に於てか世の学者は我邦に於る戦捷の原因の果して何たるかを攻究し、已に種々なる見解を発表するに至れり。我邦に於ける戦捷の原因は、之を究明し来れば、頗る複雑にして、決して一二に限るべきにあらず。然れども封建時代より存続せる武士道が戦捷の原因として殊に重大なるものなることは復た疑を容るべからざるなり。果して然らば武士道の研究、亦今日の急務にあらずや（井上：1905）。

こうして武士道は、物質的な機械（西洋の科学技術）に還元できない日本固有の精神論として、西洋のストア学派（Stoic）思想や騎士道（chivalry）、ジェントルマンシップなどと類比されながら多くの論考を生んでいった。科学技術で欧米に劣る日本が欧米列強の一国に勝利した事実は、科学技術とは異質な説明原理を求め、それに説得力を持たせた。さらに武士道は、西洋の科学技術による近代化とともに欠落しがちと考えられた徳育を補うための理念としても注目された。もちろん精神論によって西洋科学が軽視されたわけではない[18]。総じて封建時代の行動様式そのものは時代遅れとされ、あくまで武士道は西洋科学を補うための日本の誇る文武両道の精神論として評価された。

この時期の徳育に対する見直しは、日本だけでなく英国をはじめとして世界的な広がりを見せていた。その代表的な動きとして、宗教の権威低下を背景として一八九六年に万国倫理協会連合（International Union of Ethical Societies）が発足し、その主催によって一九〇八年に第一回万国道徳教育会議（First International Moral Education Congress）がロンドンで開催されている。この国際会議には欧米諸国とくに英国を中心に一九二団体が参加し、日本からは広島高等師範学校長の北条時敬（一八五八―一九二九）が政府代表として出席して、忠孝を中心とする日本の徳育を紹介した（平田：1991）。北条はこのときに前年に始まったばかりの英国のボーイスカウト運動のことを知り、「少年武者」として日本に紹介していく（北条：1913）。このボーイスカウト運動は武士道とも密接に関係しているものとして日本でも普及していった（田中：1995, pp. 40–42, 87–89）。

これらの一般社会における武士道論の展開を踏まえて、次に山川についての分析を進めていきたい。山川は晩年の一九二六（大正一五）年に「明治初年の高等教育は技術者本位であつた。その結果は高等教育は技術方面にのみ走つて、徳育には余り注意しなかつた。走つたもの、心を改める事は出来なかつたのである」（山川：1926b, p. 380）と述べている。このように技術に走る社会的傾向の中で、山川は理学志向という点では特徴的であったが、物理学教授という社会的立場はとくに徳育を期待される立場ではなかった。しかし、武士道が注目され始めた一九〇一（明治三四）年に、山川は東京帝大の総長に就任する。総長という社会的立場になったことで、山川は独自の教育論・国家論を展開していく。そして、山川もまた日露戦争の時期に武士道を論じるようになった。

東京帝大総長に就任した一九〇一（明治三四）年の卒業式では、当時の社会的な風潮について「清廉ノ志操ハ日ニ月ニ頽廃シ、淫佚俗ヲ成シ、奢侈風ヲ移シ、国家ノ元気将ニ衰耗セントス」（山川：1901）としてその悪化を問題視しているが、武士には言及していない。それに対して、日露戦争開戦直後の一九〇四（明治三七）年三月の帝国大学令公布記念祝賀式では、日露戦争を元寇以上の歴史的大事件と位置づけ、戦後経営には日清戦争とは比較にならないほどの困難が予想されるとして、戦後の社会を担っていく学生たちに対して品行方正・人格高尚（信用のため）、身体健康、学問勉励、節倹（軍資確保のため）の四項目を心がけるよう求めている（山川：1904, pp. 184-186）。そして、それらに加えて、封建時代の武士の礼儀を参考にしながら、交戦相手であるロシア人への侮辱を諌めている。

今日ニ於テハ或ル非情ノ場合ヲ除ク外ハ、士君子ガ体力ニ訴フルト云フコトハアリマセンガ、国ト国トノ間ニハ昔シ封建時代ニ武士ガ切リ合ツタ如ク戦争ガアリマスガ、此戦争ノ場合ニ於テ国民ノ態度ハ、昔ノ武士ノ喧嘩ノ場合ノ如ク、礼儀ヲ守ラナイデハナラヌト思フノデアリマス（山川：1904, p. 186）。

ここでの武士への言及はあくまで戦時中の礼儀についてのものであり、「武士道」が具体的に論じられているわけではない。また、学生の兵役を念頭に置いた発言でもない。

これが、翌一九〇五（明治三八）年三月の帝国大学令公布記念祝賀式の演説では、具体的に「近此少々流行りものになつた武士道と云ふ事」に言及し、武士道を野蛮な旧弊ではなく現代に通じる規範として積極的に評価している。

是は維新後何事も西洋風でなければならないと云ふ皮相の欧化熱の盛んであつた比は、頑冥固陋の旧弊として世の中から全く排斥せられたものでありましたが、此六七年来世論が少々変つて、万更サウ嫌らつたものでないと云ふ様になつたものでありますが、矢張り心底に於ては、野蛮の遺風であるかの如く思つて居る人が少くない様であります。尤も是等の人も在満洲出征の将士が現に武士道の花を咲かせて居りますので、武士道と云ふ事は戦争の時などは特に都合の好いものであるから、征露の大業がはじまつてからメツキリ評判が好く、且つ外国人などから武士道が称賛される場合なども少なからないのでありますが、平和にでもなつたら又元に反るのであらうと存じます。是は畢竟武士道の何たるを知らないのに坐するのであります（山川：1905, pp. 190-191）。

そして、英国の「ジェントルマン」を「士君子」と翻訳して、武士道と士君子の道徳規範の類似性を説明する（山川：1905, p. 191）[19]。山川は、その共通点として具体的に、①嘘を言わず、言責を重んじること、②名誉（honor）を重んじること、③卑怯（mean）なふるまいをしないこと、④利害のために言動を変えるような節操のない行動をしないこと（integrity）、⑤信義・友誼・義侠心を重んじること（fidelity, loyalty）、⑥公平（fair play）、⑦勇気を尊ぶこと、⑧礼儀を守ること、の八項目をあげている。それに対して両者の相違点として、士君子では夫人を敬うこと、武士道では忠君を重んじて親への忠孝を尽くすこと、そして死を重視することをあげている（山川：1905, pp. 191–192）。

忠孝は、教育勅語で「国体ノ精華ニシテ教育ノ淵源」として明示されていた徳目である。一般的に、この忠孝という徳目は日本の道徳的価値観の伝統的な本質とされ、とくに武士道にその独自性が見出された。そして、それ以外の徳目は西洋とほぼ共通であると理解された。山川は、一九〇五年の記念祝賀式では次のように述べている。

> 一括りに申せば、士君子道に忠孝と云ふ事を加味致しますと、殆んど武士道と同じものになるのであります。武士道は野蛮の遺風でも何でもなく、世界で最も進歩したと云はれる英米両国の士君子の行ふ立派な道と殆んど同じなのであります（山川：1905, p. 193）。

この類似性について、一九〇九（明治四二）年の明専での講演でも、「ジェントルマンの観念には忠孝の大儀に重きを置く事が少い。故に忠君・愛国・孝行の三大徳を実行し、其の上に猶ジェントルマンであつたなら、是こそ真に善良なる日本臣民である」（山川：1909b, p. 289）と説明している。

英国のジェントルマンが比較対象とされた理由として、前述の世界的な動向の他に、一九〇二年に日英同盟が締結されて日本社会に英国への親近感が生まれていたのかもしれない。技術者の倫理に関しても、これと同時期に手島精一は粗製濫造など日本の技術者の品性を繰り返し問題視して、武士道にも言及しながら、英国人の「紳士の体面」を模範にすることを推奨している（手島：1909：三好：1999, pp. 146-156）。

このように日本の武士道と西洋の徳目とのあいだに共通性を見出そうとする姿勢は、新渡戸の『武士道』と同様である。新渡戸は武士道の徳目を、義（rectitude or justice）、勇（courage）、仁（benevolence）、礼（politeness）、誠（veracity or truthfulness）、名誉（honor）、忠義（the duty of loyalty）にまとめている。ただし、この新渡戸のあげる徳目は、山川のあげる徳目とは必ずしも（英語としても）一致していない。新渡戸の目的は、日本の武士道を西洋の徳目と対応づけることで日本の道徳的価値観の普遍性を示すことであったため、日本独自の徳目とされた忠孝の「孝」については十分に分析されていない。新渡戸は一九〇五年に出版した改訂版の序文で、孝（filial piety）について「私はこの独特な徳に関する西洋人の感情について知らない」ため「自分の考えを満足させるような比較を描き出せない」と述べている（Nitobe 1905, pp. vi-vii）。また、新渡戸はジェントルマンについては、その徳目を具体的に分析しているわけではない。例えば第一五章の冒頭でごく簡単に武士道との同等性を示唆しているだけである。

このような西洋との比較の根底には、文事において日本が欧米諸国に劣っているという認識があった。当時はドイツやロシアを中心に黄色人種の躍進を懸念する黄禍論が広がっており、文事で劣ることはこのような日本蔑視の大きな要因になっていると考えられた。一九〇五年の記念祝賀式では、山川は次のように述べている。

> 征露の目的が弥々充分に達せられました暁には、欧米の人々も慥に今度こそは、我日本人の真の値打を知るやうになるのでありませう。従来欧米人士の日本を見るに決して真面目な人民と見て居らぬ。ソダチ過ぎた子供、オーヴァーグローン、チルドレン、花を眺め歌を歌ふ明日の事を考へない人民、人真似をする猿――是はご承知の通り露国では日本人を黄色な猿と申して居ります。又は人のオモチヤに丁度よい人民と云ふ様に見て居るのであ

ります が、今度こそは少くとも我一部分の真の価値がしれるのでありませう。勿論是れは重に我武事に対してゞはありますが、広い意味の文事、広い意味の文事とは学問・技芸・美術・工業・商売・製造・農業等を云ふのでありますが、広い意味の文事にして進歩がなかつたならば、大戦争の出来るものでない事は、欧米人士の素より認めて居る事でありますから、文事の進歩も亦彼等に認められるのであります。併しながら遺憾な事は、文事に於ては今の処西欧北米の一等国には未だ中々及ばぬのであります。我文事を進歩せしめて彼等に追つき、又は彼等の先に立ちて彼等を導く様にしますのは、諸君如しくは我大学の卒業学士を措いて誰がありませう。諸君の責任は実に重いのであります（山川：1905, pp. 189–190）。

すなわち、国家の真価は武事と文事で総合的に評価されるという理解であるが、そこには大きな戦争の遂行には文事の進歩も求められるという認識があった。そのために山川は、大学の「卒業学士」の責任として人真似ではないオリジナリティーを求めた。

諸君の多数の学風は、単に教師の教訓に依頼して一も二もなくノートにたより、其れ以外の事には考を及ぼさないで講義に盲従する悪風がありはしまいか、教師の教訓をも千思万考して之を研究する美風が乏しくありはしまいか、創始思想、オリジナリテーを養成する慣習が少いではあるまいかと疑はれる。此点に就ては諸君の深く反省せらるゝ事を希望するのであります（山川：1905, p. 190）。

学生に対する演説であったために文事が強調されたところはあるだろうが、このように盲従ではなくオリジナリティーを実現していくことが一等国に追いつく条件と考えられた。そして、そのためには研究が重要と考えられた。山川は一九一一（明治四四）年に九州帝大でも、学問は「試験学問」ではなく「研究学問」であるべきだと訓示している（山川：1911b, pp. 236-237）。

こうして山川自身も、当時の武士道論の流行を踏まえながら、オリジナルな武士道論を展開していった。一九二六（大正一五）年に山川は、自らの「武士道」は幼少時に教わったものであり、「日本各地に於て何処に行つても、之が武士道だと云ふことは、或は通用しないものであると私は信ずるのである」（山川：1926a, p. 514）と述べている。そして、このときには武士道の徳目として、忠君、孝行、皎潔、信義、忠恕、礼儀の六箇条と、その実行のための勇気をあげている（山川：1926a, pp. 515-522）。さらに、一九二九（昭和四）年には、武士道の徳目として、忠、孝、勇、義、礼、信、恕、清の八箇条をあげ（山川：1929e）、三年前とは異なる分類をしている。これら山川があげる武士道の徳目は、会津藩の教育内容（家訓、六科糾則、什の掟など）の影響も大きいだろうが、それらとも厳密な対応関係があったわけではない[20]。山川にとって、武士道の構成要素は固定的なものではなかった。

内容の独自性は、山川のジェントルマン論についても同様であった。英国などのジェントルマン論を参考にした可能性も考えられるが、一九〇九（明治四二）年の明専での講演では、ジェントルマンに必要な徳目を、礼儀、廉恥心（名誉）、勇気、忠恕心（義侠心）の四項目にまとめている（山川：1909b, p. 287）。この分類は、東京帝大における四年前の講演での分類とは異なっている。

さらに、山川は武士道や士君子だけにこだわったわけでもない。一九〇六（明治三九）年に東京帝大でおこなわれた総長送迎会では、「学生諸君に告ぐ」として、仏教での五戒（殺生戒、偸盗戒、邪淫戒、妄語戒、飲酒戒）に代わる独自の五戒（妄国戒、奢侈戒、邪淫戒、妄語戒、軽生戒）を訓示している（山川：1906）。

殺生戒については、肉食や被服のための殺生はもちろん、戦場では君国のための殺人もやむを得ない場合があるとして、今の世の中には適しないとする。それに代わって、妄国戒を追加し、ポーランドを例にあげて、国が亡びると私利も営めなくなることから、私利のために国家の存在を忘れることを戒めている。また、奢侈戒については、明治初年と比べると国富の増加をともなわずに生活程度の方ばかりが上り過ぎたとして、人民が奢侈に流れると国の富が減って護国のための戦争もできず、国が亡びると主張する。これらの徳目を追加した背景として、日本が日露戦争で莫大な借金をしたことがあげられるが、それに加えて明治後期の風潮の変化もあった。邪淫戒については、この点から「近此苦々敷い風聞のある」ことの原因として、「素行の修まらない所謂文学者と称する輩が書く所の、彼の不潔な恋愛小説」や「美的生活とか、本能主義とか称して、道徳の制裁を無視する似而非《えせ》哲学者の書いたもの」などを非難している（山川：1906, p. 196）。

これらの山川の認識は、当時の日本政府の認識とも共通のものであった。二年後の一九〇八（明治四一）年には戊申詔書が発布され、個人主義や社会主義の拡大を日露戦争後の社会的混乱として戒め、去華就実による国運発展と皇室の尊重が掲げられた。

山川の価値判断は、第一に国家の発展であった。山川の国家主体の考え方は、軽生戒として「諸君の体は国家の物で、諸君は唯之を保管して居るに過ぎないのでありますから、特に青年学生諸君は、自分の体を大切にすることを以て、国家に対する義務として、之を力められんことを希望するのであります」（山川：1906, p. 197）と訓示していることにも表れている。ただし、この一九〇六年の講演では、軽生戒は兵役とは具体的に結びつけられておらず、心身ともに健康であることが求められていたに過ぎない。次に論じるように日露戦争によって東京帝大の学生にも兵役の可能性が意識されるようになるが、この終戦後の講演では、山川はあくまで「日本全国数十万の青年輩」の模範として学問を求めている（山川：1906, pp. 198-199）。

2　戦死と自殺――国家主義と個人主義の争点

日露戦争では必要とされる軍隊の規模も戦死傷者数も増大し、将来に備えて兵役をさらに充実させる必要性が強く意識されるようになった。それに対して、与謝野晶子（一八七八―一九四二）の「君死にたまふこと勿れ」（一九〇四）に代表されるように、兵役や戦死に対する異論も表面化していった。また、近代化とともに自殺死亡率も増加傾向にあり、とくに自殺死亡数については人口増加の影響によって大幅に増加していた。自殺死亡数は一八九九（明治三二）年に六千名弱であったものが一九〇三（明治三六）年頃には九千名弱へと増加し、日露戦争後に一時的に減少するが、また大正初期にかけて一万名程度にまで増加していった（日本統計協会：1987, p. 240）[21]。この戦死と自殺の問題は、国家主義と個人主義の双方の拡大にともなう対立の争点となり、死を重視する武士道の理念とも関連づけられて、社会的にも山川にとっても大きな問題となった。

山川は東京帝大での一九〇五（明治三八）年三月の記念祝賀式で、日露戦争で戦死した一三名の東京帝大在学生および卒業生を紹介し、彼らが教育勅語の「一旦緩急アレハ義勇公ニ奉シ」を実践したことで「未来に渡つて教育上非常に大なる偉功がある」（山川：1905, p. 188）と顕彰する。そして、大国が相手である日露戦争はまだまだ長期化することが想定されるとして、在学生に対しても兵役の可能性に備えるための健康と運動を求めている。

> 扨戦争が永引くに付きまして、或は諸君は儒冠を脱却して戦袍を着くとか、筆を投じて戎軒を事とすとか、古人も申しました様に学事を投げ捨てゝ、鉄砲を手にして立たれなければならぬ時が来ないとも云へんのであります。諸君が此奉公の義務を尽くさるゝ為めに、今日よりして準備されねばならぬ事は、申す迄もなく体の健康を保つ事であります（山川：1905, p. 189）。

日露戦争が続き、戦死者が増大していく中で、東京帝大の学生に対しても兵役が強く意識されるようになった。ただし、山川は「奮励して柔術なり剣術なり又は庭球・弓何でも宜しいから、適当の運動を旧に倍して力められん事を希望するのであります」（山川：1905, p. 189）と述べており、そこで奨励されたのは運動であり、軍事教練ではなかった。また、終戦とともに、兵役は帝大の学生に対する喫緊の要求ではなくなった。東京帝大において有志学生による軍事教練が始められたのは、それから一〇年後、山川の二度目の総長期にあたる一九一五（大正四）年頃のことである（花見：1939, pp. 246–250）。

なお、山川は、武士道と士君子道の違いの一つに死を重視することをあげていた。この一九〇五年の講演でも「死を以て其道を貫くと云ふのが武士の本懐でありますが、士君子道にあつては夫迄に至らずともよい場合が沢山あるのであります」（山川：1905, p. 192）と述べている。そして、武士道では士君子道に比べて、生を捨てて義を取るべく、人に向かって死を要求することが多いことを相違点にあげる。すなわち、当時山川が推奨した士君子道では、死への強制力は武士道よりも低く設定されていた。

ただし、英国にも武士道として遜色のない行動があるとして、地中海艦隊の演習中に命令を誤って戦艦同士を衝突させて数百名が溺死する惨事を引き起こしてしまい、自らも沈没する戦艦にとどまって自殺した司令長官トライオン中将（George Tryon, 1832–93）の例をあげる（山川：1905, pp. 192–193：山川：1910b?, pp. 749–751）。山川は、この数年後の講演でも、このトライオンの例を引用しながら自殺の正当性を次のように論じている。

> 大過失を犯して人に迷惑をかけた場合には、自殺して之を償ふのは人たるもの、正道であつて、或る場合には自殺より外にすべき道がないのである。決して耶蘇教の教ふる如く、如何なる場合でも自殺は罪悪であると考ふべきではないのである。併し人生解す可らずとか何とか云つて、寝言の様な書き置きを残し、華厳の滝に飛び込ん

だ腰抜け青年の所行を決して好いと云ふのではない。藤村某とか云ふ青年は、思ふに神経衰弱の為めに発狂したものであつて、其の人其の自殺が一文の価値もないのである（山川：1910b?, p. 751）。

自分の判断で多数の人命を犠牲にした場合に、その責任の取り方として自殺を正当化することは、明治天皇の崩御にともない自決した乃木希典（一八四九―一九一二）への評価とも通じる。山川は武士道における信義ないし約束の重要性をあげて、乃木については「自殺の目的が二つあつて、一つは単純な殉死であつたが、も一つは旅順で戦死した部下に対して心で誓つた約束を果されたものと思ふ」（山川：1929d, p. 552）と分析している。旅順攻略で一万五千名を超える戦死者（参謀本部：1915, 附録第二十九）を出したことに対して、周囲に迷惑をかけずに責任を果たして自殺できる機会を伺っていたという理解である。[22]

それに対して山川が言及している「藤村某」とは、第一高等学校一年であった藤村操（一八八六―一九〇三）のことである。藤村は、一九〇三（明治三六）年に「曰く『不可解』」という「巌頭之感」を残して、日光の華厳の滝に投身自殺をした。新聞や雑誌はこれを現代社会に投げかけられた哲学的・個人主義的な自殺として繰り返し取り上げ、第一高等学校関係者はもちろん社会全体に大きな反響を引き起こした。この影響による自殺も相次ぎ、東京帝大文科大学二年の村岡美麻（一八七八―一九〇三）をはじめとして、明治四〇年の上半期までに華厳の滝での自殺者は四〇名に達し、未遂も合わせると一五〇名以上にのぼった（平岩：2003, pp. 35-61）。

乃木の自殺について山川家の書生が「大変惜しいことをしたものです」と述べたところ、山川は「お前は我輩の家に何年飯をくつてゐる」とたしなめ、また「乃木さんは実に完全な人間であつた」と述べていたという（花見：1939, p. 516）。それに対して、藤村の自殺については「馬鹿の極彩色」と罵り、日本の穀つぶしで、そんなに死にたければ死ぬがよいと述べていたという（花見：1939, p. 523）。明専一期生の田代茂樹（一八九〇―一九八一）は、山川が明専でかねてから自殺否定を唱えていたと記憶しているが、これは藤村のような自殺を想定してのことであろう。乃木の自殺については倫理講話で「乃木将軍ご夫妻の最期は、武士の亀鑑でまことに立派である」と讃えて、学生たちに深い感銘を与えたという（田代：1992, p. 175）。

山川にとって自殺は社会的責任を果たすための手段としてのみ正当化でき、称賛されるものであった。そのため、国家のための戦死は称賛された。一九一二（明治四五）年には、日露戦争での日本婦人の意気込みを、自分の子を「戦に勝て、然らずんば戦死せよ」と送り出した「スパルタの賢母」を凌ぐと称賛する一方で、「如し当時我が婦人が其の子其の夫の出陣を送つて、『死にますな君』など〻歌つたなら、士気沮喪して到底勝利など得る事は出来なんだのは明白である」として、与謝野晶子の個人主義を批判している（山川：1912, p. 244）。

このように山川は社会的責任を自殺正当化の基準と考えていたが、そこには独自の合理的判断があった。一九一一（明治四四）年に門司駅構内で、天皇一行が乗車する予定の御召列車が入れ替え作業で脱線し、天皇が一時間待たされるという失態があった。乗車前で怪我人はなく列車の故障もなかったが、翌日に門司駅員が責任を取って自殺する。新聞各社はこの行為を同情や称賛をもって報じ、遺族には天皇をはじめとして多数の弔慰金が寄せられ、さらには国家主義団体の福岡玄洋社が顕彰碑の建立を呼びかけるに至った。これに対し、山川は自殺を選ぶ場合にも「出来得る限り国家の為に尽して死ぬ」ことが大切であり、今回の失態は重大であっても「其申訳の為として陛下の赤子たる大切な『お人』を殺すといふことは、果して陛下の叡慮に叶つた事であつたかどうか」とし、「彼の行為を賞賛し、或は碑を建て〻表彰する等云ふやうな事に至つては、どうあつても同意する訳には行かない」と新聞を通じて主張した。当時、この山川の言説に対して不謹慎とする非難が高まった（花見：1939, pp. 210–211）。

このような山川の合理性は、初等教育での歴史的仮名遣いの復活を「一大罪悪」として繰り返し批判したことからも伺える（山川：1910a, pp. 598–599）。山川は歴史的仮名遣いを支持しているのが教育とは関係の浅い保守主義者たちであって、実社会ではもはや発音と表記の区別はなく、帝大の博士・教授ですら正確に使い分けられない状態であるとし、不必要で難解なことを教育することは他国と比べて普通教育に障害を増やすだけであると批判した（山川：1911c）[23]。また、教科用図書調査委員会で南北朝正閏問題の取り扱いが問題となった際には、北朝の併記を削除しようとする文部省の改訂方針を批判し、史実を記載する重要性を強く主張している（花見：1939, pp. 159-160）。

この山川の合理性は、物理学の学問的姿勢と通底している。この同時期の一九一〇（明治四三）年に、透視や念写の能力を持つという人物が熊本や香川・丸亀などに相次いで現れ、「千里眼問題」として社会的な注目を集めた。一九世紀末には電磁波、X線、放射能などの物理的存在の発見が相次いだことから、この現象も新たな発見につながる可能性は否定できなかった。X線については、山川自身が一八九六（明治二九）年に日本で初めて検証実験をおこなった過去もあった（桑木：1944, pp. 191-192）。また、山川は米国留学時代に透視実験を目にして興味を持った経験もあったため、自ら丸亀まで足を運んで検証実験をおこなった（渡辺：1961, pp. 26-27）。これに対して学者としては軽率な行動であるとの批判もあったが、山川はあくまで事実に対する客観的・中立的な「白紙の態度」で臨んだと言われる（花見：1939, p. 198）。山川は、千里眼という現象の検証については生理学者・心理学者・哲学者などが適任かもしれないが、事実確認そのものでは物理学者が最も適任と確信していると述べている（山川：1911a, p. 757）。

3　日露戦争後の展開――明治専門学校における「士君子」教育

このように時代とともに形成された山川の理解が積極的に導入されたのが、一九〇九（明治四二）年に開校した福岡県・戸畑の明治専門学校であった。山川は、一九〇五（明治三八）年末に戸水事件（帝大七博士事件）で東京帝大総長を依願辞職した後、明専の設立などを通じて高等教育改革に尽力していった。明専は一九二一（大正一〇）年に財政難から官立へと移管され、第二次世界大戦後に新制の国立九州工業大学となるが、最初は私立の高等工業専門学校として創設された。

明治専門学校は一九〇七（明治四〇）年に設立認可され、一九〇九（明治四二）年四月一日に開校した。ただし、開校記念日は設立者である安川敬一郎（一八四九—一九三四）の誕生日とする第一案が安川によって固辞されたため、日露戦争での日本海海戦の勝利に合わせて五月二八日とされた。初年度に募集した予科生徒の定員は、採鉱学科一五名、冶金学科一五名、機械工学科二五名の三学科五五名であった。一九一一（明治四四）年からは応用化学科と電気工学科を加えて五学科体制となり、定員も各二五名を加えた計一〇五名へと拡充した。

山川は、明専の設立にあたっては教育内容そのものの構想を委託され、総裁に就任して全体を統括した。その仮開校式で山川は、明専が「唯単に技術者を拵へるのみの学校ではない、技術に通じて居るところの士君子を拵へる、即ち技術に通じて居る『ジエントルマン』を養成する学校である」（山川：1909a, p. 52）[24]と宣言して、独自の徳育論を展開した。この「士君子」とは、前述のように、英国のジェントルマンシップを武士道と関連づけながら山川が独自に展開した理念である。そして、明専の教育では山川の理念が反映されて、基礎としての理学を重視した四年制の全寮制、英語重視、そして軍事教練（兵式体操）重視という特色が打ち出された。

当時の日本では高等教育の需要が拡大し、専門学校の設立が進むとともに、専門学校は大学への昇格を求めていた。専門学校数は一八九〇年の三六校から一九〇六年の六四校へと増加していたが、大学は帝国大学のみであり、大学数は一八九〇年の一校から一九〇七年の三校にしか増加していなかった。もっとも大学の在学者数は、一八九〇年に一千三百名程度であったが、一九〇二年に四千名を超え、一九〇六年には六千名、さらに一九〇七年には東北帝大の設立にともない七千名を超えていた。しかし、専門学校の在学者数の方も一八九〇年には一万名程度であったものが一九〇二年に二万名を超え、一九〇六年には三万名を超えていた（日本統計協会：1988, pp. 218, 246, 248）。その一方で、この当時、官立の工業専門学校は東京高等工業学校など六校であったが[25]、私立は同時期に開校した早稲田大学の理工科一校だけであった。工業教育は私立の事業としては経営が難しいこともあり、工業化の進展とともに一つの社会的課題になりつつあった。

設立者の安川は、四月一日に行われた仮開校式において、明専の設立趣旨を次のように説明している。

数種の学科の中から何故工科を選んだかと云ふと、是れは必ずしも工学といふものが他の学科に比して急中の急なることを感じた次第ではなくて、他の学科は官立公立の外私立としても到る処に沢山設けられてあるやうに思はれる、トコロが工科に於ては其施設が甚だ稀であります、近頃では一二私立のものがあることを耳にしますが、未だ近き以前までは絶無と言つて宜い程であつた、之は志望者が少ないからで工学士の需要が少なかつたかといふに決してさうでない、又必ず工学者も少なかつたに相違ない。然るに近来商工業の勃興と共に時代の要求といふものは工学士の方面に集まつて居る、それに工学士としては常に不足を感じて居る。之が自分が工学を選んだ一の訳であります（安川：1909, p. 48）。

炭坑経営者の安川敬一郎は、これ以前にも中堅技術者を養成するために一九〇二（明治三五）年に赤池炭坑で私立赤池鉱山学校を開設し、被服や食費なども支給して、実習を交えた採鉱、冶金、土木、機械などの教育をおこなっていた。この鉱山学校は、翌年に赤池炭坑で火災事故が相次いだことから三年間で閉校することになる（明治鉱業株式会社社史編纂委員会：1957, pp. 51-52）。しかし、安川は日清・日露戦争期に巨利を得たことの「偶然の天恵不慮の僥倖」を「国家に対して感謝せざるべからざる」と考え、「本業以外の動産全部を投じて我国最急の需要に応ずべく科学的専門教育機関の設立を決行せり」として明専の設立を目指した（安川：1935, pp. 778, 783）。

もっとも、設立趣旨として述べているように、「最急の需要」は工学というよりも教育機関そのものに対する需要であった。当初一九〇六（明治三九）年七月に山川の自宅を訪ねた安川は、まずは採鉱・冶金、機械、商学の三学科からなる工学部を設置し、さらなる資金確保に応じて漸次的に拡大していく構想を「九州大学建設ノ大意」として語っている（北九州市立自然史・歴史博物館：2009, p. 213）。また、九月には「教育ノ根本タル徳育ヲ基礎トシ、精神ノ涵養・技芸ノ熟達ヲ計ルノ大方針」（北九州市立自然史・歴史博物館：2009, p. 228）を伝えている。そして、山川からこれらへの基本的な合意を得て、安川は「工商学校設立」の全権を山川に託して準備を進めることになった（北九州市立自然史・歴史博物館：2009, p. 260）。このように安川は当初、実業教育としての工商学校を考えていた。しかし、商学については山川の賛同を得られず、工学に限定することになったが、将来的には総合大学への拡充も視野に入れていたようである（九州工業大学：1959, pp. 28–29）(26)。

山川も、この仮開校式においてまずは青年のための高等教育機関の不足を指摘し、設備の相当な学校の増設こそが急務であることを説いている。山川は、日本ではとくに理系の私立学校がほとんどなかったため、この安川の事例が富豪実業家による教育事業への投資の糸口になることを期待していた（花見：1939, p. 163）(27)。

さらに、維新直後は仕事のできる人を教育しようと知育に偏った結果として徳育を怠ったとして、「唯単に技術者を拵へるのみの学校ではない、技術に通じて居るところの士君子を拵へる」という方針が打ち出された。山川は、明治初期に「仕事師」養成が優先されたという理解を、一九一三（大正二）年の明専の第一回卒業式でも次のように述べている。

殊に物質的の方面に於ては技術者の欠乏が著しく目に立つ。鉄道を作るにも、鉱山を掘るにも、電信線を架するにも、橋をかけるにも、軍艦を作るにも、大砲を鋳るにも、又紙幣を造るにも凡て技術者を要する。併し日本には技術者がない。拠なく外国人を招へいすると云ふ事になつて、一時は政府傭外国人の数が五百人にも達したと云ふことである。此の時当路者の考は何をおいても仕事師の養成が第一であると云ふことから、或は外国に留学生を派遣し、或は学校を建設したが、学校教育・技芸教育の急に忙殺されて、徳育と云ふことは幾分か忽にせられたことは争ふべからざることであるが、当時に在つては是も拠ないことであつたと思はれる（山川：1913b, p. 320）。

そして、この明治初期からの課題を踏まえて、明専の徳育重視の方針を次のように説明している。

重きを学術技芸に置く教育の結果は士君子を養成するよりは寧ろ仕事師を養成すること丶なつて、遂に往々不徳な技術者などが世の中に禍を為し、延いては技術者の信用にも煩を及ぼし、又従つて事業の不振ともなる様なことに及んだのである。設立者は此処に見る所があつて、学術技芸に達したる士人の養成を本校の目的としたのである（山川：1913b, p. 320）。

この当時、技術者をめぐって実際にどのような「禍」や信用への「煩」そして「事業の不振」があったのかは定かではないが、前述のように、手島精一も工業品の粗製濫造を問題視している。そもそも、この明専の徳育重視の方針が当時の世界的な傾向でもあったことは前述の通りである。一九〇九年の仮開校式の祝辞でも、文部省参事官の田所義治は「世界近時の大勢は競ふて人物の修養に重きを置いて居ります」として、前年の万国道徳教育会議では教育勅語と武士道による日本の徳育が好評を得たことに言及しながら、これまで武士道によって「国運の発展国威の発揚をしたのでありますから、将来と雖も亦之に則つて武士道の精神に基礎を置かなければなりませぬのであります」と演説している（九州工業大学百年史編集委員会：2009b, pp. 38–43）。

この明専の徳育重視の方針を踏まえて、山川は仮開校式では前年に発布された戊申詔書を教育勅語とともに奉読し、次の徳目八箇条を訓示した。この八箇条とは、①忠孝を励むべし、②言責を重んずべし、③廉恥を修むべし、④勇気を練るべし、⑤礼儀を濫るべからず、⑥服従を忘るべからず、⑦節倹を勉むべし、⑧摂生を怠るべからず、であった。そして、これらに加えて同校で兵式体操を課すことは単に体育のためではなく軍事教育を施すためであることや、英語を重視することは卒業後に新しい知識を得ていく素養を作ることであることを訓示した（山川：1909a）。

とくに山川は、兵式体操を強化する理由を、国家間の生存競争に対する日露戦争での反省として次のように説明している。

> 目今各国対峙して生存競争に努めて居るのであるから、勿論充分な兵備がなくてはならない、兵の数は多いければ多い程宜しいのである、日露戦役の時に徴兵令迄も改正して国を空しくして出兵したけれども、兵数は（初期を除いては）常に敵の兵数に劣つて居つた。若し我が兵数が当時実際あつた兵数の幾割か余計あつたなら、遼陽なり奉天なりの会戦で敵を撃破して決定的の大勝利を得て、平和克復も時期を早め、講和条件もモ少し満足なものであつたであらうと思はれる（山川：1909a, pp. 60-61）

そして、欧州の小国であるスイスとノルウェーの例にならって、有事の動員に備えた軍事教育を明専でも導入することを説明した。

日本は日露戦争に勝利した。しかし、多大な戦死傷者を出し、多額の増税が課され、国家としても多額の借金を負ったにもかかわらず、ポーツマス講和条約では賠償金をまったく得られなかった。このことに対する国民の不満が各地で爆発し、日比谷焼打事件に代表される講和条約反対運動は全国に及んだ。東京帝大でも戸水寛人（一八六一―一九三五）らが講和条約の高い条件と戦争継続を掲げて過激な言論活動を展開した。山川は戸水らの言動を諫める立場にあり、それによって結果的に東京帝大総長を辞職することにもなったが、当時の社会的不満は共有していたのだろう。(28) 後に菊池寛（一八八八—一九四八）は、この日露戦争とポーツマス条約の講和内容による山川の認識の変化を次のように述べている。

> 日露戦争の終結によつて、最も心を動かしたことの一つは、当時日本の兵力が不足で、勝つには勝つたが、十分満足とまでは云へない条件で講和を結ばなければならなかつたことであつた。教育者として健次郎が痛切に考へたことは、学生に軍事教練を課して、一朝有事の際に、義勇軍として戦場に送ることが出来たらということであつた（菊池：1943, pp. 281-282.）。

そもそも、兵式体操の導入は、一八八五（明治一八）年に当時の文部大臣であった森有礼（一八四七—八九）の主導によって東京師範学校で最初に制度化された。とくに東京師範学校では、兵式体操だけでなく学校全体で全寮制の軍隊式教育を導入することが目指された。そのため、校長にも現役将校を兼任させる方針が採用され、一八八六（明治一九）年に山川の兄であり陸軍大佐であった山川浩が現職のまま校長兼任となった（木下：1982, pp. 59-71）。(29) そして同年の学校令によって、兵式体操は師範学校とともに小中学校でも一般的に実施されることになった。(30)

日露戦争より前は、戦争の規模はそれほど大きくはなかった。壮丁総員（二〇歳徴兵適齢人口）に対する現役徴集人員の割合は、日清戦争までは五パーセント程度であり、予備兵を合わせた全徴集人員も三割程度であった。そのため、兵士の身体的な質はほとんど問題にならなかった。また、軍隊の現場では学校での生半可な軍事教育は無駄であり弊害すらあるとも考えられたため、陸軍が学校教育に期待していたことは知的水準の向上であって身体能力の向上ではなかった。しかし、現役徴集人員の割合は次第に上昇し、一八九七（明治三〇）年に一割を超える。さらに日露戦争を経て兵力の増員確保が現実の課題となった。その一方で、徴兵拡大によって徴集人員の平均身体能力が低下したため、陸軍は学校に対して軍事予備教育を期待するようになった（木下：1982, pp. 133-149）[31]。さらに、日露戦争では兵士が増員されたことで、とくに補充兵（予備兵）の戦闘行動の拙劣さと攻撃精神の不振が問題視されるようになった。この兵士への不信感から、精神面の教育も強調されるようになった（遠藤：1994, pp. 125-127）。

こうして明専では、初年次（予科）から三年次に至るまで週三時間の兵式体操が課せられることになった。他の工業専門学校では多くて週二時間であり、明専では時間数に加えて内容も軍事教練として本格的であった（九州工業大学百年史編集委員会：2009a, pp. 31-37）。陸軍中尉・薄田精一が赴任して、起床ラッパによる早起き、全寮生の強制的冷水浴、兵式体操、操縦、行軍、演習、野営などの軍事教練が実施された（花見：1939, p. 172）。一期生の田代茂樹は、「銃剣術や行軍、演習などの実地訓練には、小倉の連隊からより抜きの現役の軍曹と上等兵がやってきて、新兵同様にこてんこてんに鍛えあげるのであった」（田代：1992, p. 170）と回想している。

さらに一九一三年の第一回卒業式で山川は、列強諸国の軍備増強を受け、「我が日本国の如き貧国が、他の富国と競争して兵備を増すことは到底六ケ敷いではないかと思はれる」ので、「金のかゝらん様な兵備増設より外はない」として「我が輩は真の国民皆兵主義を実行するより外はないと思ふ」という主張を展開している（山川：1913b, p. 321）。

本校に於ては、兵式体操と云はず軍事教育として課して、単に銃を執つて集散離合の方法を教へるのみでなく、其の名の如く軍事教育を施して居るのであります。理想として本校を卒業すれば、一年志願兵終了の者位な教育を施したいのでありますが、中々思ふ通りに参りませんが、有事の日に一人前の護国の任務は果せる積りで、即ち国民皆兵の趣旨に称ふ様にして居る積りであります（山川：1913b, p. 322）。

この明専での実施を通じて、山川は軍事教育を通じた国民皆兵主義への確信を深めていったのだろう。その背景には日露戦争への反省だけでなく、一八八二年に成立した三国同盟と一九〇七年に成立した三国協商との対立の深刻化などの国際関係への強い危機感もあった。山川は帝大総長辞職後の一九〇六（明治三九）年二月から一年間ほど「淮渓」のペンネームで東京日日新聞に評論「閑散小録」を寄稿し、小学校から大学までさまざまな教育問題を論じているが、この時期にはまだ軍事教育や国民皆兵主義の導入については論じていなかった。

しかし、明専の兵式体操は、他校に比べて相当に力は入れられていたが、軍事教育としての必要を十分に満たすものではなく、また、学内でも当初から軽視や異論はあったようだ。当時の助教授であった松原厚（一八八一―一九六二）は明専を兵学校のようにすべきだと主張したが、校長同席のもとで安川から「私が明治専門学校を立てたのは、何も之を兵営にする為ではない。学校教育と、軍事教育とは、自ら差別がある。之を履き違へて貰つては困る」と諭されたという。その直後に、薄田も明専における軍事教育が不可能と考えて一九一二（明治四五）年に辞任した（松原：1938, pp. 7-9）。

また、明専では前述のように山川の方針に従って基礎教育として理学が重視された。初年次（予科）で力学（週一時間）、物理学実験（週四時間）、化学実験（週一時間）が課せられており、他の工業専門学校では工業演習は課せられていたが理学実験は特徴的であった。このことを山川自身が次のように説明している。

扨本校に於ける純粋な技術教育は、他の工業学校のそれと大した差違はないのでありますが、官立高等工業学校の年限が三年であるのに、本校の年限は四年である。此の一年丈け年限の長いのは偶然ではない。元来工業と云ふのは、つまり理学の応用であることは、恰も医学は生理・解剖・薬物学等の応用である如くであるから、生理・解剖・薬物等の学科を基礎医学と称する如く、工学に対し、理学は基礎工学と唱へても至当であると考ふるのである。基礎医学の素養がなくては良医が出来んと同じことで、基礎工学の素養が充分なければ、良い技術者を養成することが出来んと云ふことは、我が輩の深く信ずる所であるが、独逸国近来工業の長足の進歩をしたのは、其の技術家に基礎学に充分の素養のあるのが一原因であるは、世の認める所である。斯る次第であるから、本校設立の学科の基礎学科たるべき数学・物理・化学の三学科の素養を充分に造るべき目的で、普通三年の外に、主に基礎学科素養の為めに一年を加へたのであります（山川：1913b, pp. 320–321）。

その後、九州帝大設立にあたっても山川の同様の方針が採用され、このことを桑木彧雄は「先生の意見で新例を開いて、工科の中に理科的な、数学及力学、物理学、化学の三講座を先づ設けしめられ、数学、力学の講義を私に命ぜられたが、その講義案について長岡先生の意見を尋ねられ、先生も亦意見を述べて、書面で私に之を示された」（桑木：1944, p. 510）と回想している。

4　国際関係に対する優勝劣敗という理解

山川には、日本が列強諸国に対して劣っていて弱者であるという認識があったため、愛国心を日本の劣等性を補強するための精神的な武器として重視した。

山川は一九〇九（明治四二）年の明専の仮開校式では、生存競争における強国の条件として、①国の大きいこと、②人口の多いこと、③国の富んで居ること、④国民に知識あること、⑤国民の愛国心が強いこと、の五条件をあげている。そして、英・露・伊・墺・独・仏・米に日本を加えた八強国のうち、日本は四条件まで最下位かそれに近いとし、「我が邦が使用し得べき武器は只国民の愛国心のみ」であると主張する（山川：1909a , p. 53）。ここで山川があげている八強国は、三国同盟（独・墺・伊）と三国協商（英・仏・露）に米国と日本を加えた諸国である。山川は愛国心が日本の武器であることを次のように訴えている。

日本人の愛国心の強いのは日清、日露両役に於て証拠だてられて居る。いざ戦となると全国に一人の非戦論者がない、所謂る挙国一致である、内に居るものは殆んど堪へ難い程重い租税の負担を悦んでする、戦闘に従事して居るものは、生命を塵芥の如く軽うして敵に対する、之ればかりは外国人に対しても決して劣らないし、外国人亦之れには感服して居るのである（山川：1909a , p. 53）。

国際関係は日露戦争後に新たな局面を迎え、「生存競争」の様相にも拍車がかかっていた。日本は日露戦争に勝利したものの、多大な犠牲にもかかわらず賠償金をまったく得られなかった。このことは日清戦争後の三国干渉よりもさらに日本国内の不満を増大させ、山川にも戦力の不足を自覚させることになった。そして、その不足を補うために、山川は学生に愛国心を求めた。山川は、「若し我国民が愛国心を失つたならば、我が民族を生存せしむべき唯一の武器を失ふのであるから、其時は我が民族滅亡の時と覚悟をせんければならない」（山川：1909a , p. 54）と訴えている。この理解は、後に明専の学寮名である国爾寮、忘家寮、公爾寮、忘私寮にも反映されている。

そして、国際関係についてのこのような認識は、社会学の「適者生存」理論によって体系的な理解へと展開されていった。スペンサーの社会思想については、日本でも数多くの翻訳書が出版されて明治政府から自由民権運動まで政治的な立場を超えて幅広く影響を与えた。東京帝大でも、加藤弘之（一八三六―一九一六）の「優勝劣敗」論に影響を与えるとともに、フェノロサ（Ernest F. Fenollosa, 1853-1908）や外山正一（一八四八―一九〇〇）によって講じられていた。

加藤は『人権新説』（一八八二）において、生存競争における適者生存という観点から天賦人権説を論駁するために「優勝劣敗」という言葉を導入した。「生存競争（struggle for existence）」という訳語は前年に出版された『哲学字彙』（一八八一）に掲載されているが、この訳語もこの頃に加藤が導入したと考えられている。加藤は、一九一二（明治四五）年には『自然と倫理』を出版し、その序論で「凡そ学問といふ学問は自然科学であれ精神科学であれ又哲学であれ皆一に唯一自然の研究を以て其目的とすべきは固より当然のことである」（加藤：1912, pp. 11–12）として、さらに「自然科学の研究上に於て最も必須条件たる数理を以て是れを精神科学の研究上にも同様必須条件たらしむるものは必ず生物学でなければならぬ」（加藤：1912, p. 20）と論じている。この自然科学の方法を数理に求め、生物学から国家を論じようとする加藤の理解は、この時期に山川が展開していった理解と基本的に同じである。

加藤の『自然と倫理』出版と同年の一九一二（明治四五）年の九州帝大の卒業式では、山川はこの生存競争における優勝劣敗という理解を強調している。

適者生存不適者死滅、短く云へば優勝劣敗といふ事は、今更らしく云ふ迄もなく、生物学の一大原則であつて、生きとし生けるものは、其の動物たると植物たるを問はず凡て此の原則の下に在るから、啻に人間にも此の原則が応用せらるゝのみでなく、人間の団体である国家にも亦応用されるのである（山川：1912, p. 242）。

そして次のように、この原則による事態の進行が不可避の真理であるかのように語っている。

交通・通信両機関の発達は、取りもなほさず地球が狭くなつたと同様である。百年来世界の人口は二倍半以上になつて居るにも関せず、人間の住所たる地球は反て狭くなつたと同様だとすれば、列国の生存競争が、昔時に比して甚しく猛烈になり、強国即ち適者が生存し、弱国即ち不適者が滅亡するのは、優勝劣敗の原則上止み得ざる次第である。するから今我が日本国を維持するのには、是非とも日本をして世界の強国中での適者の位置に立たせんければならんのである（山川：1912, p. 243）。

スペンサー自身は、軍事型社会から産業型社会への進化にともなって個人の自由が尊重されて国家の機能は限定的なものになるとし、国家主義教育にも反対していた（赤塚：1993, pp. 170-177, 291-298）。山川は、スペンサーそのものというよりも、ユーマンズや日本の社会学者たちによって普及した一般的で表面的な理解を共有していたのだろう。ユーマンズを経た通俗的なスペンサー理解が、帰国後に加藤弘之らの優勝劣敗論などによって国家主義的に補強されていったと考えられる。ただし、このようにスペンサーの社会学に関する山川の理解はあくまで概要的あるいは表面的なものにとどまっていたかもしれないが、適者生存を科学的な原則として理解したことで、列強諸国の行動は基本的にその原則によって説明されるようになった。

また、山川は愛国心の強さが強国の条件になると考えていたが、その背景には当時の風潮としてそれが弱まっているという危惧があった。この一九一二年の九州帝大の卒業式でも愛国心の低下を問題視している。

生存競争に於ける国の適者たるには種々の要素があるが、就中国民の愛国心の強いと云ふことが最も大切な要素の一つである。日清・日露の両大戦役に勝つた主な原因の一つは、我が国民の愛国心の強い事であると云ふのは、世界の公評であるが、事実上真相を得たものであると思ふ。然るに近来文学の雑誌などに現れて居る所から見ると、我が国民少くとも我が国青年者の愛国心が段々と薄くなる傾がありはしまいか。人間の本能だとか、芸術の神聖だとか云ふことに溺れて、君国の休戚などを度外視するを高尚なことのやうになし、暗に誇る先輩などがあつて、分別の浅い青年男女が、之を時代思想とか新思想とか誤解し、新文明の骨盤でゞもある如く心酔して之に見倣ひ、眼中に自我あつて君国のないものもあるかに聞くが、果して然らば実に容易ならんことであると思ふ（山川：1912, p. 243）。

そして、積極的な攘夷は否定しながらも、やはりそれが生存競争による当然の帰結であるかのように語っている。

——我が輩に攘夷心などは毛頭ないが——白人以外に白人と生存競争を為すものは我が大和民族のみである。同党伐異［原文ママ］は人情であるから、吾人は我が民族の孤立して居ることを自覚することを要する。然らば今の時は君国の危急存亡の秋であると云はんければならん（山川：1912, p. 244）。

こうして山川は、生物学的な原則として不可避の「君国の危急存亡の秋」に対応するため、これに続く大正時代には尚武主義をさらに強く推進するようになる。

第三節　大正期——第一次世界大戦と尚武主義

1　生存競争と尚武主義

スペンサー社会学の基本原理とされた「適者生存」は、総力戦として泥沼化した第一次世界大戦に至る国際関係の深刻化の中で、山川の国家主義と尚武主義を補強していった。山川にとって列強諸国が「国家主義」であることは疑うべくもない事実であった。

世界の諸強国は皆国家主義で、孰れも強い国家を維持することに努めて居る。我が国のみが個人主義とか国際主義とかを取つて国が弱くなつたら、利己的国家主義者の暴力に征服される恐れがある。するから忠君愛国の大義に依り、国家を強くすることに努めるのは時代に順応するもので、国際主義とか個人主義とか云ふのは時代錯誤の思想である（山川：1925b, p. 498）。

このような利己的な国家間の生存競争という認識は、帝大総長に再任した一九一三（大正二）年の東京帝大入学式でも次のように述べられている。

日今世界に独立国と云ふは四十余国であるが、其内強国と定評のあるのは我が日本を合せて八ヶ国である。世界の大勢は弱国が段々強国の為めに兼併せられ、強は益々強に、弱は漸次に滅亡する傾向のあるは争ふ可からざる事である。特に輓近交通々信の両機関が長足の進歩を為した為め、地球は次第々々に狭小に為つたと同様になり、人口は日一日に増加する為め、列国が其存在の為めの競争は、従来未だ嘗て見ざる激烈なる有様と為つたのであるは申す迄もないことである。斯くの如き有様であるから、世界は遂に前申す八大強国の競争と為るのではあるまいか。昔諸葛武侯は其の出師の表に天下三分益州罷弊と云つたが、八大国中我が日本も最も罷弊せりと云ふ位置にあると思ふ。国は狭し金はなし、自然的の利源に於ては他国に比し最も劣等の位置にあるは、遺憾ながら顕然たる所である。然らば今我が日本は其危きこと累卵の如しで、危急存亡の秋であると云つても過言ではないのである（山川：1913c, p. 199）。

山川は、このように八強国の生存競争を世界人口の増加による資源不足の観点からマルサス（Thomas R. Malthus, 1766–1834）的に分析し[32]、そのさらなる激化を必然的な帰結として予測している。この理解は、翌一九一四（大正三）年の京都帝大での宣誓式訓示でも同様に、「己が住む地球が段々狭くなるならば、各国各人種が生存競争を為すに至るのは止み得ん結果と云はんければならん」（山川：1914, p. 233）と論じている。

山川にとって、この必然的な生存競争に生き残っていくためには、国民皆兵による日本の強国化が必須と考えられた。この一九一三年の東京帝大入学式では、帝国大学令で「帝国大学ハ国家ノ須要ニ応スル」と規定されていることを根拠に、学生は国家のために学問をするのであり、「自己の為めに学問すると云ふ考の人が如し有るならば、是は甚しい心得違と云はんければならん」（山川：1913c, p. 200）と論じる。さらに、小国ながら積極的な兵役によって独立を維持しているモンテネグロの例をあげて、「如し国民が挙りて兵役を忌避する様になつたなら、其の国は滅亡するより外はない」として「諸子も大学卒業の後には直ちに兵役に就かれることは、我が輩の最も希望する所である」と学生に兵役を求めている（山川：1913c, pp. 201–202）。前述のように東京帝大では一九一五（大正四）年頃に有志学生による軍事教練が始まり、山川もそれを積極的に支援していった。

このような理解は、第一次世界大戦が長期化する中でさらに強められていった（花見：1939, pp. 478–491）。山川は一九一五（大正四）年に、大正天皇の勅命に応じて司馬遷『史記』孔子世家にある「有文事者必有武備（文事ある者は、必ず武備あり）」の書を献納しており（花見：1939, pp. 372–373）[33]、まさにこのような認識に至っていたのであろう。東京帝大の学生にも「文事」だけで武力のない状態では「文弱」になるとして、山川は積極的に尚武主義を求めるようになった。山川は、一九一六（大正五）年の東京帝大の入学式では、東洋史学者の桑原隲蔵（一八七〇―一九三一）の論考「支那人の文弱と保守」（一九一六）を引用しながら、中国の惨状を次のように説いている。

斯く建国は早く文明は進み其人種は優れて居るのにも拘らず、兎角振はず今日の有様で居る原因は種々あらうが、尚武の気風の欠けて居る事、即ち文弱であることが一つの大なる原因であると思ふ（山川：1916, p. 17）

日露戦争以降、科学技術のさらなる進展とともに国家間の生存競争は激化していった。これにともない、富国とともに強兵の重要性がより明確に意識されるようになった。明治時代末期からこの傾向は顕著となり、日露戦争中の一九〇五（明治三八）年の演説では「文事」に力点が置かれていたが、この第一次世界大戦中の一九一六（大正五）年の演説では「尚武」に力点が置かれ、まさしく富国強兵が志向されるようになった。

山川は一九一七（大正六）年に第二高等学校で行った講演において、この尚武主義を涜武主義との比較によって次のように説明している。

国民の勇武の気性を養ひ、充分に兵備を整ひ、正義人道に顧慮せず、事の正邪を眼中に置かず、自国の利益のみを謀つて、他の利害を顧みず、為さゞるところがない、是が涜武主義である。国民の勇武の気性を養ひ、充分に兵備を整ひ、正義人道の命ずるところに従つて行動する、之を尚武主義と云ふのである（山川：1917b, p. 686）。

山川によると、正義人道に従って正当な自衛のために軍備を充実させることが尚武主義であった。そして、尚武主義と対比される涜武とは武を冒涜して汚すという意味であり、山川は第一次世界大戦におけるドイツの軍国主義を涜武主義と規定していた。そして、尚武主義をそれとは似て非なるものとして擁護した。

この背景には人種差別の世界的な深刻化があり、侵略に対する強い警戒心があった。そして、侵略とその防衛の単位は、民族であり、人種であり、国家であった。山川は一九一三年の九州帝大の卒業式では、ロシアにおけるユダヤ人迫害（ポグロム）を例示して、国家を維持することの重要性を説いている。

凡そ人間として国の無い者程不幸な者はない。国がないと云うても国籍がないのではないが、居住する国の他の人民から外国人扱、場合によつては外国人以下の扱を受け、自分も亦食客・居候の感を有して、他の国民と同等の権利を有せん者を国のない人と云ふのである。米国に於ける黒人、露国に於ける猶太人などが著名な例である（山川：1913a, p. 245）。

ここで言及されている米国の例については、前述の通り、山川は留学中から「実に非道い野蛮な国」という印象を持っていた。また、ユダヤ人迫害については、具体的に次のように説明している。

併し猶太人の虐待されるのは露国に於て最も甚だしいのであるけれども、他の欧米諸国でも多少の虐待のないところはないのである。なぜなれば猶太人は斯くも虐待を受けるのであるかと云ふに、猶太人種は一ツの国家を構成せんで、多人種の間に介在して、而も宗教を異にして居るからである。猶太人虐待は二千年近く以来のことであるが、元来猶太人は世にも勝れた人種であればこそ、今以て存在を保ち、而も其の宗教、其の純粋な血液を保存して居る。如し劣つた人種であつたなら、疾うに滅亡してしまつたものであらうと思はれるのである（山川：1913a, pp. 250-251）。

当時のロシアではポグロムも多発していたが、前述の通り黄禍論も拡大していた。ユダヤ人は文事に極めて優秀であったために滅亡を免れてきたが、山川には、日本人は文事としても人種としてもユダヤ人よりも欧米諸国から迫害の対象になりうるという危機感があった。

山川は、続けて「我が邦を万一征服するものがあるとすれば、是は耶蘇教を信仰する白人より外はない。白人より見れば我は異人種・異教徒で、猶太人を見るよりも尚一層嫌悪されるは明白であるからである」（山川：1913a, p. 251）と述べている。一九一三年の東京帝大の入学式でも、「如し万々が一我が国が他の民族に征服せられて、他の民族が我が国の政権を握ると云ふことに為つたら、我が民族が如何なる虐待に遇ふべきかは、露国に於ける猶太人の境遇を見れば判るのである」（山川：1913c, p. 200）と警告している。

同じ一九一三年の明専の第一回卒業式では、そうならないために「日本人たるものは、万世一系の皇室を戴く所の国家の臣民たると云ふことは決して忘れてはならんのである」（山川：1913b, p. 323）と説いている。このような他国への危機感に根差した国家と天皇についての理解は、会津藩をめぐる山川の実体験に基づいている。会津藩は幕末には勤皇として京都守護職を務めていたが、戊辰戦争で朝敵とされ、国を追われて過酷な境遇を強いられた。しかし、そもそも会津藩主・松平容保（一八三六―九三）は孝明天皇（一八三一―六七）から宸翰も得ており、朝敵とされることは事実とは異なる言いがかりであった。このことを世に知らしめるため、山川健次郎は兄の浩と一八九七（明治三〇）年に『京都守護職始末』の編纂に着手し、兄の死後もその作業を継続し、さらに編纂終了後には社会的配慮から一〇年ほど公表の時機を待って、一九一一（明治四四）年にようやく出版へとこぎつけた（花見：1939, pp. 448-451）[34]。さらに山川は、生前の乃木希典の推薦もあって、一九一四（大正三）年に開設された東宮御学問所の評議員に選出される（花見：1939, pp. 285-297）。こうして山川は、この明治末期から大正期にかけて、幕末から明治にかけての会津藩の辛苦とその原因を再確認しながら天皇制度を支えていくことになった。

なお、戊辰戦争は日本の内乱であるが、山川は社会集団を区別する上で、人種という概念を生物学的な根拠を問わずに用いていた。山川は、「会津人種」が懶惰であり勉励が足りないとして、これを矯正するための振興策を「人種改良」として論じている（山川：1922b）[35]。この背景には、大正時代における優生学の普及も指摘できる。このような「科学」が普及することで、人種という分類概念はさまざまな社会集団を論じるための一般的な言説になっていった。

2　兵式体操の軍事教育化と愛国心教育の展開

山川は明専でも、一九〇六年の東京帝大での総長送迎会で言及したポーランドの事例などを参照しながら、このような侵略への危機感を繰り返し説いている。このことを田代は次のように回想している。

　全学生に対して倫理講話をされたが、倫理といっても天下国家を論ぜられることが多く、特に大和民族の将来について話された。ポーランドが国家として崩壊したのを例に、国家なき民族の悲劇を語られたが、それは烈々たる憂国の至情が吐露されて私たちの胸を打ったのであった（田代：1992, p. 173）。

こうして山川は、強兵の重要性を繰り返し説いていった。一九一七（大正六）年には臨時教育会議が内閣直属の調査審議機関として設置され、山川もその委員となる。この臨時教育会議では、国体主義に基づく国民道徳教育の徹底が基本方針とされた。一九一八（大正七）年に制定された大学令では、大きな変更点として「国家思想ノ涵養」が明記されたが、これも臨時教育会議の答申の希望事項を反映したものであった。

臨時教育会議では、その答申の一つとして「兵式体操振興ニ関スル建議案」が審議され、字句を変えて「兵式教練振作ニ関スル建議」として可決された。この建議案の詳細は、貴族院議員の江木千之（一八五三―一九三二）を委員長とする九名からなる主査委員会で検討された。山川はこの主査委員ではなかったが、主査委員会にほぼ毎回出席して意見を述べ、その意見は基本的に主査委員たちの意見と合致し、委員会の決議に反映された（文部省：1979, p. 569）。

この建議の理由書では、兵式体操が強健な身体づくりと軍事上の知識技能の一端の啓発に資するとともに、徳育によって養われる「忠愛心（国民精神即ち軍人精神）」と合わせて将来的な軍務の素養になるとされた。そして、その実現が「緊急不可措ノ要務」であるとして速やかな対応が求められた（文部省：1979, pp. 570-571）。

この主査委員会で山川が主張した意見とは、主に次の三点であった（文部省：1979, pp. 576-579）。

① 兵式教練は国家有事の際の素養になるという趣旨を加えるべきであり、それでこそ生徒も国家に対する義務として教練に励むであろう。この趣旨がなければ、森有礼の死後に兵式体操が形骸化して衰退したことを繰り返すことになる。

② 兵式体操という名称は形式だけのことを行うように聞こえるため、名称を軍事教育に改めたい。そうするとドイツの「ミリタリズム」と混同される可能性もあるが、それに最も反対する米国でも兵式体操は学校教育に取り入れられており、第一次世界大戦によってさらにそれが盛んになっても批判は受けていない(36)。ドイツの「ミリタリズム」は「軍国主義」ではなく「流武主義」と訳すべきであり、ドイツと違って日本は侵略主義ではないので批判には当たらない。

③ 軍事教育を国防と関連づけ、小学校から中等学校、そして兵役へと、段階的な軍事教育を行うべきである。そうすれば教員も学生も本気になり、また、知識階級が軍事教育に対応していれば有事の際に大いに役立つ。

これらの山川の意見に対して、陸軍側の委員からは軍事に資することは認めるが、学校教育で実戦に対して十分有効な軍事教育を実施することは現実問題として困難であることが指摘された。しかし、別の委員からは「徴兵ノ服務ハ国民教育ノ一部」であり、国民教育は軍事教育と学校教育が相まって成就するため、実際に徴兵される二割以外の生徒にも軍事教育を受けさせることで国民教育が全うされるという意見が出された（文部省：1979, pp. 579–580）。すなわち、実戦的な軍事教育は難しくても、国民教育としての価値が重視された。そして、具体的な方法の問題はあるだろうがそれは実施上の課題に過ぎないとされ、最終的に全会一致で可決された。

この臨時教育会議では、「近頃頽廃シタ所ノ青年ノ士気、思潮、体力」（文部省：1979, p. 573）が問題視されている。それに対する国民道徳教育の中心とされたのが「忠愛心」であり「愛国心」であった。山川は、この一九一七（大正六）年の東京帝大入学式では、英国の例をあげながら愛国心の重要性を説いている。山川は「愛国と云ふことを『彼の時代後れの思想』と嘲つた文豪を出したのも、英国である。英国人が愛国心に乏しいと疑われたのも、或は無理でないかもしれない」（山川：1917c, p. 212）と述べ、しかし第一次世界大戦では、貴族・富豪から、高等職業（プロフェッション）、労働者まで志願兵が多く、白虎隊のような少年兵や、女性の軍需製造業への従事も多々あると説明する。とくにケンブリッジ大学では「現在在学して居る学生は外国人か又は体格が悪くて兵役に堪へん人のみであるので、大学はから同様と云ふことである」（山川：1917c, p. 213）と述べ、これは英国の他大学でも同様であり、またケンブリッジでは戦死者が千名に上るとして、日本はこの愛国心を上回らなければ一等国から蹴落とされると訴えている。

愛国心に乏しいと云ふ疑を受ける英国人は、決して愛国心に乏しい人民ではない、我が日本人に比して劣つて居るかどうかゞ疑はれる。英国外の国々でも能く調べたなら、必ず同様な結果を見ることゝ思はれる。然らば我が国家の維持に唯一の武器と頼む愛国心が、他と比較し余り優劣がない、向ふの武器の切れ味が我が武器の切れ味と余り変りがないとすれば、我が国家の維持が困難となるは避け難いことである。するから我が国民たるものは、猶一層愛国心を鼓舞作興し、諸外国のそれより遥に上に超越せしめんければならんのである。此戦争の結果は世界地図色合に莫大の変化を起すに相違ない。負けた方の大国は二等三等の小国の列に蹴落され、再度復讐戦を企及せぬ様にせらるゝのでありませう（山川：1917c, p. 214）。

また別の機会でも、第一次世界大戦での英国・米国の例をあげ、国防における尚武心の重要性を次のように訴えている。

両国民は独逸等で思つた様に文弱に流れた国民ではない。英米両国民の尚武心の旺盛であつたことは、其高等教育を受けた青年、貴族・富豪の子弟などが、争つて戦線に出る事を願ひ出た一事でも判るのである。両国民に尚武心が欠乏して居ると云ふ誤つた考が、遂に独逸をして二たび立つ能はざる程の敗衂に終らしめたのである。是を見れば、国民の尚武心が如何に国防に大切であるかゞ判るのである（山川：1919a, p. 226）。

第一次世界大戦に至る国際関係の悪化によって、国家間の生存競争という山川の理解は確定的なものとなり、国際連盟のような戦後体制にも懐疑を拭うことができなかった。山川は、強国の条件として、有形の軍備と無形の軍備をあげる。そして、国際連盟の設立にあたっては、それを歓迎しながらもその枠組みが崩壊する可能性を強く危惧し、有形の軍備縮小は必要であるとしながら、国民の尚武心という無形の軍備を縮小してはならないと説く（山川：1919b）[37]。山川の理解では国際連盟は理想論としか考えられなかった。

明専での軍事教練の目的は、兵役を効率的に推進することであった。山川は明専の一九二〇（大正九）年の卒業式でも、軍事教育の目的として、国防充実の一端となること、素養ができるため兵役から早く帰休でき経済的にも利益になること、徳育上の利益があることの三点をあげている。そして、英米でも軍事教育が奨励されているとして、これらの教育はドイツの軍国主義などの侵略主義とはまったく関係がないと主張している（山川：1920）。

山川は一九二三（大正一二）年の雑誌『國本』への寄稿の中でも、尚武主義と侵略主義との違いを次のように説明している。

我が輩の云ふ尚武主義と云ふのは、他国を侵略する主義即ち侵略主義では決してない。尚武主義と云ふのは正当防御の為めには武を用ゐる事を敢てする主義を云ふのである。近来我国民が兵役を忌避する傾向が甚だ著しくなり、陸海軍将校の志望者がメッキリ減少し、又国防の第一線に立つべき軍人を嫌ふ傾きがあるのは、尚武心の頽廃を示すものであると思ふ（山川：1923, p. 469）。

民本主義や社会主義の拡大（左傾化）と関東大震災後の混乱に対して、一九二三（大正一二）年一一月に「国民精神作興ニ関スル詔書」が発布された。この翌年の一九二四（大正一三）年には平沼騏一郎（一八六七—一九五二）が国粋主義を掲げて国本社を設立し、山川も東郷平八郎（一八四八—一九三四）とともにその副会長に就任している。また、同年には内務省社会局の主導で、思想善導と社会改善を目的として、既存の教化団体を統合する教化団体連合会が結成された。そして、山川はその翌年にこの連合会の会長に就任して積極的に活動を展開していった(38)。

その一方で、このような兵式体操の軍事教育化にはさまざまな批判もあった。例えば与謝野晶子は、一九一八（大正七）年の雑誌『太陽』への寄稿で日本人の弛緩を批判し、その中でとくに臨時教育会議が普通教育に専門的な軍隊教育である兵式体操の導入を拒否しないことを教育界の「無気力無精神」と述べて次のように非難している。

山川帝大総長の如き教育者の頭目が極端な国民皆兵主義の実現と、今一つは、奉公節制、柔順、細心と云ふやうな美徳を養成する目的とで兵式体操の採用を奨励し、現役軍人をして之が教授の任に当らしめようとせられるのは、老人の非常識で無ければ軍閥に対する気兼とでも云ふものでせうか（與謝野：1918, p. 79）。

山川は、自分や日本政府の方針をドイツ同様の軍国主義とするような批判を意識していたのだろう。尚武主義を繰り返し涜武主義や侵略主義と区別していることに、そのことが表れている。またこの一九一八年には、日本が好戦的な国家ではないとして、戦争の悲惨さを強調している。

戦争は実に悲惨なものである。独逸の或る一部の人の様に人間の堕落を防ぐ最良薬は戦争であると云ふ飛んでもないことを考へて居る人は別として、何れの国でも洵に止み得ん理由があるでなければ、戦争を開くものでないことは、今更申す迄もないことである。外国の或る一部の人は、日本人は戦争を好む人種であると過去二十五年の間に日清・日露の二大戦争を為したのを証拠として論ずる人もあるが、右二大戦役は敵国から挑戦せられ、自衛上何分止み得んで応戦したのである。元和偃武以来殆ど三百年の間、流血の惨劇を見なんだのは、日本人は平和を好む人種であると云ふことの最も有力な証拠である（山川：1918, p. 221）(39)。

その後、一九二五（大正一四）年には、臨時教育会議の建議を受けて、中等以上の学校に現役将校を配属する陸軍現役将校学校配属令が公布された。そして、その翌年にも明専の校友会雑誌に、軍事教練による思想善導を批判する論説や、またそれを「殺人工学科」と言った方が遥かに的確であると揶揄する論説が掲載される騒動があった。それに対して、当時の明専の配属将校はこれらの学生の在営年限短縮を独自に取り消したり退学を迫ったりした。この処分に関して、この将校は一部の学生から不信任決議を受け、さらには学生から公文書偽造により告訴されている（九州工業大学百年史編集委員会：2009b, pp. 231–256）。

臨時教育会議が設置された一九一七年にはロシア革命がおこり、ロシア帝政が崩壊してソヴィエト政権が樹立された。このような共産主義の拡大は、とくに山川の危機感を強めた。日本でも大正デモクラシーの思潮の中で社会主義が拡大したが、山川は強い国家を求める立場からこれらを否定していた。とくに共産主義については、山川は総長として一九二〇（大正九）年に森戸辰男筆禍事件の対応を迫られた。山川は戸水事件のこともあって学問の自由を擁護していたが、無政府共産主義を紹介することは、学術論文であっても朝憲紊乱罪での禁固刑を余儀なくされる社会情勢になっていた。

山川は一九二九（昭和四）年に留学時代を回顧する中で次のように述べている。

> アメリカと日本とは富に於て大変な違ひがあるけれども、私は結局日本は世界のどの国よりも勝つといふ結論を持つてゐたのであつた。その頃外国には社会党がある。それが日一日と勢力を持つことになる。そこで政府は社会党・デモクラシイ・共産党で壊されてしまふ。さうなつて来ると国は弱くなる。然し三千年の歴史を有する日本にはまさか共産党が起りはしないと信じてゐた。外国ではデモクラシイ、共産党で強い政府が出来ないから、此種の政府は弱いものになるに違ひない。日本はさうでないから、結局必ず勝てると思つた。その頃からつひ近頃までこの事を信じてゐたのであるが、残念な事には日本にも共産党運動が起つてしまつて、私の信念を裏切つてしまつた。其当時留学生は真剣で国の為にどうしても尽さなければならぬと思つてゐたのである（山川：1929c, p. 55)。

山川は学問の自由は擁護したが共産主義の拡大には強く憂慮し、とくに日本共産党を全国一斉検挙した三・一五事件（一九二八年）以降には、このような社会情勢を率先していった（花見：1939, pp. 354-355)。山川は一九二九（昭和四）年に、共産党運動が関東大震災よりもさらに恐るべき凶悪なる運動であるとして、その根源としてのマルクス主義を非科学的であると批判している（山川：1929b, p. 543）。まず、山川は、公理と定律（法則）に基づくものが科学であると次のように説明する。

我が輩の考ふるところでは、一定の真理を土台として厳密なる論理で得られた諸々の結論の総体を一ツの科学と言ふのである。此の科学の土台になる真理が公理の場合もある。（……）此の公理を土台とした科学の例として数学を挙げるのが最も適当である。（……）又土台が公理でない場合もある。力と物体の関係を言ひあらはす運動の定律と言ふのがある。是と引力の定律と言ふのを土台とし、数学を応用して天体力学即ち星学の一部を築き上げることができた（山川：1929b, p. 544）。

その上で、唯物史観では、鎌倉幕府の滅亡や明治維新など歴史全体を公理や定律で説明することはできないとして、マルクス主義を科学とする主張に反論する。さらに、共産党関係者を検挙するための法的根拠となった一九二五（大正一四）年の治安維持法制定についても、新聞雑誌の多くが反対したことに対して、「国を覆し、国家を滅することを企つる者に極刑を加へることがなぜ悪いのか我輩には判らない」と述べている（山川：1929b, pp. 546-547）。

3　富国強兵の基礎としての理学

第一次世界大戦期に理学の重要性への社会的な認識が高まったことで、「富国強兵の基礎は科学に在る」という山川の確信も強まっていった。この第一次世界大戦による日本全体の認識の変化を、山川は後に次のように説明している。

今回の戦争で只模倣のみ努めるばかりでは、生産業の発達は到底駄目である。日本人自ら研究せんではならんと心附いたかの様に見える。即ち我が輩の兼ての持論の通り、原理に遡つて研究するより外はないと判つて来た様である。凡て生産業の原理、即ち理学の奨励普及を図るより外はないと判つて来た様である（山川：1937, p. 392）。

そして、科学技術における理学の重要性について、電気分野を例に説明している。

嘗ても云つた通り、今日は電気の世の中であると世俗に云ふが、電気学の応用は目下実に盛んなものがあるが、是は皆ガウス・ウェーバー・アムペール・クーロン・オームファラデー等［原文ママ］、純正物理学者の研究の賜物だ。無線電信は今日余程実用されてあるが、是は全く物理学者たるマクスルの高尚なる学説に基を開き、同じく物理学者たるヘルツの実験に依つて此の学説が確証せられ、マルコニーは此を応用したに過ぎんのである（山川：1937, p. 393）。

この山川の理学志向が社会的に現実化したのが、一九一七（大正六）年の理化学研究所の設立であった。山川は日清戦争後の明治三〇年頃から物理学と化学の研究に基礎を置く工業立国論を発表しており、一九一三（大正二）年に高峰譲吉（一八五四—一九二二）が提唱した「国民科学研究所」の設立構想にも積極的に賛同していた（花見：1939, p. 280）。この山川の主張は、第一次世界大戦によって社会的に広く共有されるようになる。第一次世界大戦は科学戦となっただけでなく、その進展にともなって医薬品や工業原料の輸入が制限されて多大な支障が出始めた。そのため、政府も研究機関の開設に積極的に賛同し、一九一六（大正五）年に理研の設立予算が帝国議会で可決された[40]。当初から産業に資する研究であることは前提とされたが、山川は貴族院議員として理研への国庫補助法案委員会に所属し、産業に資するという目的には同意しながらも、その目的によって研究テーマを選別することを繰り返し疑問視した。

従来ノ歴史上理化学ノ研究ト云フモノハ、唯学理ヲ研究シタ結果トシテ応用ガ出デ来ルノデ、初カラシテドウ〳〵云フコトハ是ハ産業ノ発達ニ資スルカ資セヌカト云フヤウナコトハ、吟味ハシテ居ラナイノデアリマス、ナゼト云フニ吟味ノシヤウガナイ（帝国議会貴族院：1916, p. 2）

産業への具体的な応用可能性が明らかな研究は工学研究になる。山川にとって理学研究ではあくまで学理の探究が優先されるべきであり、物理学などの理学の研究テーマが、産業、ひいては富国強兵と個別具体的に関連づけられている必要はなかった。理学研究を重視するという学問の自律的な姿勢こそが山川にとっては重要であり、その考えが帝国議会でも受け入れられていった。こうして、理研は一九一七年に設立され、山川はその顧問として理研の発展に尽力していった（花見：1939, pp. 283–285）。

この山川の理学志向の考え方は、高等商業、工業、師範学校などの大学への昇格問題に関しても一貫していた。山川はこれらの学校では速成教育の方針が残っていて応用を重視することが前提になっているため、意識して学理（基礎学）を重視しなければならず、「今ヨリモ応用ニ重キヲ置ク大学ヲ拵ヘタナラバ、是ハ余程学理ノ方ニ迂イ大学ガ出来ルノデ、大学ト名ヲ加フルダケノ価値ノナイモノガ出来ルト思フノデアル」（山川：1922a, p. 621）と述べ、大学における学理教育の形骸化を危惧している。

おわりに――理学による国家の発展と尚武主義

朱子学に基づく教育を受けた山川健次郎は、国家の発展を第一の目的とし、数理科学を基礎とする学問分類の階層性と生物学的な適者生存という科学思想によって、物理学を選択し、尚武主義を推進した。山川は、シェフィールド科学校で工学の基礎として物理学を学び、卒業論文に数学を選んだ。諸学問の基礎として物理学を選択した山川の理学志向は、第一次世界大戦や理研の設立などの国家政策を通じて大正期に社会的に共有され、「富国強兵の基礎は科学に在る」ことが現実社会での確信となった。

近代化の進展とともに日本の国力は増加した。しかし、日本の科学技術力の劣勢は変わらず、また道徳意識の低下も問題視されるようになった。このような中で、武士道が西洋の科学技術の社会的に不十分なところを補い、日本の近代国家としての自我を確立するための道徳規範として社会的に普及した。この理解は山川に独自のものではなく、社会一般で展開されていたものである。ただし、武士階級出身で会津白虎隊の生き残りという山川の経歴は、とくに明治後期におけるこの時代思潮の展開とうまく合致した。山川は、これらの理念を近代的で国際的な道徳規範として「士君子」へと展開する一方で、侵略主義である涜武主義とはまったく異なる自衛のための方針として尚武主義を推進し、生存競争における日本の戦力不足を補うための武器として愛国心を奨励した。

武士道や愛国心の正当化には、社会進化論において科学的とされた適者生存という説明が用いられた。山川の科学思想は、スペンサーの議論を具体的に検討したものではなく、ユーマンズや日本の社会学者たちによって普及した一般的で表面的な理解を共有したものであったと考えられる。しかし、表面的であり、かつ「生物学の一大原則」として理解されたからこそ、その理解は強い影響力を持った。

山川は、スペンサーの社会関係分類からすると、国際関係を産業型社会よりも軍事型社会として理解していた。工業は産業、そして商業と結びつくものだが、山川は、商人のための素養を軽視して育てられ、「工商学校」を目指した安川にも反対した。総じて商業についての認識は低く、朝河貫一（一八七三―一九四八）のような国際関係についての経済的・商業的な観点からの展望には欠けていた。朝河は福島県の旧二本松藩士族の家に生まれ、当初は商業家になることを志した。そして、一九〇二年にイェール大学で博士号を取得後、清国の領土保全を前提とした門戸開放・機会均等政策を積極的に評価する『日露戦争――その原因と争点（*The Russo-Japanese Conflict: Its Causes and Issues*）』を一九〇四年に米国で出版し、日露戦争の正当性を訴えた。しかし、その後一九〇九年には同じ立場から『日本之禍機』を日本で出版し、日本の対清・満洲政策を非難した(41)。

もっとも、山川の二代後に東京帝大総長になった小野塚喜平次（一八七〇―一九四四）も山川を旧式な教育家に過ぎないと評していたとのことだが（辰野：1947, p. 54）、その後の歴史的展開の実際に目を向けると、山川の尚武主義教育を一概に旧式と切り捨てることはできないだろう。現実問題として、二〇世紀の国際社会では軍事競争が拡大していった。山川は、物理学の学問的姿勢を重視して、各国の本質を現実主義的に理解し、それに対する自衛として尚武主義を展開したとも理解できる。

しかしその一方で、二度の世界大戦を経て、軍事技術が飛躍的に強力になっていったことも忘れてはならない事実である。物理学が生み出していくこれらの展開を、山川はどこまで想像できただろうか。山川がもし第二次世界大戦における原子爆弾の開発と日本の敗戦、さらには二〇世紀後半の核開発競争を目の当たりにしたならば、尚武主義についてどのように語るかは興味深いところである。

註

（1）戊辰戦争時に山川は一五歳であり、実戦は一六歳以上という年齢制限があったため籠城組となった。
（2）英国の雑誌『現代（*The Contemporary*）』にも同時連載された。スペンサーの『社会学研究（*The Study of Sociology*）』（一八七三）は、この論文の連載を書籍化したものである。
（3）ただし、スペンサー自身はコントの学説を細部にわたって批判するとともに、コントからの思想的影響は否定し、コールリッジ（Samuel T. Coleridge, 1772-1834）を通じたシェリング（Friedrich W. J. von Schelling, 1775-1854）からの影響をあげている（Spencer 1864, pp. 45-46）。スペンサーは学問階層においてコントのような一方的な序列区分ではなく相互依存的な影響関係を想定していた。
（4）山川の代表的伝記は花見朔巳編『男爵山川先生伝』（花見：1939）であり、星亮一による一般向けの伝記（星：2007）も知られている。星による伝記は二〇〇三年に平凡社から出版されたものが筑摩書房から文庫化された。また、会津にある山川健次郎顕彰会は二〇〇四年より伝記の改訂出版を進めており、最近では『評伝山川健次郎』（山川健次郎顕彰会：2013）を出版している。科学史研究としては渡辺正雄（1960：1961：1976, 第一章）や、近年では岡本拓司がイェール大学での資料調査を踏まえて分析を進めている。より一般的な歴史研究としては、会津の郷土史研究などの他、最近では小宮京と中澤俊輔による日記調査（尚友倶楽部史料調査室他：2014）もある。また各論として、とくに戸水事件（帝大七博士事件）や千里眼問題での山川の言動については、学問の自由や科学的方法といった観点からさまざまな文献で分析や言及がなされてきた。
（5）山川は数学や理学の初歩を、東京の土佐藩邸で開かれていた沼間守一（一八四三―一九〇）の私塾で学んだ（花見：1939, pp. 60-63）。
（6）『大学』の八条目では、平天下が、治国、斉家、修身、正心、誠意、致知へと順次帰せられ、最終的に格物へと帰せられている。
（7）ユーマンズの雑誌『ポピュラー・サイエンス月報』の創刊は一八七二年五月であり、山川が進路を決定した時期としては遅すぎるようにも思われる。シェフィールド科学校では初年次の基礎教育は全学共通で、二年次から専門教育が分かれるため、山川はこの二年進級時点での選択について語っている可能性もある。
（8）下出は、一八八一年に出版された『哲学字彙』では society は「社会」と訳されているものの、sociology は「世態学」と訳されていることも指摘している。
（9）従来の四年制の学士課程の学位 Bachelor of Arts と区別するために、この Bachelor of Philosophy という学位が新設されていた。そして、その上にはさらに Civil Engineer の学位が与えられる実践的で高度な大学院（graduate）コースも設置されていた。

(10) 山川健次郎の妹の山川捨松（一八六〇―一九一九）もこの開拓使留学生として津田梅子（一八六四―一九二九）らと米国に留学した。
(11) 畠山義成（一八四三―七六）と高木三郎（一八四一―一九〇九）が海外経験者として助言した（花見：1939, p. 65）。
(12) 山川はやはり工学よりも理学での就職を希望していたのであろう。山川はシェフィールド科学校で天文学や応用力学などを教えていたノートン（William A. Norton, 1810-83）の指導を受けており、ノートンは山川を米国海軍天文台のニューカム（Simon Newcomb, 1835-1909）に紹介しようとしたようだ（渡辺：1960, p. 11）。
(13) 桑木彧雄は「基礎づける」という言葉そのものの普及を東京数学物理学会での山川の訳語選定活動に帰している（桑木：1944, pp. 505-506）。なお、この東京数学物理学会も、山川が一八八三（明治一六）年に物理訳語会を発足した当初は東京数学会社という名称であった。
(14) これはあくまで実用のための学問を奨励することが目的であり、適者生存という理念への注目はない。
(15) 桑木は東京帝大の物理学科を卒業後にその講師と助教授を経て、山川とともに開校時の明専に赴任して物理学教授となり、さらに九州帝大の工科大学開設にあたってその教授として赴任した。
(16) 飽翁（1902）においてその具体的な記録が出版されている。
(17) 例えば、井上哲次郎は一九〇一年に陸軍中央幼年学校における講話『武士道』を出版しており、山岡鉄舟（一八三六―八八）や勝海舟（一八二三―九九）らの過去の口述も一九〇二年に『武士道』として出版されている。なお、新渡戸自身は一九一九年に、階級的な区別のないデモクラシーを重視する道徳こそが国民一般の道徳であるべきだとして、武士道を時代遅れとして「平民道」を発表するが、こちらは普及しなかった。
(18) 動物学者の石川千代松（一八六〇―一九三五）は、武士道の優位性を科学的に説明している。石川は武士道について、とくに切腹を生存競争による自然淘汰の観点から考察して、「此の思想は吾人は生れ来らざる前より既に持つて居るもので、日本人には天性である、我々は父兄から武士道を教はる計りではなく、先祖から此の道を遺伝して来たのである」と論じている（石川：1905, p. 427）。
(19) 山川は「ジエントルマン」が普通は「紳士」と訳されるが、この訳語には「一種特別の意味」があるため「士君子」という訳語を用いたと述べている。ここで山川が「一種特別の意味」として何を想定していたのかは不明だが、例えば一八九七―一九〇二年に読売新聞に連載された尾崎紅葉（一八六八―一九〇三）の『金色夜叉』では鳴沢宮の結婚相手である資産家の家督が「紳士」として描かれている。山川は経済的な成功を奨励していたわけではなく、徳育の観点から別の訳語を選択したとも考えられる。
(20) 会津出身で武士道の代表者の一人とみなされた山鹿素行（一六二二―八五）についても、山川の武士道論への具体的な影響は見出せない。なお、山川の自宅には会津藩祖保科正之（一六一一―七三）の家訓十五箇条が掲げてあったという（花見：1939, p. 505）。

(21) 人口動態統計は民法施行と戸籍法改正にともない一八九九（明治三二）年に始まる。
(22) 戦死傷者数は計五万九千名であった。
(23) 他にも、西洋の科学文明と拮抗するために国語の煩雑さを低減させるという理由から、中等教育での漢文全廃論やローマ字論を展開した（花見：1939, pp. 422-424）。
(24) 現在の九州工業大学でも「技術に堪能なる士君子」を養成するという教育方針は伝統となっている。
(25) 東京、大阪、京都、名古屋、熊本、仙台の六校であり、明専が開校した直後の一九一〇（明治四三）年に米沢と秋田の二校が開校した。
(26) 現存する『安川敬一郎日記』は、明治四〇年一一月五日から大正三年一二月三一日のものが欠けていて、この期間に進められた明専の設立経緯については、彼の日記からは確認できない。日記の第八号から第一〇号は欠本となっている（日比野：2011, p. ②）。
(27) 山川はシェフィールド科学校の同窓会誌で、これまで日本ではカーネギー、ロックフェラー、ケネディのような教育機関への寄付の前例はなかったとして、安川敬一郎と松本健次郎による明専の例を紹介している（Page et al. 1912, pp. 128-129）。
(28) 戸水の言論活動の社会的影響を危惧した内閣は戸水を休職処分とするが、大学内でこの処分を権力の濫用とする抗議活動が広がった。この大学の独立と学問の自由をめぐる戸水事件（帝大七博士事件）の責任を取って、文部大臣が辞職し、山川も東京帝大総長を辞職した。
(29) 山川浩の校長就任直後に、師範学校令によって東京高等師範学校へと改組された。
(30) 当初、小学校では「隊列運動」とされたが、二年後の一八八八年に「兵式体操」と改称された。
(31) および、陸軍省編『陸軍省統計年報』から算出した。
(32) ただし、山川はマルサス自身にはそれほどの関心を示していない（山川：1917a, pp. 736-737）。
(33) 孔子世家では「有武事者必有文備（武事ある者は、必ず文備あり）」と続いている。孔子世家でも引用の趣旨は前半ではあるが、山川があくまで前半を記しているという事実は歴史的には重要であろう。
(34) 一九二八（昭和三）年に松平容保の六男の娘である節子（勢津子）（一九〇九―九五）が秩父宮雍仁親王（一九〇二―五三）と結婚したことは、会津関係者にとって大きな転機となった。
(35) 山川は、他県人の噂では皆が会津人は努力が足りないと言っているとし、その原因として屋外労働のできない冬季の習慣が他の季節まで継続していることをあげている。

(36) 米国では米英戦争（一八一二—一四年）を経て大学での軍事教練が広がり、さらに一九一六年の国防法によって予備役将校訓練課程（Reserve Officers' Training Corps: ROTC）が制度化された。また、一九一七年には選抜徴兵制が開始されていた。

(37) 山川は、後に一九三〇年のロンドン海軍軍縮会議での条約批准に対しては、国防力不足になるという立場から実証的に分析して強く反対した（花見：1939, pp. 355-360）。

(38) 会の統率を高めるべく一九二八（昭和三）年に中央教化団体連合会へと改組され、山川は積極的にその活動を展開した（花見：1939, pp. 385-395）。

(39) 後に山川は、この三百年間を天草の乱（一六三七年）から蛤御門の変（一八六四年）までの二二七年間と述べている（山川：1929a, pp. 710-711）。

(40) これは山川が中心となって進めていた東京帝大の工科大学附属航空研究所（一九一八年開設）の設置予算の可決と同時であった（花見：1939, pp. 311-322）。

(41) 朝河はその後、日本の封建制度史研究を進めてイェール大学の歴史学教授になった。朝河の思想形成と進路選択には東京専門学校時代に洗礼を受けたキリスト教の影響も大きかった（山内：2010）。

第三章　横井時敬の農学

藤原辰史

はじめに——農界の巨星、墜つ

一九二七年一一月二日午後八時、横井《よこい》時敬《ときよし》は自宅で六八歳の生涯を閉じた。

同年三月中旬より胃の痛みを訴え、近所の診療所に行っていたが、六月二〇日、東京帝国大学医学部で胃の診断を受けた(1)。レントゲン写真によるとすでに胃癌が進行していて、根治は不可能であった。妻の横井清子(2)によれば、宣告から帰ってきた夫時敬は意外にも平静であり、「どうせ助からないのならば今のうちに、残してある仕事を早く片づけなければならない」と、笑いながら言ったという。七月五日、癌の腫瘍の部位に食べたものが刺激を与えぬように、胃から腸にバイパスをつける手術がなされた。術後は安定していたが、しばらくして腹膜炎が続発し、それに苦しんだ。最後の一日二日は吐き続けたものの、最期は安らかに死んでいったという。横井清子によれば、彼は、死の直前に「皆様に御心配をかけたのに、それに対してゞも今一度達者になりたかつたが、今となれば致し方ない、子供達にも真面目に勉強をして、身体を大切にするやうに話して呉れ」と述べたという。

葬儀は、東京農業大学葬として、一一月四日午後一二時半より青山祭場で執り行われ、立錐の余地のないほどの人が詰め掛けた。各界から多数の弔辞も献じられた。

東京農業大学の吉川祐輝《きっかわすけてる》（一八六八―一九四五）は、「我東京農業大学を経営し人材を育成するもの前後三十年常に検診の努力を以て規模の拡張と設備の充実に尽瘁《じんすい》し企画する所成さずんば止まず之れを以て校運年と共に晋《すす》み本大学は実に我国唯一の私立農業教育の最高学府として重きをなすに至れり」と東京農業大学の創始者としての横井を称えた。

農林大臣の山本悌二郎（一八七〇―一九三七）は、「我国農学の泰斗」である横井は「豊富なる学識」を有し、議論も「傾聴に価するものあり」、「其国家に貢献するところの多大なる寔《まこと》に言を俟たざるなり」と述べて、国家に対する貢献を賞賛し、今後ますます複雑な様相を呈する農業界では必要な人材であったのに、と早すぎる死を惜しんだ。

東京帝国大学総長の古在由直《こざいよしなお》（一八六四―一九三四）は、「教育検定試験委員調査会委員」「第二回国際労働総会政府代表委員顧問」などを歴任した「我農業界の第一人者」と讃えたあと、「博士は天成の評論家にして其批判よく肯綮《こうけい》に中《あた》る［意見がぴたりと要点をつくこと］を以て往々人の憚るところとなる。然れども之れ博士の半面にして他の半面は情宜に厚く、其友人子弟の為め東奔西走席暖まらざること多し」と舌鋒鋭く舌禍も少なくなかった横井を懐かしんだ。

横井の教え子の一人で、京都大学農学部農林経済学科の創設者であり、のちに満洲移民の理論的指導者となる橋本伝左衛門（一八八七―一九七七）は、「本邦に於ける農学の発達今日のごとく顕著なるを致せるは実に先生の努力に因るもの最も多く殊に農業経済学が一に先生の力によりて創始哺育大成せられたるは一世の均しく欽迎《きんぎょう》する所なり」と、とりわけ農業経済学の創始者であることを強調した。

それぞれの弔辞が美辞麗句で飾られており、死者の偉業の影でみずからの進む道を肯定している以上額面通りに受け取ることはできないが、明治・大正期の農業界で横井時敬が占めた存在感の大きさまでも否定はできまい。そして、近代農学の産婆役と乳母役を同時に果たしたこともまた、確固たる事実である。大日本農会に所属する石黒成男は「農会の巨星墜ちて、外にはたゞ秋風のみが落漠としてゐる」と喪失感をあらわした（石黒：1927, p. 69）。

負けず嫌い、論争好き、読書好き、書の達人、囲碁好き、凝り性、才気煥発、忠君愛国主義者、農本主義者といった横井時敬の性格・特徴については、大日本農会の機関紙『大日本農会報』（五六五号）の追悼号に掲げられた関係者の追悼文や回想録の一致するところである。論敵に事欠かなかったことも多くの論者がこぞって記している。たしかに、横井の農学は科学と政治と趣味と主張が入り混じったもので、現在の高みからすれば、純粋な科学とは言いがたいし、客観性が担保されているとは必ずしもいえないが、高度の趣味と深い教養に裏打ちされた横井の言葉は魅力的としかいいようがない。

本章では、友田清彦たちを通じてこれまで蓄積されてきた膨大な事実に依拠しながら、横井時敬の人間的な要素も織り込みつつ、横井が作り上げた「農学」のラフスケッチを描いてみたいと思う。

それがいま必要だと考えるのは、第一に、横井が良きにつけ悪しきにつけ英米由来の利潤追求型の農学とは異なる、雑味の多い日本の農学の基礎を打ち立てようとしたからである。いま、農業に対し効率化を求める圧力が強まり、農業経済学が経済学との差異を打ち出しにくくなっているなかで、産声をあげたばかりの農学を振り返っておくことはそれほど無駄ではないはずである。

第二に、これまでの横井研究の多くは、彼の農本主義的側面や地主擁護の考えに強く縛られていたり、あるいは、農業経済学を中心とする個別の農学分野に焦点を絞ったりしていて、それらの方法自体間違ってはないのだが、全体としてどんな農学を組み立てようとしていたのかについては、まだ十分に明らかにされていないからである。いまの農学ブームが食品科学とバイオテクノロジーに牽引されているなかで、農学の原理を示すことは以前にもまして喫緊の課題である以上、自然科学と社会科学双方に明るかった横井の農学は先駆者という一点だけをとっても論ずるに値する。

それゆえに、彼の農学の現場、政治、思想との重なり具合、浸透具合を、学問の自立性を損なうというように、科学が高度化した現在の高みから見下ろすように批判するのではなく、当時あり得た科学のひとつのかたちとして読み解いていきたい。いろいろな科学外の要素が混ざっている横井の農学はその分、粗雑で濁りが多いといわざるをえないが、とくに、タイトルがユニークであるわりにはきちんと論じられていない『合関率《ごうかんりつ》』（一九一七）を通じて、その粗さの学問的意義について考えていきたい。付言すれば、学問が精密さを求められすぎて全体像を失っているいまだからこそ、必要な作業かもしれないだろう。

第一節　横井時敬とは誰か

1　八面六臂の男

一八六〇年一月七日、横井時敬は、肥後国熊本城下の内坪井に藩士横井久右衛門時教の四男として生まれる。幼名は豊彦、七歳のときに父時教を失い、母である歌の手で育てられる(3)。一八七一年二月一〇日、時敬に改名した。「よこいときよし」と読むが、のちに「よこいじけい」とも呼ばれるようになる。地主の家でも、豪農の家でもない、武士の家に生まれたことを、ここで確認しておきたい。

同年九月一日、肥後国熊本洋学校に入校、五年間、英語のみの教育を受け、卒業後、一八七五年一〇月二四日熊本洋学校でアメリカ人教師リロイ・ランシング・ジェーンズ（一八三八—一九〇九）の助手となる。アメリカの退役陸軍大尉であったジェーンズは、一八七一年八月一五日に熊本洋学校に着任した。契約は三年。熊本洋学校のカリキュラム、学則、修業年限などについても意見を述べるほか、英語、算数、代数、幾何、測量、物理、化学、天文、地質学、生理学、万国史などを、通訳を介さず英語で教えるだけでなく、日本渡航後三年目からは毎週土曜日、自宅で聖書研究会を開いた。その影響を受けた海老名喜三郎（一八五六―一九三七、のちに改名して弾正）、浮田和民（一八五九―一九四六）、徳富蘇峰（一八六三―一九五七）たち三五名の熊本洋学校の生徒は、一八七六年一月三〇日、熊本城の南西にある花岡山に登り、「報国のため、また人民啓蒙のため、われらはキリスト教を信奉する」と記した「奉教趣意書」を読みあげる。いわゆる「熊本バンド」の結成である。札幌バンド、横浜バンドと並んで、日本プロテスタント発祥の三大源泉と言われている。だが、横井は、「花岡山の結盟」と同じ日、水前寺公園に集合した反対派三六名のなかにいた。キリスト教信奉に反対する立場をとったのである。こうした事実から、山田龍雄（一九七二）は、横井とジェーンズのあいだに「断絶がある」と述べている。他方、友田清彦の研究によれば、ジェーンズがアメリカで農業を経営していたこともあり、地元の住民たちに欧米の農業を教えていたという。一八七三年には、県当局に農業政策の助言を求められ、米、絹、茶の集中生産を勧めた（友田：2009, p. 26）。このとき、ジェーンズはタマネギ、ジャガイモ、キャベツ、カリフラワー、トウモロコシ、レタスなどの種子をアメリカから輸入して育てていたという。横井時敬は、単に士族の四男で財産に乏しかっただけでなく、熊本洋学校でジェーンズから影響を受けたこともあって西南戦争の影響で熊本洋学校が閉校になったあと、駒場農学校に入学したのではないか、と友田は推論しているが、事実かどうかは定かではない。弟子のひとり佐藤寛次は、「先生の［英語の］発音の正確」さを特記している（「横井時敬先生」橋本伝左衛門他編：1931, p. 1）。

駒場農学校に入学したのは、一八七八年三月一日。官給が豊かであり、教科書、実験、実習、筆、墨、紙に至るまで無償であった。横井時敬は裕福ではなかったため、翻訳をしながら生活費を稼いだ。刻苦勉励の末、一八八〇年、駒場農学校を首席で卒業、さらに同校農業化学科に進むも翌年五月病気のために退学、七月に兵庫県師範学校に赴任し、農業科を担当、その傍ら神戸の植物園長を兼務した。

一八八二年三月には、福岡県知事の招聘で四〇円という破格の月給[4]で福岡県立農学校に移り教育に打ち込んだ。福岡は日本の農業先進地域であり、県立の農学校の日本の先駆けであった。ここで老農の林遠里《はやしえんり》（一八三二―一九〇六）や地元農民たちとの交流を経て、比重の多い種籾を選別する「塩水撰種法《えんすいせんしゅほう》」を考案、徐々に、横井時敬の名が知られるようになる。福岡県は財政難のため、県立農学校を廃止して、勧業試験場を設置。これを受けて、一八八七年四月一日には、二七歳で福岡県勧業試験場の場長に就任している。ここでの働きぶりは、ハレ大学、ゲッティンゲン大学で学び、日本政府の要請で日本にわたってきたドイツ人農学者マックス・フェスカ（Max Fesca, 1846-1917）の目に止まり、農商務大臣井上馨（一八三六―一九一五）にフェスカが進言、一八八九年二月二二日、農商務省技師に推挙された。しかし、一八九〇年九月には農務次官などと対立し、退職。在職一年半で下野する。その後、四年間ジャーナリストとして健筆を振るう。佐藤寛次の言葉を借りれば「此の浪人生活こそ先生を玉成した」。農業政策や農業経済を論ずる日本で最初期の雑誌『産業時論』の主筆として活躍したほか、大手出版社の博文館とタイアップして、農業全書刊行に尽力して帝国百科全書二〇〇冊のうち二九冊の農学書を採録させたり、帝国大学農科大学で稲作改良論を教えたり、高等師範学校農業科でも講義を持ったり、『興農論策』（一八九一）、『重要作物塩水撰種法』（一八九一）、『農業読本　上下』（一八九二）などを相次いで刊行したりした。経済的には不遇の時代であり、妻にも自らにも倹約を課していたなかで仕事は多産であった。アカデミズムに対する横井の距離感も、この在野の時期の経験から生まれたものかもしれない。

浪人生活にピリオドを打ったのは、一八九三年九月一六日、帝国大学農科大学の講師に任命されたときである。彼は、「栽培汎論」の講義の創始者となり、日本の栽培学の基礎を固める。さらに、農業経済学、農政学も講義し、のちに、農業経済学へシフトしていく。以降、東京帝国大学の助教授、教授と昇進し、一九二二年に定年退官するまでこの地位にとどまる。一八九九年三月には農学博士の学位を受け、同年七月農業教育学研究のためドイツに留学、新歴史学派に属する経済学者たち、たとえば、マックス・ゼーリング（Max Sering, 1857-1939）やアードルフ・ヴァーグナー（Adolf Wagner, 1835-1917）に学び、翌年一月に帰国した。新歴史学派の経済学者たちは、講壇社会主義とも呼ばれ、「資本主義の発展にともなう社会問題と社会主義を、国家と倫理の強調によって、社会主義の発展を抑えるとともに、そのなかでドイツ的資本主義を擁護しようとするもの」（金沢：1972, p. 16）であり、とりわけヴァーグナーの社会改良論は農民を国家の重要な部門と評価し、その兵士としての素質まで論じるあたりは、横井の議論に対する影響は少なくないと考えられよう。翌年一九〇六年には大日本農会の会頭となり、農業界の実力者として誰にも認められるようになる。

友田清彦および東京農業大学図書館大学史料室によると、一八八五年頃から渡良瀬川流域の魚の大量死が見られ作物が枯れる、いわゆる足尾銅山鉱毒事件が発生するが、横井時敬は、古在由直と同様に政府に対して真相究明を訴えた。現地で視察をした横井は、『産業時論』や『日本』のような雑誌媒体を通じて鉱毒に苦しむ農民たちを救うべく論陣を張った。また、一九〇〇年二月一三日の政府に請願に出かけた農民たちと警官との衝突事件、すなわち川俣事件の東京控訴院二審で被告側が判事たちを臨検させたとき、横井は、古河鉱業側ではなく農民側に立って鑑定人として意見を述べ、農民全員の不起訴への流れを作った。また、一九〇二年一月二二日には、社会政策学会の例会で鉱毒事件の調査委員の設置を発案し、柳田國男（一八七五―一九六二）らとともに委員になった。横井の葬式で、足尾鉱毒で被害にあった農民たちが、「敬弔足尾鉱毒被害民の大恩人横井時敬先生　鉱毒事件被告人一同」の書かれた縦四七二センチメートル、横七二センチメートルの巨大な弔旗をもって参列したことは彼の歴史の輝かしい一場面であったといえよう（友田：2011, pp. 96-98）。また、一九〇九年四月二一日には、桂太郎内閣より、住友別子銅山煙害事件の調査会委員に任命され、愛媛に何度も調査に訪れている。水俣病、イタイイタイ病、四日市ぜんそくなど、戦後経済成長期の「公害」の前史にあたる、これらの企業による環境汚染と生活破壊に対して、決然とした態度を貫いたのも横井らしい。

教育活動で特記すべきは、なによりも東京農業大学の設立を挙げねばならない。一八九五年四月に、榎本武揚（一八三六―一九〇八）の経営する私立東京農学校の評議員に任命されてからの縁だ。この農学校は、一八九一年三月に東京麹町の育英黌に設けられた農業科が、翌年一〇月に小石川区大塚窪町に移転し、さらにその翌年一八九三年に育英黌より独立して東京農学校と改称したのであった。しかし、経営が立ち行かなくなり、榎本が廃校を決意したあと、横井が大日本農会常置議員会議長であったことから、大日本農会に同校譲り受けの交渉をして、一八九六年一二月、大日本農会に移管される。さらに、一八九八年一〇月には渋谷の常磐松御領地に移転、一九〇一年七月東京高等農学校と改称、そこで校長を務め、一九一一年一一月に東京農業大学と改称以来、死に至るまで学長を担ったのである。一九二五年五月には大日本農会から独立して、大学令による日本唯一の私立単科大学になった。ゆえに、東京農業大学では、その「学祖」として榎本武揚と横井時敬を二人とも挙げることになっている。

一九二一年には七月には、政府代表委員顧問としてジュネーヴにわたり、第三回国際労働総会に参加。一九二三年には、内閣に委嘱されて、小作制度調査委員会委員になる。一九二七年五月に最後の著作『小農に関する研究』を丸善より発刊、そのときにはすでに癌が胃を蝕んでいた。同年一一月二日、死去。「八面六臂の男」という竹村篤の言葉にふさわしい生き方であった（金沢・松田編：1996, 第七章）。

2　攻撃能弁の人

「人物評論家」として有名なジャーナリスト横山健堂は、横井時敬を非常に魅力的に紹介している（横山：1911, pp. 500-506）。まずは、風貌から。「中肉なれども、姿好く、大なる竹幹のごとく、丈夫そうなり。頭髪やや薄く、前額禿し、鼻下薄き髭あり、眼を瞬《み》はり、下唇を、少しく突出し、精悍に語る」。自分の禿頭は積極的に話題にしていたようで、橋本伝左衛門によれば「頭は禿げても議論では敗けぬぞ」と若者たちを挑発していたようである。

つぎに、学者としての性質をみてみよう。「その主張、駒場に異彩《いさい》を放ち「農業党の急先鋒」として知らる」。「彼には野心無し、真率にして機鋒《きほう》縦横なり。趣味に饒《おお》く、議論に富み、社会多方の問題に、つねに留意し、頓智あり、警句あり、学界の大隈［重信　一八三八―一九二二］伯たるを失はず」。「人が右といへば、左と答ふること往々少なからざるをもつて、しばしば俗人に誤解せらる」。「彼の弁には信條あり。その主張を発揮するに足る。而して其間、詼謔《かいぐ》し、哄笑し、其の躯幹、其の弁論の調子につれて活動す、彼の弁論を聴く時は、快感を得る」。思想と信条が強すぎて、どんなに誤っていても自説を曲げられない頑固さや、ユーモアとウィットに富んだ語り口が「快感」さえもたらすものだったということは、横井時敬の学問に魅力があったことであり、その魅力は、戦後日本の代表的な農業経済学者である東畑精一（一八九九―一九八三）をして、つぎのように語らしめている。「作曲家ではなく演奏家であり、理論にとじこもる人ではなくて世間街頭にでる闘士であった。守勢沈黙の人ではなくて、攻撃能弁の人であった」（東畑：1955, p. 308）。

あらゆるところに顔を出し、さまざまなことに興味を抱くのも、横井時敬の特徴である。橋本伝左衛門（1973, p. 344）は、戦後に書かれた自身の回想録のなかで、「横井時敬先生は、明治、大正の両時代を通じ、さらに昭和年代の初期にかけて、農業および農業経済の学俗両面にわたり、すこぶる大きな足跡を印した人である」と述べたあと、「すこぶる幅の広い学者であった。若いときは種子学、栽培学において、当時としては新生面をひらき、中年からは日本農業経済学を創始し、年とともにこれを培養していった」、さらに、「すぐれた教育学者であり、教育者でもありまた教育指導者でもあった」と横井の多面性を強調した。「学部長にも」「学士院会員にもなら」なかった（橋本：1973, p. 345）のも、「多くの人々には余り好かれなかった」（橋本編：1931, p. 7）という弟子の佐藤寛次の発言からも説明できるが、「学」も「俗」も分け隔てなく活動しようとし、また活躍できたということも関係しているだろう。

いずれにしても多忙な人であった。駒場の有名な書生歌のなかに「あくびをするのが横井さん」という一節があるのも、忙しさにかまけて仕事の量と質を落とすことよりは、夜更けまで研究することを選んだ横井にふさわしいことだといえよう。

3　八方破れ

これだけ広範囲のことに関心を持ち、関わりをもっていたからこそ、横井時敬の学問には見過ごすことのできない弱点もあった。

横井の孫弟子筋にあたる東京大学農学部教授を担っていた金沢夏樹（一九二一―二〇一〇）は、横井について、誰よりも的確に次のように述べている。「横井時敬の農業経営に関しての見解は、独学的、独善的な感さえ与える八方破れの素人臭さがあって、体系的な感を与えない」（金沢：1972, p. 13）。「横井時敬の農業経済学の特色は、これまでの正統派をもって任じた農業経済学者とはちがった流れのなかに育ちつつ、独学的色彩さえおびながら独自に問題を打ちだしたその新しさと、しかもその鋭さ、それだけに別の意味では非常に隙（スキ）の多いものになっているのである」（金沢：1972, p. 12）。

「八方破れで」「隙が多い」、あるいは「素人」の学問であるという指摘は、金沢の専門の農業経営学にかぎらず、横井の担った学問全般にあてはまることであろう。もちろん、金沢は、「しかしそれだけに問題は具体的であり、日本的であった」と付け加えることを忘れないし、横井時敬は初めて「日本の土壌において日本の農業を論じた人物であって、多くの外国知識を持ちながらも、これを敢て押えて、その意味ではニュー・ファッションの臭いのほとんどみられない人物ではなかったかと思う」（金沢：1972, p. 11）と評価しているように、横井の農学にみられる八方破れの性質と独自の農学を組み立てる力を分かちがたいものとしてとらえている。

だが、それだけではない。これまでの横井の人生を辿ってみても明らかなように、学問の体系が八方破れであり、素人臭くスキが多いことは、学問のグランドセオリーを作ったものの宿命といえるのである。農業経営学の分野にとどまることができた金沢夏樹とは異なり、時代状況としても、足尾銅山鉱毒事件から小作法の制定に至るまで全方位的な意見を求められ、栽培学から農業経済学まで全方位的に学問を打ち立てなければならない以上、それに破れや綻びが生まれるのは必然であった。そして、誤りが存在するにもかかわらず、それを絶対に認めようとしない柔軟さの欠落は、農学全般を打ち立てようとする者にとってかなり大きな欠点であったにせよ、その病的ともいうべき意固地さを含めて、たたき台としての機能を十分に果たしたことまでも否定できまい。しかも、横井の立ち位置とは、明治農法という外国農法の輸入と古老の経験主義への対応という板挟みのなかであった。

むしろいま切実に求められている作業は、横井時敬の農学のほころびを見つけ並べることではなく、横井が農学にどのような「かたち」を与えようとしたのかを知り、また、その「かたち」を成す原理を検証することであろう。

一八六〇年一月七日、熊本で生を享けた横井が辿った人生は、天皇の暦で言えば、明治と大正の時代をすっぽりと覆い、日本経済史の文脈で言えば日本経済が世界経済とつながり大きく発展を遂げていく時代であり、世界史の文脈でいえば独日伊という国民国家が形成されていく過程であり、労働と貧困問題が激化、さらに、列強は植民地を奪い合い、日清戦争、日露戦争、そして、第一次世界大戦、ロシア革命という時代を画する出来事をすべて含む時代である。ユーラシア大陸の端に位置する小さな島国が工業化によって世界に躍り出ていくなかにあって、横井時敬が人生を捧げてきた農業は、旗色のすこぶる悪い後退戦を迫られてきた。そのあがきっぷりこそ、横井時敬の生き様といえよう。

第二節　農学とその周縁

1　農学と現場――塩水撰種法

議論を始めるにあたって、まず、横井の農学に、三つの周縁を置く。すなわち、現場、政治、思想である。この三つの周縁は、横井の農学と相互に深く浸透、否、侵食している。この相互領域の広さこそが、横井の農学の最大の特徴である。

横井時敬は実学の人である。東京農業大学の精神が実学であるのは、ひとえに横井時敬による。横井の実地に根ざした学問について、たとえば、農業技術史が専門の筑波常治《ひさはる》（一九三〇―二〇一二）は『日本人の思想――農本主義の世界』（一九六一）のなかでつぎのように述べている。「近代農学の洗礼をうけた農学のなかで、この人くらい伝統農法に寛容であった例は少ないように思われる。栽培学者としての関心は、もっぱら農村につたわる慣行農法を、近代科学をもって合理づけることに重点がおかれていた。駒場出身のわかい秀才は、文字どおり泥まみれになって、伝統と近代の結合に身を挺したのであった」（一三七頁）。後述するように伝統農法にも批判的だったことがあるのでやや褒めすぎの観はあるが、横井の立ち位置をよくあらわしている文章である。金沢夏樹も、「社会的観点を身につけた技術者が、日本の農業のなかに独自な問題発見をして、経営的問題として構成してゆく過程は、ある意味では、はなはだ独学的色彩がつよい」（金沢：1972, p. 11）。つまり、横井が技術者として出発したことが、のちのちの彼の農学の構築にも影響を与えているのである。「農学栄えて農業亡ぶ」という初出不明ながら語り継がれてきた彼の警句は、まさに、こうした背景からも理解されうるだろう。

横井時敬を農業技術者として一躍世に知らしめたのは、すでに述べたように、彼が福岡県立農学校で教師をしていたときに発案した塩水撰種法《えんすいせんしゅほう》であった。実学であれば、代表作である『栽培汎論』（一八九八）を分析することも必要だがそれは次の機会にまわすとして、ここではもっぱら、塩水撰種法を通じて、横井にとっての農学と現場の関係性について考えてみたい。塩水撰種法とは、一八八二年八月に横井が『大日本農会報告』に発表した種子の選抜方法である。単に「塩水撰」あるいは「塩水撰法」と呼ばれることも多い。塩水に種籾を浸し、水面に浮いた比重の軽い籾を捨て、沈んだ比重の重い籾を選別する方法である。比重が重い籾は栄養が豊富にあり、よって生育が旺盛であるという仮説を立て、実際に育ててみたところ「発芽の見事」な状態になったので、塩水選種法を紹介する一枚刷りのビラを作って、福岡県下に数百枚ほど頒布したという（『横井全集』第一巻：p. 548）[5]。塩水選種法の功能は全国各地で実証され、日本農業の生産力の上昇に大きな貢献をなしたのであった。

横井が参考にしたのは、イギリスの王立農学校の化学の教授であったアーサー・ハーバート・チャーチ（Arthur Herbert Church, 1834–1915）である。横井はこう述べている。「英国のチヤーチ博士が小麦に対して行へる実験に、種子は比重の大なるを良とす、というの結論あるを見て、多大の趣味を感じ、兵庫県に在りし際、既に之れが応用のことを工夫したりしが、此後幾何ならずして、食塩が水の比重を進むるの好材料たるに思ひ到り、直に之れが研究に従事したり」（『横井全集』第一巻：p. 584）。横井は、駒場農学校の学生時代、お雇い農学者のエドワード・キンチ（Edward Kinch, 1848–1920）から農芸化学を学んでいたが、キンチを通じてチャーチの学説を知ったという[6]。熊澤恵理子（二〇一一）によると、キンチは、チャーチの助手として働いた経験があり、事実上の恩師であったことから、彼の化学実験の本を駒場で紹介し、教科書として用いた。キンチは、ほかのイギリスの学者が日本の実情とかけ離れた講義をしていて評判が悪かったなかで、実地調査を熱心に行なって評価された人物であり、キンチがイギリスで亡くなったとき、『東京朝日新聞』では「我が農学界の大恩人」という見出しが躍ったほどである。

さて、横井時敬は、塩水撰種法によって第三回内国勧業博覧会褒賞を授与し、また、一九〇七年一二月には、福岡市中洲の福岡県立農学校旧校庭に「塩水撰種記念碑」が建立されるという栄誉に浴する。その碑文にはこう記してある（『横井全集』第一巻,p. 579. なお、引用に際して適宜句点を打った）。

農作物選種法中最も簡易にして且効果の大なるものを塩水撰種法と為す。農学博士横井時敬氏が明治一五年福岡県農学校教諭たりし際此の地に於て発明せし所にして其の農事改良上に貢献せし功頗る偉なりとす。此の地初は勧業試験所たり後農学校農事試験場と為り今や又変してみ入地と為る。乃ち有志の士相謀り記念碑を建てんとし文を余に乞ふ。嗚呼滄桑《そうそう》の変［世の中の激変］は古今免れざる所なりと雖一片の碑永く塩水撰法創剏《そうそう》の地たるを表し偉績を後世に伝ふ。余深く其学の美なるに感し又此の地を過き此碑を観る者感奮興起して更に有用の発明を為し以て益〻我か邦の農事改良に貢献する所あらんことを望むや切なり。故に辞せすして之を記す。

農商務大臣正三位勲一等男爵　大浦兼武　選
東肥　　　　土肥直康　書

塩水選種法が優れていたのは、碑文の言葉を借りれば「簡易にして且効果の大なる」ことであった。種籾を塩水に入れるという作業はとても単純であり、そして、発芽前の種子を選別するわけだから、作物の育ったあと農地全体で施すケアよりも労力極めて少なく、また、その効果は根本的なのである。また、たとえ小粒の籾であっても養分が詰まっている場合は選べるし、たとえ大粒であっても養分が少ない場合は捨てることができる。これを世代を超えて繰り返していけば、良質なもののみが遺伝を繰り返すことになり、品種改良と同様の効果をもたらすことができる。『大日本農会報告』（一八八二年八月号）に掲載された横井時敬署名の記事「塩水ヲ以テ稲種ヲ水撰スル法」によるとつぎのような手順になる。

第五号塩水（比重一・〇七二）で沈んだ種籾を、第四号塩水（比重一・〇八一五）に入れる。これを繰り返し、第三号塩水（比重一・一）、第二号塩水（比重一・一二三）、第一号（比重一・一四三）と浸けて、沈むものを絞っていく。それぞれ洗って植えてみると、第五号から第三号までは収量は「佳」ではないが、第二号と第一号は「甚ダ良ク」、第一号は「最良好」であった。もちろん、この比重は改良を重ねるうちに変化を遂げていく。なお、塩水につけることで種籾が劣化するという批判も、駒場農学校同期の農学者酒匂《さこう》常明《つねあき》（一八六一―一九〇九）によってなされたが、きちんと洗えば問題なく育つことがわかり、日本内地のみならず、朝鮮や台湾でも、上から厳しく指導・強制されて普及する基本的な農業技術となっていく（横井：1882, pp. 26–29）。

横井時敬の農学と現場の関係について考えるとき、この塩水撰種法は二つのことを教えてくれる。

第一に、塩水撰種法は、もともと、福岡県の多々良《たたら》川の塩水で農民たちが籾種選別をしていたことをヒントにしたという説が多数あることである。須々田黎吉（一九七二）はそれらを列挙しながらどれも実証できないと述べているけれども、塩水撰種法が単にチャーチの理論に接して横井がひらめいたものだと確定することも難しいだろう。というのも、横井は、『大日本農会報告』の「塩水ヲ以テ稲種ヲ水撰スル法」のなかで、「附言」としてこう述べているからである。「福岡近郊ノ海水ヲモ試験シタレトモ（比重一・〇二六ニ過キス）、甚タ軽クシテ淡水ヲ用フルト大差ナカリキ」（横井：1882, p. 29）。この比重では、第五号塩水よりもかなり低いので、たしかに淡水と変わらないかもしれないが、春になるとみられたこの多々良川の光景をもし横井がみていたとしたら、チャーチの論文を知っていた彼が何も感じないことはなかっただろうし、そもそもこんな附言を書く必要などなかっただろう。また、横井は、のちに福岡時代の弟子であった御田伊太郎(7)のまとめた『建記念碑　塩水撰種法』（一九二〇）に寄せた「序」のなかで「思ふに塩水撰法の如きは、学者の創案として、何等誇るに足るものなく、之れが称揚に対して、尚ほ忸怩たらざるを得ざる程なり」と述べている（『横井全集』第一巻, p. 583）。上記のことから、これは謙遜ではなく、額面通り受けとってもかまわないのかもしれない。福岡には林遠里というカリスマの老農がいて、勧農社という組織を作り、種子の寒水浸法とか土囲法など科学では証明しがたい方法を推奨して、[8]横井はそれに塩水撰種法で対抗したが、農業技術とは個人のカリスマなどではなく、伝統、科学、発見、風土など、きわめて複合的な要素によって浮かび上がるものであり、農学者はその一部を構成しているのにすぎない、という考えが、横井時敬の塩水撰種法のなかにすでに滲み出ているように思えるのである。

第二に、講演活動との関係である。横井は、さきの「序」のなかで「出張巡回する毎に、塩水と籾種とを準備し、公衆の前にて、実地其方法を行ひ、如何に劣種子が浮び出て、良種子が独り沈むかの状を示すことゝなし」(p. 584)と述べているが、聴衆の面前で浮く種籾と沈む種籾が分離する様子を見せることは、説得力のあるパフォーマンスだったにちがいない。これについて、横井も自覚的である。「余の講演は肥料問題などを得意としたれども、曾て話柄《わへい》の必ず塩水撰法に及ばざるなく、否、先ず以て塩水撰法の講話に於て幾分の信用を博することゝなしたり」(p. 588)。さらに、ここでも、難しい学理が農民たちには伝わらないが、それは「風土、事物、農業の実際」の研究が進んでおらず、自分たち学者の「素養甚だ浅」いためであって、「実地家の愚を笑ひしもの、争《いか》て反《かえつ》て己れが愚たらざりしを知らんや」と、農学者の現場からの遊離を痛烈に批判している。やや敷衍していえば、学問の真理とは尽きるところ塩水撰種法のようにシンプルであり、それを用いる人間が「信用」をもつことができず、腑に落ちることがなければ、いくら崇高な抽象論を積み上げても全く意味がない、ということであろう。たとえば、一九一六年に書かれた「農学に就きて」というエッセイのなかで、横井は、こう述べている(『横井全集』第八巻, pp. 78-89)。「農学とは農業経営上の知識をきわむる学である」。「農学は農業者の習得すべき学問である」。「農学は農業者に指針となる知識を与うべきもの」。「農学は農業者個人の私的な経営活動に応用される」。

現場にとって役に立つか立たないか、現場に届くか届かないか、横井の農学の評価軸はこれ以外には存在しない。

この徹底的なプラグマティズムは、横井の農学の核となる部分である。その意味で、塩水撰種法は、横井の顔ともいうべき方法といってよいだろう。

ただし、横井のプラグマティズムがつねに農民たちの実感にまで届いていたのかといえば、そうではない。秋岡伸彦（二〇〇八）によれば、農民が襟巻をすることも、田植え歌をうたうことも、横井はすべて反対したという。なぜなら、そんなことは農民にとって何の役にも立たず、かえって労働を遅らせるだけだと考えたからである。秋岡が依拠した『読売新聞』の記事を実際に読んでみると、つぎのような引用がある。「歌を歌ふといふとは、無心の徴候で、よく注意して作業を営み、考へて事に処する場合に、決して採用すべきではない」「仕事をしながら歌ふというとは、文明国になきところであつて、仕事の慎重を要せざる場合に、始めて歌ふことが出来るのである」（横井時敬「田植え歌を廃すべし」『読売新聞』一九〇七年六月一五日朝刊）。あるいは、襟巻について。「余が管理する所の東京高等農学校に於ては生徒と約束して決して之を用ひない」「農業の国家に取りて極めて重要なる関係を有する所以は之に従事するものゝ身体強壮にしてよく寒暑風雨等、不良なる外界要素に抵抗し得、由つて好兵士たるの資質を有する為めではあるまいか」。とくに田植え歌廃止論については、二度もコラムで訴えている。

興味深いのは、『読売新聞』に、これに対する反論が登場したことである。一九〇七年八月七日朝刊の記事「田植歌廃止反対」で、「麦飯生」というペンネームの投稿者がこう述べている。

博士は仕事をするには筋力のみならず精神を使ふものである歌など唄ふては精神が仕事より離れて疎となると述られた。成る程都人が郊外に散歩でもして農夫等のする細かの仕事を見れば随分精神も用ゐ能力も注ぐ事と思ふだらうが、それは斯くの如き人が仕事襦袢を着て徒足《とそく》になつて鋤を担いだ時の話で、吾々の様に生まれ落ちるや否や鋤鍬を玩具《おもちゃ》としてる者には、ちょうど都育ちの御姫様が蛙の子が池に飛込んだのを大変心配するのと同様に本人は一向平気なものである。（……）／（……）吾々は昨今の炎天に菅笠一つで稲の畦に跨り四這いなつて田の草を取て居るが手先を側方や前方へ遠く伸ばす時に呼吸と共に大声《たいせい》を出し近く来た時には小声を出す様にすれば終日の仕事も殆ど疲労を感じない。

また、長野県のＳＭというペンネームの投稿者は、「歌を歌ふと注意が粗になるといふのは甚だ以て疑はしい。田植歌は天然に出る声で車力の掛声と同じく稲を植付る音頭である。是に依て手先の運動と足の運びとを一定せしむる要用のものである。之を廃したはらばなんに依て完全な仕事が出来ませう」と反論している。

この二人の反論は、「稲のことは稲に聞け、農業のことは農民に聞け」というモットーをもつ横井時敬にしてみれば、相当にこたえたはずである。とくに「麦飯生」の反論は、完全に横井時敬の「御姫様」のような現実離れの説を皮肉っている。横井はこれらの意見に反論をしていない。

襟巻にしても、春先の農村の風は結構冷たく体温を奪われることもあって、首は太い血管が通っていて冷やすと身体中が冷える部位であるから、襟巻をしてそれを防ぐというのは合理的な選択である。しかし、横井は、通俗的な軍隊式の根性論で襟巻の廃止を訴えた。

わたしは、一見ささいな議論に見えるかもしれないが横井の田植歌と襟巻の廃止論に、彼の実学の小さくない欠陥を見る。これは、幅広く活躍していたがゆえに生まれる「破れ」ではない。補えば埋まる「スキ」でもない。横井時敬の農学の底辺にある、いわば、働く人間の効率化を精神身体ともに徹底すべきだという主張のあらわれなのである。襟巻をせず寒風に耐えよ、仕事中に歌を唄うなという根性論は、実は、横井時敬が批判してやまなかった農業の工業化、つまり、黙々と、無駄に労力を使わず、集中して働くべしというアメリカ由来のテイラー主義や労働管理論に通ずる。この意味で横井は、農本主義の祖であるとともに労働については近代主義者であって、労働と芸術、労働と気候の相互関係という最も農業らしい部分を捨て、平に均す議論をし、彼が批判してやまない「工本主義」を利用して農業を救うという方法に陥っている。この点については、後段であらためて触れたい。

2　農学と政治——小作料、米騒動、移民

横井時敬は、『産業時報』の主筆であった頃から、積極的に政府批判を繰り広げた。市町村合併、小作料金納化、米騒動時の米価引き下げ、穀物関税引き下げ、農民の海外移民、そのすべてに反対した。徹底して政治的な学者であった。

一九二一年四月一二日に可決された「郡制廃止ニ関スル法律案」は政友会の原敬（一八五六―一九二一）内閣によって進められたものだが、横井は、郡制廃止が地方政治の中央集権化を促進し、地方の自立性を損なうとして反対した。郡長および郡役所を廃止して、郡を単なる地理的名称にする郡制廃止に向こうを張って、『農村制度の改造』（一九二五）で自然村をひとつの有機体としてとらえて「邑」と呼び、類似した邑を集合したものを「郷」として、「郷邑制」を唱えたのも、中央集権化に対して声高に反対をしていたからである。小作料金納化は、農政官僚だった柳田國男の持論でもあり、農民の海外移民の必要性は、横井時敬の弟子筋にあたる那須皓（一八八八―一九八四）と橋本伝左衛門の持論であった。柳田は、小作料を現物ではなく、金納化することで、小作たちも自立した農業経営ができると農民の近代化を、小作料金納化に期待したのだったが、横井はそれによって小作人が市場経済に巻き込まれてしまい、農村の、とくに自然村の有機的な秩序が崩れてしまうことを恐れたのである。横井が柳田を批判し、柳田も横井を批判していたことは、先行研究でも指摘されている（結・木藤：2017, pp. 202-211）。

このように論敵は多いが、横井時敬の不倶戴天の論敵といえばまず福田徳三（一八七四―一九三〇）を挙げるべきであろう。ミュンヒェン大学で博士号を取得した経済学者である福田は、一九一四年一一月七日八日に東京帝国大学

で開催された社会政策学会での小農保護問題をめぐる横井の議論の感想として、このように述べている。

［横井］博士の説く所は実に広汎莫大にして教育、宗教、政治、行政、警察、風俗、衛生等にも論及し微を尽し細を極めたりと雖も、高野［岩三郎］法学博士が然らば先最も着手の急なる方案は何なりやとの質問を発せされたるに対しては、何れを先にし何れを後にすと弁別し難し、凡百の方法悉《ことごと》く皆之を同時に施さゞる可からずと答へ、更に転じて農業奨励の鉄案は其弊害を痛論し其怠慢を鞭撻するにあり、要言すれば「悪口を利くが尤《ゆう》も有効なり」、而して先最も痛撃に値するは農村に於ける「ゴロ虫油虫」即ち是なりと答へられたり。予は博士の所説を聞て先ず最も感じたることは、博士の立場は公平なる真理研究を生命とする学者の其れよりも、寧ろ逐日捉時の政治家の其れなるが如きこと之なりき。博士は根本の病原を究むることは之を省略し、只菅に応急の手当てを急ぐ治療医を以て自ら任とせらるゝにあらざるか。／説法教訓は之れを教法師より聞く可く学問研究者に求む可きことにあらずとは、誰人も否定し得ざる講学上の根本鉄則なり（福田：1914, pp. 205-206）。

福田徳三は、横井時敬の発言を学者というよりは政治家のそれとみなしていた。しかも、応急処置的で、学問的な深みに欠ける横井の対応に対し、福田は、小農の「救済の道は唯一なり、曰く資本主義の洗礼なり」（「小農保護問題」pp. 17-18）という立場から疑義を呈した。さらには、「英国式の大農経営は日本に採用すべきではなく、小自作農が一国の健全な基礎である」ところまでは認めるも、「日本の農家の疲弊の根本的原因はあまりにも甚だしい過小農である」と述べ、横井のような小農保護の一徹主義を強く批判した。

それでは、横井の具体的な政治主張のうち、まず小作料金納化反対と米騒動時の米価引き下げ反対、海外移民反対の言説を瞥見したい。どれも、後段で論じる小農保護論と密接に関わってくるからである。

横井時敬の小作料の金納化の反対については、村上保男（1965, pp. 33-34）がまとめているので、これに寄り添いながらまとめていきたい。従来、小作人が地代として地主に払う小作料は物納であったが、これを金納化することによって「地主の農業からの遊離、金利生活者化を促進して不在地主をつくり出す」ことになる。地主と小作人との関係は「情義」で結ばれるべきものであり、もし地主が経済的困難を極めていても、小作料を減額するために地主は浪費を節約し、小作料を引き下げるべきだという。つまり、地主と小作人の関係は、階級の関係ではなく、小作が困窮する問題は、地主の小作人に対する「指導」と「愛情」によって克服していかなくてはならない、とする。それゆえ、不在地主は徹底的に排除すべきであり、村に住んで自ら働く中小地主こそが日本農業の中核であるべきだと説く。いわゆる階級闘争史観に対する地主温情論である。

つぎに、米騒動時の米価引き下げ論については、一九一八年七月、まさに同月五日に富山県滑川町の漁師の妻たちが暴動を起こし、全国各地にその勢いが広まらんとしている月に「無謀なる我が米国政策」の題した文章を発表したのだった。第一次世界大戦期に欧米が植民地から米を買いあさり、シベリア出兵を見越して投機家が米を買い占めたことで、米価が急上昇し労働者の生活を圧迫する。しかし、横井は、問題ないという。「成程消費者側から見れば米価と云わず総て物価は廉いに越したことはあるまいが、生産者側から見れば、少なくも引合う丈けの騰貴甚だしきを以て、租税及び公課等一切の経費を見積り、米一石の生産費は先ず二十七円以上に達して居る。されば今日の定期米相場は決して高きに過ぐるにあらず」。「時局以来、労働者の賃金は著しく増加して居るから彼等は左迄米価の騰貴を意とせず、官吏其他少数の俸給生活を営む者が困っている」。また、上記を引用して、川上（一九五七）が批判するように、「高額物納小作料を納入せねばならぬ小作農は一年の生活に必要な飯米に不足し勝ち」だとして、小作人は米価の高騰に苦しむばかりであり、得をするのは主として地主である。これは、横井時敬の強情ともいえる農業保護の主張を最もあらわした時評になっている。おそらく、富山の暴動の前に書かれたものであろうが、それにしても

「労働者の賃金」の「増加」が米価高騰に対してほとんど意味をなさないほど米騒動時の米価は上昇していたのであり、そのなかでの米価高騰擁護論は民衆の憎悪を買った。弟子の佐藤寛次（一八七九―一九六七）によれば、「殺気立つた群衆はやゝもすれば、先生の邸宅を襲ふ恐れありとして、警視庁では特に、先生の身辺を警戒した」ということもあったらしい（佐藤：1927, p. 21）。

最後に、農村の農民たちの移民についてである。当時、すでにハワイやアメリカ西海岸への移民が増えつつあった。横井時敬は、それを批判してこう述べている。「漫然たる移民の政策は、過多の人口を減却するの効あると同時に、人口不足、農村衰退を惹起するの患あり。短時的出稼の結果は其弊害茲に至らざるも、農村の風俗、農民の精神に不良なる変化を誘致するの虞なきにあらざるを見る」（社会政策学会：1976, p. 291）。つまり、移民から戻ってきた人間によって、海外の慣習がもたらされ、横井の農学の根幹となる「精神」、つまり襟巻をつけないでも寒さに耐えうるだけの精神が弱体化してしまうことを恐れている。

以上の三点の主張以外にも横井時敬は多方面にわたって政治的主張をしてきたのだが、とりあえずこの三つの論点だけに限ってみても、横井の農学は政治と切り離せない関係にある。福田徳三が「政治家」であり「教法師」であると罵らざるをえなかった「ゴロ虫」発言でさえも、横井の農学の外にあるとは言い切れない。

横井が農学者の立場を捨てぬまま新聞紙上で表明する意見は、民衆の怒りを買い、自宅への暴動さえ誘発しかねなかった。もっといえば、横井の農学そのものが政治であり、農学の言葉そのものが政治の言葉だったということもできよう。小作料の金納化に対しては、小規模の農家経済の力強さを証明する横井の農学の一つの結果であるだけでなく、農村の消費力を増加しようとする資本の側に対する防衛であるし、また、階級闘争を農村にもたらすマルクス主義者に対する防衛でもある。また、農村の「過剰人口」を減らして、比較的少数の営農家による競争力ある農業を実現し、農産物価格の減少を探る資本主義の移民圧力もしくは離農圧力に対しては、「自然村」の美風や農民の「精神」という非常に曖昧なもので防御しようとしているが、実は、横井の農学にとって、自然や精神はどうしても欠かせない要素であった。不在地主を「ゴロ虫」と罵倒する横井時敬の熱っぽい口調も、討論の場に居合わせた研究者にとってみれば失笑の的であっても、在村労作地主による自然村の維持を農村の理論的モデルと考える横井の農学にとっては分析概念をわかりやすく説明したにすぎなかった。こうした横井の特徴について、農業史家の小野武夫（一八八三―一九四九）は、横井の死に寄せて興味深い文章を書いている。「一つの惜しき事」として「横井博士の天分と其の歩み来りたる学程の上から見れば、博士は寧ろ官学畑の大学教授としてよりも、民学の野に住み、其の雄弁と、其の風采を以て民衆の輿論を指導せらるべき素質の人ではなかつた乎」（小野：1927, p. 57）。小野武夫自身も長らく在野で農業史研究をして評価を得てきた人物であったから、横井の大学に収まらない言論のなかに「輿論の指導」の役割をひときわ強く感じることができたのであろう。

小野のいうとおり、本来なら政治の場で交わされる言論の劇場的性格を、横井はアカデミズムの分野に持ち込んでいるとさえいえる。塩水撰種法の講演で農民たちの前で実際に種籾を塩水に沈めてみせたり、漢籍・洋書の膨大な読書を活かした力強く流麗な文体で読者を翻弄・魅了したり、講演で聴き手の喜怒哀楽を自由に操り、場合によっては「快感」を与えたりすることができる横井は、そのパフォーマンスを自覚的に学問につなげている。これは、よくいえば「学」と「芸」の混交であり、悪くいえば、学問の政治の道具化である。後者の面が強すぎることと、それを学問的な用語を使って隠しきれないところが横井時敬の特徴であるが、しかし、一方で、前者の萌芽も少なくはない。それは、つぎの『小農に関する研究』、第三節の『合関率』のなかで追っていくことにしよう。

3　農学と思想①――農本主義

横井時敬の言説の劇場的性格が、それほど興ざめにならず、激昂も含めて批判者の反応を誘致し、本人の意図とは別に学界の議論を活発化するのに貢献できたのは、横井の「横井時敬博士」の演じ方、言葉の選び方の妙だけではなく、彼自身のうちにある農業の思想の意固地さも関わっている。その思想に関して、川上正道は「復古的ロマンティシズム」と呼び、村上保男は「ロマン的農政学」と総括し、桜井武雄は「農本主義の父」と表現した。また、少々辛口であるが、小林政一（一九七二）は、さきの「小農保護問題」での論争を念頭に、「フランスが国力、富においてイギリスに劣っている理由の一つは、フランスの小農保護という誤った政策にあることは、［アーサー・］ヤングが既に一八世紀末に指摘した通りであり、小農保護政策を主張する学者はこの点を沈思黙考すべきであると強調している」（p. 59）と福田徳三を評価したうえで、「横井博士の小農保護論が当時においても、保守的、現状維持的色彩が濃厚であった」（p. 59）とまとめている。また、小農に「極端な勤労、節約を奨励するという極めて保守的、非進歩的傾向に陥っている」（p. 60）と断じ、あるいは、「横井博士の農政論のなかに、明治、大正時代における最も典型的な保守的、地主中心的、農本主義的思想が認められると言えよう」（p. 64）、と横井の思想を批判している。

上記の先行研究者たちが一致できる点は、横井時敬の思想が農本主義と呼ぶべきものであった、ということである。農本主義研究者の綱沢満昭は、武内哲夫（一九六〇）のつぎの三つの点を引用しつつ、横井が農業技術者から農本主義者と転身を遂げた「客観的条件」としてつぎのようにとらえている。①資本制の確立と地主の寄生化という過程を含む資本との問題の惹起。②明治三四年の社会民主党の結成という労働運動の勃興。③帝国主義段階への突入による強兵の源泉と食糧アウタルキーの必要。これによると、横井の農本主義は資本主義のなかで農業を保護・育成する思想であり、社会主義運動や労働者運動に対抗する思想であり、戦争に強い国家になるための食糧自給政策を下支えする思想であった。その根拠はすでに述べたように「邑」であった。村上保男（1965b, p. 44）はこう述べている。「封建社会の自然村としての「むら」に対する望郷の念を表明」するような「過去への復帰の願望は言葉の哲学的意味において「反動」であるが、人類の幸福をではなく利潤の増大を目的とする資本主義の発展が、健全であるべき中産階級を精神的にも物質的にも侵蝕していることに対する国家的立場からする抗議であった」。つまり、資本主義の発展に対して、村落共同体の「温情」や「情義」を軸に抵抗していくことをノスタルジックに語る口調を、村上は批判しているのである。

では、横井時敬の農本主義の内容を具体的にみてみよう。彼の「農本主義」と題された文章は、一八九七年十月に世に出されている。[9] 綱沢満昭によれば、日本で初めての「農本主義」という言葉の使用である。「農本主義の父」と呼ばれるのはこのためだ。「農本主義」のなかで横井はまず、「工本主義は」「富強貧弱」であると規定する。工業を農業に優先する考えのことである。ただし、この考えは半分しか正しくない、という。「貧の弱なるは争ふべからざらんも」「富は必ずしも強なりとなすべからざるなり」。つまり、工本主義では、富ばかりを追い求めることによって、もっと大切なものを失っているのではないかと警鐘を鳴らすのである。では、工本主義で失われるものはなにか。

国に元気なくしてその国の強きは、余輩の知らざる所。富は艨艟堅艦《もうどうけんかん》［堅牢な軍艦］を購ふべきの具なり、百万の貔貅《ひきゅう》［勇ましい兵隊］を養ふべきの具なり。国民の元気を養ふべきの具にあらざるなり。否、時に之を沮喪《そそう》せしむるの憂ありて、随つて必ずしも国強を購ひ致すの具にあらざるなり」『横井全集』(第八巻, p. 229)。

富は、海軍の艦隊を購入し、兵士を養うことはできても、国の「元気」を養うことはできない。それどころか、富は「元気」を喪失させるという。では、元気とは何か。

思ふに一国の元気は中産の家に養はれ、殊に農家の間に発育するものなり。夫れ潔白、誠実、順良、活発、剛毅、着実、真摯、強健、以て兵となるに適し、以て国を守るに適するは、是れ豈に農家の就中最も長ずる所にあらずや。夫れ土地は独り以て国を成さずと雖ども、国は土地を相離るべからず。故に彼の土地と最も関係あるの農民は、最も土地を愛するものなり。故に又た最も国を愛するものなり。故に亦た、最もくんに忠を懐くの民なり。（同右）

ここでの「元気」とは、「人間の快活な健康状態」ではなく、「活動の根本となる気力」という意味である。つまり、目にみえるものではないが、国を支える活力であり、愛国心であり、これは農村からこそ生まれてくる、と横井は主張する。なぜなら、農民の土地を愛する気持ちは、そのまま国を愛する気持ちにつながるからである。それゆえに、元気は軍事力を強化する。一九二四年四月に世に出された「農業立国の根本義」というエッセイでは、第一次世界大戦期ドイツの状況を述べている。「国防上優良なる兵士的分子を田舎に求めねばならぬこと勿論であるが、而かも平時に於ける経済戦に於て、優良なる国の分子を多く要することも、亦た論を待たないのである」（『横井全集』第八巻：pp. 234-235）。農村は良質な兵隊を生み出すという言説は横井の農本主義で何度も繰り返されるが、ここでは戦時の労働力としても優秀な人材を輩出するということを付け加えるのを忘れない。それは、第一次世界大戦期に欧米を訪問し、食料不足に悩む姿を見てきたからであろう。(10) たとえば、「現今農業政策」という論考では、「兵隊としては農兵より外に適したものがない。何分農兵と云ふものは身体は強壮である、常に風雨に曝されて居る。又常に太陽に照り付けられて居る。マズイものを食つて居る不衛生極まつたことをやつて行きつゝあるから、戦争に出て不衛生のことを為し、而も的に打勝つことが出来るのである」（『横井全集』第二巻, pp. 334-335）

ここで明らかなのは、横井時敬の農本主義は、貧農を救うものでもなく、小作人の地位をあげるものでもなく、また、大地主を保護するものもなく、分解しつつある中間層の活力の復活を求めるものであった、ということである。金沢夏樹は、ドイツの経済学者グスターフ・フォン・シュモラー（Gustav von Schmoller, 1838-1937）の影響もあるのではないかと推測している（金沢：1972, pp. 16-17）。シュモラーは、アードルフ・ヴァーグナーとともに、社会政策学会を設立した人物で、やはり同様に講壇社会主義者と呼ばれたが、「資本主義社会を通して不可避的に没落を余儀なくされている中間社会層を没落からくいとめ、それによって社会構成における上下の断層の生れることを防ぐことにその焦点を求めた」（金沢：1972, p. 17）のであった。

資本主義の発展にともなって大量の労働者が求められ、中間層の一部だけが資本家に成り上がり、多くが没落していくのは、ドイツも日本の状況が似ていた。また、そこからファシズムの萌芽があらわれることも、共通する点である。その意味で、横井の農学のみならず、農本主義もまた、国際的な枠組みで捉えなおさなければならないだろう。

ただ、これまでの研究がほとんど注目していないのは、横井の農本主義は、社会主義を批判することを目的としながら、社会主義と類似してもいることである。たとえば、川上正道は、自身の横井批判のモチーフを「横井博士にマルクス主義の注射を」打つ（川上：1972, p. 15）とはっきり述べている。つまり、横井時敬の資本主義批判の一部は、社会主義者たちの気分とそれほど遠いものではなかった。

すでに、わたしも「理想郷の現実的課題」という論考で述べたことがあるように、横井自身、彼の『小説　模範町村』（一九〇七）でユートピアを提示しているが、社会主義的実験との類似性も見出される（藤原：2015, pp. 177-210）。たとえば、労働管理が徹底していること、時間による制御がなされていること、貧富の差がないこと、共同食堂や共有の娯楽室が村に設置されていることなど、横井の「社会改良」あるいは「社会改造」への情熱は弱くない。

また、「農界の社会問題」という論考では、つぎのように述べている。「畢竟は社会主義は世の中に不平なるものより成り来ったものに相違ない。世間で考える様に社会主義は不合理にして乱暴なる破壊主義とは違ふが、何にせよ本来は社会を改革しようと思ふものであるが、我輩が計画しつつある所の根本を其儘にして之に改良を加へやうとするものとは違ふ。併し之を目して単に乱暴なものと考へるのは誤りである」（『横井全集』第八巻, p. 527）。つまり、社会主義は暴力的だと決めつける社会の風潮に反発さえしているのである。

もちろん、横井の農本主義と社会主義の違いは、根本を残すか、根本を変えるかにあった。あくまでも国家のかたちを残したうえで平等な社会を目指す試みは、ヴァーグナーやシュモラーたちのドイツの社会政策学会と同様である。横井はそのあたりをこう説明している。「富の力を或る一ヶ所に集中することを避けて、貧富の隔絶せざらしむることを勉め、之を平等に分配せしめ、私有財産の制を廃するは、即ち社会主義の主張である。又私有財産の制は、其の儘となし置き、自由競争制度より来る弊害を、成るべく防除して、貧富の懸隔を少なからしめ、資本家と労働者の利害を調和し、下層の民をして、出来る丈け、幸福を受けしめ、社会の安寧秩序を維持すべしといふのは、所謂社会政策の主とする所である」（「農政経済要論」『横井全集』第四巻, pp. 137–138）。

ここで明らかなのは、私有財産制を撤廃しないで、「自由競争制度」、すなわち「資本主義」の弊害を食い止めるために横井が頼った柱がやはり「調和」だったことである(11)。横井の農本主義の基調は、軍国主義と地主小作協調であり、それを包摂する「邑」である。では、それを支えた学問は何だったのか。それが、つぎに述べる小農論にほかならない。

4　農学と思想②――『小農に関する研究』

小農とは経営規模が小さい農家のことをかならずしも意味しない。それよりもむしろ家族の労働力を最大限使用する経営をイメージしている。横井時敬が胃癌を宣告される直前に出版した最後の著書『小農に関する研究』（一九二七）は、彼の小農論の総決算と言って良いだろう。弟子の橋本伝左衛門が「命のつづく限り施策と構想と執筆を進めた自彫の記念碑」（橋本：1973, p. 344）とこの本を評価するのも誇張ではない。

『小農に関する研究』の目的は、以下のとおりである。「現在の農業経済学が大農経営の本義とする所の資本主義的営利経営を以てその指導原理となし、これが経営の主義を異にする所の小農経済にまであてはめ、凡てを一律の下に論定したる、その欠陥を指摘する」。そして、「小農経済に対する指導原理を研究し、農業経済学の革新を企つるを主眼とした」と述べ、「幸いにして、或いは不幸にして、この研究が学界の是認を得るに至らば、従来学者の小農経営に対せる教示は全然一変し、延いてわが国の農業政策の根本的革変を誘致せざるを保しない」と自負している。福田徳三とは異なり、資本主義的な経営形態は農業にふさわしくないと考えている横井は、資本主義的経営形態とは異なる小農の経営形態を分析したわけである。これは社会改良を根本とする横井の農本主義とちょうど背中合わせの関係にある。

金沢夏樹は、札幌農学校の出身で、横井時敬が生涯受け入れることのできなかった新渡戸稲造（一九六二―一九三三）の営利主義と対比させながら、横井の小農論を以下のようにまとめている。「貨幣経済のなかで非営利経営は非営利経営として生存せざるを得ないというのが彼の主張であった」（金沢：1972, p. 19）。非営利経営は、資本主義経済のルールではすでに敗北者である。ところが、横井は国家的見地、つまり軍国的観点からすれば、敗者などではなく、必要不可欠な存在であると価値の転倒を企図するのである。

では、『小農に関する研究』の特徴として、以下の四つのキーワードを挙げておこう。

第一に、土地への愛着心である。まず、横井は「小経営はその経営の旨とする所、利潤の獲得にはあらぬ。その終歳孜々役々《ししえきえき》として労作する所その直労力即ち自個及びその家族の労力を利用して、出来る丈け多くの収入を獲得することに集中する」（p. 8）という。大経営とは資本主義的営利経営であり、小経営とは利潤獲得を目的としないで自家労力を利用してできるかぎり多くの収入を得ることを目的とする経営形態であると宣言する。とすると、経済学の用語があまり使用できない。ここで登場するのが「愛着心」である。「彼らが土地に対する愛着は往々にして、利害得失さえ、超越することがある」。あるいは、「小農の土地に対する愛着心、これが若し消滅して、その資力が有価証券化し、商工業資本化すること、もならば、農業の前途は悲観の域に進む」（p. 25）。これらの論点は、農民の土地私有欲を軽視した社会主義革命に対する批判でもあるし、土地を値段で評価するだけの資本主義およびその経済学に対する不満でもある。その根拠として、学問としては危ういが「愛着心」という農民の心理を持ってくるのである。

第二に、地主と小作人の友情である。地主と小作人のあいだの「情義」あるいは「調和」にも通ずるものである。横井はこう述べている。「地主と小作とが一種友情的立場に居るものであって、主従的関係に居るものにあらざるを知るに足るではなかろうか」（p. 173）。土地の風習や慣習として隠されている搾取関係を露わにし、そこから社会変革の可能性を目指した社会主義への牽制であることはいうまでもない。横井にとって、小農であることは、一方で、地主の指導のもとで自立した経営を行なうことである。これも経済学の用語には馴染みにくいので「友情」という突飛惜しみのない言葉が出現する。

第三に、技術的堪能である。「小農がその経営に於けるや、種苗、肥料、飼料等の如き、多く自製のものを用ひて、植産、畜産を生産する。その事業は専ら技術にある。出来る丈け多くの収穫を挙げんとするには、巧みにこの技術を操るにある」（p. 34）。あるいは、「変化自由にして、精巧なるは人力の長所」（p. 40）であり、「小農の専ら苦心する所は、この資本の巧なる運用ではない。資本の巧なる運用を緊要ならずとするではない。而かも小農が尊ぶ所は経営的技倆にあらずして、反てこれ技術的堪能にあるのである」（p. 35）と言う。これは、大規模な技術の投入を前提とする大経営とは異なる技術の使用形態である。そのときに使用する「堪能」という言葉は、つぎの「趣味」と並んで、若干の非科学的なニュアンスを残しながら横井の農学の核心を構成している。「修養の結果、欲なるものは去つて、労働そのもののみ残り、働くがために働くにいたつて、精励の極度に達することになる。また農業上の労働は仕事そのものに楽しみが伴い、仕事の対象物に同情がおこる。（……）労働の技術的結果に趣味がおこり、（……）自家搾取などということは自家労力には多く発見せられない」（四六―四八頁）

第四に、自然である。器械を「人間以外の原動力を以て動かす所の器具を仮に、器械と認めて置く」(p. 38) と定義したあと、小農にとって器械の効果は限定的であると述べる。小農は日本の地形や気候に適応した経営形態だからである。「平坦の地に乏しく、山岳重畳し、耕作地は多く狭隘なる起伏地や傾斜地を利用すること、並に洪水氾濫し易き所の低湿地、亦た多く使用に供せられ居ることが、何人にも先ず目に附き易きことであらう。関東、津軽、砺波、筑後、肥後などに相当の面積に及べる平原がないでない。而かもこれ等の平原と雖でも、相当に起伏があり勝ちで、加え大小の河川、道路の堤防などがその間を縦横に縫ふて居る。／この如き地勢が大経営の必要条件と見做すべき器械の使用に向って、極めて大なる支障たるべきことは、敢て論を待たない所であらう」(pp. 208-209)。また、「雨日多きことが如何に器械の使用を不便多からしむるか」(p. 211) といい、機械が錆びたり、木が腐れやすかったり、果樹、工芸作物も小農経営のほうがやりやすいと指摘する。機械が錆びやすい心配は現代の進歩の段階からすれば杞憂なのかもしれないが、自然環境の制限を最大限受け、それを最大限利用する小農経営のあり方には、融通の利かない大規模な機械は馴染まない、という指摘はいまなお日本農政の目指すべき農業形態をめぐる議論の根幹に位置するテーマである。

「愛情」「情義」「友情」「調和」「堪能」「趣味」「自然」――これらの横井の農学に頻出する言葉は、それ自体、非科学的な概念という誹りを免れ得ないであろう。なぜなら、分析する人間の思い入れによって、どうとでも解釈が可能になるからである。金沢夏樹が「八方破れの素人臭さ」と横井を批判せざるをえなかったのは、まさにこのあたりの言語使用方法にも由来するのだと思う。

さらに、横井が抱く政治の理想もその農学に色濃くあらわれている。『小農に関する研究』ではとりわけ、不思議なかたちをとってあらわれる。それは、従来の研究ではほとんど指摘されないが、アナーキズムにほかならない。ロシアのアナーキストで革命家のピョートル・アレクセイヴィッチ・クロポトキン (Пётр Алексеевич Кропóткин,

1842–1921）を、横井がつぎのように引用しているのである。

小農を以て組織せられたる農村社会がある。わが国の如き、この種の農村社会が相当の人口を収容して居る。この種の農村社会が地方の経済社会の中堅的勢力をなして居る。その生産する所の農産物の価格は決して軽視することが出来ず、一大工業と見做すべき製糸業は原料をこれに仰いで居る。独り農産物ばかりでなく、その副業として生産する所の小工芸品も多額の産出をなしつゝあつて、かのクロポトキンの理想的生産業をわが農村に於て実現しつゝあるかの如き観がある（横井：1927, p. 276）。

注によれば、「理想的生産業」とは、クロポトキンの『田園・工場・仕事場』（一九一二）で描かれる相互扶助に基づく理想社会のことである。五人の家族であれば、一年で二週間程度の自家労働によって自家消費用の食糧は生産できるのであり、残りの時間を、手作業を中心とする味わいある副業や書斎での読書などに費やす社会を提示している（クロポトキン：1970, 終章）。横井の直系の弟子である佐藤寛次が、クロポトキンの『田園・工場・仕事場』を全国農事会の会誌『中央農事報』で紹介したひとりであることも、また、一九一二年に『農工業の調和』というタイトルで本書を翻訳したことも、単なる偶然ではないだろう。横井の「郷邑制」の理想とクロポトキンの共同体の理想はそれほど遠くないし、資本主義を批判し、その弊害を乗り越える方法としてのマルクス主義をも原則として批判し、人間相互間の協力や信頼に依存する態度も似ていなくはない。ただ、地主と小作人という関係を支配関係とみず、村落のなかの指導者の位置を重視する横井の態度は、クロポトキンには認められないであろう。

横井時敬の小農論と農本主義は、すでに、別の論考でも述べたように、ロシアの経済学者のアレクサンドル・ヴァシリエヴィッチ・チャヤーノフ（Александр Васильевич Чаянов, 1888–1939）の小農経済論の影響も受けている。横井の思考は世界同時的な農業思想のなかでとらえなおさなければならないし、また、世界同時的な「自由競争社会」に対抗する理想の簇生のなかに位置づけ直さなければならないのである。

総じていえば、横井の農学は、学問の周縁、つまり、現場、政治、思想、あるいは付け加えてよければ理想と密接不可分に癒着していて、アカデミズムの側からすれば、科学的態度とはおよそ言い難いものであった。また、福田徳三がいうように極論が多く、それは学者のみならず、横井自身その味方であると自認している民衆の反発を買ってしまうほどであった。横井の農学は大学にはふさわしくないものであるといっても過言ではないだろう。

だが、小野武夫のいうように、横井の農学が「官学」ではなく「民学」としての農学であるならばそれほどの違和感はないだろう。農学が今後「官学」であることを捨て、「民学」という新しい領域に展開を遂げるのであれば、実現はとてつもなく難しいとはいえ、横井時敬は間違いなく先駆者である。小野のいう「民学の野」は横井の主要なフィールドであった。

そして、そもそも政治から完全に自由な学問など存在しないのである。

第三節　農学のかたち――『合関率』から

農村の現実、政府の農政、農本主義という周縁部が、横井時敬の農学の輪郭をぼやかしていたとしても、横井時敬は大学にとどまりつづけたし、また、みずから科学者であることを自任し、また、農学の論文では、科学的態度を主観的には崩すことをしなかった。それは農業技術者としての経験からも、できないことであった。

民学と官学のはざまに揺れながら、横井時敬はどんな農学を構想しようとしたのか。「しようとしたのか」と述べたのは、結局彼は理想とすべき農学を構築できなかったからである。あくまで、その青写真があるにすぎない。では、その青写真とは何か。ロシア革命の勃発した一九一七年に執筆された『合関率』という書物である。農学の統合を目指したこの書物は、とても不可解な本である。まず、タイトルがおかしい。Law of Combination の訳だと本人は言うが、これは金沢夏樹が指摘するように、「横井時敬にとって、率は律であり、単なる数学的プロポーションの意味ではない」（金沢：1972, p. 22）。横井が、本書で取り組んだ化学者ユストゥス・フォン・リービッヒ（Justus von Liebig, 1803-1873）の「最小養分率」の原語は、Minimumgesetz であり、Gesetz は法則という意味であるから、「最小養分律」というのが正しい訳語である。

また、もうひとつ不可解であるのは、『合関率』は農業経済学者の多くが気になっている書物なのだが、誰も本格的に論じようとしないことである。橋本伝左衛門は「農業の研究というものは、分析的にせまく深く専門的に進めることも必要であるが、一方において広い視野に立って、総合的に研究することも必要であるとして、その指向すべき指標を示すことにつとめた本」と評価しているわりに、あまり積極的に論じない（橋本：1973, p. 344）。また、東畑精一は『合関率』についてこんな不満を漏らしている。「その志向は学界の時弊を打つのに適当のものであったが、しかしそれだけにとどまったのは遺憾であった。また概念的正確には乏しいものであった。経験は全面的、未分化のものので、分析の材料になる。その分析をただ原状に還元しただけでは分析の前進とはならないであろう」（東畑：1955, p. 309）。試みは壮大だが、分析になっていない、というのは東畑に限らぬ大方の印象であろう。

では、内容をみてみよう。おそらく、農学が実学であることが、横井にとって『合関率』を書くモチベーションになったと思われる。なぜなら、農学は目的がはっきりとしているがゆえに、総体的研究が比較的やりやすいからである。横井は、「分解的方法」と「総体的方法」という二つの方法を取り上げる。現在の農学は分解的方法が発展しすぎて、全体が見えなくなっている、といういまなお有効な科学批判を展開する道具として、この二つの概念を用いている。

まず、地球上で鉱物性肥料と化学合成肥料の大量使用の道を理論的に開いたリービッヒの最小養分律を横井は批判する。これは、植物の栄養素のうち最も足りない要素に、植物の生育は規定されるという有名な法則のことである。

> 余は近頃合関率と余が名づけんと欲する定率につき研究を始めた。最小養分率なるものは、リービッヒの発見であつて、其応用は独り養分につきてのみでなく、作物の成長に関する各要素にまでも及ぼすことが出来る。若しも更に研究を進めたならば、農業経営に於ける各要素にまでも及ぼす事が出来る（p. 2）。

つまり、作物の成長は、単に栄養素の多寡だけでなく、農業経営のやり方にも影響を受けるはずだと思いついたわけである。これは科学の対する悪魔のささやきに等しい。つまり、およそ農業にかかわるすべての要素を分析対象にしなければならないからである。数学の問題に但し書きが多いのも、物理の問題に条件付けが多いのも、それは、限定しないと数理的にクリアな解析ができないからである。しかし、横井の該博な知識と快楽をもたらすような表現力は、その限定のなかに居座ることに満足しなかった。

> 是れ［リービッヒの］最小養分率の示す所、更に之を幾多の要素に付きて考ふるも、例へば土壌は如何に肥沃なるも、日光不足せば、此不足なる日光の容《ゆ》るす範囲内に於てのみ終了を望むことを得べく、此肥沃なる土壌養分の若干量は不要に帰するを免れざるが如し。又例へば肥沃なる土壌に応じて、日光の通射は適量なりと云ふも、苟も作物にして之を利用するの力あるにあらざれば、此両素も其分量相当の効用を挙ぐる能はず、是れ作物品種の改良を現今の急務となす所以なるが如し（pp. 44-45）。

養分だけでなく、光合成によるブドウ糖の生成に必要不可欠な日光の条件を加える。たしかに、土壌の化学的条件が作物に与える影響を調べるならば、「日光条件は一定の元」で実験を行なわなければならない。だが、横井時敬は、日光、養分、すべての変数を変数のままで扱おうとするのである。

そうこうしているうちに、今度は、のりこえるべき相手はリービッヒだけでなくなる。イギリスの経済学者エドワード・ウェスト（Edward West, 1782–1828）が発見し同じく経済学者のデヴィット・リカード（David Ricardo, 1772–1823）の命名した「収穫逓減の法則」(12)について「生産に関する数要素の共同操作に関する一現象なりとなす」（pp. 60–61）と述べ、この法則も、別の要素を入れれば、絶対的な法則として君臨するわけではなくなるとする。収穫逓減の法則は、一定の条件のもとで土地から得られる収穫量は、資本や労働などの生産要素の投入量の増大に応じて相応に増加しつづけるが、ある点を超えると、その増加量が減少するという法則であるが、工業生産からみた農業生産の特徴の「発見」というべきものであった。ただ、横井は、日本の本州のように、比較的小さな土地で労働集約的に農業を営んでいれば、土地収穫逓減の法則があまりみられず、それ以外の要素によって生産性が頭打ちになる事実を念頭に、この法則の相対化を図ったのだった。

そしてついに矛先は、遺伝学の祖であるグレーゴル・ヨハン・メンデル（Gregor Johann Mendel, 1822–1884）に及ぶ。メンデルの法則まで相対化をはかる。「メンデル法則は共同操作の頗る複雑なる一例となることを得べし、此法則によれば生物の特性は各孤立的に存在するもの丶如く、異なりたる特性が交接によりて相触接するときは、分解し、結合し、幾多の特性を生ず。〔中略〕幾多要素の結合するや、結合の有様如何によりて、同一要素を以てするも、亦た異なりたる成果を生じ、其結合体に於ける要素の関係的分量異なるときは、彼の比例率の支配の下に、更に異なりたる成果を来たすべきを疑はず」（六九—七〇頁）。それはつまり品種の選択にもかかわる。「徒らに品種の改良を叫び、品種の統一を希望するは、一二の処置によりて、全体の結果を宣くせんと図るの愚策たらずんばあらず。此場合に於ても、学者の分解的研究を其儘、直に政策に用ふるの危険を思はずんばあらず。」(p. 203)。

つまり、現場の感覚からすれば、各々の法則通りに事実が生成するわけではないので、各々の法則がそれぞれどういう関係にあるのかを調べたいというのが横井の野心である。「メンデル法則と云ひ、最小率といひ、報酬漸減率といふも、皆此率の支配下に居る所の小法則と謂ふべきものならんのみ」(p. 71)。

さらに、具体的な事例をあげて、あくまで現場の視点から還元主義を批判していく。たとえば、米質の調査方法について、農学者の稲垣乙丙《おとへい》（一八六三―一九二八）を槍玉にあげる。稲垣は、容量、粒形、色澤、調製を調査し、それぞれ定数をかけて、等級を決める案を提示している。しかし、横井時敬は、「四項のみを以て米の優劣を定むるの要素、茲に尽きたりとなすべからざるや勿論なるべし」と批判する。これは、たしかに農民たちのあいだにも不満があったことだろう。

つぎに、肥料価格の形成という社会科学的課題についても、こう述べている。「肥料の価格に対して忘るべからざるは、之に対する人々の要求是れなり。［土壌肥料学の研究者である］大工原［銀太郎　一八六八―一九三四］博士は純粋肥料即ち鉱物肥料の価格は有機肥料の価格より廉なりと主張し、之れが施用を勧奨せらるれども、我農家一般の技倆に就きては、未だ思ひ及ばさゞるが如し。余の見る所を以てすれば我小農家一般の知識の程度は尚ほ極めて低く、速効なる鉱物肥料を用ふるには、技倆未だ及ばざるが如し。言を換えて云へば、一般の需要の適するものは、人造肥料にあらずして有機肥料なり」(p. 85)。小農経営では、慣れ親しんでいる有機肥料が使いやすいと述べ、やみくもに人造肥料に頼ることを戒めている。

横井は、農場の選択についても、「合関率」は働くという。

一般に降雨少き乾燥の気候が、大農場の成立に宜しきは論を俟たざるべし。土地に肥瘠《ひせき》あり、肥えたるは集約に適し、瘠せたるは疎放に宜し。疎放は大経営と相伴ひ、集約は小経営と相待つ。其地土地に軽鬆《けいしょう》［さらさらしていること］、粘重の差あり、此等亦た農場の大小と決して無関係にあらず（p. 128）。

降雨量、乾燥度、肥沃度などの「自然」の要素が棚上げされずに、理論のなかに積極的に組み込まれるのは横井の農学の特徴であるが、農場の選択という農民の実践のなかでもそれが生きるためには、やはり「合関率」の思考が必須なのである。これは、横井が高く評価していた、ドイツの農業経済学者ヨハン・ハインリッヒ・フォン・チューネン（Johann Heinrich von Thünen, 1783-1850）の批判である。「農業組織の種類はこれ［チューネンの研究方法］により て直に之を決定することを得べきにあらず」（p. 252）。チューネンは、理想とする経営形態は、どの地域でも画一ではなく、たとえば一定の条件下であれば、市場との距離に応じて経営形態が決まってくるという議論を展開した経済学者であるが、その条件をとっぱらった議論を求めたのである。

とはいえ、ここまではまだ自然科学的および社会科学的な要素で止まっている。横井時敬の恐ろしいところは、「科学」にとどまらないことである。

若夫れ投機心を煽ふるが如き事業、奢侈を誘致するが如き事業、品性を損するの虞ある事業、地方風俗に影響を及ぼすの虞ある事業、是等に就きては、厳に之れに選択を加へ、之を採用する場合に於ては、之れが為めに誘致せらるゝ所の弊害は力めて之れが防除の道を講ぜざるべからず。蓋し農業の目的は営利にあり、而かも人間が営利に努力する所以は、之れによりて更に高遠なる目的を達せんと欲するが為めなることを知らざるべからず。縦ひ此問題を度外に措きて論ずるも、以上陳べたる所の諸弊害は永遠に於ける農業の繁栄と一致すべきものにあらず。かくて即ち道徳問題は経済問題と一致する事となるなり（p. 186）。

農本主義者横井の面目躍如というべきか、道徳家の馬脚が露われたというべきか、いろいろな連想を掻き立てられる文章である。経済問題を道徳問題に落とし込む理由は、横井の農学が、営利だけでなく、国防の強化や社会の健全化など別の「高遠なる目的」を目指すからだ。たとえば、この態度は、アダム・スミス（Adam Smith, 1723-1790）の『道徳感情論』（一七五九）で競争社会の行き過ぎを戒め「フェアプレイ」を促す第三者について論じた姿勢と共有するものもある。だが、横井の場合は「フェアプレイ」というよりは、村落社会のなかの習俗慣習や指導関係のなかに道徳をみている。そして、そうであればこそ、小農という経営体は、あらゆる不確定要素によってもたらされる「危険度」を軽くする（二〇一頁）。ここに、小農論を擁護する総合的な農学の青写真が提示されたことになるのである。

「余は且つ今日の科学が慢に分解的方法に偏するの弊を指摘し、学者の反省を促したることを以て満足せんと欲するなり。［中略］総体的研究を以てせば、農学始めて必然科学たるの位地に近づくことを得べき歟《か》」（二六五頁）。

ただし、『合関率』の欠点は小さくない。先ほどの東畑の議論にもみられたように、さまざまに「分解」された学問分野を再統合する方策が示されておらず、これでは何を言ったことにもならないからである。横井自身はそれを意識しているが、たとえば、リービッヒの化学的議論とチューネンの地理学的議論を混交させるなど、具体的な「総合」を展開してもよかったのではないか。

第二に、「人間」を除外していることである。もっとも不確定要素をもつ人間が、分析の対象から外れている。人間のかわりに道徳が入っていることは、『合関率』のあらゆる変化に対応できる農学を目指すという趣旨に反する。つまり、道徳によって人間の多様性を圧しているからである。

おわりに

以上、横井時敬の塩水撰種法から『合関率』まで、「農学の父」が歩んだ道をたどってみた。

日本国内で「農学」という学問について彼ほど考えた人間はこれまでもいなかったし、今後も出てこないかもしれない。それほどまでに、彼の農学の知識はリービッヒからクロポトキンまで英語やドイツ語を通じて多角的に取り入れられていたし、日本農業に対する貢献は塩水撰種法から農本主義の形成まで実に多角的であった。しかも、多角的であるだけでなく、できるかぎり田んぼや畑で役立つものを目指し、さらにそれらを『合関率』によって統合しようとさえした。「八方破れ」であることは、このかぎりにおいて批判の言葉ではなく、単に、横井のあとの農学者がやるべきことが山積みになっていることを表現する言葉にすぎない。横井が残した「スキ」は、激しい議論を喚起する起爆剤となり、完璧を目指すあまりに他者との対話さえ拒む学者たちよりは、よほど健全な学問的態度だったといえる。この功績はどれほど評価しても評価しきれないであろう。市場の指示する価値に従順であることが求められる現代社会では、農業固有の価値を探ること、別の言い方をすれば、経済偏向社会のなかで生のあり方を探ることは、わたしたちの課題であり続けている。

けれども、横井時敬の根源的な問題は、その「総合」の方法にあった。多角的な農学をまとめるには、重石が必要である。その重石が、軍国主義、近代労働の賞揚、そして、その二つを結びつける、支配者感覚に染まった根性論ならびに道徳主義であり、それらが分かち難く結びつくことで、意図していた現場感覚に根ざした農学を作り損なったことが、横井時敬の限界といわざるをえない。農学を民のための学問、すなわち「民学」にしようと努力したにもかかわらず、否、それゆえに、「道徳」を農民の労働効率の改善に用いようとした。その道徳主義こそが、スキを残しながらも結局、自己修正をしたり、生産的な議論に発展したりすることが少なかった横井の陥穽である。これは、農村が不況になったとき、あるいは、凶作になったとき、農民の道徳心に訴える、農民の精神に委ねる、という横井の死後の日本農政が選んだ基本的な方法の下準備とも言える。それは、横井が海外移民を批判していたにもかかわらず、海外膨張政策に乗っかるかたちで満洲移民運動を推し進めることになる横井の後継者たち、すなわち橋本伝左衛門や那須皓にも深く根ざしていた心性であった。このことは、資本主義を批判し、かといって社会主義革命ではないオルタナティブを示すという難問に挑んだ横井時敬のひとつの帰結であったかもしれない。ただ、『合関率』が新しい書き手によって引き継がれるとすれば、むしろ横井の農学の大きさよりも、破綻の多さこそが、道徳主義の帰結に陥らない道の一里塚となるだろう。

註

(1) 以下、『農業』(五六五号、一九二七年一二月)の「横井時敬追悼」に寄せられた文章を参考にした。
(2) 生没年不明。
(3) 父母とも生没年不明。
(4) ちなみに、当時の上等属官の月俸が一五円から二〇円、小学校教師が四、五円から八円である(東畑:1973, p. 14)。
(5) 以下、大日本農会編『横井博士全集』(横井全集刊行会、全一〇巻、一九二五)からの引用については、(『横井全集』巻数 ページ数)と表記する。なお、この全集発刊について、横井全集刊行会は全集に挟んである広告文のなかでつぎのように述べている。「農学博士横井時敬氏の少壮時代より老境の今日に至る迄前後数十年間の生涯は、「農」の一字を以て一貫して居る」。
(6) 以下、エドワード・キンチについては、熊澤恵理子の研究(二〇一一)を参照にした。
(7) 生没年不明。
(8) 林遠里については、たとえば、西村卓(一九九七)が詳しい。
(9) 『横井全集』八巻より引用。ただし、初出の媒体は明らかにされていない。

（10）横井の欧米訪問については、藤原「戦争を生きる」（山室編：2014）で論じた。

（11）複数の先行研究が明らかにしているとおり、幸徳事件に連座したひとりが「横井を斃さずんば農民を味方にすることを得ず」と述べたのも、この横井の「改良主義」的な姿勢に起因するのであろう。これを言った人物が誰なのか脱稿段階で不明なので、今後も調査を続けていきたい。

（12）一定の条件のもとで土地から得られる収穫量は、資本や労働などの生産要素の投入量の増大に応じて相応に増加しつづけるが、ある点を超えると、その増加量が減少するという法則。

第四章　明治・大正期の地理的知
――朝鮮半島の地誌と旅行記をめぐって

米家泰作

はじめに

科学思想史という枠組みを念頭におきながら、地理（学）という営みを考える時、そこでアカデミックな地理学や地理学者が果たしてきた役割が、限られたものであることに、まずは気づく。もともと地理という漢語は「地の理《ことわり》」を表し、欧語のジオグラフィは「地の描写」を意味する。大地に流れる気の秩序を探る風水師の仕事も「地理」であり、珍しい異国の情報を記述することも「地理」である。いずれも、地理学者という職業や大学の地理学教室が成立するずっと以前から、為されてきた営みである。地理学者たちは、このような必ずしもアカデミックな学者に限定されない地理の領野を、「ジォソフィ」と名付けたり、「地理思想」と呼んだりしてきた。また、専門的な地理学者が作り出す知識も含めて、広く「地理的知」の問題として位置づけてきた（Agnew and Livingstone, 2011）。

この言い方を用いるならば、本書が対象とする明治・大正期（一八六八―一九二六年）の日本において、地理（学）的な営みの大半は、地理思想あるいは広く地理的知として理解されるべきものだといえる。日本の大学に地理学教室が初めて置かれたのは、明治四〇（一九〇七）年の京都帝国大学であった。これを地理学の制度化の端緒と捉えるならば、アカデミックな地理学者の育成が進み、影響力を発揮するようになるのは、大正も末期になって以降のことであろう。大正一四（一九二五）年の日本地理学会の創立が、そのわかりやすい指標である。もちろん、それ以前にも明治二二（一八八九）年創刊の『地学雑誌』や、同三二（一八九九）年創刊の『歴史地理』があったが、「地理学者」に限定した雑誌というよりは、人類学者や歴史学者を含めて、地理（学）に関心ある様々な分野の学者らが集う場であった。

明治・大正期の地理思想や地理的知を捉えるに際しては、「地理学者」とはいえないとしても、地理学に関心ある知識人の関心事や交流に着目して、地理学史の系譜に回収する作業には意義があり、地道な仕事が積み重ねられている。福澤諭吉や内村鑑三、志賀重昂、吉田東伍といった人物を含めた岡田俊裕『日本地理学人物事典近代編1』（岡田：2011）は、その良い手引きである。また、福澤や志賀のほかに、本稿でも触れることになる矢津昌永を採りあげた源 昌久『近代日本における地理学の一潮流』（源：2003）は、綿密な書誌学的検討を提示している。歴史学者たちの歴史地理学への関心をたどる川合一郎（2006, 2011）の成果も注目すべきだろう。

ただし、こうした人物をアカデミックな地理学の「先駆者」として評価することは、学史的な意義づけを行うためには必要不可欠である反面、本書の編者・金森 修のいう「嚮導科学史」（金森：2010, p. 28）に陥る可能性をはらんでいる。つまり、科学研究の現在を肯定し、将来の科学研究を導くという意識から、過去を再構築しがちになるということである。本章の立場としては、アカデミズムの枠やそこへの回収を前提とすることなく、明治・大正期の地理思想や地理的知のもつ様々な局面に注意しておく必要があるだろう。「科学思想史は、或る知識が或る分野で成立すると見なされるとき、その領域を閉じた円のように捉えるのではなく、むしろ穴だらけのふるいのようなものとして捉える」（金森：2010, p. 34）という姿勢に倣って。

例えば、領土の地図や地誌という、近世から継承されてきた極めて政治的な地理的知がある。国絵図や村絵図、さらに日本図を作成してきた江戸幕府や諸藩の営みは、明治一三（一八八〇）年の迅速測図に始まる地形図作成や、明治五（一八七二）年の壬辰地券地引絵図や明治九（一八七六）年の地籍地図に始まる地籍図の作成として、明治政府に受け継がれた（佐藤：1996）。同様に、江戸幕府や諸藩による地誌編纂事業は、明治一二（一八七九）年に完成した『日本地誌提要』や、さらに「皇国地誌」ないし「大日本国誌」へと発展させる試みに、続くことになる（島津：2002, 2004, 2006）。こうした営みは、国家による国土空間の把握と表象として理解できるものであり、統治する立場からの地理的知の生産や、そのナショナルな地誌をめぐる主導権の掌握として捉えることができる。明治・大正の地理的知を捉える時に、このような国家による取り組みは、先に触れた学者たちの取り組みに比べて、質・量ともに極めて大きなものがあった。

そして当然のことながら、民間の側からも、地理的な情報への需要に応えて、夥しい量の地図や書物が出版されてゆく。すでに近世後半には木版多色刷による絵図の印刷が普及していた日本において、より近代的な印刷技術による実用的な地図や、視認性に優れた鳥瞰図が、世間に氾濫することになる（例えば、中西・関戸：2008）。同時に、観光や旅行者のための名所図会や案内記といった伝統も明治日本に受け継がれ、さらに近代都市の賑わいや経済事情を捉えた「繁昌記」の出版も盛んとなった（例えば、網島：2010；長谷川：2012）。

こうして官民で展開した地理（学）的な営みは、地理的な知や情報を（再）生産し、流通させていったが、近世とは大きく異なっていたのが、国外、特に植民地化の対象となった地域や国々に対する関心が、飛躍的に拡大したことである。もちろん、近世においても様々な世界図や世界地誌が出版され、日本の支配力が強まった北海道（蝦夷地）やその北方への関心も小さくなかった。ただしそれらは、具体的かつ本格的な植民計画が差し迫った状況で生みだされたものとはいいがたい。これに対して、明治二（一八六九）年に開拓使が置かれた北海道や、明治二八（一八九五）年に領有された台湾、明治三八（一九〇五）年に割譲された樺太南部、明治四三（一九一〇）年に併合された朝鮮は、地理的な情報と知に関する需要を、著しくかき立てることになった。「帝国」としての日本の形成を支えたのは、山室信一（2006）の言葉を借りるならば、「空間知」あるいは「空間学知」の蓄積だったのである。

これに関する国家の取り組みをよく表しているのが、空間把握の基盤となる地図作成の進展である。国土の五万分の一地形図の作成が北海道に及んだのは、おおよそ大正五（一九一六）年から同一四（一九二五）年、沖縄に及んだのが大正一〇（一九二一）年前後である。これに対して、新たに領土となった地域については、台湾では明治二八年の領有直後から迅速図の作成が始まり、明治三五（一九〇二）年には山岳地帯（蕃地）を除く五万分の一地形図が完成した（魏徳文ほか：2008：小林：2009）。地形図の完成という点でみれば、北海道や沖縄よりも、新たに植民地となった台湾が早く、統治の基礎資料となる地図の作成が急務であったことがよくわかる。

同様に、朝鮮半島では、明治四三年の併合の翌年に五万分一地形図が発行されたが、それ以前に、日清戦争後の明治二八（一八九五）年から「略図」と称される地形図が臨時測図部によって作成されていたことが知られる（小林：2009）。これは外邦図と呼ばれる軍事的な地図であり、政府機関による外国地図の作成が、戦争と植民地化と関わって進められたことを、如実に表している。この「略図」に先行して、江華島事件が勃発した明治八（一八七五）年に、百万分一の「朝鮮全図」が作成されている。これはイギリス・アメリカの作成図をもとに編集されたもので（小林ほか：2010：小林：2011）、隣国の地理に対する国家的な関心の端緒として位置づけることができるだろう。

このような国外や植民地における地図作成の展開については、近年、外邦図に関する研究が飛躍的に進展したこともあり、多くのことが知られるようになったが、テクストとして表現された地理的な知や情報については、余り関心が向けられてこなかった。しかし、植民地期の台湾に対する日本人の心象地理を扱った神田孝治（2003, 2011）の研究が示すように、植民地への地理的な理解やイメージは、宗主国・日本からの植民やツーリズムに影響を与える。また筆者が、日露戦争後（一九〇五年）からアジア太平洋戦争終結（一九四五年）までの朝鮮・中国東北部（満洲）への旅行記を分析して示したように、植民地やそれに準じる地域への教員・学生および実業家たちの旅行体験とその表象は、帝国とその周辺に対する理解の進展に、少なからず影響した（米家：2014a）。

こうした研究例は、地理（学）の科学思想史というものを捉えるにあたり、考慮しなくてはならない二つの「枠」をよく示している。すなわち、第一には学者や学界、アカデミズムが作りだす枠であり、第二には地理的な関心の及ぶ空間的な範囲の枠という問題である。後者の問題は、地理（学）の関心事が、つまり地球上のどの場所でも生じうる現象や秩序を系統化・一般化することだけでなく、場所によって異なるユニークな個性や特質を捉えようとする地誌的記述にも向けられていることに、深く関わる。近世の「鎖国」の制約が解け、帝国主義的な関心が国土の外縁に開放された明治・大正期の日本において、地理的な関心事の空間的拡張は、知がどこで生まれ、どこに向けられていくのかという「科学の地理」（リヴィングストン：2014）の視点とも関わってくる。

にもかかわらず、この種の問題に関して、これまで必ずしも多くの研究が蓄積されていない理由は、一つには狭義のアカデミックな地理学史に馴染まないということがあるのだろう。専門的な地理学者たちが、植民地理学というべき領野に関わり、あるいは地政学を標榜したのは、地理学の制度化が進んだ昭和戦前期であり、この時期についてはある程度の研究が蓄積されている（福間：2003；三木：2010；柴田：2016など）。しかしながら、本書が対象とする明治・大正期は、ちょうどそれ以前の時期にあたり、アカデミックな地理学者の活動として理解できる例は少ない。三木理史（2010）は、植民地とした領有した台湾と樺太について東京地学協会が地誌を刊行したことに注目し、後に京都帝国大学地理学教室の創設者となる小川琢治が関わっていたことに触れているが、「植民地理学前史」として位置づけるに止まっている。また、本章で扱う朝鮮の地理学研究史を概観した樋口節夫（1988）は、昭和一〇（一九三五）年を地理学における朝鮮研究開花の年と位置づけ、日韓併合以前の時期については、幾つかの地誌や『地学雑誌』に散見される報告に言及するのみである。

もう一つの理由は、狭義の地理学の外側で（再）生産されていた、しばしば素朴で、稚拙で、無知と予断に満ち、ステレオタイプな記述をつらねる地誌的な営みが、科学史や思想史という精緻さや独創性を尊ぶ立場から見て、面白みや魅力に乏しいという点にあるのかもしれない。しかしこうした地誌的な知の強さは、むしろ素朴さや予断にこそあり、容易には是正や制止が効かない心象地理のうねりを作り出す。とりわけ、朝鮮を他所としてネガティヴに位置づけつつも、日本に包摂するような心象地理の展開は、自己と他者の単純な二項対立ではない、入り組んだ構図をもたらす（米家：2012）。

本章では、このような問題意識から、明治・大正期の朝鮮に向けられた地理的知を、主として地誌や旅行記からたどる（第一節・第二節）。文学者らの朝鮮理解や、朝鮮人の「他者化」については、すでに優れた研究があるが（例えば渡邊：2003：中根：2004）、広く地理的知という視点から通覧する作業はこれまで乏しいため、まずは明治・大正期の流れを把握・整理することに重点を置く。その上で、アカデミックな地理学が確立する以前に、地理学を意識しながら朝鮮に関心を向けた二人の人物、矢津昌永と田淵友彦に特に注目することにしたい（第三節）。

ここで朝鮮半島のみを事例とするのは深い理由からではなく、本来であれば樺太などの北方や、台湾や太平洋の諸島などの南方も含めて、総合的に検討するのが望ましい。ただ筆者の力不足から、朝鮮半島に限定するに過ぎない。とはいえ、日清・日露という二つの戦争で権益の的となった隣国であり、最も近しい植民地であった朝鮮半島が、日本にとって極めて重要な事例であることは間違いないだろう。なお、本章では朝鮮半島に成立した領域ないし範囲を指して朝鮮と呼ぶことにする。一八九七年から一九一〇年までの国号は大韓帝国であるが、領域ないし範囲を指す語としては、便宜上、朝鮮で統一する。

第一節　半島に向かう地理的知

1　地誌・旅行記・地図出版の推移

明治四三（一九一〇）年の日韓併合に至るまで、そしてその後しばらくの時期を通じて、朝鮮半島に関わる地理的知の生産は、どのように推移したのだろうか。まず、この基本的な問いに答えるべく、櫻井義之『朝鮮研究文献誌明治大正編』（櫻井：1979）に依って、出版点数の推移を見てみよう。櫻井は京城帝国大学朝鮮経済研究所の研究員を勤め、また朝鮮総督府文書課に勤務した人物である。その経歴のなかで、朝鮮半島に関わる様々な文献に接し、またその収集に努め、後進に有益な文献目録を遺してくれた。

本章に関わるのは、この『朝鮮研究文献誌』の第三章「歴史・地誌」のうち、三「地誌・紀行」（櫻井：1979, pp. 131-170）に収録された八二点の文献と、四「地方誌」（pp. 171-200）に収録された六二点の文献、および附明治期刊行「朝鮮地図」（pp. 555-575）に収録された九三点の地図である。また、すぐに後述するように、地誌として分類された文献のほとんどはアカデミックな地誌ではなく、地名辞典を若干含むほか、政治・経済・文化におよぶ様々な関心から朝鮮を紹介あるいは概観するものもが多い。その意味では、第四章「社会科学」の二「事情一般」（pp. 211-239）に分類された朝鮮事情、朝鮮案内、朝鮮紀聞等々といった題名をもつ五二点の書物も、民間の視点にたった地誌的文献というべきものであり、先の地誌との境界線は曖昧である。そこで、これらの項を対象として、それぞれの出版点数を刊行年ごとに計上した。また櫻井の目録を補うべく、末松保和編『朝鮮研究文献目録』（末松：1980）の〔地誌・紀行〕のうち、「地名辞書・地名研究」、「地図」（全図）、「地誌」、「紀行・随筆」の項を参照し、櫻井の目録のうち対象項目に収録されていない文献の点数も数えた。これらを示したのが、図1である。

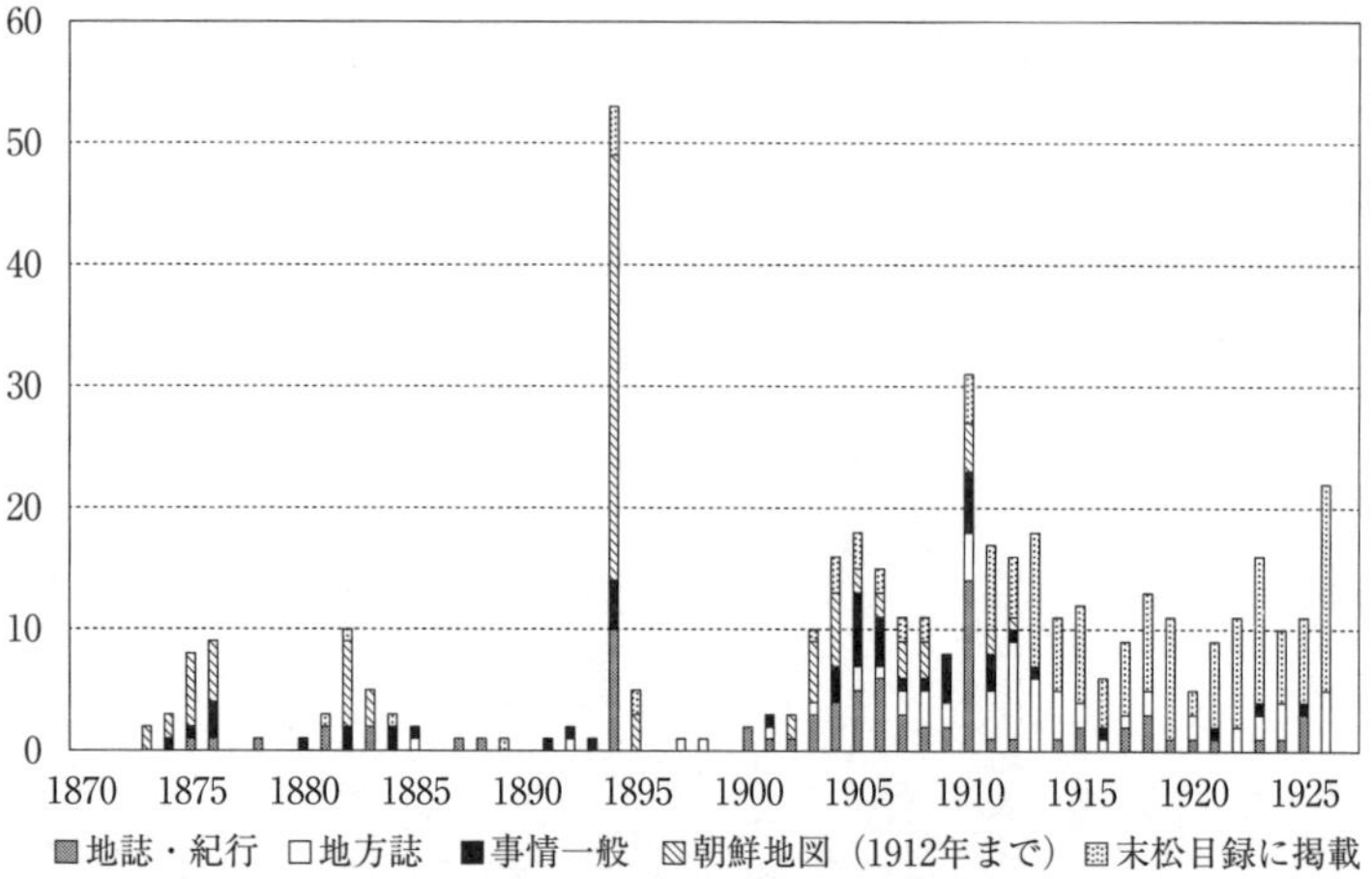

図１　地誌・地図類の出版点数の推移

櫻井（1979）・末松（1980）による。ただし地誌・紀行のうち雑誌掲載の論文（2点）と，末松目録のうち内地への紀行（2点）は除いた。

一見して、地誌・地図類が次第に漸増して日韓併合の年を迎えるといったような傾向はなく、刊行点数が急増するようなピークや波が、何度か段階的に繰り返されたことがわかる。まず、明治八（一八七五）年前後の最初の小さなピークは江華島事件に関わるものであり、その二年前に惹起した征韓論争や、翌年の日朝修好条規の締結が、若干の朝鮮図や地誌的書物刊行を促した。続く明治一五（一八八二）年の同様に小さなピークは、同年の壬午事変と二年後の甲申政変を反映している。しかし甲申政変によって、朝鮮への日本の関与や介入が控えられ、その後一〇年ほど刊行物は停滞期を迎える。そして明治二七（一八九四）年に始まった日清戦争が、一〇点の地誌・紀行類と三五点に及ぶ朝鮮図の出版を促し、大きく突出したピークを築いている。

日清戦争後、刊行物の勢いは急速に鎮まったものの、明治三六（一九〇三）年に朝鮮半島と中国東北部の権益をめぐる日露の外交交渉が行き詰まり、翌明治三七（一九〇四）年に日露戦争が勃発したことで、刊行物のうねりがもたらされた。このうねりは、明治三八（一九〇五）年の講和後も消えることはなく、むしろ同年の第二次日韓協約によって統監府が置かれ、大韓帝国が保護国化されることで、一定の高さを維持しつづける。そして、明治四三（一九一〇）年の日韓併合時に、地誌・紀行類一四点を含む突出したピークを再び築き、以降、やや漸減傾向をみせながらも刊行物が維持される状態が続くことになる。ただし、各都市や港湾、地域ごとにまとめられた地方誌の比重が高まり、半島に渡る実業家や移民にとって必要な具体的な情報が求められたことが窺える。図1中、「末松日録に記載」として補った文献も、そのような形で発刊されたものが多い。

このような刊行点数の推移は、朝鮮半島の植民地化が、一定水準の地理的知が次第に蓄積され、深い理解が築かれた上で為されたというよりも、事件や事変、戦争がこの種の知に対する需要を突発的に高めていることを、よく表している。つまり、地理的知の生産は、需要の高下に正直なまでに敏感であり、政治状況を後追いして供給された面が強いといえる。このことは、地理的な知や情報に求められた実用性の表れでもあり、より正確で、詳細で、速報的な情報が求められた、ということでもある。以下本節ではこの点を念頭において、もう少し詳しく、明治・大正期の推移をたどってみよう。

2　地誌・地図出版の萌芽——江華島事件の前後

明治八（一八七五）年前後の最初のピークの先駆けをなしたのは、染崎延房による明治六（一八七三）年の「朝鮮国細見全図」（丁字屋）と、それに付随する『朝鮮事情』（染崎：1874）である。櫻井義之（1979）が指摘しているように、前者の地図は近世の日本に伝わっていた古い朝鮮図の一つを複製したものにほかならず、後者の『朝鮮事情』は近世中期対馬藩の通詞・小田幾五郎による『象胥紀聞』その他から抜萃して編まれた。この時期、征韓論争の高まりによって朝鮮半島への関心が惹起されながらも、それに直ちに応えるだけの最新の地理的知が日本側には無く、近世の古い情報に依拠するしかなかったことがよくわかる。逆にいえば、非常に限られた知識のなかで、征韓論が堂々と論じられていたことの異常さに、驚くべきだろう。同時期に刊行された朝鮮図には、田島象次郎「増補改正朝鮮国全図」（明治六年、和泉屋）のように、天明五（一七八五）年の林子平『三国通覧図説』に含まれる朝鮮図を複製したものもみられた。朝鮮では一八六一年に金正浩《キムジョンホ》が「大東輿地図」を完成させ、朝鮮時代における最も優れた国土図を示したが、明治日本で刊行された最初期の朝鮮図は、意外にもこれを利用していない。明治六年に海軍水路寮が印刷した「朝鮮全図」も、沿岸の「実測」を経て作成された朝鮮図が稀であり、林子平の図も八道を示すに過ぎないと述べながらも、前年に入手した朝鮮図を複製したものに止まっていた[1]。

このような状況は、江華島事件に関わって明治八（一八七五）年に陸軍参謀局が一〇〇万分の一「朝鮮全図」（陸軍文庫）を作成したことで、改善されていく。この陸軍図は、「朝鮮八道全図、大清一統輿図、英米国刊行測量海図」などを参照して作成され、特にイギリスやアメリカの海図に依拠することで、陸地の輪郭線の精度が高まった。内陸部の地理情報の下敷きになったとみられる「朝鮮八道全図」については、一八世紀末の鄭相驥《チョンサンギ》「東国地図」の写本と考えられる「八道全図」の可能性が示唆されており、また日本政府顧問として日朝修好条規締結に関わった金麟昇《キムインスン》の関与が推測されている（渋谷：2010）[2]。本図は国家機関によって作成された外国図という意味で、いわゆる外邦図の先駆的な存在だといえるが（小林ほか：2010：小林：2011）、自ら生みだした測量データに依るものではなかった。

とはいえ、この陸軍図は、参謀局による携帯用の『朝鮮近況紀聞』（陸軍参謀局：1876）の附図だとされ、朝鮮との交戦の可能性を念頭において、軍が地理的知の整理に取り組んだことを示唆している。『朝鮮近況紀聞』とは、本文わずか五五頁からなる小冊子であり、その内容は、

位置　分界　道路　宿駅　山河　兵制　城郭　砲台　戦艦　五穀鳥獣其他飲食物　金穀物出納　鉱山物産及交易
気候　人情風俗　学校及ヒ進士及第　国王姓名　官名称　仏寺及ヒ人民信教　地理誌　外国人内地行　医薬　温泉

から構成されていた。位置や気候といった狭義の地理的な事柄も含まれていたが、その記述は簡略なものであった。「地理誌」なる項目も、行政単位ごとに作成された「邑誌」の存在に触れるのみで、著名な近世地誌の存在に全く言及がない。これに対して、軍事（兵制、城郭、砲台、戦艦）や行政（官名称）が占める割合が高く、附録の表には、各道別の戸口や田畝に関わるものだけでなく、陸海の兵備に関する資料が含まれていた。「朝鮮全図」を刊行した陸軍文庫とは、陸軍参謀局が管轄した書庫であり、同時期に『兵要日本地理小誌』の刊行にも関わっていた。その点に着目した源昌久（2000）は、参謀局（陸軍文庫）が近代日本における兵要地誌作成機関の始まりだと指摘している。この指摘を踏まえるならば、「朝鮮全図」を附図とする『朝鮮近況紀聞』は、朝鮮に向けられた兵要地誌の端緒だと位置づけることができよう。

一方、民間から刊行された文献としては、明治八年の東條保『朝鮮誌略』（東條：1875）や翌年の榎本武揚重訳『朝鮮事情』（ダレー：1876）、瀬脇壽人・林深造『雞林事略』（瀬脇・林：1876）、近藤保禄『朝鮮国地誌摘要』（近藤：1876）といった書物が続く。東條『朝鮮誌略』は、古典的な地誌風の書名をもつが、内容は総説・史記・地理の三部からなる短い著作（三一丁）である。凡例によれば、対馬で入手した朝鮮に詳しい書に基づき、戸口は寛政年間の数値だとする。つまり先述の染崎延房『朝鮮事情』と同様、近世中期の古い情報に依拠しており、地理の部も州府郡県からなる行政区画の羅列に費やされている。史記の前に置かれた地図も、極めて簡略なもので、八道の領域を示すに過ぎない。一方、榎本訳の『朝鮮事情』は、フランス人宣教師C・ダレーの『朝鮮教会史』（一八七四年）の緒論を中心に抄訳したもので、冒頭に「第一篇地理　地質　気候　物産」を置く。序によれば、原著の情報は、後に朝鮮公使となる花房義質から榎本にもたらされ、そのうち朝鮮理解に必要な基本的な事柄が、わずか二年後に訳出されたことになる。「朝鮮国外人ノ国内ニ入ルヲ厳禁スルヲ以世人其国情を知ルニ由ナシ」と序が述べるように、朝鮮国内に滞在して直接見聞を積むことが困難であったこの時期の日本人にとって、この種の情報が有益とみなされたことを物語っている。

他方、瀬脇・林『雞林事略』（瀬脇・林：1876）は、後序によれば、「古より詳に彼国の事をしるしたる書稀なる」ものの、「国家新に朝鮮と條約」を結んだ上は、「両国の情を相知すんはあるへからす」との考えから、「彼国の図籍を閲し」て編纂された。その際、先述の陸軍参謀局「朝鮮全図」との関わりが推測されている金麟昇からも知識を得たとする。著者の一人瀬脇は、外務省七等出仕であり、ウラジオストックで貿易事務官を勤めた人物であるが、もう一人の著者林ともども、朝鮮への訪問経験の有無については触れていない。国交が通じたことを受けて、朝鮮を概観する入門書を意図して、急ぎ刊行されたものであろう。二巻からなる内、一巻目の構成は次の通りである。

全国の位置　島嶼　山川　気候　地味　産物　国都都城附戸数　宿駅道路橋梁　政綱　文学並言語文字　風俗　度量衡　量田　里程

前半には地理的な項目が置かれ、続いて官職や文化、単位に関わる項目が続く。二巻は兵制以下、軍事的な項目で占められる。全体を通じて記述は平易簡潔であり、既存の文献の単なる翻訳ではなく、要領よくまとめられているといえる。国都都城として挙げられた地名は、郡県までを網羅し、仮名で朝鮮語の読み仮名が振られており、文学並言語文字の項におけるハングルの解説とともに、現地音への関心が窺える。ただし、これらは地名の羅列に過ぎず、地域の特徴を詳述しているわけではない。また、道ごとの戸数は記すものの、「人口未だ詳ならす」として、他日の「増補」を期している。

この『雞林事略』とほぼ同時に出された近藤保禄『朝鮮国地誌摘要』（近藤：1876）は、「今哉地理学日ヲ追テ盛ナル秋ニ当リ」と例言で述べ、地誌という書名を採用した点で注目される。明治維新後、例えば明治二（一八六九）年の福澤諭吉『世界国尽』や、岩倉使節団（一八七一―七三年）に表れているように、世界各国への関心は高まりつつあったが、地理「学」への関心が形になるのは、明治一二（一八七九）年の東京地学協会設立を待たねばならなかった。そういった状況のなかで、「地理学」を意識した例言は興味深いものの、内容は三五丁に過ぎない「摘要」であり、近代的な地理学との関わりは見いだせない。構成は、

位置　疆域　形勢　沿革　里程　戸数　貢租　物産　京城　旧都　城堡　雑記　八道

となっており、八道の項では各道ごとに郡県に至る行政区画や山川、島嶼などを記載するものの、列挙するだけに止まっている。沿革では高句麗と高麗を取り違えるなど、初歩的な誤りも含まれていた。ただし、凡例に「緯径ハ英鍔ノ海岸測量図ヲ拠トシ沿海ヨリ推之」とあり、先に触れた陸軍参謀局が依拠したようなイギリスの海図を参照したとみられる。

以上のように、江華島事件や日朝修好条規の時期に、地理的知への需要に呼応して、地図や地誌的な書物の出版がみられたものの、近世の資料や欧米の資料に頼る段階であったことがよくわかる。

3　近世朝鮮地誌の活用——壬午事変の前後

明治九（一八七六）年の日朝修好条規締結の後、釜山に続いて元山や仁川が開港され、漢城（ソウル）に公使館が置かれた。これらの地に居留する日本人が次第に増えることで、現地滞在を踏まえた地理的文献も生み出されること

になる。例えば釜山公館に駐在した石幡貞は、主に釜山とその郊外での見聞を、明治一一年の『朝鮮帰好余録』（石幡：1878）に漢文でまとめた。日記の抜萃のようなその内容は、地理的な情報としては雑然としているが、著者自身の生々しい体験に基づく著作としては、最も初期のものの一つである。

同じく釜山で領事を務めた近藤真鋤は、一八世紀半ばに成立した李重煥《イジュンファン》『択里志』に接し、明治一四年にその抄訳を『朝鮮八域誌』（青華山人：1881）として出版している。『択里志』は『八域誌』などの書名でも知られ、大部ではないものの、風水の観点に立った近世朝鮮の代表的な地誌の一つとして知られる（李重煥：2006）。近藤は『朝鮮八域誌』の題言において、先述の榎本武揚訳『朝鮮事情』に触れ、外国人が立ち入れず情報に乏しかったなかで、榎本によって「天下ノ人初メテ朝鮮情体如何ヲ知ルヲ得其功偉且大」と称賛しつつも、「風俗ニ詳ニシテ地理ニ嫛カナラス読者往々隔靴ノ嘆アリ」と批判する。「今ヤ我邦朝鮮ト修交通商日方サニ熾ナリ此時ニ際シ独リ事情書アリテ地理誌ナシ亦遺憾ナラスヤ」という考えから、近藤は『択里志』のうち八道総論として叙述された各道の地域的な特色の部分を訳し、戸数・人口や物産、および釜山・京城などの記述を独自に付加した。これによって、行政区画の羅列でなく、各道の特徴を述べた地誌が初めて日本語でもたらされることになった。ただし、『択里志』の特徴である伝統的な地理思想・風水に関する部分は、特に反映されることがなく、もっぱら地誌的な側面のみが活用されたといえる。

『朝鮮八域誌』は著者自身の調査に基づくものではなかったが、朝鮮で編纂された近世地誌の記載内容を活用することによって、地理的知への当座の関心に応えるという方法を示すことになった。興味深いことに、『朝鮮八域誌』と同年に出された坂根達郎『朝鮮地誌』（坂根：1881）は、明示していないものの、『択里志』の抄訳とみられる部分を多く含んでおり、これを下敷きにしたといってよい。また、中国で編まれた地誌から朝鮮の部分を利用することも試みられ、不詳の中国書に依った明治一六年の関根録三郎『朝鮮国志』（関根：1883）や、『読史方輿紀要』に基づくとする同年の宇津木貞夫『鶏林地誌』（宇津木：1883）が出された。

これら、近世地誌の復刻や翻訳ないし翻案が登場した時期は、明治一五（一八八二）年の壬午事変から同一七（一八八四）年の甲申政変の前後にあたる。江華島事件以後、静かになっていた朝鮮への関心が、再び高まった時期であり、図1にみたように特に地図の出版において小さなピークが認められる。櫻井義之（1979）の目録によれば、明治一五年には少なくとも七点、翌年には三点の地図が出版されているが、依然として、近世の朝鮮図に依拠したものが目立つ。ただし、明治一六（一八八三）年の熊本鎮台参謀部「朝鮮国京城之略図」や広島鎮台の「漢城近傍図」のように、簡略な測量による漢城の地図が作成されたことには留意しておきたい。

櫻井（1979, p. 564）によれば前者は一万分の一、「道路測図の法」によって描かれた。後者は二万分の一で、京城駐屯連隊長波多野少佐の命により作成された。測量器具を用いようとしたものの、「人民の嫌疑」があり、漢城の郭内は目測に依ったという。壬午事変の際、日本公使館の包囲・襲撃という事態があり、済物浦条約によって公使館護衛のための兵員駐留が認められたことで、漢城における戦闘を念頭において、軍用地図が作成されたと理解される。また、櫻井（1979, p. 217）が挙げている明治一七年の『兵要朝鮮事情』は、漢城に駐在した歩兵太尉高城義孝が命を受けてまとめたものである。「将来軍政兵略ノ参考」となることを意図したといい、「第一編地理」には気候、産物、城堡の項しか含まれていないが、兵要地誌的な関心が窺われる。

4　兵要地誌の編纂

明治一七（一八八四）年の甲申政変において、日本との繋がりを重視した金玉均《キムオッキュン》らのクーデターが失敗に終わると、日本から朝鮮に対する露骨な介入や関与は弱められ、図1においても出版点数が低調な一〇年間の谷間に入ることになる。ただし、この間においても、地理的文献は断続的に編纂されている。

例えば、明治二〇年の小松運『朝鮮八道誌』（小松：1888）は、軍医として元山に三年滞在した著者が、凡例によれば、主に近世の歴史書を参照し、かつ自身の「実地見聞探討」によってまとめたとする地誌である。自序によれば、鎖国を続けた朝鮮に関して、「山川風土制度人情古今ノ用兵戦守興亡成敗得失」を邦人に示すことが「焦眉ノ急」だとする。その内容は、総論として位置・分界・地勢・地質・気候・沿革・政体・人情風俗・教法・学業・商業・工業・医事について述べ、次いで八道のそれぞれ山川や主要な都市を概観するという体裁をとった。著者が「実地」での「見聞探討」を踏まえたとする点が従来の地誌とは異なる特徴であるが、日本人の自由な旅行には大きな制約があり、独自の調査は困難だったとみられ、全体を通じて必ずしも詳細な記述とはなっていない。ただ、軍医であった立場と関わって、医事の項が置かれたのが特色であり、「此国ノ未開固ヨリ衛生ノ何タルカヲ知ラズ」（小松：1888, p. 14）という視点から著者の観察が述べられている。

翌明治二一（一八八九）年に巻八「全羅道之部」の印刷が確認される陸軍参謀本部の『朝鮮地誌略』は、公開・市販はされず、軍や政府内で活用されたとみられる特殊な地誌である（陸軍参謀本部：1977, 1981, 1985）。村上勝彦（1981）によれば、巻一「京畿道之部」は明治一八（一八八六）年に脱稿しており、朝鮮派出将校による校正が為された。これに先だって、派出将校らが外交特権を利用して朝鮮内を旅行していた事実も知られ、参謀本部による『支那地誌』（一八八六年）や『西伯利地誌』（一八九三年）といった兵要地誌編纂の一環として、一道にごとに一巻を宛て、全八巻で作成された大部の地誌である。参照した書物には、『輿地勝覧』・『朝鮮輿地誌』・『八域誌』（『択里志』）といった近世朝鮮の地誌類や各地方の「邑誌」が含まれ、また派出将校の報告（派出官地誌）も挙がっている。このうち、『八域誌』（『択里志』）に依拠した地誌は、先に触れた『朝鮮八域誌』がすでに出版されていたが、この『朝鮮地誌略』では『輿地勝覧』（一五世紀の『東国輿地勝覧』ないし一六世紀の『新増東国輿地勝覧』）や『朝鮮輿地誌』（一七世紀の『東国輿地志』を指すか）といった他の近世地誌類も吟味されるようになったことに留意しておきたい。

その体裁は、日本本国の官製地誌として明治一二（一八七九）年に完成した『日本地誌提要』に倣ったとされ、府郡県ごとにおおむね次の二二項目を記載するものであった。

疆域　沿革　面名　戸数　人口　田圃　邑治　官職　城池関防　倉庫　学校　名勝古蹟　市場　駅院　山岳　河川　温泉　烽燧　橋梁　島嶼港湾　社寺　物産

この構成は、基本的には東アジアの地誌の伝統をひくものであり、その伝統の影響下にある『日本地誌提要』にも近く、また『新増東国輿地勝覧』の構成とも共通点が多い(3)。内容的にも、単に『新増東国輿地勝覧』の記述を引き写したとみられる箇所が少なくない。例えば、『日本地誌提要』には烽燧の項がないが、『朝鮮地誌略』にはそれがあり、『新増東国輿地勝覧』の記述を踏まえている、といった具合である。逆に、戸数と人口は、参照したとみられる近世の地誌類に記載がないが、『日本地誌提要』には国単位ではあるものの記載されており、『朝鮮地誌略』にも項目が設けられた。ただし、村上（1981）も留意しているように、人口の数値は多くが不記載であり、派出将校らの調査でも補うことができなかったとみられる。

一方、近世朝鮮の地誌類にみられる項のうち、風俗、姓氏、楼亭、陵墓、人物、題詠といった朝鮮の文化や地域史に関わる項が、『朝鮮地誌略』には見られない。その点で、『朝鮮地誌略』は地誌としては基礎的な項目や行政に関わる事項に関心を絞り、朝鮮の文化的な特色には関心を広げていないようにみえる。ただし、邑治の項は、不記載の地域が少なくないものの、記載された場所ではかなり具体的な観察があり、派出将校らの実地調査が反映されたと思われる。例えば、京畿道朔寧郡（現在の漣川郡・鉄原郡）では、

朔寧郡ハ臨津江ノ北岸ニ沿ヒ山麓僅少ノ平地ニアリ　郡庁ノ北背ハ山脈連亘シテ庁ハ南西ニ面シ人家其前ニ櫛比

シ　戸数概ネ五百人口三千余　邑治ト江岸トノ間ニ火田アリテ多ク梨樹ヲ種ユ故ニ本郡梨実ヲ産スルヲ以テ名アリ　江岸ト火田アルノ処ハ一二聯隊ノ野営地トナスヲ得ヘシ　此地材料ニ乏ク且ツ百般ノ需要ヲ欠クノ恐アルモ臨津ノ水運最モ便ナルヲ以テ其欠乏ヲ補足スルヲ得ヘシ（陸軍参謀本部：1981, p. 66-67）

とあるように、集落景観や火田（焼畑）のような土地利用に留意しつつも、軍事的な視点からの評価も加えられている。その意味で、『朝鮮地誌略』は兵要地誌として意図されたことが明らかであるが、将校による自由な調査が許容されていなかったために、兵要地誌としては情報を欠く地域を含む不完全な状態のままで、いったんは完成・印刷されたと考えられる。とはいえ、先に触れた『朝鮮八道誌』が「実地見聞探討」を自負したように、既存の近世地誌の単なる焼き直しではなく、何らかの形で朝鮮現地における観察を取り入れた地誌が必要とされ、それが試みられた段階を表しているともいえる。

このような試みは、それまでとは質的に異なった朝鮮地誌を生むことになったが、軍内部で活用するという性質上、公開されて後続の地誌に影響を与える点には乏しかったといえる。しかも、明治二七（一八九四）年の日清戦争勃発によって、朝鮮半島そのものが戦場となることで、こうした地誌編纂を取り巻く状況も大きく変わることになる。

第二節　戦争と併合の地理的知

1　地理的知の突発的需要——日清戦争

図1に示したように、明治二七（一八九四）年に出版された地誌・旅行記や地図類は五〇点以上に達しており、一年に刊行された点数としては、後の日露戦争（一九〇四—一九〇五年）や日韓併合（一九一〇年）の年をも大きく上回

っている。この点数の多くを占めているのが朝鮮図であり、すでに触れたように櫻井義之（1979, pp. 564-570）の目録に三五点が収録されている。そのなかには、金玉均が携帯した「明細分間大絵図」に基づくとする清水常太郎の「朝鮮輿地図」や、金正浩の「大東輿地図」を参照した小橋助人「朝鮮海陸全図」があり、また明治八（一八七五）年の陸軍参謀局の百万分の一「朝鮮全図」に依拠した東京地学協会の「朝鮮全図」や、同図を再刻した宇津木信夫の「朝鮮全図」が含まれる。

これら明治二七年の朝鮮図の多くは、刊行月が日清戦争開戦の七月以降に集中しており、日清が影響力を争い、戦場そのものとなった朝鮮の地理に対する需要が、突発的に高まったことをよく表している。開戦前の三月に刊行された清水の「朝鮮輿地図」も、「時事ニ感ズル所アリ乞テ之ヲ縮写シ内国人士ニ頒タント欲ス」（櫻井：1979, p. 564）と述べ、朝鮮半島の不安定な情勢に関心を寄せていた。これらの刊行図を通じて、陸軍図のデータが民間に普及するとともに、近世中期にさかのぼるような古い朝鮮図がようやく一掃されるに至ったことにも留意しておきたい。その一方で、先にも触れたように、陸軍は臨時測図部を設けて軍用の地図作成を進め、「略図」と称する地形図を印刷した。この機密の地図データは、近代的な地形図としてはなお不十分であったが、外邦図として蓄積され、併合後の地形図や林野図へと繋がってゆくことになる（Komeie：2006：米家：2007：小林：2009, 2011）。

民間における朝鮮図の夥しい刊行とともに、この明治二七年には、矢津昌永『朝鮮西伯利紀行』（矢津：1894）や原田藤一郎『亜細亜大陸旅行日誌』（原田：1894）、堀内松治郎『雞林紀游』（堀内：1894）といった旅行記が世に出たことも、朝鮮への地理的な関心を反映している。いずれも、日清戦争時の旅行というわけではなく、その直前の旅行記録が刊行されたものであり、たとえば堀内の『雞林紀游』は、四年前の明治二三（一八九〇）年の釜山から京城への「西遊」の旅を漢文で記したものである。本文わずか一九丁の短い作品であるが、文化的な面にも関心を示し、「韓民性甚懶惰、齷齪《あくせく》営生を為さず、殖産の如き何事為るを知らず、故に民貧し」（堀内：1894, p. 16）といった偏見も垣間見られる。また、原田の『亜細亜大陸旅行日誌』は、明治二五（一八九二）年から翌年にかけて、上海・北京・瀋陽・朝鮮・ウラジオストック・樺太をめぐったもので、朝鮮国内では、義州から平壌、京城、元山、咸興を移動している。著者は大陸沿岸との貿易に関心があり、商人の立場から「観察」した旅行記だとする（貫志：2004に詳しい）。各地の経済状況だけでなく文化的な面にも好奇心を発揮した興味深い内容であり、「今日我国人の注意を要すべき事は予の経過間の地理を探求する事是れなり」（原田：1894, p. 218）として、鉄道建設ルートを提言する箇所もある。

こうした旅行記は、地誌のように空間を体系的に捉えるものではないが、著者自身の眼と足で体験したものが記されているが故に、読者にとっては最新の生々しい情報として興味深く、かつ隣国の文化に対する表面的な理解や偏見が読者に影響を与えかねない面を持っていた。本章では論じる余裕がないが、如囚居士（本間九介）『朝鮮雑記』（如囚居士：1894）ように著者の滞在体験に基づいた文化論的な随筆が、やはりこの時期に出版されているのも、そうしたナマの体験への需要の表れだといえる。この点からみて、アカデミックな地理学が確立する前ではあるが、地理学を専門とした矢津昌永の『朝鮮西伯利紀行』（矢津：1894）が同じ明治二七年に刊行されていることは興味深い。地理学を念頭においた矢津が、朝鮮をどのように旅したのかは、本章において重要な問題になると思われるので、『朝鮮西伯利紀行』については、矢津の他の著作とともに、次節で詳しく検討することにしたい。

このように地図と旅行記が続々と出された明治二七（一八九四）年に、地誌的な文献も幾つか見られた。例えば、松本謙堂『朝鮮地誌要略』（松本：1894）は、日清戦争開戦間近な時期に登場し、甲午農民戦争に端を発した朝鮮の「情勢ヲ審ニセント欲セハ先ツ其地理ヲ精査スルヲ要ス」と緒言で述べ、朝鮮の地理を知る必要性を説く。しかし隣国であるにもかかわらず、その「地理ニ明ナル者」がほとんどいないのは、地誌が乏しいからだとし、平時にも戦時にも兼用の地誌を意図して編纂したとする。その構成は次の通りであるが、本文は九三頁に止まるため、各項の説明は短く、地方誌の項も各道と府と主要都市について概観するに止まる。

位置　境界　地勢　山嶽　河流　島嶼　港湾　地味　物産　気候　人種　風俗　人情　政体　制度　兵制　文学
宗教　学術　耕作及牧畜　全国石高及歳入額　貿易　宮室　家屋　宿駅　道路　橋梁　通貨　歴史　国内区画及其
位置　都府　各道州府郡県名及戸数人口　地方誌　各地里程　渡津　京城近傍地名　著名地物

伝統的な地誌の項目がみられる一方で、地域ごとの差異に留意した「気候」や、蒙古種に属すとする「人種」といった新しい項もあり、「物産」や「貿易」、「通貨」など経済的な事情を要領よくまとめている。総じて、近世的な地誌の伝統からは離れ、眼前の経済的な関心に応えようとする点に、実用的な民間地誌の方向性を見ることができる。それは、朝鮮の内部の視点から、いわば自己表象として書かれた近世的な朝鮮地誌をなぞることから離れ、朝鮮の外部にある日本人の関心から朝鮮を見ようとする視点が強まったことを意味している。この『朝鮮地誌要略』が日清戦後の情勢も意識していたとすれば、佐藤敬吉『支那朝鮮兵要地理案内　一名清韓地図之解説』（佐藤：1894）は主要都市の概観に過ぎないコンパクトなもので、将兵に購入されることを狙っていたようにみえる。

一方、大田才次郎『新撰朝鮮地理誌』（大田：1894）は、雑誌『太陽』や帝国主義的な書物の発行で知られる博文館から出されたものである。本書巻末の広告欄には『万国地誌』や『日本地理』、『経済地理』など主に教育用の地理書一八点が挙がっており、地理書を朝鮮にも展開しようとする出版社の姿勢を窺うことができる。凡例によれば「朝鮮地理ノ梗概ヲ録スル」という二六二頁に及ぶ本書の構成は、まず最初の六〇頁が第一編とされ、次のように構成される。

第一章（位置　区劃　地勢　地質　気候　山岳　河川　潮汐　道路　橋梁　動物　植物　物産）、第二章（民業　貿易）、
第三章（人種　人口・戸口　沿革）、第四章（政体　軍制　学事　宗教）、第五章（風俗）

残る第二編は、各道の地誌であり、それぞれの道ごとに、

彊域　戸口　田画　地勢　気候　郡県位置　山岳　温泉　河川　港湾　島嶼　郡邑　城埤　名勝　風俗　物産

を述べる。各項目にはまだ伝統的な地誌の影響が残っているものの、第一編の章区分が自然地理的な事項から経済、人口、政治、文化へと並んでいる点に、やや新しさがある。著者大田には『史記列伝講義』や『新撰漢文問答』といった著作があり、漢文や東洋史に通じた著述家であったとみられ、翌年東陽堂から出版された『台湾地理誌』を校補しているものの、地理を得意としていたとは考えにくい。参考文献とした挙げられた書物も、『朝鮮八域誌』（『択里志』）を除けば歴史書が中心であり、現地での調査を標榜してもいない。しかしながら、物産の項で郡県レベルにわたって細かく列挙された品名が、近世地誌の『新増東国輿地勝覧』をなぞっているように、近世地誌あるいはその影響下にある文献に依拠して編集された面も大きいと推測される。

右に概観した松本の『朝鮮地誌要略』と大田『新撰朝鮮地理誌』が、この明治二七（一八九四）年に刊行された地誌としては代表的なものであり、いずれも日清戦争を機に急ぎ出版されたものと見てよいだろう。他に地誌的な書名としては、『朝鮮地理大戦争』（白幡：1894）や『朝鮮志』（足立：1894）があるが、前者は蒙古襲来を物語る前に短い地誌的な概観を置いたもの、後者も地誌的な事柄を略述した後に朝鮮史を展開するもので、歴史を中心とする文献である。ほかに、朝鮮の地名辞典が現われるのもこの年であり、『朝鮮地名案内』（三橋：1894）や『清韓沿海沿江地名箋』（太田：1894）が、明治二七年に登場している。漢字で表された朝鮮の地名は、日本人にとって文字の上では理解しやすいものの、発音は日本語の音とは当然異なることから、現地音を知りたい需要に応える地名辞典が求められたのであろう。この需要は、日本語の発音が通用した併合後には、かえって弱まっていく。

2　実業と拓殖の地理――日露戦争後

日清戦争後、三国干渉や乙未事変（閔妃暗殺事件）が生じ、朝鮮がロシア寄りの姿勢を強め、日本は朝鮮への影響力をロシアと争うことになる。ロシアとの対立関係のなかで朝鮮への介入が再び弱まると、日露戦争までの約一〇年弱の間、再び地理的な文献の出版は停滞することになった。

そのなかで、『朝鮮半島の天然と人』（蕨山生：1900）は、自序によれば地理は「専門以外の学問」としつつも、ロシアに対する警戒と対抗を強調し、朝鮮半島への訪問経験を踏まえて、「先づ地理を研究するの要あり」（蕨山生：1900, p. 1）とする点で注目される。著者の本名は不詳ながら、ドイツの近代地理学を代表するカール・リッターの言葉として、「熱心と畏敬とを以て国の地形を学ぶものは其の未来の如何を推知し得べし」（蕨山生：1900, p. 7）が紹介されており、全く地理学に不案内という人物でもなかったとみられる。「半島の天然換言せば其地理学上の素質は果して以て国民の発達を助長するに足りしや否や」（蕨山生：1900, p. 6）を解釈するという本書は、既存の地誌の伝統に囚われず、朝鮮の地理ないし地政学を論じようとする点が新味であった。その本論にあたる第二章には、海岸線、山脈―地勢、平野、河流、地質―地味、気候、天産の七節が置かれているが、全体として、北部、東部に山地を抱え、南部に開けた地形が、港湾や流通、農業の発達に適していると述べ、「半島は未来永劫北に縮んで南に伸び、北を防ぎて南を開くを自然の情勢に従ふものとす」（蕨山生：1900, p. 73）と論じて、南の隣国である日本との繋がり望ましいと説く。また、朝鮮半島が「天恵の勝地」（蕨山生：1900, p. 147）である幸福を活かせない朝鮮の政治家を非難している。その立場から、朝鮮への関心を読者に喚起して、本書は結ばれている。明白に記されていないものの、ロシアに対抗して日本が朝鮮への支配を強めることを著者は期待しており、そのために植民地化の可能性を地理から論じようとしたといえる。著者は翌明治三四年に『露国と絶東』（蕨山生：1901）を刊行しており、ここでも地理的な視点を示しつつ、ロシアへの警戒を説いている。既存の地誌的な文献とは断絶していながらも、日清・日露の間に、帝国主義的な問題意識が隣国の地理に注がれた例として、本書に注目しておきたい。

ロシアへの対抗を意図した日英同盟（一九〇二年）や、朝鮮に関する権益確保を狙ったロシアとの交渉（一九〇三年）を経て、日露戦争開戦（一九〇四年）に至る間も、数は少ないものの旅行記や地誌的な案内記が出されている。地方の実業家が商業視察を行った『渡韓見聞録』（小川：1901）や、開港場など九都市の概観や商工名鑑リストを付した『韓国案内』（香月：1902）など、実業的なチャンスを朝鮮に見いだそうとする期待に応えた文献を、幾つか確認することができる。こうした状況はしかし、開戦の気運が高まった一九〇三年末から様変わりし、図1に表れたように、一九〇五年をピークとして、まとまった数の文献が連なる時期を迎えることになる。『清韓露渡航案内』（桑村：1904）の緒言に、「国民皆争ふて露清韓三国の地図を購求し戦争は勿論貿易商略等を考察せざるものなし」とするような状況に至ったのである。

日露戦争の最中と戦後に結ばれた三度の日韓協約（一九〇四年、一九〇五年、一九〇七年）を経て、朝鮮は実質的に日本の保護国となり、外交だけでなく内政も統監府に支配されることになる。日露の講和が成立した一九〇五年九月以降、政治家や官僚だけでなく、朝鮮での商工業や農業の展開を希望する実業家や移民希望者らが、視察のための渡航を繰り広げ、そのための旅行案内書も現れた。例えば、兵庫県農会長・伊藤長次郎は九月一八日に神戸を出立し、約一か月をかけて、九州を経由して朝鮮の拓殖事情を視察し、帰国して二ヶ月後に旅行記を印刷した（伊藤：1905）。将来の実業家を目指す神戸高等商業学校の学生らも視察を行い、主に産業面に関する報告書をまとめている（堀内・竹内：1906）。日露戦争に合わせて、一九〇五年に釜山―京城―新義州を貫く鉄路が開通したことも、こうした旅行を容易とし、日本人の渡航を促した。停車場ごとに勝地や物産を概説するだけであったが、『京釜鉄道案内』（京釜鉄道株式会社：1905）といった案内書もすぐに刊行された。また、拓殖に関心ある者のために、具体的な諸事情を解説する書物も現れた。例えば、衆議院議員・荒川五郎による『最新朝鮮事情』（荒川：1906）は、一九〇五年夏秋の視察旅行を踏まえて、「邦人の往て開拓取得し得べき利益は決して尠少にあらざるなり」と述べ、地理、政治、文化、経済、特に商慣行や農業の実態について、八五項にわたって概説している。ロシア大蔵省が編纂した韓国誌が、農商務省山林局によって「殖産ニ志スモノ参考ニ資ス」ために抄訳されたのも、同様の知的需要に応えたものであった（農商務省山林局：1905）。

こうした動向は、植民地として朝鮮を理解して、直接その地を経験しようとするコロニアル・ツーリズムの始まりを意味している。例えば、一九〇六年に朝日新聞社が主宰した四〇〇名近くに及ぶ団体旅行は、記念誌『満韓巡遊船』（朝日新聞社：1906）を残し、鮮満旅行ブームの嚆矢として注目されている（有山：2002）。こうした団体旅行は、以前に筆者が整理したように（米家：2014a）、地方の実業家組織や、高等学校の修学旅行という形で、展開していくことになる。広島高等師範学校の『満韓修学旅行記念録』（広島高等師範学校：1907）や学習院輔仁会の『満韓旅行記念号』（学習院輔仁会：1907）は、その最も早い例の一つであり、文部省の奨励に応じて実施された。ただしこうしたツーリズムは、その前提となる鉄路に経路を規定され、また限られた日程と定められた案内者の説明の内に止められ、点と線を駆け足でめぐる表面的な旅行に止まったことにも注意が必要である。

そのなかで、先述の荒川五郎『最新朝鮮事情』のように、実業家や拓殖を希望する者のために、地理的な事柄を含む具体的・実用的な概観が提示されるのとは別に、矢津昌永『韓国地理』（矢津：1904）や田淵友彦『韓国新地理』（田淵：1905）のように、伝統的な地誌の体裁からは離れ、アカデミックな地理学を意識した文献も現れた。矢津の著作は、『高等地理』シリーズの一部として構想していたものを、「時局ノ進行」に鑑みて先行出版したものだとされ、日露戦争に呼応して刊行を急いだことが窺える。また田淵は地理学者として評価を得た人物ではないが、矢津に続いて韓国地理を標榜する書を執筆し、地文地理・人文地理・処誌からなる三部構成を採用した。言い換えれば、自然地理・人文地理・地方地誌という構成である。日露戦争の結果、南樺太が日本の植民地となると、東京地学協会は『樺太地誌』（東京地学協会：1908）を刊行しているが、その構成も地文誌、人文誌、地方誌という三部構成を取っていた。東京地学協会は、すでに触れたように、明治二七（一八九四）年に「朝鮮全図」を刊行しており、植民地の地理に関心を向けていたが、朝鮮地誌の編纂は進められなかった。その背景には、矢津や田淵らの地誌がすでに刊行されているという事実があったのかもしれない。ちょうど一九〇六年に『新増東国輿地勝覧』が京城の淵上商店によって復刻されているが、このことは、近世的な地誌を継承した地誌編纂の系譜が途切れ、それらが歴史資料として扱われるようになったことを象徴しているように思われる。

すでに触れたように、矢津は『韓国地理』出版の一〇年前に『朝鮮西伯利紀行』（矢津：1894）を上梓している。また田淵は、舎監を務めていた時習舎の学生らと一九〇六年に渡航し、『満韓旅行記』（田淵：1907）を出している。この矢津と田淵については、近世的な地誌からアカデミックな教育的地誌への移行を模索した人物として位置づけることができるため、次節で改めて検討することにしたい。

3　朝鮮地誌の模索——併合後の地理的知

明治四三（一九一〇）年の日韓併合の年に、図1に表れたように、やはり地理的な文献がまとまって刊行されている。ただし、櫻井義之（1979）が地誌・紀行として分類した文献は、この年は一四点に達したものの、その後は毎年数点に止まり、年によっては皆無という状態が続く。代わって相対的に点数が目立つのが、地方誌に分類された書籍である。これらは併合の数年前から少数が刊行されていたが、大正元（一九一二）年には八点、その翌年には六点が登場しており、朝鮮内の特定の地域での実業や拓殖に関する、より具体的で詳細な知識が求められたことが窺える。朝鮮全体の地理を把握することに意味はあったものの、植民地となった朝鮮に具体的に関わろうとする日本人にとって、それは初歩的・入門的な意味にとどまり、より特定の地域の情報が求められるようになったといえる。例えば、京城・仁川の概況を案内した『京仁通覧』（福崎：1912）や、咸鏡北道・南道や間島を概観・案内する『北朝鮮志』（山田・安藤：1913）といった書物である。

また、政治家、実業家、教育者らによるコロニアル・ツーリズムとしての朝鮮旅行は、併合によっていっそう促されることになり、その体験を報告する旅行記も少なくない。すでに筆者が指摘したように（米家：2014a）、朝鮮と東国東北部（満洲）をめぐる鮮満旅行記の刊行は、一九二〇年代後半から一九四〇年頃までに最も盛んとなるが、一九一〇年代後半から刊行点数が増加傾向にあり、植民地化によってコロニアル・ツーリズムの環境が整備されたことを窺わせる。例えば、東京帝大政治科の学生・植村寅は、朝鮮銀行の「鮮満経済研究生」募集に応じ、朝鮮に一九日間滞在した。その序言には、「植民地研究の念は、学生間に於ても益々盛んになり，就中之が実地見学の為め鮮満地方へ旅行する者逐年増加するの傾向」ありとする（植村：1919）。また原象一郎『朝鮮の旅』（原：1917）のように、官僚の立場から、鉄路の通わない地方にも自動車を駆使して回遊した例もみられた。

ただし、村瀬米之助『雲烟過眼録』（村瀬：1915）がその緒言で述べるように、こうした旅行記の多くは、「徒に筆致の技工に馳せて、単に娯楽的文芸上の作品たるものも多く」、「地理学上の見地に立ちて、地人相関の理論に照し、物産を論し商業を論し社会的観察を下したるもの、頗る稀なる」という面があった。著者の村瀬は中等学校の教諭で、近代地理学で盛んに称えられていた「地人相関」の語に触れているように、自然環境と人間社会との有機的な関係を意識する面があったとみられる。その意味で、近代地理学の立場から朝鮮を理解する試みが必要だとする意見が見られたことは興味深いが、村瀬自身がそのような分析を展開してみせたわけでもなかった。

こうした状況下でも地誌的な書物は出版されているが、実業家や拓殖希望者などに対する実用的な案内や入門的な概観を行う文献がすでに溢れており、そのような民間の需要に応える書物とは距離を置こうとする傾向が見受けられる。その一つは、先述の矢津昌永や田淵友彦らが志向したように、近世的な地誌から離れ、アカデミックな地理学を意識しながら、「新領土」に関する教育地理の需要に応える方向である。

例えば、本来の専門は数学でありながら、地理教育分野に転身した野口保興（女子師範学校教授）が、併合直前に『続帝国大地誌　韓国南満洲』（野口：1910）を出版している。その例言によれば、「保護国」朝鮮および「特殊の関係」にある南満洲を、帝国日本の地誌に加えるために用意され、「地理学的研究事項の梗概を記し以て中等程度の地理科教授に資せんことを期せり」という。つまり、日本が実質的に支配する地域を、日本の地誌の一環として位置づけることを前提に、地理教育の参考書として読まれることを念頭において執筆されたことになる。その内容は、まず自然地理的な事項として、境域・海岸・河湖・気候・地質・山岳・地勢・天産を置き、次いで「住民」として種族・言語・宗教・風俗・人口・教育・気質を、「政治」として沿革・行政区画・政体・司法・兵備・財政・外交を、「生業」として林業・牧業・水産業・商業・農業・鉱業・工業・交通を置き、最後に「処誌」として漢城府と各道を概説している。参考文献のうちに近世地誌『朝鮮八域誌』（『択里志』）が含まれているものの、その影響はほとんど残っていない。

この野口の地誌は併合が成る直前の出版であったが、併合直後に刊行された地誌としては、足立栗園『朝鮮新地誌』（足立：1910）がある。足立には明治二七（一八九四）年に歴史を主とした『朝鮮志』があるが、本『朝鮮新地誌』は書名の通り、地理を主としている。その例言では、「今回韓国が我国に併合せられて、朝鮮半島が日本帝国の領土なつたといふことは、実に大々慶事といはねばなりませぬ」と述べ、地理と歴史を調べれば朝鮮は日本と関係が深く、「かくなるのが当然の事のやうにも思われます」とする。「少年諸氏」を読者として想定した本書は、ですます調で平易に書かれており、小学校・中等学校の参考書を狙ったものだといえる。その内容構成は次の一八章からなり、自然地理的な事項から経済、政治、文化、歴史へと及んでいる。

位置と面積　沿岸と港湾　地勢と島嶼　山脈と河流　一督府と十三道　都市と其沿革　交通と運輸　国産と貿易
政治と軍備　人種と階級　気候と風土　衣食住と風俗　教育と宗教　朝鮮小史　朝鮮外国史　朝鮮合邦始末　朝鮮逸話　朝鮮新華族

なお参考文献として挙げられた地理的な文献は矢津昌永『韓国地理』一点のみであり、より新しい内容の地理書として注目されていたことが窺える。興味深いことに、やはり併合直後に『朝鮮新地理』（地理研究会：1910）が刊行されているが、地文・人文・地方誌からなる三部構成は、田淵友彦の『韓国新地理』を引き写したものであり、巧みに文章表現を変えたり、順序を入れ替えたりしているものの、盗作といって良いほど似た内容である。出版社の田中宋栄堂は地図や地理書を幾つか出しており、本書と同時に「実測詳密朝鮮新地図」を刊行している。いずれも、併合による需要を予期して、急ぎ原稿を準備したものであろう。

第二の方向として、統監府・総督府で六年間官吏を務めた吉田英三郎（刊行時は取調局員）が、併合の一年後に、九〇〇ページを越える大部の『朝鮮誌』（吉田：1911）を、京城の出版社より刊行したことに注目しておきたい。その自序によれば、「公務に私事に沿岸又は内陸を旅行すること十数次」という経験を踏まえ、また既存の地誌とは違って「府郡誌」とすることで、「現下の欠陥を補ひ以て時勢の要求に資する」と述べる。その内容構成は、

沿革　位置　境界　広袤　沿岸　地勢　山嶽　河江　海流潮汐　気象　天産物　人種　言語文字　社会階級　風俗
習慣　人口　戸籍　宗教　教育　衛生　警察　司法　統治機関　農業　拓殖事業　林業　商業　貿易　関税　度量
衡　工業　鉱業　水産業　財政経済　通信　交通

からなる三六章に加えて、一九五ページから始まる第三七章の京畿道以下、各道ごとに一章が宛てられ、全四九章をとる。章構成は、自然地理に関わるものから、文化・政治・経済に及び、最後に地方の地誌を置くという配列であるが、最初の自然地理的な部分は短く、また田淵友彦の『韓国新地理』を参考にしたと思われる箇所が散見される。しかし文化・政治・経済に関わる箇所は読み応えがあり、これまでの地誌類にはみられなかった戸籍や拓殖事業の項など、官吏としての経験を活かした内容となっている。しかしなんといっても特色をなすのは、著者が強調したように、第三七章の京畿道以下、府郡ごとに節が立てられ、沿革、郡勢（戸数・人口の概数を含む）、主な邑や名所について概説が行われている点であろう。このように府郡（県）レベルまで概説した地誌は、近世地誌としては『新増東国輿地勝覧』や『東国輿地志』があり、また先述したように陸軍参謀本部による『朝鮮地誌略』があったが、後者は市販されたわけでなく、一般には知られていなかった。対して本『朝鮮誌』は、府郡ごとに新しい情報が盛り込まれており、総督府官吏としての著者の立場が十分に活かされた内容であり、植民地行政に関わる者にとって、役に立つ著作であるといえる。

その意味で『朝鮮誌』は、総督府という植民地支配機構の立場からの地誌編纂の意義を考えさせるものがある。本書には初代朝鮮総督・寺内正毅による「闡幽《せんゆう》」の題字や、総督府の高官・兒玉秀雄の序が添えられており、総督府において出版が評価されたことが窺える。また取調局員という著者の立場上、全く私的な著作として編纂されたとは考えにくく、むしろ総督府「公認」の地誌として出版されたものだといってよい。しかしながら、本書の刊行が「公式」の事業として位置づけられていたわけでもない。日本本国においても国家による地誌編纂事業が明治半ばで潰えたことを踏まえれば、植民地における公的な地誌編纂事業が希求される状況にはなかったと想像される。ただし、一方で、歴史に関しては、大正一〇（一九二一）年に朝鮮史編纂委員会が置かれ、これを引き継いだ朝鮮史編修会によって『朝鮮史』編纂事業が完遂したように、公的な史書編纂事業が行われた（李成市：2004）。これに相当するような地誌編纂事業が総督府において検討されたかどうかは知られていないが、土地調査事業に伴って『朝鮮地誌資料』（臨時土地調査局：1919）なる資料集が産み落とされたことには注目しておいて良い。

その凡例には、「本書ハ土地調査ノ成果ニ依リ朝鮮地誌資料ト為ルヘキモノヲ調査集録シタルモノトス」とあり、「大勢、行政区画、河川、湖池、山岳、海岸線、島嶼、経済」の八科目にわたって三八の表が収められている。そこには、自然地理の諸データだけでなく、面（郡の下の行政区画）の面積や市場の一覧、府郡別の地価・耕地面積・収穫高など、地方の経済地理を知るために重要な統計も含まれている。その編纂のために、大正七（一九一八）年に土地調査局内に地誌資料調査委員会が設けられた（宮嶋：1991, p. 525）。ただし、ここでいう土地調査の主眼は、地籍図の作成と土地所有の近代化にあり、「業務進行上有益」との理由で付帯して為された「地方経済及慣習調査」も、大正元（一九一二）年に廃止されている（臨時土地調査局：1918, p. 70）。結局のところ、地誌編纂が重要な目標として位置づけられたわけではなく、あくまで副産物としてまとめられたに過ぎず、統計的な価値はあっても「地理研究の広き範囲に亘つてゐない」（名越：1919）と評された。

吉田英三郎の『朝鮮誌』の後、大正年間に刊行されためぼしい地誌として、釈尾春芿『最新朝鮮地誌』（釈尾：1918）、藤戸計太『最新朝鮮地理』（藤戸：1918）、澁江桂蔵『新編朝鮮地誌』（澁江：1924）を挙げることができる。いずれも、最新の地誌が刊行されていないことを編纂の動機として挙げており、釈尾の『最新朝鮮地誌』は序言に、朝鮮地誌に関する出版物が、「其数極めて稀少なり。殊に学術的態度を失はずして、而も実際に適切なるものに至りては僅かに一二種を数ふるのみ。是等の書も多くは朝鮮併合前の出版に係るもの」であり、内容が古くなっていることを指摘する。釈尾のいう「学術的」な地誌として思い当たるのは、矢津昌永（1904）や田淵友彦（1905）であろう。特に、田淵の『韓国新地理』は、地文地理・人文地理・処誌の三部構成を取っていたが、釈尾の『最新朝鮮地誌』もこれを踏襲し、上編の第一編自然地理として、

名称　位置　地勢　山系　河流　沼湖　地質　平野　河川　海流　気候　天産物―植物、動物及鉱物類

第二編人文地理として、

沿革　民族　戸口　言語文字　風俗習慣　学芸美術　宗教　教育　衛生　行政　財政　交通　警備　裁判所監獄
　産業

を置き、中編・下編を各道誌に宛てている。道誌では、各道ごとに総論を置いた上で、府郡ごとに地理を概観している。上編の自然地理・人文地理に関しては、田淵の『韓国新地理』を踏襲したとみられる記述も散見される。また、中編・下編の各道誌に関しては、府郡や面の再編ならびに併合後の新しい状態を捉えたと述べ、面の名称を挙げるなど、かなり詳細な記述となっている。

藤戸の『最新朝鮮地理』に関しては、序文を寄せた志賀重昂が、大正二（一九一三）年の行政区画再編を反映した初めての地誌であることを特筆している。ほぼ同時に刊行された釈尾の『最新朝鮮地誌』と同様に、総督府による行政区画再編が既存の地誌の情報を古くしており、そこに最新の地誌の需要があったことが窺われる。内容構成は、第一編全道として、

沿革　位置　境界　地勢　気候　産物　動物　種族　戸籍　族別　言語及文字　風習　宗教　衣食住　教育　行政
財務　経済　産業　鉱業　漁業　工業　商業　交通

を挙げた上で、第二編各道で道を概観し、第三編各地で各道内の都市や地名ごとに概説している。第一編では自然地理と人文地理の区別は立てられていないが、前者から後者となるように配列されている。第三編は再編された府郡を見出しとして網羅する体裁ではなく、主要な港や集落を採りあげる形を取り、索引を活用することで地名事典として利用できるように意図されている。また地名にはハングルが付され、日本語での読み方だけでなく、現地音もわかるように表記されている。

最後に触れる大正一三年の澁江桂蔵『新編朝鮮地誌』(澁江：1924)は、自序によれば、内地人に「朝鮮を理解し、開発し、利用する衝動を与へる」ことを目的にしたといい、「人口問題、食糧問題に直面」する内地に対して、拓殖・開発の可能性をもつ朝鮮を紹介するという。また、先に触れた土地調査局の資料を活用し、統計数値が最新であるとする。内容構成は、第一編自然地理として、

名称　位置　広袤　地勢　山系　水系　平野　海岸　気象　天産物

第二編人文地理として、

民族　戸口　風俗習慣　交通　通信　行政　社会事業　神社宗教　教育　財務及経済　専売　産業　拓殖事業　警察　衛生　司法　古蹟及遺物　軍事

を概観した上で、第三編地方誌として各道の地理を府郡ごとに節を設けて述べる。田淵友彦以来の自然地理・人文地理・地方誌という三部構成が、先の釈尾の『最新朝鮮地誌』と同様に踏襲されているが、地理学との関わりは特に主

張されていない。

ただし、人文地理の拓殖事業の項で東洋拓殖株式会社の事業が詳しく採りあげられたり、古蹟及遺物の項で総督府の古蹟保存政策が概観されたりするなど、植民地化された朝鮮の特徴が概観できるよう、意図されている。なお朝鮮総督・齋藤實が題字として「開拓之前駈」を寄せ、また土地調査局のデータを用いていることは、地誌編纂に対する総督府の理解を示しているようではあるが、編者の序は出版元の依頼により公務の余暇に執筆したと述べており、民間の企画として編纂されたものである。なお著者の名は朝鮮史編修会の嘱託として見え、総督府の事業の下で働いていたことが確認される（朝鮮史編修会：1938）。

以上のように併合後の地誌編纂は、結局のところ、植民地政府である総督府による公的な編纂企画という形を取ることはなかったものの、総督府に関わる編者による著作は生まれ、総督府の土地調査の副産物である地誌資料調査が、そこに反映されるという事態も生じた。また、田淵友彦が示した自然地理・人文地理・地誌という三部構成の影響が、ある程度残ったことも、特色である。

ただしその後、昭和戦前期において、朝鮮地理や朝鮮地誌という書名の出版物が極めて乏しいことには注意しておきたい。アカデミックな地理学者が編纂に関わった『日本地理大系』（改造社）や『日本地理風俗大系』（新光社）といった日本地誌の叢書には、日本の領土としての朝鮮の地誌を扱う巻が設けられている（山本：1930：仲間：1930a・b）。いずれも、石橋五郎（京都帝国大学）や田中啓爾（東京文理科大学）、飯本信之（東京女子高等師範学校）といった地理学者が編輯委員に加わっているものの、本文の執筆者の多くは、地理学が本職ではない京城帝国大学の教授や朝鮮総督府の技師・嘱託であり、写真を多用したビジュアルな朝鮮の概観を意図したものであった。[4] その意味で、地理学者による本格的な朝鮮地誌は、ついに大成しないまま、一九四五年に至ったというべきだろう。小田内通敏や田中啓爾、枡田一二のように、大正末から昭和初期に朝鮮に関心を寄せた地理学者や（例えば、小田内：1925：田中：

1933：枡田：1939）、保柳睦美や浅香幸雄のように朝鮮に職を得た地理学者は皆無ではなかったものの（浅香に関しては澁谷：2008）、朝鮮総督府による夥しい調査・報告を前にして、地理学の朝鮮研究は「出発のおくれを最後までとりもどすことなく」終焉したという樋口（1988, p. 55）の指摘に、筆者も同意したい。

末松保和の目録（1980）は、昭和戦前期においても、朝鮮総督府が朝鮮の現況を概観するための様々な書物を刊行したことを示しているが、地誌という形での体系化への関心が打ち出されることはなかったと言わなくてはならない。その意味で、先に触れた澁江桂蔵の『新編朝鮮地誌』が、植民地時代に単独で出版された最後の朝鮮地誌であったことになる。(5) このことは、アカデミックな地誌や、国家の営みとしての公的な地誌が、植民地朝鮮では開花することなく終わったことを意味しているが、移民や旅行者、拓殖に関心ある者に必要な情報は、地誌以外の様々な形で発信されていた。

以上のように俯瞰してみれば、矢津昌永や田淵友彦のように、地理学を意識して旅行記や地誌を著した人物の、やや奇妙な立ち位置が見えてくるように思われる。本章の残る節では、この二人に焦点をあてて、植民地の地理を捉えることの意味を問い直すことにしたい。

第三節　朝鮮の地誌と地理的植民地論——矢津昌永と田淵友彦

1　矢津昌永の紀行と地誌

矢津昌永（一八六三—一九二二）は熊本に生まれ、熊本師範学校で地理を学び、第五高等中学校助教授、東京高等師範学校教授、陸軍教授、東京専門学校（早稲田大学）講師などを務めた人物である。経歴を詳しくたどった源（2003）が論じているように、日本の近代地理学が帝国大学を中心とするアカデミズムが主導する前に、地理学者として活躍した人物の一人である。独学に近い形でありながらも、明治末までの間に多くの著作を刊行しており、「日本の地理学・地理教育の基礎形成と発展に大きく貢献した」とされる（岡田：2011, p. 122）。その最初期の明治二二（一八八九）年の『日本地文学』は、日本の自然地理を扱ったもので、当時としては新しく独創的な内容であった。

矢津は、帝国大学や東京高等師範学校の卒業生ではなく、検定試験によって中学校教員の資格を得ており、『日本地文学』も中学校教員に就職して間もない時期の著作である。地理学者を養成する環境で育ったわけではないものの、積極的に地理学への関心を深めた人物だといえる。熊本の第五高等中学校に在職中、明治二六（一八九三）年に『日本帝国政治地理』を、その翌年に『朝鮮西伯利紀行』を刊行し、後者を刊行した明治二七（一八九四）年に高等師範学校（東京高等師範学校）に赴任した。ただし明治三一（一八九八）年から翌年にかけて高等師範学校研究科に在籍し、その後改めて高等師範学校の教員となっている。地理教育に関わる地誌的な著作は多く、『韓国地理』（矢津：1904）も「高等地理」シリーズの一つであり、その翌年に『清国地誌』（矢津：1905）も出版されている。特にエキスパートな専門領域を持っていたとはいいにくいが、自然地理的な領域（矢津のいう「地文学」）と人文地理的な領域（矢津は「政治地理」と称したが、後に「人文地理」の語も用いた）を、ともに守備範囲としていた。このように、地理教育界では重鎮といえる立場にあった矢津であるが、後にアカデミックな地理学が展開すると、そのなかでは必ずしも評価されず、帝国大学の地理学教室と深い関わりが生まれることもなかった。

このような矢津にとって、『朝鮮西伯利紀行』（矢津：1894）は外国の地理に接する意欲的な旅行の成果であり、日本が清と影響力を争っていた朝鮮や、太平洋側のロシアの拠点・ウラジオストックを訪問した内容は、日清戦争開戦とともに注目を集めたものと推測される。その冒頭には、「強国」ロシアと接している「貧弱国」朝鮮が、「優勝劣敗の、最も顕著なる好標本」だと述べ、帝国主義的な動静に関心を寄せており、初めての「外遊」として、西洋ではなく、まず東洋の「実況を目撃」することを選んだと述べている（矢津：1894, pp. 1–2）。この矢津の選択は、政治的な関心を集める隣国（朝鮮とロシア）について発信する基盤を築くことを意識したものであり、そのことが高等師範学校に赴任する直前に為されたことに留意しておきたい。

『朝鮮西伯利紀行』の内容については、すでに崔恵珠《チェヘジュ》（최：2008）の検討があり、矢津の帝国主義的な関心について論じられているが、行論の必要上、ここでもその内容を概観しておく。

出版の前年（一八九三年）、第五高等中学校より夏期休暇を得た矢津は、七月二四日に熊本を発して博多に至り、翌日、馬関（下関）より出航し、釜山に上陸、投宿先で出会った兵庫県の中学校長小森慶助と同行することになる。釜山では日本領事館で情報を得て、朝鮮人の風俗や習慣、家屋、植生などを観察している。釜山港監理署より護照を得た矢津と小森は、三〇日、蔚山《ウルサン》に向けて出発、東萊《トンネ》を経て、翌日蔚山に到着し、加藤清正の築いた倭城跡を訪れている。再び釜山に戻り、八月三日、元山《ウォンサン》経由ウラジオストック行の汽船に乗船、五日に元山に上陸し、領事館で情報を得るとともに、居留地や貿易の概況を調べている。七日、元山を出航し、沿岸の地形や植生を観察しつつ、翌日ウラジオストックに到着し、都市景観や商業、気候について観察している。また九日には馬車を利用して近郊の集落や植生を観察している。一〇日に出航し、帰途、再び元山に滞在し、集落を観察している。一三日、釜山に向けて出港し、長崎行き汽船に乗り換え、一五日に到着した。

この行程で興味深いのは、経路が半島東部に限定され、首都漢城（京城）を訪問していないことであろう。当初の目論みでは、帰路、元山から京城に出て、仁川から帰国する予定であったように記されているが、立ち消えになっている。鉄道が敷設されていない時期であり、長距離移動は船に依っているが、釜山・蔚山間や元山周辺では馬ないし徒歩で陸路を移動している。移動中も、現地の生活や風習、また植生や地質について、努めて観察が為されており、地理的な関心が発揮されていることは、他の多くの旅行記とは違った特色となっている。ウラジオストックで馬車を用いて一日巡検のような時間を設けているのも、矢津の関心をよく表している。

　また、朝鮮とその人々の特徴について、得られた観察から単純な論評に至っている箇所が多くみられる。例えば釜山では、「固有の臭気」に接し、「国家と謂へる組織の実行せられ得るや、国民に進歩改良の念あるや」と批判する（矢津：1894, p. 16）。蔚山でも「不潔」に驚いており、水や汚物の扱いに疑いの目を向けている（p. 45）。蔚山に至る途上、午睡をとる人を見て、「太古の暦日なき巣居の民」と揶揄する箇所もある（p. 37）。また、「朝鮮国衰退」の原因として、「官吏の貪婪」と文禄慶長の役における日本軍の「蹂躙、掠奪」を挙げ（p. 51）、「劣敗」の視点から朝鮮を捉える姿勢が強い。その前提として、神功皇后の征韓伝説や文禄慶長の役を想起する点にも注意しておく必要があるだろう。博多で神功皇后をまつる香椎宮に立ち寄り、豊臣秀吉の故事にあやかろうとしたり、蔚山で加藤清正が築いた倭城跡を訪問したり、同じく清正が侵攻したという兀良哈（オランカイ）に、ウラジオストックへの船上から思いを馳せている。神功皇后や豊臣秀吉を想起する旅行記は他にも例が多いが、矢津の場合、清正の居城であった熊本の出身であることも関わって、その傾向が強いといえる。

　対照的に、ロシアに関しては、ウラジオストックの兵備を見て、「武威を以て、東洋に臨むの底意知る」と述べ、「壮麗」な都市景観に「蜃気楼的一大市街」との言葉を与えている（p. 67）。またウラジオストックまでの建設が決定したシベリア鉄道に関して、「世界に一大風化を与ふる大有力機」と評価している（p. 70）。また低い扱いを受けていたロシア在住の朝鮮人・中国人に関して、「憐れむべし」と述べる箇所もある（p. 83）。ロシアへの讃辞と朝鮮に対する批判は、あまりにも対照的であり、「優勝劣敗」という帝国主義の現実から両国を位置づけようとする矢津の意識を、容易に汲み取ることができる。

　こうした朝鮮（とロシア）への評価は、矢津の観察と現地で得られた情報から為されており、既存の資料や文献への言及に乏しい。その意味で、もっぱら現地の経験を地理学的な素養から解釈した内容になっているが、既存の地誌的な文献を渉猟した形跡に乏しいことにも留意すべきだろう。巻末には、「天下図」などの名で知られる近世朝鮮で流通した円盤状の世界図が紹介されているが、「地理学」の発芽があったものの、朝鮮人の「世界に対する観念」を示す「珍奇」な内容だ、と評価するにとどまっている。その意味で、この時点の矢津には、朝鮮の地理を大系的に記述しようとする意図は乏しく、まずは海外の体験を積むこと、それも日本にとって政治的に重要な意味をもつ地域を選び、実地の見聞を得ることに関心が向けられていた。

『朝鮮西伯利紀行』から一〇年後、日露戦争の最中に、矢津は『韓国地理』（矢津：1904）を刊行する。すでに触れたように、本書は「時局」を意識して緊急に刊行されたものであり、『清国地誌』の刊行と同様、政治情勢から需要を期待した地誌出版であった。その序言には、

> 韓国ハ実ニ我ガ最邇ノ隣邦ナリ……彼我両邦同心一体決シテ外国ヲ以テ視ルベカラザルノ親邦タリ　曩ニハ我邦此ノ親邦ノ領土保全ノ為メニ清国ト戦ヒ今又同問題ノ下ニ露国ト鉄火相見ユルノ止ムヲ得ザルニ至リ……本邦人ガ韓国ニ就キテ知ラント欲スルノ情切々ナルモノ蓋シ宜ナリト謂フベシ

とあり、同時期の地理的出版物と同様、日本がその権益をかけて戦争中の国であることを、強調している。その構成は、まず冒頭に韓国・境界・位置・広袤・沿岸・島嶼の小見出しからなる無題の章が置かれ、その後に、次の章が続く。

> 地勢　山脈　水系　気候　生産物　住民　交通　産業　政治　処誌　朝鮮の殖民的資格　韓国風俗絵図解

地勢から生産物までが自然地理、住民から政治が人文地理に関わる章であり、処誌は道ごとに主要な都市などを概観

している。これらの章をくくる上位の区分は明示されていないものの、自然地理・人文地理・地誌の区分が意識された構成である。それまでの朝鮮地誌と比較して、沿革・疆域・戸口といった項目立てが無く、伝統的な地誌の影響が払拭されていると同時に、商慣習や実業家向けの実用的な諸情報をガイドするということもない。明確に強調されているわけではないが、地理学という学問分野を前提とした最初の朝鮮地誌であったということができる。この点は、章構成が近似した翌年の『清国地誌』（矢津：1905）において、「地理学上ノ鉄案ニ拠リテ支那ヲ科学的ニ解説セルハ、聊カ本書ノ特色ナリト信ズル」と、よりはっきりと述べられることになる（小島：2009）。また、『韓国地理』の批評が同年の『地学雑誌』（一六巻一〇号）に掲載されており、「簡潔にして要を尽し一冊の地理書として完全なるものなり」として評価された。

具体的な記述をみても、先行の地誌、例えば大田才次郎『新撰朝鮮地理誌』（大田：1894）の記述を取り入れたとみられる箇所が無いわけではないが、山脈の章で、東京帝国大学地質学教室の小藤文次郎（Koto：1904）の研究に依拠し、山脈の配置を図示するなど、学術的な成果を積極的に反映させている。また、森林（生産物の章）に関して用いられた暖帯林や温帯林の用語は、東京帝大林学教室の本多静六の森林植物帯論（米家：2014b を参照）を踏まえているようにみえる。一方、各道地誌にあたる処誌の章はかなり簡略であり、主要な都市や港湾が概説されているものの、それぞれの記述量は不均等であり、府郡の一覧を提示することもない（例えば黄海道の記述は実質一頁にも満たない）。慶尚道に関しては蔚山城跡について自身の『朝鮮西伯利紀行』の一節を再掲しているのが目立つが、一部ではあれ、自身が直接観察した事柄を反映させているのは、既存文献に依拠した地誌が多いなかでは意味があることだろう。

しかし、ここまでの構成内容が学問的な地誌を志向するように見える反面で、「以上述べし諸項を総括し結論として」述べられた「朝鮮の殖民的資格」の章は、朝鮮の植民地化を強く意識した内容となっている（矢津：1904：pp. 186–200）。この章の内容は、本書刊行の直前に雑誌『太陽』にも掲載されており（第一〇巻四号）、矢津が地理学の立場から積極的に朝鮮の植民地化を論じようとしたことが窺える。矢津はまず、住民の章で触れた歴史的な人口移動を踏まえて、「半島の土地は四囲の優勢なる各種族の競争殖民地にして　其間に国を建て政府を置き或は称して国家と云ひ或は独立と唱ふるも　是れ一時の現象たるに過ぎず」と述べ（pp. 188-189）、日本を含む隣国からの植民地化を被りやすい位置にあるとする。そのため住民も外来人を受け入れやすく、植民地化に適しているという。また、山脈の章を踏まえて、土壌は瘠薄でなく、「生産力」が高いとし、治水・水利を整え、日本の農法を導入すれば、「崛強の農業国」になるとする（pp. 193-194）。さらに鉱業や漁業の可能性に触れた上で、矢津は、半島が「荒廃無力」に陥っているのは、神功皇后以来、日本が朝鮮の「経営」から離れたためだとし、殖民地経営の能力を日本が証明することを期待して、結んでいる（p. 200）。

もともと時局を意識して本書の刊行を急いだ背景には、地理学的な知識を踏まえて朝鮮を評価し、その植民地化を正当化することに矢津が意義を見いだしていた、とみるべきだろう。地理的植民地論の提示を通じて、地理学の役割や独自性を主張する試みであったといえる。地理的な視点から朝鮮半島の可能性を捉える視点は、四年前に刊行された『朝鮮半島の天然と人』（蕨山生：1900）に見られたものであったが、矢津はその視点を地誌に盛り込んだわけである。ただし、『朝鮮西伯利紀行』の時点で、「劣敗」の国として朝鮮を訪問し、「国民に進歩改良の念あるや」と非難した矢津にとって、地理的な発展のポテンシャルを指摘することは、朝鮮の人々を、その潜在的な可能性を活用できなかった人々だと見なすことであり、その代役を日本人に求めるものであったといえる。

2　田淵友彦の地誌と紀行

矢津の『韓国地理』の翌年に『韓国新地理』（田淵：1905）を出版した田淵友彦は、明治八（一八七五）年に鳥取に生まれ、明治三二（一八九九）年に東京帝国大学文学部史学科を卒業、時習舎の舎監を経て、もともと西本願寺が設立した高輪中学校の教員（大正三年から昭和一四年まで校長）を務めた人物である（鶴田：1978：金：2008）。明治三九（一九〇六）年に行われた『満韓旅行記』（田淵：1907）の旅は、時習舎の舎監として学生たちを引率している。時習舎とは、井上馨が旧藩主毛利家の教育を考慮して設けた塾（寄宿舎）で、麻生桜田町（現東京都港区）にあった。明治三五（一九〇二）年に徳川義親が入塾した時には、毛利家を含む華族や皇族、財閥の子弟九四名と、教師・事務員二七名が在籍していたという（小田部：1988）。

また、明治三九（一九〇六）年の『産科婦雑誌』（第七三巻）には、田淵が高等産科婦養成所で日本神話を紹介した講義の要旨が掲載されている。また同年の浄土真宗の雑誌『仏教青年』（第二巻）に「仏教と外人」と題する寄稿がある。さらに翌年には、受験勉強に用いる英語や西洋史、世界地理の参考書を刊行している[6]。こうした事柄からは、帝大文学部卒の素養や塾の教育経験を活かして、教養や教育に関する活動を行っていたことが窺われ、そのことが高輪中学校への就職に繋がったようにも想像される。ただし、東京帝大卒業後、時習舎の在籍が確認されるまでの間の時期は、ちょうど『韓国新地理』の執筆時期に当たると考えられるが、明確な経歴は確認できない。

田淵の卒業した東京帝大の史学科には独立した地理学教室が置かれたわけではないが、一八九三年以降、史学地理学講座が設けられ、坪井久馬三が歴史地理や政治地理を担当した。坪井の下で大学院に在籍していた喜田貞吉らが、田淵の卒業年にあたる明治三二年に日本歴史地理研究会（後に日本歴史地理学会）を設立している（川合：2011）。また田淵に遅れること二年、明治三四（一九〇一）年に卒業した石橋五郎は、「政治地理学」をテーマとして大学院に進み、その後、明治四〇（一九〇七）年に京都帝国大学文学部地理学教室の助教授に就任することになる（川合：2006）。つまり田淵は、東京帝大とその人脈を通じて地理学、特に歴史地理や人文地理に触れる環境にいた。しかしながら、田淵は日本歴史地理研究会の設立時の会員であったわけではなく、その雑誌『歴史地理』にも寄稿は見当らず、田淵が地理学研究に接近した痕跡は見いだしにくい[7]。

そのため、田淵が『韓国新地理』を執筆した積極的な理由や背景については不明であるものの、出版元の博文館の動機については、ある程度推測が可能である。同書の広告によれば、博文館は、帝国大学地質学教室の出身である山崎直方・佐藤傳藏の共編『大日本地誌』シリーズを刊行中であり、他にも「帝国百科全書」シリーズのなかで佐藤傳藏『日本新地理』、同『万国新地理』、山本信博『政治地理学』、永井惟直『商工地理学』といった地理書を刊行していた。これら地理書のラインナップに加えて、日露戦争の終結後、日本の影響力がこれまでになく高まるであろう朝鮮に関して、売れ行きが見込める地誌の出版を企画したのではないだろうか(8)。類書として博文館には、前節で触れた『新撰朝鮮地理誌』（大田：1894）があったが、その後一〇年が経ち、内容を一新した後継書の刊行が必要だったのではないかと推測される。その執筆者として田淵が見いだされた、と考えることができそうである。

『韓国新地理』の序には、著者田淵自身の背景については何も記すところがないが、「日露の講和成立の外電に接したる日」に書かれたという序には、「韓国が日本の附属国たり保護国たるに於て世界は既に悉く之を公認し是認したり」と述べ、朝鮮を「外邦視」するのでなく、「本邦範域の一部視」する必要があるとする。ただし本書は教育用ではなく、「韓国を現在的に諒解せんと欲する者に向つて普汎なる智識を与へ及び地理学研究者の参考たらしむる」目的があるという。ただし、「韓国の地文及び人文をも科学的に研究されたるもの」は殆ど無いために、「戦後に於ける学術界の発展として向後篤学の士の続々我が新来の邦土を實査」することを希望すると結ばれている。

内容構成は次の通り、自然（地文）地理・人文地理・地誌（処誌）の三部構成をとる。

第一編　地文地理

名称　位置　境界　広袤　海岸線　地勢　山誌　水誌　気候　潮流　潮汐　生産物

第二編　人文地理

住民　宗教　教育　政治　兵制　財政　外交　産業　貨幣　交通

第三編　処誌

慶尚道　全羅道　忠清道　京畿道　江原道　咸鏡道　黄海道　平安道

すでに繰り返し触れたように、朝鮮の地理書としてこの三部構成を取るものは本書が最初であり、後の地誌にも影響を与えた。また金科哲《キムドゥチュル》（2008）が詳細に検討しているように、朝鮮語で書かれた張志淵《チャンジヨン》『大韓新地誌』の構成にも影響を与えたとみられる。ただし、先述のように、三部構成的な組み立ての発想は矢津昌永の『韓国地理』にも汲み取ることができ、『韓国新地理』の項目・内容はともに矢津に近いものが少なくない。また、博文館が刊行していた佐藤傳藏の『日本新地理』や『万国新地理』は、人文地理・地文地理・地方誌の三部構成を用いており、田淵『韓国新地理』の構成は新しい独創というよりは、すでに広まりつつあった地誌構成のスタイルに倣ったものだといえる。

矢津の『韓国地理』と比較すれば、山誌の章は、矢津と同様に小藤文次郎の研究に依っていることが序で述べられており、内容は酷似している。また産業の章では、地質の観点から「農耕上肥沃の地味に属す」と評価しつつも、「韓半島政府の施設宜しきを得ざりし為め農民は多く懶惰となり農事に精勤して耕作法を改良するが如き者は絶えて無く」とし（田淵：1905, p. 133）、農法の改善や開拓の可能性を論じている。この点は、地理的な視点から農業の潜在的な可能性を主張した矢津の見方と、軌を一にしている。また、全体として最新の統計的な数値や情報を取り入れる努力が為されており、資料の収集が積極的に為されたことが窺える。住民の章のうち衛生の節には、明治三五（一九〇三）年にコレラ対策で設置された臨時衛生院が不成功に終わったことが記されているように、随所に新しい情報が見受けられる。第三編処誌は、矢津よりも比較的詳しく書かれているが、主要な都市や港湾を概説するに止まり、郡ごとに詳述するものではない（府郡の一覧は政治の章に掲載されている）。

そのなかで、矢津との違いが目立つのは、住民の章のなかに置かれた性質の節であり、朝鮮の人々を「懶惰」、「退嬰的国民」、「美所として認むべきものなきが如し」(pp. 71-75) と、はっきりと論難する姿勢が目立つ。このような論調は、「地理学」というよりも「誹謗中傷」というべきものであるが (金 : 2008)、当時、地理的な文献を含め、朝鮮に関わる様々な書物にみられた物言いであり、田淵がそのようにステレオタイプな通念を安易に追認していることが判る。そもそも全体を通じて、田淵が自身の体験や見聞を引き合いに出して説明する箇所はなく、どれほどの朝鮮経験があったのかは、疑われる所である。

やや奇妙なことに、『韓国新地理』の二年後に刊行された『満韓旅行記』(田淵 : 1907) のなかで、田淵は自身の著作である『韓国新地理』について特に言及することがなく、また実地の見聞を通じて新しく発見したことや、見解を修正すべき点について、述べる所に乏しい。『満韓旅行記』の旅は、田淵個人の旅行ではなく、時習舎の団体旅行であり、陸軍省・文部省が推奨したことで同様の修学旅行が行われるようになった (米家 : 2014a)。時習舎の旅行もその一例であり、夏期休暇にあわせて総勢二三名で実施された。ただし、参加者の名字には毛利、伊達、松平、鴻池、三井といった名前が含まれ、華族や財閥の子弟の集まりという点がやや特殊であった。

その旅程を確認しておこう。明治三九 (一九〇六) 年七月二三日に東京を発ち、八月九日に門司を出航、一二日に大連に着き、旅順、営口、遼陽、撫順を経て、二〇日に奉天 (現瀋陽) 到着。二三日に奉天を経ち、二五日に安東から朝鮮の新義州に渡り、以後、平壌、京城、仁川、釜山を経て、二九日に門司へと出航している。陸路はほぼ鉄道を利用しており、鉄路に沿った行程となっている。朝鮮滞在は五日間に過ぎず、またそのルートは、仁川に寄り道したことを除けば、満洲からの帰国者がとる最短経路であり、特徴的な点には乏しかった。

鴨緑江を渡って朝鮮に入った田淵の一行は、中国側との違いに目を見はり、「支那人の不潔に比して朝鮮人の風采如何にも清爽」と好印象を抱いているが、同時に「事々物々邦人勢力の大発展を示せる、何より愉快に感ずる」と述べ、日本の影響力に満足している（田淵：1907, p. 137）。また鉄道より、「荒蕪」に帰した耕地や、長い煙管で煙草を楽しむ白衣の人々を見て、「政事の衰へ人情の懶惰なる」と哀れんでいる（p. 138）。また仁川では、「如何に邦人の勢力が韓人を圧倒せるか」と感嘆し（p. 161）、「朝鮮人には殖林、衛生等の思想に欲乏するを以て是等の思想を鼓吹する者は日本人」しかいない（p. 164）、と述べている。朝鮮の人々や生活に深く接することなく、鉄道や日本語環境の内に止まりながら観察し、帝国日本の力を「体感」したような感想をもらす姿勢は、やはり同時期の旅行記に散見されるものであり、『韓国新地理』という地誌の著者ならではの視点や洞察には乏しい。華族や財閥の子弟らの団体旅行という性格上、田淵の個人的な意向で旅程を組むのは難しかっただろうと想像されるが、田淵の『満韓旅行記』には、地理学的な視点や発想が必ずしも豊かではないのである。

『韓国新地理』においては「地理学研究者」を意識した序文を記した田淵であったが、その後の彼の経歴のなかで、アカデミックな地理学との関わりは見いだせない。田淵は、学問的な地理学の萌芽があった時期に、その周辺に位置して、新しい地誌の形式を摂取し、形式的には地誌をうまくまとめることができた。それは、近世地誌の伝統とは明らかに異なった発想で編纂されており、後続の朝鮮地誌に影響を与えることにはなったが、地理学の研究という点では新しい視点や主張があったわけではなく、むしろ当時の通念的な帝国意識に無自覚に寄りかかっていた。その意味では、地理学とは必ずしも関わりの無かった編者らが刊行した他の地誌類と、大きく変わるところはなかったように思われるのである。

おわりに

本章では、朝鮮の地理に関して明治・大正期（一八六八―一九二六年）に日本語で書かれた文献を通覧し、その特質と変遷を、地理的知の視点から検討した。アカデミックな地理学の制度化以前に、植民地化の対象となった隣国の地理がどのように捉えられていたのか。この問いに対して、地理的出版物の趨勢をたどるとともに、それを地理的知の空間的な拡張として、また伝統的な地誌と学問的な地理学への志向との間で、理解しようと試みた。以下、要点を振り返るとともに、若干の考察を加えておきたい。

明治・大正の間に出版された朝鮮の地誌・旅行記・地図類は、日本と朝鮮との間で政治的・軍事的に重大な出来事が生じるごとに、刊行点数が急増しては停滞するという波を繰り返しつつ、一九一〇年の併合を迎え、その後は地方の詳細な情報へと関心が広がりながら、一定の刊行点数が維持されるという形で推移した。こうした地誌・旅行記・地図類の著者や編者らのほとんどは専門的な地理学者ではなく、とりわけ初期には、限られた近世期の日本の文献や地図、あるいは欧米の文献や海図に依拠するという状況が続いた。明治初年まで釜山を除いて上陸を許されず、鎖国状態にあった朝鮮に関して、日本側の地理的知識は非常に乏しい所からスタートしたのである。

このような状況にまず変化を与えたのは、軍事的な緊張関係を想定した陸軍参謀局が整備した地図や兵要地誌的な書物である。明治八（一八七五）年に、江華島事件に関わって、英米の海図などを利用して一〇〇万分の一「朝鮮全図」が作成され、陸地の輪郭については比較的正確な地図がもたらされた。この図は次第に民間刊行の朝鮮図に反映され、日清戦争の頃を境として、近世日本に伝わっていた地図を一掃していくことになる。また同時に兵要地誌的な小冊子も作成された。こうした陸軍による地図作成や兵要地誌的な活動は、朝鮮に軍人が駐在できるようになると、現地でも試みられていくことになり、一八八〇年代後半には大部の『朝鮮地誌略』として結実する。ただし、この『朝鮮地誌略』は積極的に公開されるものではなく、陸軍の外部にはほとんど影響を与えることがなかったと考えられる。

次いで、明治九（一八七六）年の日朝修好条規の後、開港地や公使館が設けられると、近世朝鮮で編纂された地誌や地図が取り入れられ、これを下敷きとして地理的な知や情報をまとめる試みが続いた。特に李重煥『択里志』は道ごとに地域的な特色を叙述する点が注目され、明治一四（一八八一）年の『朝鮮八域誌』以降、様々な形で利用・活用されてゆく。右に触れた参謀局の『朝鮮地誌略』も、『新増東国輿地勝覧』など朝鮮王朝の公的な地誌の情報を、流用している所が少なくない。近世朝鮮の国土図の集大成といえる「大東輿地図」も、日清戦争の頃までには参照されるようになった。

また、様々な制約はあったものの、朝鮮を実地に訪問した日本人が、その体験を旅行記にまとめたり、帝国主義的な関心から「実用的」な地誌を模索したりするようになった時期として、明治二七（一八九四）年に勃発した日清戦争が重要な画期となった。矢津昌永『朝鮮西伯利紀行』はそうした時期の旅行記を代表するもので、限られた旅程であったものの、馬や徒歩による生々しい旅行体験は、読者の興味をひいたことだろう。また、矢津自身が初めて「外遊」の機会を得て、東アジアの「実況を目撃」することを選択したことも興味深い。高等中学校教員でありつつも学問としての地理学を模索としていた矢津にとって、政治的な関心を集める隣国（朝鮮とロシア）について発信する基盤を築くことが重要であったと考えられよう。

日清戦争は幾つかの地誌を生みだすことにもなったが、まだ伝統的な近世地誌の影響を払拭するには至らず、特に地理学に関心をもつ著者によるものや、陸軍参謀本部が密かにまとめた『朝鮮地誌略』を承けた著作も見られない。ただし、民間の著述家による地誌は、貿易や通貨、人種や風俗といった項目を加え、日本人の関心から朝鮮を見ようとする視点が強まった。こうした内容は、日清戦後に朝鮮に対する日本の影響力が強まることや、それに伴って教育面での朝鮮が重視されることを期待してのことと推測されるが、ロシアとの対立関係のなかで日本の朝鮮への介入が再び弱まると、地理的な著作の刊行も停滞した。このことは、民間からのこの種の著作が、政治情勢と強く関連した需要に左右されることを、あからさまに示している。

同様に、明治三七（一九〇四）年に始った日露戦争も地理的出版物の刊行を促したが、その後の朝鮮の保護国化と鉄道敷設によって、実業家や拓殖に関心ある者に有用な事情案内書や、団体旅行の勃興にともなう旅行記の出版が続いた。そのなかで、矢津昌永『韓国地理』や田淵友彦『韓国新地理』が登場したことは、実業や殖民の実用的ガイドとは別の方向として、地理学を意識した地誌が模索されたことを意味している。その背景には、保護国の地理的知に関する教育上の需要があり、アカデミックな地理学のディシプリンのなかで育ったわけでない矢津と田淵が、その需要に応えることになった。両者ともに自然地理・人文地理・地誌という地理学の構成を意識し、特に田淵の『韓国新地理』はそれを明示的に取り入れた最初の朝鮮地誌となった。ただし両者ともに朝鮮の地理学研究を専門としてきたわけではなく、小藤文次郎の地形学的研究を除けば参照できるような学術的な研究の蓄積にも乏しかった。

しかし、このように地理学を意識した朝鮮地誌は、その後、明治四三（一九一〇）年の日韓併合を経てからも、続く例に乏しかった。形式的には自然地理・人文地理・地誌の三部構成をなぞる例が散見されるが、野口保興『続帝国大地誌』を除けば、地理学者の単著といえるものはなく、地理学的な観点が新しく盛り込まれたとはいいがたい（野口の著作も、領土の拡張に応じて帝国地誌シリーズを完成させるためのものであった）。むしろ、朝鮮総督府「公認」地誌といってよい吉田英三郎の『朝鮮誌』や、土地調査局の資料を活用した澁江桂蔵『新編朝鮮地誌』のように、日本統治下で再編された府郡の地理を詳細に記載し、行政のために有益な参考情報に満ちた厚い地誌が編纂されたことが、明治末から大正期の特徴である。こうした編纂物において専門性を発揮するには、まだアカデミックな地理学者の養成は進んでいなかった。後に昭和五（一九三〇）年に『日本地理大系』と『日本地理風俗大系』が出された際も、朝鮮の巻の執筆を担うことのできた地理学者は少なかった。

以上のように、本章では、明治・大正期の朝鮮に関わる地誌や旅行記、地図をたどってきたわけであるが、最初に掲げた地理的知の視点から振り返れば、そこに関わる専門的な地理学の役割の小ささに対して、陸軍および民間の著述家による営みの大きさがよくわかる。自身の体験に基づく旅行記は別として、様々な情報に依拠して、それを編集する作業が大きい地誌や地図においては、単なる情報の処理という意味では地理学の専門性やアカデミズムが問われることがなく、様々な文筆家にとって参入可能な開かれた領野であったといえる。そのなかで、朝鮮地誌の系譜は、近世朝鮮の地誌に依存する段階から、より実業や殖民者のための実用的な地誌へと、そして植民地統治の行政資料としての地誌へと、推移していった。

そのなかでの地理学や地理学者の役割というものを考える場合、矢津昌永や田淵友彦の試みは、自然地理・人文地理・地誌の三部構成の定着という点では影響力をもったが、地理学的な視点や分析という点においては、どのように評価すべきだろうか。単に伝統的な地誌の項目を自然と人文に分類したのであれば、構成を形式的に整えたに過ぎないが、両者の地誌には、十分に明示的とは言い難いものの、自然と人文の連関に意識的な面は窺える。ただしそれは、保護国化という政治状況に積極的に関わろうとする姿勢と結びついていたことが特色であった。矢津が『韓国地理』で提示した「朝鮮の殖民的資格」の議論は、陸地の形状や自然環境の条件から、植民地としての朝鮮半島の評価を行うものであり、日本による植民地化を正当化するものであった。こうした地理的な環境論と植民地化をない交ぜにした議論は、矢津以前に蕨山生の『朝鮮半島の天然と人』に現れ、田淵の『韓国新地理』にも認められる。この地理的植民地論というべき議論は、潜在的に発展の可能性に富む土地として朝鮮半島を位置づけ、そのポテンシャルを活かしきれていない人々として朝鮮人を論難する面をもつ。朝鮮の人々を「懶惰」と貶める見方は、当時の朝鮮に関わる言説によく見られるものであったが、これを地理的な環境に関連させた所に、地理学としての主張があったことになる。こうした構図は植生の薄い林野に関してもしばしば主張されたものであったが（Komeie：2006：米家：2007）、地理学を掲げた論者によっても説かれていたことを、改めて振り返る必要があるだろう。

ただし、地理学の立場を意識した朝鮮地誌の試みは、矢津や田淵の後、必ずしも継承されることはなく、地理学者が朝鮮地誌の編纂を主導するということも見られなかった。矢津が朝鮮を専門とする研究者になる道を選ぶことはなく、田淵もアカデミックな地理学とは関わりを持たないまま、人生を送ることになる。その後、大正末以降から昭和戦前期に関しては、小田内通敏や田中啓爾といった地理学者の動向や、朝鮮人地理学者の仕事、あるいは朝鮮における地理教育に目を向ける必要があるが、本章の所定の目的を超えた問題となる。今後の課題としたい。

付記　本章は科学研究費（課題番号 15K03007）による研究成果の一部である。

註

（1）この海軍水路寮の「朝鮮全図」は、櫻井義之（1979）や末松保和（1980）にも記載されていないが、小林茂ほか（2010）が触れている。明治五年に軍艦春日が原図を持ち帰ったとの説明があり、花房義質の訪朝を指すものと解釈される。

（2）楊・渋谷（2003）によれば、国会図書館が所蔵する「大東輿地図」の一つ（東輿図）は、陸軍参謀局の「朝鮮全図」を発行した陸軍文庫が旧蔵していたものとみられる。興味深いことに、本図には五センチメートル四方にメッシュが引かれており、何らかの形で利用された可能性があるとされる。

（3）『日本地誌提要』の「総国」の項目を例として挙げれば、疆域・経緯・幅員・形勢・沿革・建置・郡数・戸数・社数・寺数・人口・田圃・租税・治体・属地・軍鎮・砲台・陸軍・海軍・艦船・海軍提督府・学校・開港・鉄道・電機・郵便・物産、からなる。また、『新増東国輿地勝覧』の「開城府」の項目を挙げると、建置沿革・郡名・姓氏・風俗・形勝・山川・城郭・烽燧・宮室・学校・駅院・橋梁・部坊・公廨・仏宇・祠廟・陵寝・古跡・名宦・人物・題詠、からなる。

（4）『日本地理大系朝鮮篇』の執筆者（解説者）三四名の内、地理学に関わるのは地質学の中村新太郎（京都帝国大学）だけであったといえる。『日本地理風俗大系』は執筆者三四名の内に、小川琢治（京都帝国大学）と小田内通敏（早稲田大学講師）がいた。

（5）ただし、浅香幸雄が一九四三年にまとめた教育用の小冊子『朝鮮新地誌』（恒春閣）は、自然地理や経済地理を簡潔に概観し、「科学的」な内容を志向する点で、従前の朝鮮地誌とは一線を画すものであった。

（6）元元堂より『受験用復習用英文典摘要』、『受験用復習用西洋史摘要』を刊行している。またその広告には『受験用復習用万国地理摘要』も掲載されている。

（7）田淵は東京帝大に入学する直前に、『奥羽史学会会報』第二巻（一八九五）に「御所神社」という小文を掲載している。夏に探訪した山形県正厳（現尾花沢市）の御所神社の伝説や縁起を書き留めたものであり、歴史や宗教への関心が窺われるが、特に地理学を志向したものとはいえない。

（8）朝鮮の地理への関心を物語る例として、明治三八年（一九〇五）に日本文庫協会主催の図書展覧会として「韓国地理図書」展覧会が開催され、帝国図書館に三二六点の典籍や文献が展示された。『地学雑誌』（一七巻五号）は、朝鮮で出版された地理関係の図書は多く、朝鮮の地理を研究する参考図書として貴重なものが少なくない、と紹介している。

第五章　宇宙と国粋
――三宅雪嶺のコスミズム

奥村大介

はじめに

一篇の詩、あるいは詩句のただ一行のみによってその名を記憶され、人々にその文《ふみ》をたえず読み返され暗唱される詩人がいる一方で、膨大な著述を残しているにもかかわらず後世においてほとんど忘却の彼方に追いやられ、作品の内実はおろか名前すらも忘れられようとする書き手がある。前者はしばしば数百数千年の古に生きた、あるいは生きたかどうかさえも確かでない伝説のなかにある実在定かならぬ人物であり、後者はその生の物質的痕跡――たとえば著書の初版や自筆稿など――に比較的容易に触れられるにもかかわらず、その人物が残した言葉の響きや、そこに託された思考や詩想が現今の人々の思念のなかをかすめることはほとんどない。そして不幸なことに、この両者の文のあいだには、ことさら〈本質的な〉価値の優劣があるとは限らず、ただ歴史の偶然とでも呼ぶほかないものがこのような差異を生み出していたりもする。私が本稿のなかに蘇らせようとしているのは、後者の人物の一典型であると言ってよい。その名を三宅雪嶺《みやけせつれい》（一八六〇［万延元］―一九四五［昭和二〇］年）という。

ナショナリズムの思想家として今日知られる雪嶺には膨大な著作がある。その著述分野は、哲学、宗教、歴史、芸術、伝記あるいは同時代の社会、政治、経済上の出来事にまで広範に及ぶ。だが、彼の書き物のなかに自然や科学を中心として論じたものは、多くはない。ほぼ唯一にして重要な例外が『宇宙』（一九〇九〔明治四二〕年）という重厚な作品だが、雪嶺の著作全体のなかでいくぶん唐突に現れ他の作品から孤立している感が否めず、その晦渋な文体のせいもあり、明らかに主著の一つをなす大著ながら、これまでその内実を詳細に研究・批評したものは少数にとどまっていた。それゆえ、雪嶺の科学思想とはいかなるものであったかという問いが立てられることはほとんどなく[1]、日本における科学思想（あるいは科学哲学[2]）の展開は、たとえば福澤諭吉（一八三五〔天保五〕―一九〇一〔明治三四〕年）の『訓蒙　窮理図解』（一八六八〔明治元〕年）にみられるような啓蒙的言説を別とすれば、西田幾多郎（一八七〇〔明治三〕―一九四五〔昭和二〇〕年）の哲学の或る面に見られる生命や数理の思想、そして日本における本格的な科学哲学者の第一世代とみなされる田邊元（一八八五〔明治一八〕―一九六二〔昭和三七〕年）を俟つべきことがほぼ自明視され、雪嶺はといえば「明治期のナショナリズムの思想家」という決まり文句《クリシエ》が事典の項目を諳んずるように反復されるにとどまっている。あるいは、思想史家の鹿野政直が一九七〇年代に行なったことは、明治期のコスモポリタン的性格をもっていたナショナリズムが昭和前期に至って危険な帝国主義化・ファシズム化の途をたどり、やがて敗戦とともにそれがほぼ全的に否定されたのち、戦後、冷戦下・日米安保体制下で、ふたたびその首を擡げつつあった軍国主義の亡霊に対して何らかの対抗言説つくるために、明治期のナショナリズムを参照項として読み直そうとする作業であった[3]。この試みは今もって参照に値する意欲的なものであったが、鹿野にしても、『宇宙』に対しては、雪嶺哲学の集大成的作品であることを認めつつ、「自分のうちたててきた価値の体系を集大成する雪嶺よりも、あたらしい価値の体系をうちたてつつあるかれに、より関心をもつ」という消極的な評価にとどまる[4]。だが、雪嶺の時代以上に、科学とわれわれの関係が否応なしの緊密さを帯び、その科学もまた科学者のロマン的な真理探求からは遠く離れ、軍産学共同体のなかで形成される知識＝技術の複合体となって政治性を帯びている現在、かたや時の政治をジャーナリスティックに論じ、かたや哲学的思索のなかに膨大な科学知識を注ぎ込んで大著を著した幾分風変わりな碩学が百年前に見た〈宇宙の夢〉はどのようなものであったのか、私は興味をひかれる。以下の議論のなかでは、『宇宙』を主たる対象として、雪嶺の思想のなかから自然科学に関する成分を抽出し、その含意するところを吟味してみよう。最終的にそれは日本近代においてきわめて希有なコスミズム（le cosmisme）たりえていることが明らかになるだろう。

第一節　来歴

本稿は雪嶺の評伝ではないのだが、東西の古典に通じた碩学でありつつ同時代の出来事に密着したジャーナリストでもあった雪嶺に関することゆえ、ここで彼の来歴をひとわたり振り返っておくのも無駄ではないだろう。(5)それは、さきに述べた事情で、今日入手容易な雪嶺の概説・評伝などは僅少であり、雪嶺の学術的研究書のなかでも、彼の履歴に或る程度詳しく触れたものは少ないためでもある。(6)

雪嶺こと三宅雄二郎は一八六〇（万延元）年五月一九日、金沢の新竪町に生を享けた。三宅家は代々医師の家系であり、祖父の代からは加賀藩家老の本多家に侍医として仕えている。父の恒（号は立軒）も医師で、母は幕末の蘭学者・黒川良安（一八一七［文化一四］—九〇［明治二三］年）の妹・滝井である。雪嶺は次男として生まれた。幼名は雄次郎で、ついで雄叔、さらに長じてからは雄二郎と改めた（ただし、著作のなかには雄次郎名義の作品も数多くある。若い頃に一時期、金沢の地名に由来する石浦という号を用いたが、その後は雪嶺で通している）。父・立軒は漢方医だったが若い頃江戸で修行して身につけた蘭方の素養があり、維新の際にも加賀藩士の教育と医事関係に功績が大きかったと伝えられる。(7)雄二郎には兄と姉が一人ずつあり、兄・恒徳は雄二郎より四歳年長で、のちに東京大学を出て法学士となり、台湾総督府法務顧問を務めた人物である。雄二郎はこの兄に連れられて七歳から一二歳まで、河波有道（号は棕園。一八二二［文政五］―一八九〇［明治二三］年）の私塾に通い、四書五経の素読、習字、歴史、地理、数学などを学ぶ。ついで一八七一（明治四）年――廃藩置県の年――、一二歳になった雄二郎は、やはり兄の後を追って藩立の仏学校に入りフランス語を学ぶが、兄が叔父・黒川良安のすすめで英学を主とする中学東校に転じると、雄二郎もまたこれに従う。この学校は廃藩置県で県立となり、翌一八七二（明治五）年、学制発布により官立となった。この時期の学制は目まぐるしく変化している。一八七五（明治八）年には学区変更で、全国八大学区が七大学区となったため、新しい学区では石川県の英学校は愛知県英語学校に合併された。雄二郎は級友一二人とともに名古屋に移り、愛知県英学校に在籍することになる。この学校では坪内雄蔵（逍遙。一八五九［安政六］―一九三五［昭和一〇］年）と同学となる。名古屋で学ぶうちに、学制がふたたび変わり、各地方大学区には大学を設けないこととなり、各地の英語学校の学生は東京開成学校か工部大学校（いずれも東京大学の前身の一つ）に集めることとされた。一八七六（明治九）年、愛知英語学校も廃止が決まり、教務課は学生たちに開成学校か工部大学校への入学を準備するよう指示した。雄二郎もただちにこの準備にかかり、同年九月に上京し、開成学校予備門に入る。翌年、開成学校は東京大学となり、雄二郎らはそのまま大学生となる。

大学生時代の雄二郎は、バンカラをもって鳴らしたと伝えられる。いつも構わない身なりで過ごし、大学の授業に出ることに熱心ではない。本郷の寄宿舎からもっぱら湯島の東京書籍館（のちの上野帝国図書館、国立国会図書館）に通い、ここに収められた和漢書・仏経仏書を片端から読み狂う日々を過ごした。青年時代にフランス語・英語を学び、文明開化の東京に出た青年の濫読生活の最初期が洋書よりもむしろ和漢の典籍であったことは興味深い(8)。むろん、洋書は洋書で大学の図書館で繙読しているのだが、それは主にのちに本科に進学してからのことであった。

授業にさほど関心がなく学校にあまり寄りつかなかったせいか、雄二郎は進級制度が改正されたことに気がつかなかったらしく、進級を一時止められた。大学当局に抗議するも進級を認められず、憤慨した雄二郎は一旦金沢に帰って士官学校を目指す。郷里では約半年を過ごし、漢学の勉強をやり直す。だが、周囲はやはり大学で学ぶことをすすめ、雄二郎自身も憤慨が収まってみると考え直すところがあったのだろう、一八七八（明治一一）年九月、ふたたび東京大学に入学する。大学本科に進学するにあたって、専攻を決めなければならない。雄二郎は当初、理科で化学をやろうと考えたらしい。だが、兄の意見もあり、自分でも熟考した上で、文学部に進むことにした。当初、文学部は哲学、政治学、理財学（現在の経済学）、和漢文学の諸科があり、哲学・政治・理財のうち二つが必修、和漢文学が兼修となっていたが、雄二郎が進級した一八七九（明治一二）年には、哲学と政治理財のいずれかを必修とすることになった。雄二郎は哲学を選ぶ。この選択を彼は後年振り返って、哲学のほうが「比較的根柢ある学問」[9]に思えたことが動機であったとしている。のちに論ずることになるが、〈真理〉を見いだそうとか、事物の〈根源〉を探求しようという言い方ではなく「比較的」根底ある学問だと捉えるあたりが哲学を選ぶ動機としては若干異色の感があり――今も昔も哲学は良くも悪しくも〈絶対〉への志向をもつ場合が多い――雪嶺らしいとも言え、あるいは日本の大学における制度的な哲学の揺籃期らしいとも言えるだろう。[10]このとき哲学専攻の学生は雄二郎ただ一人で、教員の人数のほうが多く、外山正一（一八四八［嘉永元］―一九〇〇［明治三三］年）、フェノロサ（Ernest Francisco Fenollosa, 1853-1908）が西洋哲学を教え、島田篁村（重礼。一八一八［天保九］―一八九八［明治三一］年）が中国哲学を講じ、原担山（一八一九［文政二］―一八九二［明治二五］年）と吉谷覚寿（一八四三［天保一四］―一九一四［大正三］年）が印度哲学を担当した。今にしてみれば錚々たる教師陣であるが、青年雄二郎にとっては、一流の碩学・大家であっても教室で教えると「形式に流れ易く」満足ならざるものがあり、やはり図書館で自ら読む経験のほうに充実感を得たようである。[11]学校嫌いにして猛烈な読書家であった雄二郎は相変わらず湯島の書籍館や東大の図書館に通う日が多かったが、それでも外山からスペンサー（Herbert Spencer, 1820-1903）など英国哲学を学び、フェノロサからは主としてカント

(Immanuel Kant, 1724-1804)、ヘーゲル (Georg Wilhelm Friedrich Hegel, 1770-1831) などのドイツ哲学を学んで、一八八三(明治一六)年、東京大学を卒業する。

雄二郎が政治理財専攻に進学していたならば、明治官僚機構の一員として、この国の官界・政界の中枢で然るべき地位を得、いまわれわれが知るのとは異なる形で歴史のなかに彼の名が記述されたかもしれない。だが、彼は官僚機構のあえて辺縁に身を置いた。大学卒業の年に外山正一の斡旋によって、東京大学の編輯方に就職する。そのとき得た職位は准助教授というものであった。彼はここで、当初、日本思想史を研究題目と定めたが、それでは対象があまりにも広範に過ぎるという外山の助言で日本仏教史の編纂事業に着手する。この事業には期日が定められているわけでもなく、内容も雄二郎に一任されており、彼は自由に書庫や図書館に出入りして、あらゆる書物を自由に読むことができた。一方、東大在職中から彼は『東京日日新聞』、『東洋学芸雑誌』、『明治日報』等の紙誌に寄稿しており、一八八四(明治一七)年には『自由新聞』記者という肩書で、秩父事件の取材に赴いている。取材内容は即時的に公表することはなく後年の回想に書き記しているのみであるが、官吏としては相当の逸脱行為であり、このあたりから既に、彼が長く官職に留まり得ないことが暗示され、同時に、いわば虐げられ追い詰められた人々への眼差し(12)は、後述する田中正造との共鳴を納得させるものでもある。

東大に奉職すること三年目の一八八六(明治一九)年、帝国大学令が発布されると、雄二郎は束の間の自由を失うことになる。東京大学が帝国大学と名称を変えると同時に編輯方は廃止され、文部省編輯局に移管される。雪嶺の所属もそのまま文部省に移る。だが、彼にはここの水が合わなかった。チェンバレン (Basil Hall Chamberlain, 1850-1935) の日本文典編纂事業の補助や修辞学教科書の編纂を命じられ、自由な研究はできない。ふとしたはずみに上役と対立し、いよいよ宮仕えの窮屈さに耐えかねた雄二郎は翌一八八七(明治二〇)年、文部省を辞する。ときに二七歳。東大から文部省に亘る足掛け四年間の学問官吏としての生活が、彼の生涯において唯一定職についた期間であった。なお、雄二郎は、一八八七（明治二〇）年から東京専門学校（現・早稲田大学）で哲学の講師を務める（今日でいえば非常勤講師のような職であったらしい。特定の授業を担当するだけで専任職ではないが、その後一九一〇年頃まで早稲田との関係は続いたようである）。また、哲学館（現・東洋大学）でもこの頃から西洋哲学史の授業をもつ。

雄二郎にとって鬱屈することも少なくなかったであろう文部省時代であるが、在職中の一八八六（明治一九）年六月に、『日本仏教史』と『基督教小史　第一冊』を同時刊行している（いずれも、著者・発行者とも三宅雄次郎、発売元は集成社）。この二冊が雄二郎の単行本デビュー作である。[13] いずれも東大時代の研究成果と見てよいが、ともにパンフレット的な小さな書物である。

文部省を辞して以降の雄二郎は、その後終生、在野の思想家・言論人として生きることになる。著作の名義が異なる場合はその都度明記するとして、以後、彼の名を文人としての号たる雪嶺をもって呼ぶことにしよう。

一八八九（明治二二）年――大日本帝国憲法の公布された年――雪嶺は本文約三〇〇頁に及ぶ本格的な著作『哲学涓滴』（三宅雄二郎名義、文海堂）を上梓する。近世・近代の西洋哲学史を通覧した書物で、日本人の手で記された西洋哲学史として最初期のものの一つである。本論ではフランシス・ベーコン（Francis Bacon, 1561–1626）からヘーゲルに至る西欧の哲学者の名が並ぶが、冒頭の緒論では「東洋にて最も重要なるは儒道仏の三教にして、西洋各派の学理に拮抗するに不足なしとす」（二八頁）と記すことを忘れない。開化明治の思想家として西欧の哲学を摂取することばかりに汲々とするでもなく、忘却されかけた東洋思想を単に復古するでもなく、東西思想の独自性の発揚を通して調和に至ろうとする視座、[14] いわばコスモポリタンな文明批評者としての雪嶺の姿がここに見て取れる。この、いわば普遍主義者たる雪嶺が、世に「ナショナリスト」雪嶺とみなされるのはなぜゆえだろうか。話は『哲学涓滴』刊行の前年に遡る。

一八八八（明治二一）年、かの鹿鳴館の華やぎ――あるいは狂騒――がいまだ冷めやらなかった頃、欧化主義にひた走るわが政府は、数年来の或る懸案をかかえていた。言わずと知れた不平等条約の改正問題である。この年、黒田内閣の外相・大隈重信（一八三八［天保九］―一九二二［大正一一］年）が条約改正の任に就いた。彼の改正案は、大審院判事に外国人を任用するという内容を含んでいた。前年の年の瀬には反対勢力を弾圧する保安条例が定められたこともあり、世論の関心は大いに沸いていた。この一八八八年に創刊された二つのメディアが陸羯南（一八五七［安政四］―一九〇七［明治四〇］年）率いる新聞『日本』と雪嶺の主宰する雑誌『日本人』であった。両者はともに〈国粋保存〉の主張を掲げ――『日本人』の編集部は『日本』を発行する日本新聞社の一角に所在し、のちに両誌紙は『日本及日本人』として合併することになる――、こと条約改正の内容如何にとどまらず、手放しの欧化主義を批判する言論を展開した。

雑誌『日本人』は、雪嶺とともに地理学者・志賀重昂（一八六三［文久三］―一九二七［昭和二］年）、漢学者・棚橋一郎（一八六三［文久三］―一九四二［昭和一七］年）、哲学者・井上円了（一八五八［安政五］―一九一九［大正八］年）ら一一名の同人によって同年四月に結成された言論団体〈政教社〉の機関誌で、同社の結成と同時に創刊された半月刊ないしは週刊の雑誌であった。同人らの多くは西欧流の学問の心得があった。彼らの国粋保存の主張は、日本の旧態に拘泥する排外主義ではなく、たとえば棚橋の言葉を引くならば「今ヤ眼前ニ切迫スル最重最大ノ問題ハ、蓋シ日本人民ノ意匠ト日本国土ニ存在スル万般ノ囲外物トニ恰好スル宗教、教育、美術、政治、生産ノ制度ヲ選択シ、以テ日本人民ガ現在未来ノ嚮背ヲ裁断スルニ在ル哉」[15]というように、あらかじめ確定された国粋（la nationalité）があってそれを保存するというよりは、むしろそれを模索し、発見し、積極的に選択することを目標としていた[16]。このようなものとしての国粋主義の理念は、雪嶺自身の著作としては、『日本人』に連載された後、一八九一（明治二四）年三月に刊行された『真善美日本人』（三宅雄二郎述、政教社）と同年五月発行の『偽悪醜日本人』（同、政教社）の二著のなかに見て取れる。『真善美日本人』初版の扉頁をみると、「自国の為に力を尽すは世界の為に力を尽すなり　民種の特色を発揚するハ〔ママ〕人類の化育を裨補するなり　護国と博愛と奚ぞ撞着すること有らん」と記され、その下には一八世紀スコットランドの国民的詩人ロバート・バーンズ（Robert Burns, 1759-96）の詩が英語原文で引用されている[17]。これだけをみても明らかに単なる守旧的・復古的思想とも国家主義とも一線を画する、コスモポリタンな性格をもった雪嶺の思想傾向がみてとれる。そして、日本固有の真善美を見、日本の主体性を確立することで世界へと通じるというこの普遍主義的立場からすれば、日本の固有性のなかにある悪弊や欠陥を剔抉する眼差しが不可欠であると雪嶺は考えた。だからこそ、この書の対をなす『偽悪醜日本人』を書くことは雪嶺にとって必須の仕事であった。

　こうして国粋主義の思想を主として『日本人』誌に筆を揮うなかで、やはり実地に外国を見聞してこそ日本の国粋を見いだすこともできようというわけか、一八九一（明治二四）年、海軍の練習艦〈比叡〉に便乗し、南太平洋諸島をめぐる半年間の長期旅行をしている。

　私生活では、一八九二（明治二五）年、作家・田辺花圃（のち三宅花圃。本名龍子。一八六九〔明治元〕―一九四三〔昭和一八〕年）と結婚したことを記しておくべきだろう。夫婦仲は甚だ円満で、二男三女を設けた。うち、長女の多美（あるいは多美子）は、当時『東京朝日新聞』の記者であった中野正剛（一八八六〔明治一九〕―一九四三〔昭和一八〕年）――やがて政治家となった彼は東條英機（一八八四〔明治一七〕―一九四八〔昭和二三〕年）に造反して自害する――と一九一三（大正二）年に夫婦となる。

　一八八八（明治二一）年に刊行された『藪の鶯』によって、近代初の女性小説家として文学史に名を残す人物を生涯の伴侶としたあたりも、このモダンな国粋思想家の姿に何とも似つかわしい。雪嶺はのちに雑誌『女性日本人』を刊行し、また著書『明治思想小史』に〈女性論〉の章を設けて「男女同権というの当たらぬにしても、男尊女卑も如何であるか[18]」と述べていることからもわかるように、女権運動に直接連なるものでないながら、女性の問題に――この時期の男性知識人としては進歩的と言ってよい仕方で――関心を払っていた。

さて、一八九四（明治二七）年、日清の戦端が開く。翌一八九五（明治二八）年、下関条約の発効により台湾総督府が設置され、雪嶺の兄・恒徳は国際法顧問官として台湾に赴任するが、まもなく同地で客死する。時代は日本を膨張＝帝国化へと向かわせた。そこに雪嶺の国粋思想はどう対峙したか。日清戦争に際して盟友の陸羯南が清国と朝鮮に対する強硬論を支持したのに対して、雪嶺は時流に対して即かず離れずの微妙な態度をとる。例えば彼は「尊王攘夷は変遷し、尊王は立憲政治となり、攘夷は二大戦役を経て帝国を強国の位置に進め、明治の初年に欧州強国の風を聞きて希望に堪えなんだところを事実にしたが、これがために以前より何ほどの幸福を享くるに至ったかを考うればいささか疑いなきを得ぬ[19]」といった注意深い語り口で、日清（そして日露）を回顧している。こうした時勢に対する不即不離の姿勢が雪嶺を息の長い評論家たらしめ、時流への便乗者とは異なるものとして、長く世人の信頼を得た一要因であると鹿野政直は評する[20]。

だが、そんな雪嶺も激しい行動に駆り立てられるときがある。彼が足尾銅山鉱毒事件に強い関心をもち、みずから取材に赴き、田中正造（一八四一［天保一二］―一九一三［大正二］年）に対して深い共感をもって交友したことは記憶されておくべきだろう。また、一九〇一（明治四三）年から翌年にかけての大逆事件に際して雪嶺は政府に対し強い憤怒を覚え、それは死刑となった幸徳秋水（一八七一［明治四］―一九一一［明治四四］年）の『基督抹殺論』に序文を寄せる挙に至る（ただし、初版には掲載されず）。

一九〇二（明治三五）年四月から翌年六月にかけて、ふたたび海外に旅する。今度は香港、シンガポール、インド、紅海を経てイギリス、ドイツ、ロシア、イタリア、トルコ、アメリカを周遊する本格的なもので、帰国後『日本人』に「遊歴に就き」と題するレポートを掲載している。

一九〇七（明治四〇）年には、陸羯南の新聞『日本』の発行元・日本新聞社の内紛を受け、同社社員一二名が雪嶺の政教社に移ってくる。雪嶺によって『日本』紙が継承されることになり『日本人』誌と合併し、『日本及日本人』

誌となった。雪嶺は一九二三（大正一二）年の秋までこの新雑誌の主筆を務める。(21) 一九〇九（明治四二）年、大著『宇宙』を刊行。この書については、本稿後半で委細に検討するので、今は特に触れない。

明治末から大正初頭にかけて、雪嶺はますます筆の勢いを増す。(22) 明治・大正・昭和に跨る言論史・政治史上の怪人物・野依秀市（一八八五［明治一八］—一九六八［昭和四三］年）が雪嶺に近づき、雪嶺は野依が主催する『実業之世界』誌に通俗的な人生訓めいた文章を量産する。それらはのちに『想痕』（至誠堂、一九一五［大正四］年）ほか多くの単行本にまとめられるが、恐らく口述筆記などで速成された文章らしく、内容も世俗道徳をなぞるものでしかなく、『真善美日本人』や『宇宙』の著者は一体どこにいってしまったのかという体のもので、正直なところ、ほぼ評するに値しない。しかし、雪嶺がそのまま才能を潰えさせていったかといえば、決してそんなことはない。こうした通俗的著述の一方で、一九〇八（明治四一）年から一九二一（大正一〇）年にかけて『日本及日本人』誌上に「東西美術の関係」、「学術上の東洋西洋」、「東洋教政対西洋教政」、「人類生活の状態」という連作をなす〈東西比較融和〉の壮大な文明論群を書き次いでゆき、その合間にもさきに引用した『明治思想小史』（丙午出版社、一九一三［大正二］年）のような佳品を発表する。

一九二三（大正一二）年九月一日、大震災により『日本及日本人』の発行所・印刷所ともに被災し、同誌の休刊が余儀なくされると、同月一五日には早くも個人雑誌『我観』を創刊する。このときすでに還暦を過ぎていたことを考えると、雪嶺の仕事ぶりは超人的と言って過言ではない。この新雑誌では一九二六（大正一五）年から雪嶺が没する一九四五（昭和二〇）年まで『同時代観』が連載される。これは雪嶺が生まれた万延元年から昭和二〇年に至る雄渾な歴史叙述の書として、没後『同時代史』全六巻（岩波書店、一九四九—五四年）にまとめられる。また、この時期、吉野作造（一八七八［明治一一］—一九三三［昭和八］年）らと交友を結び、いわゆる〈大正デモクラシー〉とも雪嶺が深い関わりをもつ――たとえば当時この思潮を担った主たる雑誌『中央公論』に雪嶺がたびたび執筆している――ことも記憶されるべきだろう。

昭和期に入り、日本にファシズムの影が差し掛かる頃になると、老境に入った雪嶺の周辺も徐々に不穏な空気が満ちる。ブラック・ジャーナリズムの怪人・野依は雪嶺を「先生、先生」と慕い、雪嶺もこれに応えて――あるいは乗せられて――野依の主宰する媒体に小文を書き続ける。やがて太平洋戦争が始まると、世相に即かず離れずの姿勢は崩れ、あからさまな時局推進の筆を揮うようになる。中庸を行《い》った古き良きナショナリストの姿は、残念なことにこの晩節において、幾分の曇りを帯びたようだ。一九四一（昭和一六）年四月、彼は文化勲章を受ける。

そして、最晩年の雪嶺を悲痛な出来事が襲う。叙勲の年の七月、妻・花圃が亡くなる。そして一〇月、東條内閣に造反し憲兵によって自宅監視下に置かれていた娘婿・中野正剛が――理由はいまだ不明であるが通常は東條への抗議の意をあらわしたものとされる――自害を遂げる。一九四五（昭和二〇）年五月、東京の大空襲で初台の自宅が全焼。書庫だけは孫・三宅立雄の必死の努力で焼失を免れた[23]。そして八月一五日を迎える。敗戦を見届けるかのように、この年の一一月二六日、雪嶺は世を去った。「同時代観」連載の最終回は『我観』一一月一二月合併号に掲載して見事完結させ、遺作となった論攷「各自能力の世界への放出」は、岩波書店が新たに創刊した『世界』誌第一号（一九四六［昭和二一］年一月号）の特集〈無条件降伏と日本の新生〉のなかの一篇として掲載された。ナショナリスト雪嶺は、この論文のなかで、将来における国家の消滅を予測していた。

第二節　前提的評価

さて、そろそろわれわれは雪嶺の思想そのものの検討に移りたい。

近代の哲学には「経験・意味・主体の哲学」と「知・合理性・概念の哲学」の二つの系統があるという見立てを示したのは、フランスの思想家ミシェル・フーコー（Michel Foucault, 1926-84）であった[24]。これを簡潔に〈意識の哲学〉と〈概念の哲学〉と言ってもよい。むろん、これは一種の説明図式であって、哲学思想の伝統をこのように画然と二分することはできず、両者は複雑に交錯しているとみるべきだが、ひとまず便宜的にこの見立てを用いるならば、日本の近代哲学は圧倒的に〈意識の哲学〉が優位であったと評してよいだろう。あるいは現在の日本で行なわれている哲学的営為も、基本的には〈意識の哲学〉に重きを置いたものであると見てさしつかえない。先述の田邊元や戸坂潤、あるいは下村寅太郎（一九〇二［明治三五］―九五［平成七］年）、澤瀉久敬（一九〇四［明治三七］―九五［平成七］年）、戦後の大森荘蔵（一九二一［大正一〇］―九七［平成九］年）、廣松渉（一九三三［昭和八］―九四［平成六］年）など科学思想系の重要な哲学者が存在することは決して看過できないのだが、少なくとも、哲学史に中心と辺縁が仮にあるとして、その中心を占め、哲学研究界の外部――たとえば哲学徒ではない知的読者たち――に対しても大きな影響力を持ち続けてきたのは、明治期から今日に至るまで、日本では圧倒的に〈意識の哲学〉であったことに疑いはない[25]。そのなかで三宅雪嶺の仕事も、その著作の大部分、日本の国家と民族、あるいは人生、歴史、伝記、美術などを材とした点で、基本的には〈意識の哲学〉の系統に――必ずしもその典型とは言い難い独特の色調があるとはいえ――連なるとみるのが自然であろう。いわゆる人生論のような通俗哲学書も彼が何冊か書いていることはすでに述べたとおりである。だが、一九〇六（明治三九）年から一九〇八（明治四〇）年にかけて「原生界と副生界」のタイトルで『日本人』（のちに『日本及日本人』）誌上に六三回に亘って連載され、一九〇九（明治四二）年に『宇宙』と改題されて政教社から刊行された雪嶺の大著は、雪嶺の著作全体のなかでも、そしてこの作品が刊行された当時の思想状況のなかでも、独特な位置を占める。

この書は雪嶺の作品のなかでほぼ唯一〈概念の哲学〉に属するもので、〈科学思想〉を論じた著作と位置づけることができる。ここで科学思想（la pensée scientifique）というのは、自然科学について考え、そこから何らかの含蓄や洞察を引き出した思考のことを指している。だから科学上の概念・理論・発見などを分かりやすく紹介することを少なくとも一義的には意味しない。『宇宙』の或る部分には、雪嶺が当時アクセスしえた最新の科学上の学説を通俗的に紹介した箇所がないわけではない。しかし重要なのは、科学をもとにした雪嶺の哲学的思考である。本稿の以下の部分では、この『宇宙』のなかの、特に科学について思想的な含意のある箇所を取り出して論じる。

第三節　絢爛たる知の銀河――『宇宙』

文体と構成

この浩瀚な書物『宇宙』は、論旨が難解という箇所は実はほとんどないのだが、決して平易ではない漢文脈の文語体で書かれており、読みやすいものではない。文章全体として――あるいは章・節・パラグラフの単位で――みるならば、恐らくは元が連載だったせいもあり重複や反復が多い。同時に、センテンス単位でみるならば、妙に凝縮された密度の高い文章で、一読して意味がとりにくい場合がある。こういう文章が好きだという人もあるかもしれないが、私にはこれが正直なところ、味わい深いタイプの文章とは感じられない[26]。試みに、その文体がどのようなものなのか、多少とも知っていただくために、『宇宙』の冒頭に掲げられている「題言」の全文を引用しておこう。

宇宙と名づくる此の一書は、実の名に副はずとも、世に人の多き、全く読む者なしと限らず。或は初め数頁を読み、没趣味として捨て置き、或は三四ヶ処を披き、卑近なり驚くべき迷誤なりとして抛つべし。唯だ幾人かは全巻を通読するの忍耐力を具へんが、文字よりも意義を採り、部分の断定よりは全体の理路を辿り、直に現実なる

第三節　絢爛たる知の銀河――『宇宙』

宇宙に融合せんとするの有るべきや否や。絶えて無くして稀に有り。而も其の一人も之を能くするに非ず、僅に能くせんと試むるのみ。一人とは誰ぞ、斯く言ふ者自らの事。[27]

文章の読みにくさは本人にもそれなりに自覚があったようで、通読に忍耐が要るとか、なんとか理路を辿り、意を汲んで読み通してみようとするのは著者自身のみだとか、巻頭から自嘲が溢れているのには苦笑を禁じ得ないが、ともあれ今は、この本の内容である。目次を一瞥してみよう。

題言／序／凡例

第一篇　見地

第一章　回顧／第二章　位置／第三章　渾一の欲求／第四章　国情との関係／第五章　印度及び独逸／第六章　独逸及び英国／第七章　攻究の効果／第八章　現象の観察

第二篇　原生界

第一章　二種の不可知的／第二章　可知的宇宙／第三章　有機体としての攻究／第四章　有機体説の変遷／第五章　偶然性必然性／第六章　宇宙の力及び機関／第七章　力の知られし部分／第八章　機関の知られし部分／第九章　宇宙の太初／第一〇章　星系の複雑／第一一章　無光星／第一二章　有光星／第一三章　種々なる軌道／第一四章　種々なる組織／第一五章　最も知り易き星

第三篇　副生界

第一章　両生界の関係／第二章　生物の発現／第三章　半生物及び生物／第四章　循環的の変化／第五章　植物／第六章　植物の範囲／第七章　植物及び動物（上）／第八章　植物及び動物（下）／第九章　動物の繁殖

第五章　宇宙と国粋

／第一〇章　動物の段階（上）／第一一章　動物の段階（下）／第一二章　人類／第一三章　人類の社会（上）／第一四章　人類の社会（下）／第一五章　超人

第四篇　意識

第一章　意識の有無／第二章　認識の本質（上）／第三章　認識の本質（下）／第四章　知識の拡充／第五章　科学の傾向（上）／第六章　科学の傾向（中）／第七章　科学の傾向（下）／第八章　宗教の傾向（上）／第九章　宗教の傾向（中）／第一〇章　宗教の傾向（下）／第一一章　将来

第五篇　渾一観

第一章　知能と宇宙（上）／第二章　知能と宇宙（下）／第三章　官能と宇宙（上）／第四章　官能と宇宙（下）／第五章　意能と宇宙（上）／第六章　意能と宇宙（下）／第七章　無限の連続／第八章　連続の一部（上）／第九章　連続の一部（中）／第一〇章　連続の一部（下）／第一一章　連続の追随／第一二章　幾分の満足

跋

　第一篇から第五篇を通して、章の下に節が設けられている。その節番号は冒頭（第一節）から巻末（第二二三節）まで通して振られて、それぞれの節の内容を示す小見出しが目次に掲げられているのだが（本文頁では節番号のみが示される）、すべてここに書きだすことは煩瑣にすぎるので行なわない。また、本文頁にはところどこに頭註が附されている。[28]

雪嶺宇宙のオデッセイ

さて、目次でわかるとおり、この『宇宙』は大きく五つのパートに分かれている。さながらそれ自体が小宇宙のような浩瀚な書物の全体像を描くこと、いわば雪嶺宇宙の全天を見わたす天球図を作ることで、この宇宙旅行のためのガイドとしたい。本稿は『宇宙』のなかの科学思想の成分に重点を置いて論じるものであるが、そうした論点から多少外れても興味を惹かれるトピックについては、その都度、必要な註釈・補足を行ない、関連情報を示すことにする。なお、すでに述べたとおり、雪嶺の特異な文体は――その良し悪しの評価は措くとしても――読みやすいものではないので、以下、逐語的な引用は最小限にとどめ、基本的に私の言葉にパラフレーズして紹介していくことをご寛恕願いたい(29)。

科学の歴史と未来

第一篇は「見地」と題され、これから宇宙について論じるにあたって、どのような考究態度をとるのか、雪嶺の基本姿勢を示した部分である。いわば、宇宙を考えるための基本的な認識論を示している箇所である。

冒頭、人類史のなかで、科学的精神の形成される以前の、いわば〈未開の思考〉のなかで、物事を見て、考えることは「驚き」から始まることが述べられる。未開時代の人々が風雨・雷電、新星や彗星の出現のような天の現象、あるいは人間の身体に現れる疾病やそれを癒す医薬の効き目に「驚き」、その原因を知ろうとした。そこからまず、星学(＝天文学)と化学に相当する知が形成されたのだと解く。そして、アストロノミー(星学)の前駆となったアストロロギー(占星術)と、ケミストリー(化学)の母胎となったアルケミー(錬金術)とについて簡潔な科学史的回顧がなされる。さらに、こうした実験観察科学に先立って古代にメタフィジックス(形而上学)が存在したことが述べられる。だが、形而上学に対する雪嶺の評価は限定的で、占星術や錬金術が発展して化学や天文学になったのに対して、形而上学は旧態依然であり、それが「実験」――この場合は experiment と experience の両義を兼ねている――を伴わないことから、思考力の訓練という意味での価値は今後も失わないとしても、今日の知識に対する貢献するところは少ないと評される。この時点で、雪嶺の認識論的立場の顕著な特徴である経験主義・実証主義的な傾きが端的に見てとれる。

ついで、コント（August Comte, 1798–1857）、スペンサー、ミル（John Stuart Mill, 1806–73）などの当時よく知られた学問の分類・段階論が示される。この三者に先立って、今日の吾国ではあまり知られていないスコットランドの医師アルノット（Neil Arnott, 1788–1874）の名に言及されている辺りは、やや注目を引く。[30] ともあれ、ここで重要なのは、科学が普遍的ではないという認識が示されていることである。いわば科学の時代・地域拘束性についての議論で、第二章の「位置」というタイトルは、そのことを指す。

だから、科学的認識について考えるためには、科学の歴史を考えることが必須であり、同時に、科学の未来をも考えなければならない。科学認識論をやる上で科学史を参照することは、雪嶺より後の時代の日本の科学哲学のなかでも行なわれており（たとえば、のちの下村寅太郎）、さほど奇異な印象は受けないのだが、科学の未来をも見通さなければならないという主張には――すくなくとも科学認識論や科学哲学の歴史を振り返る限り――この時代の日本の科学思想としてはかなり奇抜である。[31] このあとの部分でも、雪嶺は科学や学問の未来を語る。これを仮に、雪嶺の未来主義と呼ぶことにしよう。

続いて、その未来の科学において認識されることとして、地球外生命の存在が挙げられる。これも今日のわれわれにとっては奇異なことだが、じつは一八世紀から一九世紀の西欧の自然観のなかで、地球外生命の存在――当時の言い方では〈世界の複数性〉――についての議論は少しも珍しいものではなかった。[32] 哲学者カントの有名な言葉「わが上なる輝く星空と、わが内なる道徳律（Der bestirnte Himmel über mir, und das moralische Gesetz in mir）」が想定している〈星空〉には、生命が満ちているのである。雪嶺は一九世紀の文献を読んで、地球外の生命に思いを馳せている。

さらに、科学と哲学の関係という問題が論じられる。ここでも雪嶺は哲学に対して手厳しい。哲学は、物事の原理を考究する学でも、諸科学を統一する〈科学の科学〉でもなく、各哲学者の観念をそれぞれの立場で述べているにすぎないと雪嶺は見る。その立場というのは例えば国情であって、ドイツのような陸国の哲学と、イギリスのような海国の哲学は異なるといった議論がなされる。それは後年、和辻哲郎（一八八九［明治二二］―一九六〇［昭和三五］年）が『風土』（一九三五［昭和一〇］年）で示した環境決定論を思わせもするが、そこまで徹底した決定主義でもなく、かなり恣意的で通俗的な論という感が拭えないものである。ただしこの時期以前、西欧の地理学で環境決定論と環境可能論の対立があり、それを何らかの経路で雪嶺が受容していた可能性はある。(33)

渾一観

第一篇の末尾にあたる部分では、言うなれば〈宇宙論の作り方〉が提示される。まず、あらためて経験主義・実証主義的な立場が確認され、宇宙を統一的に把握する見地が「渾一観」と呼ばれる。渾一観を得るためには、五感に訴える事実を帰納的に蒐集することが重要であるという。そして世間でいわゆる哲学とは異なる、雪嶺なりの哲学観が示される。雪嶺は英国の医師・解剖学者で近代外科学の祖として名高いジョン・ハンター（John Hunter, 1728-93）に帰せられる「考うる勿《なか》れ、試みよ」という言葉を引く。その上で、哲学というのは〈考えること〉の同義語で、もし考えることがなければ哲学の価値などないとしばしば言われるが、それは大きな間違いで、世界には観察や実験して分かることが無数にあり、観察や試験も含めて〈考えること〉であり〈哲学〉なのであるという見方を示す。(34) そして、宇宙の全ての事実を蒐集した上で得られる〈完全な渾一観〉は、その宇宙の全事実の把捉ということが人智の限界を超えているので不可能だが、だからといって沈思瞑想していればよいというものではなく、可能なかぎりの経験事実を集めて、その完全な渾一観に少しでも近づくべきであるとして、この第一篇が結ばれる。

宇宙は生きている

第二篇は「原生界」と題されている。これは大宇宙、宇宙全体を雪嶺が呼ぶ言葉である。雪嶺の論述に沿って要約するならば、まず不可知論についての議論がある。これはカント哲学の〈現象は知りうるが物そのものは不可知である〉という基本的な定式を前提としている。その上で、宇宙における〈知り得ないもの〉には二つがあると雪嶺は言う。観察手段などの未発達により、〈今の時点では知り得ない〉もの。そして、観察手段が如何に進歩しようとも未来永劫にわたって人類には〈本来的に知り得ない〉もの。これはドイツの医師・生理学者であるデュ・ボワ＝レイモン（Emil Heinrich du Bois-Reymond, 1818-96）が示した二つの不可知論を受けていることはほぼ間違いない。デュ・ボワ＝レイモンは「われわれは知らない、そして将来も知ることはないだろう」（Ignoramus et ignorabimus）という言い方で自らの立場を要約している[35]。雪嶺は、二つの意味での不可知なものを、宇宙における空間要素・時間要素のそれぞれについて剔抉する。ここでも哲学に対して雪嶺の厳しい判断が示される。哲学は、実体を知りうるか否かという問題に汲々としている。だが、可知的であるという現象世界の出来事ですら、人類は、この広大な宇宙空間、無窮の時間のすべてを精査して知り尽くしたというわけではない。にもかかわらず、本体が物自体が実体がと騒ぎ立てるのは滑稽ではないか。実体の可知・不可知は、現象世界の全体が明らかになってから考えればよいだろうと雪嶺は言い、形而上学的な哲学議論を一笑に付す。

そして、では、少なくとも雪嶺の時点で知られていた宇宙についての知識をもとに、いよいよ宇宙論そのものに取り組むのかと思いきや、まだ前提的な議論が続く。

雪嶺は「宇宙」という言葉、また西欧語の Universe とか Cosmos といった言葉の語源的解釈を行ない、歴史上の宇宙観の変遷を回顧する。この記述も、日本語で読める天文学史・宇宙観史として、相当に初期のものである[36]。重要なのは、この箇所で、いわゆる宇宙有機体説、つまり宇宙全体が一つの生命体であり、宇宙は生きているという考えが表明されている点である。だから雪嶺は大宇宙を「原生界」と呼ぶ。そして、生物の仕組みを研究するのが生理学だとすれば、生命体たる宇宙を考究する学として、星学（天文学）は「宇宙生理学」の初歩と位置付けられる。そしてそれは宇宙的解剖学・宇宙的組織学・宇宙的医化学とも言うべきものと体系を成す、いわば〈未来の天文学〉の構想が述べられる。

そして、ここでも雪嶺の博識な歴史的知識が存分に発揮される。宇宙有機体説の源泉が東西の古代思想からキリスト教神学、ルネサンスの自然思想からドイツ観念論に至るまで簡潔に回顧される。キリスト教にとって宇宙有機体説は、あらゆるものに命があるとする汎生命論であり、神の立場を失わせる危険な無神論とみなされたとする見方は、汎神論・理神論・無神論の連続性[37]を簡潔に説明した優れた記述である。そして同時代の科学者のなかに宇宙有機体説が見られないことを雪嶺は嘆く。そして有機体と生物は同義であり、生物たる要件とは、〈自我〉をもつことであるとされる。そして巨大な生物である宇宙が「原生界」ならば、そのなかに存在する、通常言う意味での生物の世界は「副生界」であると定義される。そして、副生界に初めての生物が誕生したのは、無機物から有機物が生まれることによってだが、その機序は明らかでないとされる。この無機物から有機物が生じることに注目して〈生命の起源〉を論じる視点は、『宇宙』の刊行から十数年を経て、一九二〇年代初頭にソ連の生化学者オパーリン（Alexandre Ivanovitch Oparine, 1894-1980）が唱える化学進化説を俟たなければならない。雪嶺の議論の先見性は注目に値する。続いて、生命とは何かという検討がなされ、それは一種の「力」であり、したがって宇宙全体も力なのであるという考えが示される。ここにはオストヴァルト（Wilhelm Ostwald, 1853-1931）ら一九世紀のエネルゲティーク（die Energetik）の影響を見ることができよう。そして、宇宙の力は永遠の力であって、宇宙の生命が永遠であることが示唆される[38]。

続いて、雪嶺の当時の天文学の知見が紹介される。もし『宇宙』を一九世紀後半から二〇世紀初頭の天文学の通俗的概説書として読むならば――そのような読み方も可能である――この第二節の後半はまさにそうした記述で、天文学史的観点、あるいは科学的知識の非専門家における受容史という視点にとっては興味深い材料たりうるが、思想的含意は希薄で、情報羅列的という感がある。この箇所を詳しく紹介することは本稿の任ではないはずである。ただ、宇宙に関するさまざまな観察事実を紹介するなかで、それが生物――通常の意味での生物、雪嶺の言い方を用いれば〈副生界〉の生物――と類似性をもつ、ゆえに宇宙そのものが巨きな生物体なのだという主張を雪嶺が随所でくり返していることを確認しておこう。

生物の世界――地球の生命、他星の生命、人工生命

第三篇に至って、原生界と副生界の関係が論ぜられる。原生界こそが根源的な大生命であり、その一部分にすぎない副生界の生命は、蜉蝣《かげろう》のような果敢なく小さなものにすぎない。このことを認識していなければ、生物のことを考えても人の世のことを考えても誤謬に陥るという。そして、有機的な副生界に対して、原生界は無機的であるように見えるが、これは誤りであるという主張が反復されるのだが、ここで興味深い議論をしている。尿素がそうであるように、無機物から有機物を作ることはできる[39]。それならば、尿素よりもさらに複雑な有機化合物をつくる技術が進歩してゆけば、やがては人工的に生物をつくるはずであると雪嶺は述べる。すなわち〈人工生命〉の仮想的議論である。ホムンクルスのような錬金術的伝統、またメアリ・シェリー『フランケンシュタイン』(Mary Shelley, *Frankenstein: or The Modern Prometheus*, 1818) のような文学的想像力を別として、近代の科学的人工生命研究は、先述のオパーリンの化学進化説をベースに、一九五三年に行なわれた〈ユーリー&ミラーの実験[40]〉が最初のものであることを考えれば、

ここでも雪嶺の議論は、化学進化の延長線上にあるものとしての人工生命というコンセプトを先取しており、興味深い。注意すべきは、人工的な生命を創出可能だと彼が述べている文脈である。これは、技術の力によって生命をも生み出すことができるという〈人智の勝利〉を言祝ぐ主張ではないということだ。あくまでも地球を含む天体を構成している——通常は生きていないとみなされる——無機物と、生物体を構成している有機物とが連続的であるということを示す根拠として挙げているのであり、主眼はあくまでも、有機物からなる生物と同じように原生界すなわち宇宙全体も生命をもつということである。したがってここでは人間を含む生物の特権性は否定され、生物中心・人間中心の価値観や倫理観が批判されさえする。むしろ原生界にこそ価値の中心が置かれる点で、いわば東洋思想の自然概念を西欧科学上の知識を通過させることで現代化した——それは西欧近代の側からみれば一種のポスト近代的性格を備えた——人間を脱中心化した倫理思想ともいえるが、それが抽象的な自然を表わす〈天〉ではなく、近代以降の天文学的知識によって具体化され、人工生命・地球外生命といった着想をも纏っている点に、特異な価値がある。

　続く箇所では、地球以外にも副生界が存在する可能性、つまり例の地球外生命の議論がふたたび現れる。先行する部分との重複もあるが、ここではより具体的な記述となっている。たとえば結晶が成長する仕組みは生物の成長と相同的であることが示され、地球以外の惑星に結晶や鉱物状の生物ないし半生物が存在する可能性が示唆される。この結晶と生物の類似性——端的に言えば結晶は生命をもつという主張——は、当時のヘッケル（Ernst Haeckel, 1834-1919）らの議論を念頭に置いている可能性が高い[41]。地球外生命の形状・様態を単に想像力だけではなく、当代までの自然科学的知見の博識をもとに最大限推測して思い描いてみせる雪嶺の記述には、文学的創作の想像力とはまた異なる面白みがある。そして生物の何たるかを真に知るためには副生界の一つにすぎない地球の生物を見ているだけでは不足で、他の副生界——すなわち他の遊星——の生物のことを知って、初めて本当のことがわかるという雪嶺の生物認識論は、宇宙的高みにまで広がっており、壮大といえば壮大、また地球上の生物すら充分に知り得ていないにもかかわらずと考えれば、大風呂敷といえば大風呂敷で、いずれにしてもこの碩学の面目躍如たるところであろう。なお、地球以外で生物が存在する可能性がもっとも高い惑星であると雪嶺がみなしているのは火星である。〈火星生命論〉というのはこの時代の流行であった。[42]もっとも、火星かどうかはともかくとして、雪嶺が地球外生命を論ずるのは、当時の流行りということとは一応別の理由があって、つまりはあらゆる存在物のなかで、生命を有しているか否かというのは程度問題であり、どのようなものにも多かれ少なかれ生命はあり、それは結局、宇宙という原生界自体が生きているのだから、それに属するいかなる小部分も生命をまったく含まないということはないという一種の汎生命論ないしは物活論（l'hylozoïsme）的な考えを示すためであろう。そして全体として生きている自然界は、鉱物界・植物界・動物界の間で物質が循環していることを説く。この自然の三界における物質の循環論は、すぐれて生態学的な視点であり、現在の言葉で言えば、生態系（l'écosystème）の概念に近いことを雪嶺は考えているようである。生態学（l'écologie）が一九世紀の半ば以降にヘッケルらによって徐々に確立していくのを雪嶺はほぼリアルタイムで把握していることになる。[43]このような相互に連環しているものとして、雪嶺は、鉱物・植物・動物についての知見を紹介しつつ、その学的認識についての自説を示す。当時の先端科学である進化論への言及も忘れようはずもない。そして地球上のみならず、他の惑星における〈自然の三界〉について述べ、そこでは地球と同様の三界の弁別は必ずしも存在せず、さらには無生物と生物、無機物と有機物の別も、地球と他の遊星とでは、自ずと異なってくるという考えを示している。やがて、話題は動物全般から脊椎動物、そして生物としてのヒト、さらに人間とその社会へと移ってゆく。ここで雪嶺が強調するのは、人間があらゆる生物のなかで特権的な位置にあるのではないということである。生物と無生物がいわば〈生命含有度〉の量的差異しかもたないという主張と同様に、人間と他の生物との差異も「程度問題」であるとされる。だから動物も植物も社会を形成しており、さらには、物質が集合体を成すことさえも一種の「社会」であり、たとえば鉱物が鉱脈を成すのもそうした例の一つであるとされる。その上で、人間の社会の発展史が論じられる。人間は家族的社会から国家的社会に進み、国際的社会に至る。さらにはやがて、人類は国境を取り払い、一つの「大なる国家」になるのだという。[44] このあたりにも、雪嶺のコスモポリタニズムが見て取れるのが興味深いが、人々が相助け合い一つの世界国家樹立に至るのは、人類に進化の原動力たる自然淘汰の競争本能に加えて、「共済」の本能があるからだとされる。[45] これはクロポトキン（Pierre Kropotkine, 1842-1921）の影響下に書かれていることは、ほぼ間違いないだろう。『相互扶助論』（*Mutual Aid: A Factor of Evolution*）の原書初版は一九〇二年に刊行されており、『宇宙』の元となる連載の執筆をしていた時点で雪嶺がこの書物そのものを読んだかどうかは微妙なところだが、クロポトキンの思想については遅くとも一九〇五（明治三八）年には日本に紹介されており、[46] 雪嶺がクロポトキンのことを知らなかったとはむしろ考えにくい。

超人――進化の相の下に

さらに人類のなかでも進化によって種が分化してゆき、やがて「超人」が現れ人類のなかに一階級を成す可能性が示唆される。当時日本でも流行していたニーチェ（Friedrich Nietzsche, 1844-1900）主義を背景としていることは言うまでもない。ただし、雪嶺はニーチェの超人論、たとえば「人間にとって猿とは何か。哄笑の種、または苦痛に満ちた恥辱である。超人にとって、人間とはまさにこういうものであらねばならぬ」、「人間は、動物と超人のあいだに張りわたされた一本の綱」[47] というのを、当時主流だった倫理的・道徳的な言説という読み方よりもかなり字義通りに――あるいは即物的に――理解し、進化論的に解釈している。[48] 新たな人間の道徳的な在り方というよりは、ヒトが種として進化して〈超人〉という別種になるというイメージである。[49] むろん、それは世界国家の樹立のさらに先のことで「数万年後の進歩」であるという。実は明治期には未来論の流行があり、未来の生活とはどのようなものであるかを論じた書物が多数刊行されているが、[50] それにしても数万年の進化の果てに別の種となった人類の社会までを想像するような例は少ない。ここにも雪嶺特有の未来主義が見て取れる(51)。さらに雪嶺は、地球以外の惑星に住む生物の議論を受けて、どこかの星には地球人よりもはるかに進化した「超人」がすでに現存する可能性を述べる（地球人よりも優れた生命体が存在するなら、彼らは地球をすでに発見してわれわれに向けて通信を送ってきてもよさそうなものだが、それは超人たるかれらにとって地球人はとるに足りない存在で、わざわざ通信を試みようとしないだけではないか、と雪嶺は言う）。そして、遠い将来に超人となった地球人や、いま宇宙のどこかの遊星に存在するかもしれない超人にとっては、宇宙のことを知ることは自分自身のことを知るようにたやすいことに違いないという。可知なるものと不可知なるものをめぐる雪嶺の認識論は、こうして時間的・空間的に拡張され、壮大で空想的な独特の色味を帯びる。雪嶺の「超人」という言葉の使い方は独特で、ニーチェ的意味から離れて、たとえばニュートン（Isaac Newton, 1643–1727）のように傑出した才能をもつ人物、つまり〈天才〉に近い使い方もしており、これは好意的に見れば用語に多義性をもたせているとも言えるが、別の見方をすれば概念的な分解能が低いとも言える。いずれにしても議論の仕方としてはあまり繊細なものでないように見えてしまう。だが、もう少し読み進めると、雪嶺は独特な仕方でこの議論に重要な補足をする。すなわち、地球人の将来の様態としての超人であれ、他星ですでに窮極的に進化した生物としての超人であれ、いずれにしても人類の窮極様態をもって進化の極点であるとみるのは早計であると雪嶺は言う。このような進化論的観点はあくまで人類が太陽系の一惑星における物質から生物にいたる変遷をもとにとらえるから〈進化の窮極としての超人〉のような発想に至るに過ぎない。通常の人間でも超人でも大差ないほどに、より窮極の意識をもった存在、それこそ宇宙そのものなのではないか。それは無意識から見れば意識のほうが明晰であるように、意識からみたときそれを超える明晰さをもち万物を透徹する「超意識」があると考えればわかりやすい。宇宙にはこの超意識が備わっているのではないか――。雪嶺はこのように考えるのである。そして、宇宙の変遷には進化からすれば「超進化」と言うべき法則があるに違いないという。その法則を知ることができれば、理論的には、宇宙のすべてがわかるということになる。むろん、現在の人智によっては知りえない。どうすればよいか。この種の議論で、〈直観〉や〈霊感〉といったものによる直接把握を説くのは、いわば凡庸な神秘家である。雪嶺は神秘主義には流れない。彼は、人はそれぞれに余人よりも明晰に把握できる分野——要するに各人の専門分野——があるのだから、各人がそれぞれの専門において、より明晰になるべく努力するしかないという。これも凡庸な神秘家のちょうど鏡像のように、別様の凡庸さを帯びた身も蓋もない主張だと言えないこともないのだが、とにかく壮大なことを言う割に、一足飛びにそれが実現できるとは言わない用心深さが雪嶺の特色である(52)。

認識論と天才論

ともかくも、宇宙の全的認識——雪嶺の言い方では〈渾一観〉——を得るためには各人が専門について見識を深めるしかない。では、認識についての専門知識とは何か。それは認識論である。だから宇宙についての認識を得るためには、宇宙の個別的な事実・知識の蒐集に加えて、それを認識する方法について知らなければならない。以下、第四篇の後半は認識論の検討に充てられる。まず、これも当時の主流に従って、カントの認識論の簡にして要を得た概説が行なわれたのち、新カント主義（le néokantisme）を紹介する。そして、この学派——特にカッシーラー（Ernst Cassirer, 1874-1945）を中心とするマールブルク学派（l'école de Marbourg）——の博識な学風にも通じるところのある雪嶺は、やはりというべきか、認識論は独立の学科とはなりえず、心理学や人類学や動物学といった諸科学を参照することで、ようやく満足しうるものになるという。そして、或る時代の知識は、「其の時代の総ての科学及び准科学に存す」と述べ、認識論が哲学のなかに自閉することを批判する。雪嶺はさまざまな事例を挙げつつ、意識、無意識、自我、知識などを論じる。無意識の役割を重視しているのは、今日から見れば、認識論としてはやや異色に思われかねないが、この時代としてはさほど珍しいことではない(53)。

むしろ、面白いのは、科学的知識の成立と天才についての議論であろう。雪嶺は、天才的人物による新発明や新発見を、言葉の字義通りの天才（天賦の才能）[54]を与えられた者の偉業とはとらえない。むしろ、社会的な要請の高まりが直接・間接にあって、その人物に画期的な発明や発見をさせる条件が生じ、その結果、かれは天才として現れるのだという見方をとる。のちにトマス・クーン（Thomas Kuhn, 1922-96）[55]らが行なった科学的発見についての検討にも通じるところのある議論で、ロマン的な天才概念や、生得のものとして天才を論じる立場の対極と言ってよいだろう。[56]

ついで、新カント派風の精神科学と自然科学の関係をめぐる議論を経て、雪嶺は博物学、物理学、化学、数学などの個別科学についての認識論的議論を展開し、当時の先端学問であったフェヒナー（Gustav Theodor Fechner, 1801-87）の精神物理学（die Psychophysik）を肯定的に紹介する。自然科学の発達は精神科学上の問題の多くを解決し、やがて宇宙に生命があることを証明し、宇宙と人生の関係を明らかにするという。

科学と宗教

第四篇の最後には、科学と宗教との関わりが検討される。科学も宗教も、その萌芽的形態は未開社会にも存在する、人間の基本的な思考様式であることがまず確認される。両者いずれも目的とするところは自己と外界についての「渾一的観念」を得ようとする点では共通しているという。出発点が「疑惑」にあるのが科学であり、「信仰」から出発するのが宗教である。そして、両者はときに相助け、ときに相離れ、ともに人間が自己と環境とについての知識欲を満足させようとしてきたという。この科学・宗教観は――例によって雪嶺らしいというべきか――中庸的な物言いで歯切れの良さに欠けるが、近代科学の知識が成立した過程にあった複雑さを的確に語るものであろう。〈科学と宗教〉というテーマ系の理解にはおよそ三つの基本パターンがある。[57]すなわち、①両者が本来的に相容れない闘争関係にあり宗教の頚木から脱したとき科学が成立したとする〈闘争史観〉的なもの。②両者を完全に別様の文化伝統とする〈棲み分け〉論的なもの。③近代科学は宗教なくして生まれえなかったとして両者の〈同根〉性を強調するもの。だが、実際には科学と宗教の関係は一筋縄でない複雑さをもっており、この三つの見方のいずれも相応の真理と誤謬を含んでいることは今日では自明であろう。しかし、雪嶺の当時にあって、一般的には〈闘争史観〉的なものが多く流布しており、(58)彼のようにバランスの良い視点でとらえることは必ずしも容易でなかったはずである。このような穏当な視点から、以下、顕教（l'exotérisme）と密教（l'ésotérisme）の関係、個別の宗教として儒教、仏教、キリスト教が概観される。そして現代の知識人にあっては、人格的な神を迷信視して信仰していなくても、観念論的な信仰心をもっていて、それは己の「小我」を「大我」というべきものに冥合することで一種の宗教的な経験を得るという。(59)しかし、科学的知識が広まるにつれて個別宗教の教義との矛盾が明らかになってきた昨今、信仰心が薄らいでゆくことは避けがたい。もともと宗教の役割は、宇宙と人生に関して心の安らぎを与えることであったはずで、もし現代人がそれを宗教に求められなくなったら、何に求めればよいのかと雪嶺は問う。宗教にかわって科学が心の平安をもたらしてくれるのか。理念的にはそうであると雪嶺は考える。「科学万能説」は理論的には正しい。しかし、現時点の科学はまさに〈分科の学〉であって、個別科学がそれぞれにどれほど発展を重ねても、宇宙や人生の全体を示してくれる「渾一観」にたどり着くことは難しいだろう、と雪嶺は留保を加える。かといって、科学万能説の反動として、科学に対する懐疑が生じ、宗教に復するのも能がない。さしあたりは、科学によって個別的に解明された宇宙や人生をめぐる〈真実の断片〉とでも呼ぶべきものによって満足するほかあるまいと、雪嶺はここでも、穏健な――しかし、やはりどこか慊《あきたらな》さが残る――見解を示す。

哲学批判

それでは、宗教に代わり、諸科学を包含する渾一的見地を与えるものとして、哲学はどうだろうか。雪嶺の考えでは、否定的である。哲学は理念上は「諸科学の科学」であり「原理の科学」たるべきだが、現今の哲学研究は、往時の思想の史的変遷をたどるものであっても、いまここに生きる者が宇宙や人生について知りたいと願う欲求に応えるものではなく、「眼前の森羅万象に対し全く没交渉」であると述べて雪嶺は批判する。今日でも、大学などで行なわれている哲学研究は、哲学史の研究ではあっても、哲学そのものではないとする批判がしばしばなされる。この種の批判がどの程度正鵠を射ているかはここで一概には言えないが、日本の学問界《アカデミー》に制度としての哲学が導入されて間もなく[60]、東大哲学科の第一期生であった雪嶺が、すでにこのような仕方で哲学研究のあり方に批判を投げかけている点は興味深い。時おりしも西欧では、この雪嶺の哲学批判と――やや乱暴な類型化の仕方であることを承知の上であえて言えば――類似の批判意識のもと、フッサール（Edmund Husserl, 1859–1938）らの現象学運動が生まれ、やがてそれはハイデッガー（Martin Heidegger, 1889–1976）の存在論哲学、第二次大戦後の実存主義へと連なっていく。日本では『宇宙』の二年後に西田幾多郎の『善の研究』（一九一一［明治四四］年）が刊行され、その思想内実や文体の良否は措くとしても、すくなくとも哲学史の出来損ないとは異なる、オリジナルな思索の跡を示す哲学書が現れるのである。歴史的にみるならば、雪嶺の哲学的思索と既存の制度的哲学に対する批判は、哲学の受容とその日本的展開との過渡期を示す言説ととらえるのが妥当であろう。

　ところで、宗教も科学も哲学も、人の心の安息にとっては不充分だとすれば、どうしたらよいのか。雪嶺はこういうとき、妙に楽観的である。第四篇の末尾で彼は述べる。何も宗教が、科学が、哲学が、その他の何学がということではない。いずれ各方面が進歩するうちに知識の間に脈絡が生じて、自然に渾一的観念に至るだろう。統一を意識して統一に至らず、逆に意図せずして統一が不意に得られることもあり、そうこうしているうちに、「幾許か宇宙及び人生に関する知識慾を満足せしむるあらん」。悩みのなさとでも言いたくなるこの感覚はどこから来るのだろうか。彼の知的来歴、たとえば経験論哲学に親しんだことなどは間接的には効いているだろうし、古今東西のさまざまな文物に通じる博識は、思考を相対化することで自由にし、或る一つの事柄や見方、あるいは葛藤に過剰に拘泥しない健全な精神をつくる場合がある。雪嶺の、とくにこの〈そのうちどうにかなる〉とでも言わんばかりのくだりはフッサールや西田が聞いたら激昂しそうな物言いであるが、雪嶺の作品が後年に至るまでときに晦渋だとしても内容的には了解可能であり、ドイツ語翻訳調の病的文体で常人の理解力を超えた過度の抽象性に淫するような陰鬱なところがなく、本人も「波乱に富んだ帝国日本を〔……〕比較的に節操正しく生きて、さいごまで世人の信望を失わな[61]」い生き方を曲がりなりにもなしえたのは、彼のこうした書きぶりに現れているとも言えるだろう。

宇宙から人生をみる

最後の第五篇は「渾一観」と題され、結論部にあたる。

まず、宇宙全体を把握するものである「渾一観」と、それを得るための方法が改めて問われる。ここでは現代人にとっての渾一観とは、自分の周囲にあるものが「仮空」ではなく「事実」であることを前提としなければならないと雪嶺はいう。プラトン主義、あるいはカント主義的に、感覚世界を超えた〈真実の存在〉とか〈事物そのもの〉といったものがあるという考えを誤謬だとはしないまでも、あまり重視しない。われわれが現に生きているこの世界こそが現実だと信じられればこそ、それを渾一的に考究できるというわけである。その渾一観のもとに捉えられる現実とは、「宇宙」のことである。ここで雪嶺は「宇宙」を定義して、窮めて巨大で窮めて目の細かい「網」のようなものであり、時間と空間の全体に亘って張り巡らされているという。その上で、宇宙と人生の関係を次のように考える。時空のなかにあるあらゆるものはこの「網」によって緊密に関係をもっている。当然、われわれの人生も宇宙に関係づけられている。だが、重要なのは宇宙の中に人生が存在するのであって、人生のなかに宇宙があるのではないということである。だから、宇宙のことを考究すれば人生のことは自ずと明らかになる。かつては人生のことを知ればこの宇宙のことがわかる、つまり人生観すなわち宇宙観のように考えられたが、これは誤りである。空間的にみれば地球は大いなる宇宙のなかのごく一点にすぎず、その存続期間も大宇宙の歴史に比べれば一瞬と言ってよい。その地球に棲む人間など、その一点のなかの極一点、一瞬のうちの一刹那にすぎない。だから、そのような空間的・時間的微小部分のことだけが分かったからといって宇宙全体が分かろうはずもない。人生観から宇宙観が得られるはずがない――。このように雪嶺は考える。「宇宙に於ける関係を自覚するに伴い、自己が特別の価値なきを自覚する」とさえ雪嶺は言う。そして、かつて人生観を重んじて宇宙観を軽んじたが、今は宇宙観すなわち人生観と考える時代だという。雪嶺は、一定の留保を設けつつも宇宙の渾一的把握を可能にするのは科学であると述べていた。したがって彼の考えに従えば、科学によって得られる宇宙観から人生観が得られることになり、雪嶺の思想には、人生の問題を科学によって根拠づける、一種の自然主義的傾向があることは明らかであろう。雪嶺は宇宙観から人生観を得るのが今の時代だというが、少なくとも雪嶺以降の日本哲学思想の主流は、その後――唯物論研究というきわめて重要な一派の例外があることを忘れてはならないが――必ずしもそのような方向ばかりには進まなかった(62)。雪嶺の後にも先にも〈宇宙〉のことを論じた哲学者が近現代の日本にどれだけあっただろうか。この問題は後でもう一度考えることにしよう。

さて、宇宙についての知見――渾一観とまではいかない不充分な知識だとしても――をもとに人生を観ずるとき、生と死の問題はどう見えてくるだろうか。じつは雪嶺にとっては宇宙が生きているということが関心の中心であって、人間の生死、とくに個体の死後の問題は積極的に議論されない。肉体を構成する物質は分解して宇宙を構成する元素として残り続けるが、「霊魂に附て何の判定し得べきなし」と述べるのみで、あまり興味がない様子である。「正しく哲学する者は、死の練習をしている(63)」という類の哲学と、雪嶺の哲学はかなり異質である。あくまで宇宙の生命、そして永遠不死なることを前提とし、人間が生きるも死ぬも宇宙の巨大な活動に与ってのことであるということが述べられるのみである。

宇宙主義の美学

この大冊の相当部分を費やして宇宙の存在論・認識論を中心に長い叙述を行ない、いわば真善美のうち真にかかわる問題に一応の指針を示した雪嶺が、巻末も見えてこようとするところで扱うのは、善と美の問題である。まず、美から論じられる。

美には自然美と人工美があるが、優れているのは自然美であるという。雪嶺が自然美というとき念頭に置いているのは、山河草木はもとより、天の美である。彼は言う。地上の美は天上の美とあいまって、美を増す。地上に美しいものがあっても、もし天上の美がなければ、われわれが美しいと感じる光景の魅力は半減してしまう――。ここまでも天上と地上の照応のうちに美が現れるという理論として興味深いのだが、雪嶺の独創的なのは、このあとに述べられている主張である。

地上の美を美たらしめているのが〈天上の美〉だとしても、そこに見出されているのは地球から見た天の美である。たとえばわれわれは地上から見た太陽を、朝日の来光が美しい、海に溶け行く落日が美しいというわけだが、もし水星から太陽を見たらどうか。「太陽は地球に於けるより幾倍の大を加へ、光も幾倍の強きを加へ、若し雲あらば、凄まじき色彩を現はすべし」。金星からであれば「太陽は斯くまで大ならざるも、確かに雰囲気ありて光を屈折するの壮麗なるらし」。地球より外側の星からみれば「太陽は頗る小形にして光も微弱なれど、其の代りに多くの月を率ゐ、火星に二個、木星に七個、土星に十個あり」。あたかも太陽系の各遊星に旅して見てきたかのような書きぶりで、筆の運びから雪嶺の興奮が伝わってくる。壮大・雄渾・崇高なものを言祝ぎ、星屑の密やかな煌めきや月光の蒼白い光のような天上美をほとんど語らないあたりには雪嶺の好みが端的に出ており(64)、何よりも太陽の荘厳な美を宇宙空間で眺めたいという憧れがあるようだ。彼は、太陽を「若し其の附近に在りて望まば、目を眩する光焔の瞬間に上騰し、一光消えて一光之に続き、五光十光顕滅する有様、真に驚嘆するに堪ふべし」とまで書く。そして宇宙には太陽のほかにも無数の恒星があり、そのなかには太陽の何倍もの大きさのもの、太陽ほど稠密になっておらず渦状に旋回するものなどさまざまで、想像を絶する美しさが広がっているのだという。雪嶺が恒星にこだわるのは、美とは何よりもまず光だと考えるためである[65]。あらゆる美すなわちあらゆる光の源泉としての恒星。新プラトン主義であれば、美の――そしてあらゆる存在の――出発点は太陽のメタファーで表現されるが、雪嶺の宇宙主義の美学は太陽系に慊《あきた》らず、宇宙全体へと拡大され、彼の想像力はここにおいて極まる。雪嶺はこんな夢想をするのだ。地球の人類には宇宙全体の美を体感することはできないが、もし体の大きさが人類の一億倍もあり人類より何百億倍も速く移動できる巨人のような地球外生命が存在したとすればどうか[66]。彼は一日にして星から星へと旅し、太陽から別の恒星へ、小さな星、大きな星、螺旋状や球状を成す星雲、千差万別の星々を逍遥することができ、しかも大口径レンズの望遠鏡のような巨大な眼でそれらの光輝を味わい、全宇宙の美を受け取る！　しかも地球外の生命のなかには人類よりも脳の機能が発達している者があるかもしれない。そのような生物にとっては、美の質そのものが地球人とは異なるかもしれない。それは、ちょうど人間が蝶や蜂よりも発達した脳髄の働きでそうした小生物よりも豊かな美を感じているのと同じことで、人類よりも美の質においてより豊かなものを感じ取る生命体を想定しなければ、美というものを根本的にとらえることにはならないと雪嶺は言う。雪嶺は、人類にとっての美を突き抜け、最大にして至高の美を観取しうる生命体の想像をも動員して、宇宙化された普遍美学をつくろうとする。そして、その背景にあるのは科学によって知られた宇宙の知識であって、科学は美と対立せず、むしろ人類の達しえない絶美・絶荘があることを教えてくれるのは科学の知識だというのである。

宇宙の目的

続いて雪嶺は善の議論へと筆を進める。正しい目的に向かう決定や行動が善だとすれば、宇宙にとっての目的とは、そして宇宙にとっての善とはどのようなものであるか。ここでは倫理の問題が、いわば宇宙化される。ただ、美学の問題を宇宙的に拡大したときの歯切れの良い筆致はこの倫理の問題を語る雪嶺には見られず、記述がやや曖昧で分かりにくい。それでも彼の理路を追ってみると、宇宙の目的は〈進化〉であることが了解できる。あるいは、最終目的は真善美であって、それらを目指して宇宙は進化すると理解してもよいだろう。

ここで雪嶺は「無限の連続」ということを言う。宇宙にあるものはすべて連続している。それは無限に続く線のようなものである。線は点が無限に連なっているもので、どの一点を基点としてもよいはずである。同様に、無限に連続するものとして宇宙を認識するとき、或る人の認識を出発点として推論を行なうことができるのと同様に、別の人の認識から推論を進めていくこともできる。だから或る認識の立場は唯一絶対のものではないし、絶対不動の認識などというものはない。このように、雪嶺の認識論の立場は明確に相対主義である。雪嶺の言い方だと、「比較的最も真」「比較的最も美」「比較的最も善」はあるが、絶対の真善美はない、もし或る時代の或る人の認識が窮極の真善美を把捉しているなどと主張するとしたら、それは認識の進歩を否定することになるという。だから、その時代その時代で、知りうる限りにおいて真善美を把握できれば、それでよいのだと雪嶺は述べる。たしかにこの『宇宙』という書物自体、いま自分が知る限りというのが基調であって、これが宇宙の真の姿だというような自信をもった書き方を雪嶺はしていない。「諸科学の進歩」は結局このような相対的な真善美の認識を積み重ねてゆき、宇宙の「無限の連続」を追いかける作業にほかならない。認識論を研究することも有益だが、しかし認識の理屈だけがわかっても、個別の知識が蓄積されなければ真善美に迫ることはできない。だからあらゆる科学（学問）が進歩しなければならない。そして、たとえば今日この日、この一瞬だといっても、それは無限の連続の一部なのであるから、移ろいゆく浮世の一齣のように考えてはならない。その一齣を欠いても、無限の連続はありえないのだから――。このあたりにも、雪嶺哲学の明確な現世主義の傾向が見て取れる。

幾分の満足

雪嶺の広大な宇宙の旅も、いよいよ終わりに近づく。第五篇の後半で、宇宙を渾一観のもとにとらえたとき、真善美とはいかなるものであるか、これまでの記述が要約される。相対主義的な立場、そして形而上学を批判し経験的・観測的な事実を重視する立場が改めて確認される。そして、最後は科学の役割についての総括で締めくくられる。科学は単に天体や動植鉱物についての知識ではなく、宇宙について人間が抱く疑問を解き、人生に対するわれわれの疑問を解こうとするものである。それは、宇宙から人生まで「無限の連鎖」に沿った認識の糧となるのが科学だということだ。宇宙の全体たる原生界から、その一部である副生界に及び、さらに副生界からその一小部分である人類に及び、人類からその一分子たる自己に及ぶようにして、意識は次第に明晰になって、無限の空間のなかの一点を占める自分、無限の時間のなかの一刻を占める自分に至るという仕方で認識を進めることで、宇宙を知ることと人生を知ることは一つながりの行為になる。これが雪嶺の言う渾一観なのである。もちろん、あらゆることについて完全な知識が得られるわけではないのだから、「比較的最も疑なき所に進まんとすべきのみ」でよい。観察できることには限りがある以上、そこに或る程度の想像を交えることもやむを得ない。そして雪嶺は次の一文でこの巨大な宇宙の書を結ぶ。「かくて不完全ながら宇宙に関する意識を統合し以て幾分の満足を得」。

おわりに——奇妙な常識人の肖像

雪嶺宇宙の基調

さて、われわれは雪嶺の語る流れのままに彼の宇宙を遍歴してきた。長い旅程に、いささかげんなりした気分を覚えた読者もあることだろう。

この旅の主な見どころは、概ね次のようなところであったはずだ。

宇宙が生きている、あるいは宇宙にあるあらゆるものが多かれ少なかれ生きているという〈宇宙有機体論〉ないしは〈万物有生論〉。地球の人類に特権的地位を与えず宇宙の他の遊星にも生命が存在する可能性を示唆し、むしろ他星の生命には地球人よりも優れたものがあるかもしれないと考え、狭い地上世界の思考に留まることを良しとしない〈人間中心主義批判〉、〈地球中心主義批判〉と呼びうる思想成分。あるいは生命現象を特権視せず自然現象の一部とみなす〈生命中心主義批判〉と〈人工生命〉をめぐる議論。自然科学的な進化説を纏った特異な〈超人〉論。そして宇宙やそれを認識する科学の将来に想像をめぐらせる〈未来主義〉の傾向。

また、彼の認識論的な立場は、明確に相対主義であり、絶対的な真善美のようなものを認めず、直観による真理の把握のようなことは想定せず、時間の経過とともに、より真なるもの、より善なるもの、より美なるものへと漸近する〈近似的認識〉(67)というべきもののみを認めるものであることも明らかになったはずだ。こうした認識論からすると、絶対的なものやその直観的把握を裏付ける超越的世界——プラトンのイデア界のようなもの——を認めない現世主義的な思想であることも自ずと明らかである。その結果、形而上学は批判され、むしろ経験主義を宇宙規模にまで拡大した知識論や美学が示される。そしてそれらの根拠として、彼の時代に知り得ていた膨大な科学的知見が動員され、

〈科学の未来〉を見通す比較的楽観的な進歩信仰が基調にあることももはや明らかであろう。

以上を踏まえて、この『宇宙』を、そして雪嶺をどう見るか。

哲学の決めゼリフ

『宇宙』が出版されたのは一九〇九（明治四二）年。その二年後の一九一一（明治四四）年に、西田幾多郎の『善の研究』が刊行される。通常、日本で最初の独創的な哲学書とみなされる『善の研究』、あるいは日本における哲学者の第一世代と目される西田。では、『宇宙』は独創的な哲学書ではなく、雪嶺は哲学者ではないのだろうか。

哲学と思想とを一義的に区分することは難しいだろう。だが、あえて思想一般のなかに〈哲学〉というジャンルがあるとみるならば、哲学の特色は独創的で新しい概念を作ることにあるだろう。雪嶺より一〇歳若い西田が日本における事実上第一世代の哲学者とみなされるのは、〈純粋経験〉や〈絶対無〉といった概念を提示したことによるのだろう。独自の造語や、あるいは通常の意味の言葉に独特の用法を与えることで新たな概念をつくる。それは田邊元にとっての〈種の論理〉や〈懺悔道〉であっても、九鬼周造（一八八八［明治二一］―一九四一［昭和一六］年）にとっての〈いき〉や〈偶然性〉であっても、和辻哲郎にとっての〈風土〉や〈間柄〉であってもよい。哲学者たちには決めゼリフがあるのだ。

翻って、西田に先行する思想家たちをみてみよう。〈哲学〉という訳語を作った西周（一八二九［文政一二］―九七［明治三〇］年）には、むろん多くの西欧思想の移入、術語の案出という大きな功績があるが、独自の思考を体系化し、そこに新たな概念を提示したタイプの思想家ではない。福澤諭吉や中江兆民（一八四七［弘化四］―一九〇一［明治三四］年）が明治期の啓蒙思想家と呼ばれることにはやはり相応の理由があり、偉大な啓蒙家《ヴュルガリザトゥール》であることに疑いがなく、そのことは彼らの著述や言論・教育活動の価値を高めこそすれ損なうことはいささかもないが、やはり新しい概念を作りだしたタイプの思想家とは異なる。岡倉天心（一八六二［文久二］―一九一三［大正二］年）は芸術、清沢満之（一八六三［文久三］―一九〇三［明治三六］年）は宗教という具合に、それぞれの領域できわめて独創的かつ国際的な仕事をした思想家であることは明らかだが、いわば真善美のあらゆる領域に亘ってオール＝アラウンド・プレイヤーとして活躍した思想家でない点で、やはり美術思想家、宗教思想家という見方になるのは無理からぬところがある。

空前絶後の宇宙主義

このように考えたときに、雪嶺の『宇宙』にみられる思想は、新しい概念を生み出しているか。

たとえば文学・哲学・科学に跨る〈大正生命主義〉という思潮を抽出した鈴木貞美は次のように評価する。「哲学的な思想においても、三宅雪嶺『宇宙』は、道教的なあるいは陰陽道的な「気」の思想や老荘思想、あるいは仏教などの東洋哲学とキリスト教の神の観念やデカルトやカントやヘッケルなどの思想を概括しつつ、スペンサーの不可知論とヘーゲルの体系的思考を導入することによって、〈渾一〉の観念を中心にすえた全体論的な宇宙有機体論を展開する」(68)。これはきわめて的確・妥当な評価だと思われるが、ただ、〈渾一〉の観念がどの程度独創的で、この言葉が当時の読み手にとって刺激を与えうる――異化作用をもった――ものであったかは、やや微妙なところがある。これまで本稿で紹介してきてわかるとおり、『宇宙』は確かに全体論と有機体論の傾向を強くもっているが、それは突き詰めれば朱子学にみられるような東洋的自然観を大きく超えるものではないような気もする。また、雪嶺の『宇宙』は、ヘーゲルの『エンチクロペディー』的な〈全知〉への志向をもった書物であることは確かだが、ヘーゲルにみられる物質から絶対精神に至るまでの弁証法的運動への誇大妄想すれすれの確信や壮大さを『宇宙』は良くも悪くも欠いている。体系性はそれなりにあるが、ダイナミズムが皆無なのである。

雪嶺の『宇宙』の独創性は書名そのものでもある〈宇宙〉にあるのではないか。日本近代の思想家で、専門科学者としての天文学者を除いて、〈宇宙〉を論じた者が他にあっただろうか。日本近代の哲学者たちは〈世界〉（le Monde）を論じることがあっても、〈宇宙〉（l'Univers, le Cosmos）を論じることは少ない。雪嶺の言う〈宇宙〉とは、たとえば西田が「実在は相互の関係において成立するもので、宇宙は唯一実在の唯一活動である」[69]といた文脈で述べるような、抽象的な宇宙――事実上〈世界〉の意味――ではない。そうではなく、恒星が輝き、無数の星々があり、星雲があり、どこかの遊星には生物が住んでおり、その生物が天体観測をしているかもしれない〈宇宙〉、いまわれわれが宇宙物理学とか宇宙開発というときの、あの〈宇宙〉のことである。そういう意味での宇宙を、その時代の科学知識を挙げて動員し具体的に論じた思想書というのは、明治の昔から現在に至るまで、日本の思想界にはほとんど現れなかった。すでに述べたとおり、カントが述べる〈輝く星空〉は、抽象的な〈世界〉などではない[70]。ドイツの地理学者アレクサンダー・フォン・フンボルト（Alexander von Humboldt, 1769–1859）には『コスモス』という大著がある[71]。あるいは、ロシアには、在野の思想家フョードロフ（Nikolaï Fiodorovitch Fiodorov, 1828–1903）、哲学者ソロヴィヨフ（Vladimir Sergueïevitch Soloviev, 1853–1900）、物理学者でロケット開発者のツォルコフスキー（Constantin Edouardovitch Tsiolkovski, 1857–1935）、宇宙化学者ヴェルナツキー（Vladimir Ivanovitch Vernadski, 1863–1945）、ロシア正教の司祭フロレンスキイ（Paul Alexandrovitch Florensky, 1882–1937）などが担った広範な分野に及ぶ思想的運動である〈ロシア宇宙主義〉（le cosmisme russe）がある[72]。だが、日本にあって宇宙を論じた哲学は、それが有機体説であるか否かを問わず、雪嶺のほかにほとんど挙げることができない[73]。宇宙を論じたこと、それも当代までに知り得た科学的知識を総動員して、具体的な宇宙を論じた思想として、雪嶺の独創性は銘記されてよい。雪嶺の『宇宙』は、日本近代で空前絶後の宇宙主義《コスミズム》の書であった。

神のいない宇宙、あるいは、宇宙すなわち神

　雪嶺の『宇宙』のなかに、どのような要素があるかということとともに、そこに何がないかをも考えてみたい。〈神〉ないしは〈絶対者〉をめぐる議論が、この大冊のなかには、ほぼ皆無であることに気がつく。さきに要約紹介したように、この書物のなかに宗教をめぐる雪嶺の考えは、それなりに示されている。しかしそれは、科学とのかかわりにおいて、信仰という態度で知的探求をした文化としての宗教ということに留まり、神的なもの・絶対的なものを神秘的な直観で把捉するような経験や、その当の神についての議論はほとんど行なわれない。しかも、西欧思想で〈無神論〉は、神の存在をめぐる神学的議論の末に生まれてきたものであり、神をミニマム化していった果てに現れてくる立場で、[74]言い換えれば神的なものに対する猛烈な関心——それが信仰心であれ敵意であれ——があってこそ無神論は出現する。雪嶺の場合、そのようなもともと神の存在が前提とされていて、それを否定するような積極的な無神論ではなく、神に関心がないという印象を受ける。これはやはり——きわめて大雑把な評になってしまうが——朱子学を主軸とする東洋的な思想の直系とみるべきで、あれほど西欧の思想に通じていた雪嶺としては——もちろん雪嶺が親しんだ主として一八世紀以降の思想は神が脱色されていった世俗化の時代の思想であるから当然といえば当然なのだが——やや不思議な印象を受けないではない。禅仏教などの経験を背景に西欧哲学との混和をはかる西田であれば、少なくとも『善の研究』の第一〇章を「実在としての神」と題し、「神とは決してこの実在の外に超越せる者ではない、実在の根柢が直に神である、主観客観の区別を没し、精神と自然とを合一した者が神である」という程度には神の問題を論ずる。雪嶺においては、言うなれば宇宙がそのまま神なのであり、それは実は宇宙（自然）と神が一応弁別された上で、神は宇宙に内属しているのか、神は宇宙を超越しているのか、といった議論がなされるのではなく、西田が依拠しているような西欧流の汎神論とは異なるものである。西欧の汎神論についても『宇宙』本文で言及があり、そして科学の歴史に通じ、すでに見たように、科学と宗教の共犯関係を認識していた雪嶺にして、神にほ

ぼ言及しない宇宙論、あるいは宇宙＝神という認識が無前提に認められ、ほぼ議論されないというのは、やや奇異な感じがする。

宇宙と国粋

ひとまず私は、独創的な概念を生み出したり、それまでの言葉を異化するような言語表現を創り出したりした書物ではないという点で、『宇宙』を哲学書と呼ぶことにはためらいを覚える。そして、全集が存在せず、彼の主催した『日本人』やその後身の『日本及日本人』をはじめ、数々の雑誌に夥しく書き継がれたすべてのテクストをコーパスとして調査することが容易でないこの多産な書き手を、哲学者と呼ぶべきか否かは判断できない。だが日本思想の風土から大きく離陸し、宇宙を見た思想として、彼の『宇宙』には比類のないものがある。だから、これが例えば西田の『善の研究』に並ぶ独創的哲学書かどうかということは、この際、問題にしても仕方がない。雪嶺の全集がいまだ存在しないことを嘆く気持ちはいささかもなく、主要著作が文庫本に収録されるべきだなどとも別段思わない。好事家が古本や図書館や昨今ならばデジタル・アーカイヴで読めば、それでよい。そういうタイプの書き手なのである。一見したところ何やらどちらつかずの穏健で中庸でときに曖昧性を帯びた——しかし奇矯な文体の——言葉で、ときに地球外生命体の視点にさえ立ち時空を超脱する思想を、その持てる該博な知を総動員して書物の宇宙へと散りばめた奇妙な常識人がいたこともまた、連綿たる文化の歴史のなかの——雪嶺風に言えば無限に続く原生界の一点一刹那に生じた——愛すべき出来事なのである。

冒頭で触れた鹿野政直のように、現代を見る眼をもって、雪嶺を読み直し、そこから積極的な意義を汲み取る努力は尊いもので、当然ながらなされてしかるべきである。同時に私は、夜空をみるような目で、この雪嶺宇宙を眺めたい。こうして見ると『宇宙』は日本哲学の前夜に咲いた、少し奇妙な色と形をした、しかし愛すべき花のように見えてくる。そして、それを書いた雪嶺は、〈コスモポリタン〉というよりも端的に〈コスミスト〉と呼ぶにふさわしいように思えてくる。[75] 彼にとって〈国粋〉と〈宇宙〉はいささかも矛盾しなかった。国の粋を知るには世界をみなければならない。世界を知るためには宇宙をみなければならない。雪嶺にとっては極当然のことだったのであろう。雪嶺は、日本のことのみならず、世界のことのみならず、宇宙《コスモス》のことを考えた特異なナショナリスト＝コスミストであった。

雪嶺は『宇宙』の最後の行に、こう書きつけている。「庭前のコスモスの咲き初むるを観て」。読者を脱力させる嘆き節の〈題言〉に始まり、この、さほど巧みではない言葉遊びの一行で終わる哀愁。壮大さと中庸の共存。絢爛たる日本哲学の夜明け前には、こんな不思議な書物があり、その書き手がいたのである。

謝辞　本稿執筆にあたって、吉永進一先生（舞鶴工業高等専門学校教授）、丸善出版株式会社の米田裕美氏（企画・編集部）ならびに同社「學鐙」編集室様、今村純子氏（一橋大学非常勤講師）、犬塚悠氏（獨協大学非常勤講師）からご教示をいただき、中島まり子氏（有限会社ナカコーポレーション代表）のご協力を得ました。心よりの御礼を申し上げます。本稿は科学研究費（課題番号14J09575）による研究成果の一部です。

註

(1) 比較的簡潔なものだが、雪嶺の科学観に言及した数少ない評論として、丸山幹治「三宅雪嶺論」がある（初出『日本評論』、一九三七［昭和一二］年六月号、本山幸彦編『三宅雪嶺集』、近代日本思想大系第五巻、筑摩書房、一九七五［昭和五〇］年所収）がある。この評論は、さまざまな留保を設けつつも基本的には科学的知識の価値を讃美する〈科学主義者〉として雪嶺を位置づける。また、この『三宅雪嶺集』に附された本山幸彦の「解説」は、雪嶺の『宇宙』にかなりの重点を置きつつ雪嶺思想をきわめて的確に論じたもので、本稿にとっても益するところが大きかった（ただし、この本山編『三宅雪嶺集』に『宇宙』は収録されていない）。

(2) 日本で「科学哲学」という場合、戦後は言語分析や論理学をその実質とする英語圏の実証主義的な科学哲学を指す場合が多く、それは事実上〈知識の哲学〉、〈言語の哲学〉を内実とするものであった。戦後日本の科学哲学は、相応に「科学的な哲学」であろうとしてきたとしても、〈科学の哲学〉、〈科学についての哲学〉たりえたことは、実は例外に留まったのである。それに対して、戦前の田邊、西田、あるいは三木清（一八九七［明治三〇］—一九四五［昭和二〇］年）など京都系統の哲学者の著作、あるいは一九三二（昭和七）年に戸坂潤（一九〇〇［明治三三］—一九四五［昭和二〇］年）、三枝博音（一八九二［明治二五］—一九六三［昭和三八］年）、岡邦雄（一八九〇［明治二三］—一九七一［昭和四六］年）ら唯物論研究会関係者の思想活動には、具体的な自然科学を論じた科学哲学を見ることができる。

（3）鹿野政直「ナショナリストたちの肖像」、鹿野責任編集『日本の名著　三七　陸羯南・三宅雪嶺』中央公論社、一九七一年所収（『鹿野政直思想史論集』第六巻、岩波書店、二〇〇八年に再録。以下の引用頁数は初出本による）。鹿野がこの論攷を執筆した当時がいわゆる七〇年安保の時期に重なることを想起しよう。のちに述べるように、雪嶺が論壇に現れた当時の不平等条約改正をめぐる論争と、鹿野が雪嶺ら明治期の国粋主義者たちを論じた時期に展開されていた日米安全保障条約破棄をめぐる闘争との間には相同性がある。

（4）鹿野、前掲論文、五二頁。

（5）以下の伝記的記述は次の文献に依拠している。柳田泉『哲人三宅雪嶺先生』実業之世界社、一九五六年。鹿野、前掲論文。前掲『日本の名著　三七　陸羯南・三宅雪嶺』の「年譜」、前掲『三宅雪嶺集』（本山編）の「年譜」。

（6）たとえば、政治学者・長妻三佐雄の著書『公共性のエートス——三宅雪嶺と在野精神の近代』（世界思想社、二〇〇二年）および『三宅雪嶺の政治思想——「真善美」の行方』（ミネルヴァ書房、二〇一二年）は、今日入手しうる数少ない優れた雪嶺論であるが、雪嶺の来歴に関する情報を多く伝えるものではない。

（7）立軒の著書に『平言』、『立軒随筆』がある。

（8）のちに、手放しの欧化主義に異を唱えるようになる雪嶺の姿があるというべきか。

（9）三宅雪嶺『自伝・自分を語る』、〈人間の記録〉第四三巻、日本図書センター、一九九七年、三九頁。

（10）たとえば彼より一〇歳年少にあたる西田幾多郎であれば、「絶対無」、「絶対矛盾的自己同一」といった彼の鍵概念にみられるように、ほとんど衒いも含羞もなしに「絶対」とくり返すことは周知のとおりである。鹿野政直は雪嶺の文体の特徴を「全称否定や全称肯定をさけ、「やや」「いささか」「がいして」「おそらく」などの副詞を多用」すると評している（鹿野、前掲論文、四〇頁）。

（11）雪嶺は東大を出た文学士という、アカデミーのなかに育った文化エリートで、断続的に比較的短い期間とはいえ教壇に立った経験もあるのだが、彼にはどうも教場や研究室といった空間に馴染みにくい〈独学者〉の貌がある。

（12）鹿野政直、前掲論文、四四頁。他方で、前掲、本山幸彦「解説」（三八六頁、三九〇—三九一頁）は次のような指摘をしている。雪嶺が一八九六（明治二九）年から『日本人』に連載した「人生の両極」（前掲、本山編『三宅雪嶺集』所収）において、人生の類型には〈発動型＝積極的人生〉と〈吸収型＝消極的人生〉の二極があり、正しい人生は両者の結合にあるとしつつも現実的には人々に〈発動型＝積極的人生〉をすすめ、これは国際関係においても同様で、原則として強国による弱国の征服は否定されるものの、吸収型・消極的に過ぎる国が亡びることもやむなしとしている点で、弱国をかえりみないところがある。それは大正期の評論集『妙世界建設』（前掲、本山編『三宅雪嶺集』に一部所収）においても「落伍者、劣敗者を滅圧し、其の死滅を憫まざる」も当然として、弱者を切り捨てる主張として残存している。

(13)『日本仏教史』は窮めて稀覯の書物で、日本国内では九大・京大・滋賀大の各図書館で計四冊の収蔵情報が公開されているのみであり、国立国会図書館・東京大学附属図書館にも蔵本がない。諸般の制約から、本稿で言及した雪嶺の著作のうち唯一現物（ないしその画像データ）を確認できていないものであり、著者名〈雄次郎〉の表記を含む書誌情報は、三つの収蔵館のOPACデータに依拠している。

(14) 鹿野、前掲論文、四六頁。

(15) 棚橋一郎「帝室と人民」、『日本人』、政教社、一八八八（明治二一）年一二月一八日、第一八号、一九頁。

(16) 山室信一「国民国家・日本の発現――ナショナリティの立論構成をめぐって」、『人文学報』、京都大学人文科学研究所、第六七号、一九九〇年、八六頁。

(17) この引用はバーンズの詩「小作人の土曜の夜」（"The Cotter's Saturday Night", 1785）の第二〇―二一連である。

(18) 三宅雪嶺「明治思想小史」、前掲『日本の名著』、四三四頁。

(19) 三宅、同前、四一八頁。

(20) 鹿野、前掲論文、五七頁。

(21)『日本及日本人』は、その後、発行元の変更（それに伴う巻号のリセット）、戦局悪化のため一九四五（昭和二〇）年二月号をもって休刊、戦後に復刊し、ふたたび日本新聞社、日本及日本人社、J&Jコーポレーションと版元を幾度も変更しつつ、二〇〇四（平成一六）年一月（通巻一六五〇号）まで発行され続ける。

(22) 余談に属するが、戦後、児玉誉士夫（一九一一［明治四四］―一九八四［昭和五九］年）が師と仰いだ、一言で何者と表現しえない不気味な魅力をもったこの人物について、ここで簡潔に紹介することはとてもできない。さしあたり、次の文献を参照されたい。佐藤卓己『天下無敵のメディア人間――喧嘩ジャーナリスト・野依秀市』新潮選書、二〇一二年。

(23) 雪嶺の書庫は一九三〇（昭和五）年に蔵書を一般公開する小図書館〈三宅文庫〉として建てられたコンクリート造りのモダンな洋風建築である。設計者は早稲田大学演劇博物館などの設計でも知られる建築家・今井兼次（一八九五［明治二八］―一九八七［昭和六二］年）。焼失を免れて現存し、〈旧三宅雪嶺邸三宅文庫〉として東京都の有形文化財に指定されている（所在地は東京都渋谷区初台二丁目二七番一四号)。ただし。そこに収蔵されていた雪嶺の蔵書は、現在、流通経済大学の〈三宅雪嶺記念資料館〉(茨城県龍ケ崎市一二〇流通経済大学七号館一階)に収蔵・展示されている。これは、蔵書焼失を食い止めた三宅立雄氏がのちに流通経済大学教授を務められ(現在は名誉教授)、雪嶺の遺品を同大学に寄贈されたことで二〇〇二(平成一四)年五月に記念資料館が開設されたことによる。

(24) Michel Foucault, « La vie : l'expérience et la science », *Revue de métaphysique et de morale*, janvier-mars 1985, repris dans *Dits et écrits*, t. IV, Paris, Seuil / Gallimard / Hautes Etudes, 1994, pp. 763-776, ici p. 764. Cf. 廣瀬浩司訳「生命——経験と科学」、蓮實重彦・渡辺守章監修／小林康夫・石田英敬・松浦寿輝編『ミシェル・フーコー思考集成』、第一〇巻、筑摩書房、二〇〇二年。

(25) たとえば〈意識の哲学〉系列の代表とみなしうる西田幾多郎の『善の研究』は初版が一九一一(明治四四)年に弘道館から刊行され、一九二三(大正一二)年に岩波書店版単行本初版、一九四八(昭和二三)年には同・新版、そして一九五〇(昭和二五)年に岩波文庫に収録されて以来、幾度か版や解説者を変えつつ今日に至るまでロングセラーであり続けており、その他の著作や研究書・批評などもこれまで数多く刊行されてきたのに対して、田邊元の著作は長らく古い単行本や全集(全一三巻、筑摩書房、一九六三—六四[昭和三三—三四]年)でしか読めない状況が続き、本格的な研究書としては中沢新一『フィロソフィア・ヤポニカ』(集英社、二〇〇一[平成一三]年)を俟たなければならず、いわば西田と相補うような形で京都学派の〈概念の哲学〉を担った田邊の作品が初めて文庫本として入手しうるようになったのはようやく二〇一〇(平成二二)年に至ってのことであり(田辺元哲学選全四巻、藤田正勝編・解説、岩波文庫、第一巻『種の論理』、第二巻『懺悔道としての哲学』、第三巻『哲学の根本問題・数理の歴史主義展開』、第四巻『死の哲学』)、この文庫本にしても田邊の真骨頂たる科学哲学分野の作品は「数理の歴史主義展開」のみで(他はいわば〈意識の哲学〉の系統とみなしうる)、彼の初期重要作品『最近の自然科学』(一九一五年、岩波書店)、『科学概論』(一九二二年、同)などが一切収録されていないという事情を想起されたい。

(26) さきに言及した丸山幹治「三宅雪嶺論」によると、雪嶺の文章に高山樗牛が随喜の涙を流したとか、谷崎潤一郎は文品が高いと評したというが(本山編、前掲書、三五〇頁)、はたしてどうであろうか。丸山自身は「難解と思われるのはその文字の蒼古であり、その表現の奇怪であるから」とし、雪嶺文体の奇矯さを指摘する(同書、三五六頁)。妥当な評であろう。

(27) 初版、参頁、強調引用者。

(28) 以上述べた紙面構成・組版上の特徴はすべて初版に限ったことである。校訂版としては筑摩書房の明治文学全集第三三巻『三宅雪嶺集』(柳田泉編、一九六七[昭和四二]年)で読めるが、この刊本は、目次、節の小見出し、頭註がすべて割愛され(しかも割愛したという事実が一切明記されていない)、活字が二段にぎっしりと組まれているため、甚だ読みにくい。いま雪嶺の『宇宙』を読もうとする読者には、国立国会図書館デジタルコレクションに収録されウェブ公開されている初版(全頁が明瞭な画像で掲載されている）にあたることを強くすすめる。http://dl.ndl.go.jp/info:ndljp/pid/899263

(29) 以下、雪嶺が用いている表現をそのまま示す場合は「鉤括弧」で示し、私が説明・敷衍している文中で強調などの意図で用いる記号には〈山括弧〉や傍点を用いることにしよう。正字体による書名、論文名、原文等を示す際は、全て略字体に改める（ただし、人名に限って正字体としたものがある）。なお、雪嶺の『宇宙』には、三宅雄二郎原著、青柳有美解説『解説「宇宙」』（実業之世界、一九二五［大正一四］年）という口語訳兼註釈書が存在する。近年の〈現代語訳〉ではなく、大正末期にすでに口語訳が出ていたことは、原著の晦渋さを物語っている。この解説は非常に優れたもので、本稿のための原著読解にも参考にした。ただしこれは逐語的な口語訳ではなく、青柳による解釈を口語訳文中に溶かし込んで語りなおしたような具合で、原著にはない記述もかなり含まれており、また原著から訳出されていない部分もある。

(30) おそらく雪嶺はアルノットの *A Survey of Human Progress* (London, Longman, Green, Longman and Roberts, 1861) に目を通している。

(31) このような〈科学の将来〉を論じたものとして、実証主義的な聖書解釈――たとえば『イエス伝』(*Vie de Jésus*, 1863) などの著作――で知られるフランスの思想家エルネスト・ルナン (Ernest Renan, 1823-92) が『科学の未来』(*L'Avenir de la science: pensées de 1848*, 1890) という作品を著している。この書物の基調をなす科学主義と一種の楽観主義、そして表題が示すとおり来たるべき科学への眼差しは、雪嶺の『宇宙』に通じるものがある。なお、ルナンの思想はほぼリアルタイムで日本に紹介されている。たとえば次の記事は最初期のものの一つである。「雑報　エルネスト、ルナン氏」、『東洋学藝雑誌』、東京社、一八九二（明治二五）年一二月、六四五―六四六頁。『東洋学藝雑誌』は雪嶺が石浦居士の名義で記事を寄稿している雑誌であり（たとえば一八八三年二月）、この記事にも目を通していた可能性がある。いずれにせよ何らかの形でルナンの思想には触れていたとみてよいだろう。

(32) 世界複数性の論争史については、長尾伸一『複数世界の思想史』（名古屋大学出版会、二〇一五年）、Michael J. Crowe, *The Extraterrestrial Life Debate, 1750-1900: The Idea of a Plurality of Worlds from Kant to Lowell*, Cambridge [England], Cambridge University Press, 1986（鼓澄治・山本啓二・吉田修訳『地球外生命論争 1750-1900――カントからロウエルまでの世界の複数性をめぐる思想大全』工作舎、二〇〇一年）を参照。

(33) ダーウィニズム影響下の環境決定論を採った論者の筆頭はドイツの生物学者ラッツェル (Friedrich Ratzel, 1844-1904)。環境可能論に立った典型的論者はフランスの地理学者ヴィダル・ド・ラ・ブラーシュ (Paul Vidal de la Blache, 1845-1918) である。

(34) この哲学観には、今も昔も異論があることだろう。哲学とは移ろいゆく現象世界の経験事実に惑わされることなく、極度に純化された〈直観〉によって〈真理〉や〈本質〉を把握するものであるというプラトニズム風の考えは、ポストモダニズムを経た現在でも、無効になった見方とはいえない。その当否をここで論じることはできないが、雪嶺のこの哲学観は、たとえばフランスの哲学者バシュラール（Gaston Bachelard, 1884-1962）が科学的事実を無視した哲学を猛烈に批判したことなどにも通じるところがあり、なかなか興味深い。

（35）デュ・ボワ＝レイモンの『自然認識の限界』（Emil Du Bois-Reymond, *Über die Grenzen des Naturerkennens*, Leipzig, 1872）は、坂田徳男（一八九八［明治三一］―一九八四［昭和五九］年）の手で一九二四（大正一三）年に邦訳されることになるが（生田書店〈生命論集〉）、おそらくこの原書かそれを引用ないし紹介した本に雪嶺は接しているはずである。なお、デュ・ボワ＝レイモンが「不可知である」とした七つの謎は次のとおり。①物質と力の本性、②運動の起源、③生命の最初の発生、④合目的的に働く法則（生物など）が機械論的自然観と調和しないこと、⑤単純感覚の起源、⑥理性的思考とそれにかかわる言語の起源、⑦自由意思（とくに①、②、⑤、⑦は「この先も不可知であろう（ignorabimus）」とした）。

（36）たとえば、この種の歴史として定番であるスヴァンテ・アレーニウス（Svante August Arrhenius, 1859-1927）の『宇宙開闢論史』（*Die Vorstellung vom Weltgebäude im Wandel der Zeiten*, Leipzig, 1907）は、最初の翻訳がともに天文学者である一戸直蔵（一八七八［明治一一］―一九二〇［大正九］年）・小川清彦（一八八二［明治一五］―一九五〇［昭和二五］年）の手でなされ一九一二［大正元］年に刊行されているが（大倉書店）、アーレニウスの原書初版は一九〇七年なので、雪嶺は『宇宙』執筆の時点で、おそらく参照していないだろう。のちにこの書は物理学者・寺田寅彦（一八七八［明治一一］―一九三五［昭和一〇］年）によって『史的に見たる科学的宇宙観の変遷』（岩波文庫、一九三一［昭和六］年）として再度訳され、多くの読者を得る。

（37）たとえば次の文献を参照。Lynn White, Jr., *Machina ex Deo*, Cambridge [Mass.], MIT Press, 1968（青木靖三訳『機械と神』、みすず書房、一九七二年）。村上陽一郎『近代科学と聖俗革命』（新版）、新曜社、二〇〇二年。

（38）『宇宙』に先立つ雪嶺の哲学的作品『我観小景』（雄二郎名義、政教社、一八九二［明治二五］年）では、宇宙に存在する万象にも人間の行為にも、根底には〈力〉があり、それは意志に基づくものとされる。そして、この考えの背景にはショーペンハウエル（Arthur Schopenhauer, 1788-1860）の哲学があることを示し、これを雪嶺自身の哲学的立場とすることが述べられている（『我観小景』序論）。また、『我観小景』では、宇宙もやがて滅ぶとされていた。『宇宙』と『我観小景』に比較はきわめて興味深い作業だが、本稿の任ではない。前掲、本山幸彦「解説」三九四―三九五頁、井上克人「明治期におけるショーペンハウアー哲学の受容について――井上哲次郎、R・ケーベル、三宅雪嶺に見る本体的一元論の系譜」、『ショーペンハウアー研究』、第四四号、二〇〇七年六月、四四―六九頁（特に六三―六五頁）を参照。

（39）一八二八年にドイツの化学者ヴェーラー（Friedrich Wöhler, 1800-82）によって初めて合成された尿素（$CO(NH_2)_2$）は、無機化合物のみから人為的に作られた有機化合物として史上初の物質である。

（40）フラスコ内に原始地球の構成物質を再現し、雷に相当する火花放電を与えることで、生物体の主要な構成物質である蛋白質のもととなるアミノ酸が生成されたという実験。ともに米国の化学者であるユーリー（Harold Clayton Urey, 1893-1981）とミラー（Stanley Lloyd Miller, 1930-2007）によって行なわれた。

（41）佐藤恵子『ヘッケルと進化の夢《ファンタジー》——一元論、エコロジー、系統樹』（工作舎、二〇一五年）を参照。

（42）一八五四年、英国の天文学者ハーシェル（William Herschel, 1738-1822）は、火星には海と陸があり、生命が存在するという仮説を立てた。一八七七年は火星が地球に大接近した年であり、ミラノ天文台長スキアパレッリ（Giovanni Virginio Schiaparelli, 1835-1910）がこれを観測して、火星表面の全体に線状の模様があることを発見し、一八七九年、一八八一年の観測結果と合わせて発表した。スキアパレッリがその筋状の模様をイタリア語で canali（溝）表現したところ、これが英語の canals（運河）と翻訳されたことで人工物であると理解され、火星に生物が存在するという騒動が起こった。さらに米国の天文学者ローウェル（Percival Lowell, 1855-1916）は著書『火星』（*Mars*, 1895）、『火星とその運河』（*Mars and its Canals*, 1906）を出版し、火星には運河があり、それは古代文明の遺跡であるという主張をした。これに着想を得た英国の作家ウェルズ（Herbert George Wells, 1866-1946）がSF小説『宇宙戦争』（*The War of the Worlds*, 1897）を執筆し、地球を侵略する〈火星人〉を描いた（この書の最初の邦訳は、光用穆訳、秋田書院、一九一五［大正四］年）。日本では雪嶺の『宇宙』刊行と同じく一九〇九（明治四二）年に、増本河南が小説『冒険怪話——空中旅行』（福岡書店）のなかで、火星人や火星国を描写している。

（43）生物と環境との相関を巨視的に捉える学問としての生態学的なるものの概念形成にはダーウィン（Charles Darwin, 1809-82）、ウォーレス（Alfred Russel Wallace, 1823-1913）、エドアルト・ジュース（Eduard Suess, 1831-1914）ほか多くの学者が関わっている。〈生態学〉という言葉の原語であるエコロギー（die Ökologie）は、一八六六年にヘッケルによって造語された。そこから今日の生態系概念が徐々に確立されてくる。言葉としての〈生態系〉（ecosystem）はアーサー・タンズリー（Arthur Tansley, 1871-1955）が一九三五年に提唱した。Cf. A. J. Willis, "The ecosystem: an evolving concept viewed historically", *Functional Ecology*, vol. 11, issue 2, April 1997, pp. 268-271.

（44）前掲の遺作「各自能力の世界への放出」のテーマがすでにこの時点で現れていることになる。

（45）Natural selection の訳語として、今日では〈自然選択〉が正しいとされるが、ここでは歴史文脈を考慮し、当時の一般的な——雪嶺も使っている——訳語を用いる。

（46）次の例はクロポトキンを紹介した最初期の文章の一つである。無記名［内田魯庵］「露国文学研究の栞」、『學鐙』第九巻第一二号（一九〇五［明治三八］年一二月号）、丸善、一五—一七頁。クロポトキン作品の単行本としての最初の邦訳は平民社訳『麺麭の略取』（一九〇九［明治四二］年、平民社）で、『宇宙』と同年刊行である。

（47）Nietzsche, *Also sprach Zarathustra*, 1885. 手塚富雄訳『ツァラトゥストラ』、「ツァラトゥストラの序言」、第三節、第四節、中公文庫、一九七三年。

（48）たとえば桑木厳翼『ニーチエ氏倫理説一斑』育成社、一九〇二［明治三五］年。

（49）フランスのカトリック思想家テイヤール・ド・シャルダン（Pierre Teilhard de Chardin, 1881–1955）が『現象としての人間』（*Le phénomène humain*, 1955）で示した神秘的な進化論のイメージと重なる。

（50）たとえばフランスの作家・風刺画家アルベール・ロビダ（Albert Robida, 1848–1926）の未来小説『二十世紀』（*Le Vingtième Siècle*, 1883）が原書刊行年のうちに富田兼次郎・坂巻邦助訳『開巻驚奇　第二十世紀未来誌　巻之一』（稲田佐兵衛発行、一八八三［明治一六］年）として訳出されている。また、一九〇一（明治三四）年一月二日および三日の『報知新聞』には〈二十世紀の豫言〉と題する特集記事が組まれ、二〇世紀に実現すると予測される科学技術が電気、通信、軍事、防災など二三項目にわたって論じられている。以下の文献を参照。荒俣宏『奇想の20世紀』ＮＨＫ出版、二〇〇四年。横田順彌『百年前の二十世紀――明治・大正の未来予測』筑摩書房、ちくまプリマーブックス、一九九四年。

（51）雪嶺が主催した雑誌『日本及日本人』は、一九二〇（大正九）年四月五日に春季増刊号（第七八〇号）「百年後の日本」を刊行している。

（52）もっとも、これを用心深さととるべきか、煮え切らない曖昧さととるべきかは、評価の分かれるところであろう。雪嶺の書きぶりには概してこういうところが多く、それが彼の書くものを〈哲学的な派手さ〉とは縁遠いものにしているのも間違いないのだが、私としては、ホラティウスのいわゆる黄金の中庸《アウレア・メディオクリタース》やアリストテレスのいう中庸《メソテース》のもたらす思慮《フローネーシス》の現れとして、案外、哲学の王道はこのような語り口のなかにあるのではないかという思いもある。

（53）たとえば、雪嶺と同じく政教社同人である哲学者・井上円了の『妖怪学講義　合本第一冊』（哲学館、一八九六［明治二九］年）、第六一節などを参照。なお、雪嶺が論じている無意識はフロイト（Sigmund Freud, 1856–1939）のそれではなく、エドゥアルト・フォン・ハルトマン（Eduard von Hartmann, 1842–1906）の『無意識の哲学』（*Philosophie des Unbewussten*, 1869）などに由来するものであろう。フロイトが著述を始めたのは一八九〇年代からであり、無意識論を本格化するのは一九一〇年代頃からと見てよい。日本へのフロイト紹介はほぼリアルタイムで、一九一〇年代にはすでにフロイトを扱った書籍が刊行されている（たとえば、石川貞吉『精神療法学』南江堂、一九一〇年）。雪嶺はフロイトの原著ないしそれを紹介した文章を読んだかもしれないが、『宇宙』での記述に関する限り、フロイト的な無意識・前意識・意識の局所論に位置づけられるものとしての無意識とは異なる。

（54）西欧語の genius の原意は〈霊〉である。そこから、霊的なものによって付与された才能、あるいはその才能を与えられた者という意味が生じた。

(55) Thomas Kuhn, *The Structure of Scientific Revolutions*, Chicago, University of Chicago Press, 1962（中山茂訳『科学革命の構造』みすず書房、一九七一年）および *The Essential Tension: Selected Studies in Scientific Tradition and Change*, Chicago, University of Chicago Press, 1977（安孫子誠也・佐野正博訳『科学革命における本質的緊張』みすず書房、一九九八年）を参照。

(56) たとえばロンブローゾ（Cesare Lombroso, 1835-1909）の『天才論』（*L'uomo di Genio*, 1888. 辻潤訳『天才論』春秋社、一九二六［大正一五］年）など。

(57) John Hedley Brooke, *Science and Religion: Some Historical Perspectives*, Cambridge [England], Cambridge University Press, 1991.『科学と宗教――合理的自然観のパラドクス』工作舎、二〇〇五年、九―一二頁。また、前掲、クーン『科学革命における本質的緊張』の表題論文（邦訳第二巻収録）をも参照。

(58) 当時どころではない。たとえばアンドリュー・ホワイト（Andrew Dickson White, 1832-1918）の *The Warfare of Science* (New York, 1876) が、一九三九（昭和一四）年になって『科学と宗教との闘争』の題で邦訳され（森島常雄訳、岩波新書）、戦後一九七〇年代になっても重版されていたのが、一般読者のあいだでの科学史学の受容状況なのである。現在でもなお、科学と宗教の〈闘争〉という面のみを強調した歴史観は大衆的水準では残存している。

(59) 折しも米国の哲学者・心理学者ウィリアム・ジェイムズ（William James, 1842-1910）の思想が盛んに紹介されるようになるのがこの頃である。たとえば、*Psychology* (*Briefer Course*), 1892 が早くも一九〇〇［明治三三］年に心理学者・福来友吉（一八六九［明治二］―一九五二［昭和二七］年）の訳述により『心理学精義』（同文館）として刊行されている。宗教学者・姉崎正治（一八七三［明治六］―一九四九［昭和二四］年）は論文「ジエームス氏の宗教的経験に就きて」「同（完）」（『哲学雑誌』、第一八巻第二〇一号―二〇二号、一九〇三［明治三六］年一一月―一二月、有斐閣）でジェイムズの『宗教的経験の諸相』（*The Varieties of Religious Experience: A Study in Human Nature*, 1902）の内容を紹介している（この本の最初の全訳は佐藤繁彦・佐久間鼎共訳『宗教的経験種々』星文館、一九一四［大正三］年）。ジェイムズの思想は、のちに西田幾多郎の純粋経験論などにも反響することになる。雪嶺も、宗教的経験についての書きぶりからして、おそらく何らかの形でジェイムズの宗教論に触れている。

(60) 西欧語の philosophia の訳語としての〈哲学〉という言葉の初出は、西周の『百一新論』（一八七四［明治七］年）である。

(61) 鹿野、前掲論文、五一頁。

(62) 古代ギリシャ哲学において、自分を取り巻く外界を論じたソクラテス以前の哲学者たちによる自然哲学からソクラテスが現れて人間の問題を主眼とした哲学へと変容していった過程を思わずにはいられない。

(63) プラトン『パイドン』六七E。Platon, « Phédon » : Trad. fr. par Luc Brisson dans *Œuvres complètes* de Platon, Paris, Flammarion, 2008, p. 1183.

（64）先述のとおり『人生の両極』において、人生の類型に〈発動型＝積極的人生〉と〈吸収型＝消極的人生〉の二種があり、結局のところ前者を優れたものとした雪嶺の姿がここにも見て取れる。自ら積極的に光を発する太陽と、その光を受け反射する月とでは、太陽のほうが好ましいということになるのだろう。私としてはむしろ月に象徴されるような〈幽玄の宇宙美学〉というものも、東西の美に通じた雪嶺であれば想定しえただろうし、考えていてほしかったという思いもある。

（65）西欧の美学史においても、美とみなされたものは詰まるところ、光と数比であった（佐々木健一『美学辞典』東京大学出版会、一九九五年、一三頁）。たとえばプラトンの次のくだりは良く知られている。「美はあのとき、それをみたわれわれの眼に燦然と輝いていた」（『パイドロス』二五〇B。Platon, « Phèdre »: Brisson, *op. cit.*, pp. 1265–1266）。

（66）この巨躯の異星人の想像は、フランス啓蒙時代の思想家ヴォルテール（Voltaire, 1694-1778）の『ミクロメガス』（*Micromégas*, 1752）を思わせる。

（67）Cf. Gaston Bachelard, *Essai sur la connaissance approchée*, Paris, J. Vrin, 1928. 豊田彰・及川馥・片山洋之助訳『近似的認識試論』国文社、一九八二年。

（68）鈴木貞美「『大正生命主義』とは何か」、鈴木編『大正生命主義と現代』、河出書房新社、一九九五年、一二頁。

（69）西田幾多郎『善の研究』第六章。

（70）カントはニュートン物理学を細密に検討した上で『天界の一般自然誌と理論――ニュートン物理学の原則に従って論じられた全宇宙の構造と力学的起源についての試論』（Kant, *Allgemeine Naturgeschichte und Theorie des Himmels, oder Versuch von der Verfassung und dem mechanischen Ursprunge des ganzen Weltgebäudes nach Newtonischen Grundsätzen abgehandelt*, 1755）において、ニュートン説に基づく宇宙発生論を構想し、それはやがて〈カント＝ラプラスの星雲説〉として知られることになるように、具体的な〈宇宙〉を研究していた。

（71）Alexander von Humboldt, *Kosmos. Entwurf einer physischen Weltbeschreibung*, 5 vols, 1845–62. 実はこの本の内容・構成は雪嶺の『宇宙』にかなり通じる部分がある。雪嶺はフンボルトに言及していないが、果たしてこの書を読んでいただろうか。

（72）この思潮については、次の文献を参照。セミョーノヴァ＆ガーチェヴァ編（西中村浩訳）『ロシアの宇宙精神』（せりか書房、一九九七年［原書：一九九三年］）。

（73）戦後における重要な例外は、埴谷雄高（一九〇九［明治四二］―一九九七［平成九］年）の未完の長篇小説『死霊』（一九四六［昭和二一］―一九九七［平成九］年）であろう。タイトルが与える印象とは幾分異なり、これは〈宇宙〉をめぐる思索の書、文学形式による宇宙哲学の書という趣きがある。とくに、「《虚体》論――大宇宙の夢」と題された第九章を参照（ただし、文学としての完成度は、この第九章は必ずしも高くはない）。

(74) 村上、前掲書、特に一六二―一六三頁。

(75) むろん、コスモポリタン（cosmopolitan）という言葉はギリシャ語の κόσμος（kosmos = 宇宙）と πολίτης（politês = 市民）から来ているので、字義通りにはむしろ〈宇宙市民〉であるが、通常は〈世界市民〉という意味になる。

第六章　帝國大學と精神病学《プシヒアトリー》と精神病者
――明治・大正期における精神病治療思想の系譜

橋本　明

はじめに

果たして、近代医学を科学思想史の文脈で語ることができるのか、という根本的な疑念を拭い去ることができないまま本論を書きはじめた。そもそも医学とは、病気治療を目的とした実学である。なるほど、東西の古典的な医学の体系を思い起こせば、思想や哲学との深い関係を見いだすことができよう。しかし、近代的な学問体系が形成され、専門分化が進むにつれて、科学的な根拠にもとづいた疾病の治療法や治療技術の開発、つまりテクノロジーとしての医学が求められていく。ここでは、思想や哲学といった形而上学的な事柄は、あまり重視されない。ただし、精神科の領域は、近代医学のなかではやや特殊な立場に置かれてきたといえるかもしれない。おそらく、目には見えない「精神」の病は、生物学を基盤とした近代医学では取扱いにくく、思弁的、宗教的、民俗的、そして今日的にみれば荒唐無稽な治療法と結びつく余地を残していた。また、病気の治療以前に、患者の処遇にも多大なエネルギーを注ぐ必要があった。精神科が、医学のなかでひとつのディシプリンとして独立したのが比較的遅かった理由も、このあたりにあるだろう。しかしながら、それゆえに医学以外の分野との交流の歴史は長く、人文社会科学的な分野をも巻き込んだ学際的、領域横断的な色合いがきわめて強い。その意味では、精神科領域の近代史は、かろうじて科学思想史的な語りが可能な分野ではあるだろう。

近代日本の精神病学は、欧米諸国とりわけドイツのPsychiatrie（プシヒアトリー、精神医学）体系を受容しながら、帝国大学というわが国特有の研究教育機構のなかで学術的基盤を固めていった。他方、精神病学のもうひとつの側面である精神病者の治療・処遇論もさまざまな模索が続けられた。本論では、この分野で主導的な役割を果たした榊《さかき》俶《はじめ》（一八五七―一八九七）や呉《くれ》秀三（一八六五―一九三二）をはじめとする東大精神病学教室関係者の学術的・社会的活動を検討するとともに、アカデミズムだけでは収まりきらない領域にまでに踏み込んで、明治・大正期における精神病の治療思想の系譜をたどる。なお、「精神病学」の語は、のちに東大精神科の初代教授となる榊が一八八二（明治一五）年に欧州留学を命じられた辞令において、(1)「精神医学」の語は一九三七（昭和一二）年の専門学会で「精神病学」に代わる言葉として提案されたのが最初といわれる。(2)「精神病学」も「精神医学」もともにPsychiatrieやpsychiatryなどからの訳語だが、本論では、日本に関わる部分には「精神病学」を、欧米に関わる部分には「精神医学」という呼称を便宜的に使用している。また、原文の漢字カタカナ文を引用する場合、平易な読み方に変更した部分があること、さらに外国人名・地名のカタカナ表記が原語と乖離していると思われる場合があるが、原則として従来から言い習わされてきた名称を踏襲していることを付記しておきたい。

第一節　下田光造のライフコース

精神医学はとても多面性に富んだ学問分野である。どのように多面的なのか、近代日本の精神病学の発展期に活躍した一人の精神科医の中に同居していた、さまざまな興味、関心、あるいは志向性を探ることからはじめたい。

その精神科医とは下田光造（一八八五―一九七八）である。経歴を簡単に紹介したい。下田は一八八五年に鳥取県に生まれ、金沢の第四高等学校を経て、一九〇六年に東京帝国大学医科大学に入学。一九一一年に卒業し、同大学の副手、助手、講師をつとめた。一九一七（大正六）年には東北帝国大学医科大学講師を兼任し、一九一九年には東京府巣鴨病院医長、一九二一年には慶應義塾大学医学部教授となる。その後、一年余りのドイツ・オーストリア留学の後、一九二五年に九州帝国大学医学部教授に任ぜられ、一九四五年に同大学を退職。この間、米子医学専門学校の校長を兼任し、一九四八年には同校から昇格した米子医科大学の学長に、翌一九四九年には新制の鳥取大学医学部教授に就任。同大学退職後の一九五三年から四年間、鳥取大学の学長をつとめた。一九七八年、九三歳で他界（中脩三：1979：下田光造先生生誕百年記念事業会：1985：中尾弘之：1988）。

一九一〇年に東京帝国大学医科大学を卒業した呉秀三門下の「三巨人」が、齋藤茂吉（一八八二―一九五三）、林道《みち》倫《とも》（一八八五―一九七三）、そして下田光造だという(3)。下田の研究領域は多岐に渡っているが、研究の中心は脳の組織病理学である。呉秀三の指導下で完成させた学位論文のタイトルは「癲癇者脳ノ研究、特ニ癲癇性精神変質状態ノ解剖学的基礎ニ就テ」であり、『官報』（一九二一年七月三日）によれば一九二一年一二月に医学博士を授与されている。九州帝国大学時代の下田門下で、台北帝国大学や九州大学の精神科教授を歴任した中脩三《なかしゅうぞう》（一九〇〇―一九八八）は、下田について「おそらく日本で最も多数の人脳をニッスル染色や鍍銀法で見ておられる人であろう」（中脩三：1979）と述べている。このように、下田光造はいわば「脳組織の実験屋」ではあるが、躁うつ病患者に対するスルフォナール投与による持続睡眠療法を開発するなど精神病の治療面でも活躍している。一方で下田は、森田正馬（一八七四―一九三八）の「久しく専門学界から黙殺されていた」神経質学説をフロイト（Sigmund Freud, 1856-1939）らの精神分析に比せられる、東洋哲学を基盤にした経験的療法として評価し、自身も森田療法を治療場面で実践していた。下田は、森田の「何等の研究設備も与えられなかった」逆境こそが独自の学説を生み出したのであり、「いたづらに西人の所説を祖述する寧日なき翻訳学者の、想像だに及ばぬところであろう」と、下田自身もその一翼を担っているだろう日本の精神病学アカデミズムの現状を皮肉っている（下田光造先生生誕百年記念事業会：1985）。

ところで、下田は、呉秀三が東大精神病学教室の教室員を動員して一九一〇年から一九一六年にかけて行った私宅監置室調査にも参加し、一九一四年に青森県の視察を行った。この時の視察調査は論文「精神病者私宅監置ノ実況及ビ其統計的観察」（呉秀三、樫田五郎：1918）としてまとめられた。同論文は私宅監置の事例のほかに、「神社仏閣ニ於ケル処置・水治方及ビ温泉場ノ療法」も紹介し、宮城県の定義《じょうぎ》温泉の記事を下田が書いている。彼は一九一七年に同温泉を視察したのである。この年にちょうど東北帝国大学講師の兼任を始めたことと関係があるに違いない。下田は定義温泉での精神病治療を「理想に近きもの」と評価した。

こうした下田の経歴と研究活動は当然ながら彼独自の要素を多く含んでいるが、明治・大正期の精神病学者の思想やキャリアの形成という点から見ると、きわめて典型的なコースを歩んだともいえる。つまり、東京帝国大学で呉秀三に師事し、ドイツに留学し、西欧精神医学を吸収しながら、脳研究に従事する研究者として業績を積み、かつ先端的な精神科治療開発にも力をそそいでいた。一方で、森田療法や温泉治療など、日本的なもの、伝統的なものへの親和性をも持ち合わせているという点である。以下では、下田に代表されるような、近代日本の精神病治療思想がどのように形成されてきたのか、その歩みを検討していきたい。

第二節　精神病学の黎明――京都と東京

近代日本の精神病学は京都から開花したといえるかもしれない。日本で最初の西説による精神病専門医と見られている高松彝《つね》（一八三六―一九一四）は、江戸の伊東玄朴（一八〇一―一八七一）、大坂・適塾の緒方洪庵のもとで医学修業を積み、一八七六年から京都癲狂院に勤務した。京都癲狂院は、一八七五年に設立された日本で最初の公立精神病院である。癲狂院設立の背景には、洛北岩倉の茶屋などでの伝統的な精神病者預かりへの批判があったと考えられる(4)。だが、財政難などが理由で一八八二年に廃院となった。高松は同院の設備・備品を引き継いだ私立京都癲狂院の医員となり、一八八六年からは院長をつとめた（藤田俊夫：1997；岡田靖雄：2000b）。

ところで、京都癲狂院が設立された直後の一八七六年に、神戸文哉《かんべぶんさい》（一八四八―一八九九）によるわが国最初の精神病学教科書と言われる『精神病約説』が出された。この原本は、レイノルズ（John Russell Reynolds, 1828-1896）が一八七二年に編集した『医学体系』（System of Medicine）に収められている、モーズレイ（Henry Maudsley, 1835-1918）が執筆した“Insanity”の部分である（岡田靖雄：2002a）。訳者の神戸は一八六五（慶応元）年に江戸の開成学校で英学を修め、一八六九年に大阪医学校、一八七一年に大学東校で医学などを学んだ。一八七五年に京都療病院管学事となり、癲狂院に関わるようになった（小野尚香：1993）。京都癲狂院設立時からの医員の一人であり、上記の高松と同僚だったことになる。神戸の『精神病約説』に先立つ、一八七五年の「癲狂院設立ニ付建言」には「欧州癲狂院の医師看護人の心得方は教師に質問し尚原書に就て簡明に抜訳し」とある（京都府立総合資料館：1972）。「原書」「抜訳」という言葉から、やがて完成される『精神病約説』の翻訳過程を思わせる。翻訳は病院の診断や治療のために準備されたという側面があるのだろう。岡田（2002a）によれば、京都癲狂院の「患者の診断は、ほぼ上記［注：『精神病約説』］の分類にそってなされたようである」という。神戸の『精神病約説』は、一八七九年に発足した東京府癲狂院でも参考にされ（呉秀三：1912）、同年に東京大学医学部でベルツ（Erwin Baelz, 1849-1913）が精神病学講義を始めるまえに、京都で西洋の精神病学説が体系的に紹介されていた事実は注目される（小野尚香：1993）。とはいえ京都では、岩倉に代表されるような、伝統的な治療への批判が精神病者処遇の近代化議論に結び付けられる一方で、国外的な文脈から岩倉の伝統が評価され続けるという、伝統と近代との綱引きが第二次世界大戦あたりまで続いた（橋本明：2002)。

対する東京では、首都としての都市機能を整備していく過程で、精神病者処遇にも近代化の波が押し寄せた。当初から伝統への「しがらみ」のない東京は、都市の近代化をストレートに進めたといえるかもしれない。よく知られているように、東京府癲狂院は、ロシア帝国の皇子の東京訪問に際して、東京市中で一斉刈り込みされた「乞食浮浪の徒」を収容するために発足した養育院にさかのぼる。一八七五年一〇月、養育院（のちに東京府養育院と改称）の中に、狂人室が設置された。次いで一八七九年七月には、「施設および一般管理面は東京府養育院により、医療面は東京府病院が負担する」という形で東京府癲狂院が発足した。同年一〇月に養育院が上野から神田和泉町に移転すると、この建物を借り受けて東京府癲狂院として独立した（岡田靖雄：2002a）。だが、精神病学の近代化という点からは、単に癲狂院／精神病院が整備されるだけでは不十分である。精神病の研究と治療の担い手を養成することが不可欠であり、帝国大学という国家の高等教育研究機関がそのために果たした役割は重大だった。東京こそが、精神病学発展の基盤となる精神病院と帝国大学とのリンクを可能にした最初の都市だった。したがって、精神病学の初期の近代化は、東京で「一極集中」的に進められていくのである。

だが、東京での帝国大学の形成とそこでの精神病学的な知識と権力の独占について述べる前に、明治初期に多少なりとも精神病学に関わった外国人教師について整理しておきたい。岡田靖雄（2002a）の記述にしたがって八人の外国人の名前を紹介すると、オランダ人のボードイン（Antonius Franciscus Bauduin, 1820–1885）とエルメレンス（Christian Jacob Ermerins, 1814–1880）、オーストリア人のヨンケル（Ferdinand Adalbert Junker von Langegg, 1828–1901?）とローレッツ（Albrecht von Roretz, 1846–1884）、ドイツ人のホフマン（Theodor Eduard Hoffmann, 1837–1894）、デーニッツ（Friedrich Karl Wilhelm Dönitz, 1838–1912）、ショイベ（Heinrich Botho Scheube, 1852–1923）、そしてベルツ（上述）である。このうち、ヨンケルとショイベは京都療病院の医師であり、とくに前者は上述した京都癲狂院の設立に際して、精神病治療・看護についてさまざまな提言を行っている。また、ボードインは長崎養生所を経て、大阪仮病院・大阪軍事病院につとめ、彼の大阪での後任にあたるのがエルメレンスであった。ローレッツは愛知県公立病院・医学校などにつとめたが、東京府病院長・長谷川泰（一八四二―一九一二）あての東京府癲狂院建設計画案が残されている。上述のボードイン、そしてホフマン、デーニッツおよびベルツは、東京帝国大学（およびその前身の大学東校・東京医学校・東京大学医学部・帝国大学医科大学）で教育に関わった。

ところで、外国人教師の活躍した明治初期には、日本各地で公立および私立の医学校が数多く設立されていた（厚生省医務局：1955）。その動向にも注目したい。そもそも、江戸時代の幕藩体制においても、多くの藩では医学に関する専門教育システムを持っていた（海原亮：2012）。それらの医学教育施設を基盤にして、明治以降の公立医学校の設置へとつながっていったところも少なくない(5)。ちなみに、後に東京大学の一翼を担うことになる東京医学校は公立ではなく、旧幕府の医学所を引き継いで大学東校（一八六九年）となり、第一大学区医学校（一八七二年）を経て、一八七四年に創立した官立の医学校である（天野郁夫：2009：東京大学医学部創立百年記念会：1967）。

明治初年に公立と私立の医学校が急増した理由は、一八七四年に東京、京都、大阪の三府に達せられた医制にもとづき、一八七五年に三府で（翌年からはそれ以外の各県でも）開始された医術開業試験と関係があるとみられる。ただし、当時は「公立の医学校を含めてその水準は高いとはいえず、とくに私立医学校のほとんどは、学校といっても私塾に近い受験準備の場に過ぎなかった」という。そのため、一八七九年に、それまで各府県に委ねられていた医術開業試験が国家試験化され、さらに一八八三年に医術開業試験が変更されると、多くの私立の医学校は対応できずに廃校となった。他方、一八八二年の医学校通則で医学校が甲・乙の二種に分けられた。甲種医学校の卒業生には無試験で医師の免状が与えられた。雑多な医学校のなかから公立の医学校は甲種と乙種に分かれたが、私立の医学校は乙種のみだった。一八八七年には、公立医学校の五校（千葉、仙台、岡山、金沢、長崎）が官立に移管された。ところが、一八八八年以降、府県立医学校の費用を地方税から支弁することが禁止され、多くの公立医学校は廃校となり、財政基盤が安定していた京都、大阪、愛知の三校のみが存続した（坂井建雄：2012；天野郁夫：2009）。

こうした幕末から明治初期の混沌とした医学校の盛衰のなかで、東京帝国大学が次第に医学教育・研究の中心に躍り出てくる過程を追ってみたい。

第三節　帝國大學という舞台

1　かけだしの東京大学

一八七七年に、旧幕府時代にその源流をもつ東京開成学校と東京医学校を合併して発足した、帝国大学になるまえの東京大学は「影の薄い存在」だった。明治初年には、官立の高等教育機関は文部省所管の東京大学に限らず、人材養成の必要に迫られて各省が外国人教師を雇って学校を創設し、教育を開始していた。工部省の工部大学校、司法省の法学校、開拓使の札幌農学校などがそれである。これらの官立専門学校は、後に帝国大学のなかへと吸収されていったが、わが国の近代化の初期段階で人材養成に果たした役割はきわめて大きかった（天野郁夫：2014）。

さて、時代をややさかのぼり、東京大学発足時にできた医学部の前身、東京医学校について述べておきたい。そもそも、一八六九年に政府の医学取調御用掛に任ぜられた佐賀藩の相良知安（一八三六―一九〇六）と福井藩の岩佐純（一八三五―一九一二）の主張により、医学校（のちに大学東校、東校、さらに東京医学校へと改称）にドイツ医学を採用する方針が決まった[6]。当時、開成学校（のちに大学南校、南校、さらに東京開成学校へと改称）で教頭をしていたフルベッキ（Guido Herman Fridolin Verbeck, 1830-1898）もドイツ医学を支持したことなども影響したと見られる。一八七〇年二月にはドイツ北部連邦（Norddeutscher Bund）政府公使フォン・ブラント（Max von Brandt, 1835-1920）と日本政府との間で契約が結ばれ、プロイセンから医学教師二人を大学東校に招請することになった。しかし、普仏戦争のためにドイツ人教師が来日せず、同年七月から上述のボードインに大学東校の講義を依頼したがそれも一時的な措置であり、大学東校の生徒の間では不満が広がっていたという。一八七一年八月になって、ともに軍医のミュルレル（Leopold Müller, 1824-1893）とホフマン（上述）がやっと着任した（この直前に大学東校から東校に改称されていた）（小川鼎三：1964）。彼らはドイツ式のカリキュラムを導入し、旧来の医学教育制度を刷新した。その後来日するドイツ人医学教師たちは、彼らの敷いた軌道の上を進んだのだという（ミュルレル、L.：2008：原著：1888）[7]。

一八七四年、学制改正により東校は東京医学校と改称された。翌年十一月には、契約期間が満了となったミュルレルとホフマンはドイツに帰国した。ミュルレルが「潰れる心配もないわけではない」と行く末を案じていた東京医学校は、一八七七年に東京開成学校と合併し、東京大学医学部となった。東京大学の発足当初は、医・法・理・文の四学部構成だった。とはいえ、華々しく大学が発足したというよりも、むしろ合併による単なる名称変更以外は何の変化もなかったという（天野郁夫：2009）。医学部については、東京医学校の教科内容などからの格別の変更はなかった。発足当時の医学部の本科（外国語を修めて外国人教師の講義を受ける「本科」、これに対して医師速成のため日本人教師による医学教育コースの「別課」があった）に関わった外国人教師は六人で、すべてがドイツ人だった。この中には東京医学校時代の一八七六年に赴任し、東大医学部ではじめて精神病学を講じたベルツも含まれている（東京大学医学部創立百年記念会編：1967）。

東京大学が発足して間もなく、将来の人材養成として教授候補を官費留学させる制度が始まり、まず一八七九年に卒業生の医学士三名がドイツに派遣された。同様にして一八八二年にドイツに留学した三名のなかに、ベルリンで精神医学を学んだ榊俶がいた。一八八六年一〇月、榊が四年半あまりの留学を終えて帰朝した時には、すでに東京大学は帝国大学へ、東京大学医学部は帝国大学医科大学へと改称されていた。同年三月に帝国大学令が公布されたのである。

2　帝国大学の登場

そもそも帝国大学とは「国家ノ須要ニ応スル学術技芸ヲ教授シ及其蘊奥ヲ攷究スル」（帝国大学令第一条）ところと規定されていた。当時、世界最高の教育研究レベルとみなされていたドイツの大学がモデルだった。しかし、ドイツの忠実なコピーというわけではなく、国家の手厚い庇護を受けながら「近代化・産業化を急ぐ『国家ノ須要』に応える、いわばキャッチアップ型・途上国型の大学」だった（天野郁夫：2014）。

既に述べたように、一八八六年一〇月に榊俶が留学先のドイツから帰朝し、同年一一月に帝国大学医科大学教授に任ぜられ、翌十二月から精神病学講義をはじめた。一八九三年、帝国大学令が改正され、各分科大学の講座数と内容が定められ、講座制が布かれた。榊は精神病学講座を担当することになった（岡田靖雄：1987）。

フランスがモデルとされ、欧米諸大学の重要な教育研究組織とされてきた大学の講座制（チェア）という制度について、一八九三年改正の帝国大学令第十七条では、「各分科大学ニ講座ヲ置キ教授ヲシテ担任セシム」と規定されている。講座制には、専門分野の教授の担当責任を明確にし、その分野の教育と研究に専心させる意図があった。帝国大学医科大学には二三講座が開設された。一講座に一教授が原則だったが、教授欠員の講座があったため、当初の教授は全部で一九人だった（東京大学医学部創立百年記念会：1967）。この講座制こそが「帝国大学の『学術の独占体化』に何よりも重要な、決定的ともいうべき役割を果たした」とされる。戦前期に講座制をもつことができるのは、帝国大学だけだった（天野郁夫：2009）。

ところで、帝国大学に講座制が導入された際に、精神病学講座を設置した特別な理由はあるのだろうか。このような問いを発するのは、内科学や外科学などに比べて精神病学はいわば後発の学問であり、帝国大学令以前の医学教育のなかでは精神病学がさほど重視されていなかったことを考えると、当初から独立した講座となったことにやや違和感があるからである。

しかし、同時期のドイツ（語圏）の大学医学部の多くには、精神医学の講座が存在していた(8)。ドイツをモデルにした帝国大学医科大学であれば、それに倣うのは自然だっただろう。ただし、ドイツで（ヨーロッパでも）最初に精神医学講座ができたのが一八一一年のライプチヒ大学だが、医学部のなかで講座として安定するまでには時間を要している(9)。大学医学部の精神科病棟の設置はさらに遅く、一八七八年のハイデルベルク大学の「瘋狂病棟」（Universitäts-Irren-Klinik）が最初だという（Jetter, D., 1981）。すなわち、先進国ドイツにおいても大学の精神医学講座や大学精神科病棟という教育研究環境の整備は十九世紀後半の課題であり、日本の精神病学の近代化は僅かの時間差でその後を追っていたことになる。

一方、東京以外でも精神病学講座の整備が徐々に進められていく。一八九七年、第二の帝国大学が京都に設立された。京都帝国大学の誕生である。これによって、帝国大学は東京帝国大学と改称された。京都帝国大学は理工科大学という一分科のみの単科大学からスタートし、一八九九年に法科大学と医科大学が、一九〇六年に文科大学が加わる。一九一四年に理工科大学が理科大学と工科大学に分けられ、法・医・工・文・理の五分科大学編成になった。医科大学に精神病学講座ができたのは、解剖学などの基礎系講座や内科学や外科学などの臨床系講座の設置から三年遅れた一九〇二年である。一九〇三年一月から法医学教授の岡本梁松（一八六三―一九四五）が精神病学講座を兼担し、同年十二月に今村新吉（一八七四―一九四六）が精神病学講座の教授に就任した（京都大学医学部精神医学教室：2003）。

その後も新たな帝国大学の設置が進み、精神病学講座が順次開設されていった。明治・大正期に限れば、一九〇七年設立の東北帝国大学（医科大学は一九一五年、精神病学講座は一九一六年）、一九一〇年設立の九州帝国大学（ただし、前身は一九〇三年設立の京都帝国大学福岡医科大学、精神病学講座は一九〇六年。一九一一年に九州帝国大学医科大学に移管）、一九一八年設立の北海道帝国大学（医学部は一九一九年、精神病学講座は一九二四年）である（日本精神神経学会百年史編集委員会：2003）。

これと並行して整備が進められた、帝国大学以外の医育機関の興隆が、精神病学への需要をさらに高めていったと考えられる。一九〇三年に出された専門学校令により、それまでの「帝国大学をはるかに上回る数の若者たちに学習の場を提供し、質にばらつきがあるとはいえ多数の高学歴人材を社会に送り出した」「発展途上の専門諸学校」をふるいにかけて、文部省の認可を受けた学校だけが正式に「専門学校」と認められることになった。専門学校令第十六条では、官立の千葉、仙台、岡山、金沢、長崎の各医学専門学校が本令施行の日から専門学校と認定された。さらに、専門学校令と同時に施行された公私立専門学校規程に定めた手続きに従って、一九〇二年の時点で設置されていた医学校のうち一九〇三―一九〇四年度中に、公立では京都府立、大阪府立、愛知県立の各医学校が、私立では東京慈恵医院医学校と熊本医学校が専門学校に認定されている。一九〇七年に文部省から出された官立医学専門学校規程では、学科目として精神病学（理論および臨床講義）を第四学年で履修することを定めている[10]。他方、公私立の医学専門学校ではそれぞれの学則で学科目を規定しており、官立医学専門学校と同様に精神病学を学科目に加えている[11]。背景として、一九〇六年に衆議院議員の山根正次（一八五八―一九二五）から提出された、官公私立医学校に精神病科を設置してほしい旨の建議が、衆議院で可決されたことがあった（日本精神神経学会百年史編集委員会：2003）。この頃から、各地の医育機関（帝国大学および公私立医学専門学校）で精神病学担当の教授（あるいは教諭）[12]の需要が増加したと考えられる。東京帝国大学の精神病学講座の歴代三代の教授、榊俶、片山國嘉（一八五五―一九三一）、呉秀三がいわばピラミッドの頂点だとすれば、その直下に位置する教え子たちは、全国の医育機関の精神病学担当として赴任していった[13]。呉秀三のもとで助手をしていた齋藤玉男（一八八〇―一九七二）の回想によれば、東大精神病学教室が置かれていた東京府巣鴨病院の医局では医員が医学専門学校の教授や教諭として赴任してしまい、「巣鴨の医局は総払い」

になったという（持田治郎：1968）(14)。ただし、公私立医学専門学校には帝国大学令で定める講座制は敷かれておらず、あいかわらず帝国大学が精神病学の教育や研究者養成の主導権を握っていた。その後、一九一八年に大学令が公布された。これにより、各帝国大学の医科大学は医学部に改められ、さらに、官立五校、公立四校、私立四校の医学専門学校が医科大学あるいは大学医学部に昇格し、学位授与権が各大学に与えられることになった（天野郁夫：2009, 2012）。したがって、精神病学教育・研究における（東京）帝国大学の寡占状態は、少しずつ崩れていったと見ることができるだろう。

ところで、齋藤玉男の回想にあるように、そもそも東大精神病学教室は大学構内ではなく、東京府巣鴨病院の中に置かれていた期間が長かった。榊俶はドイツ留学から帰国した直後から、臨床講義のための患者を確保するために、医科大学内に精神科病棟を設置することを模索していたようである。しかし、実現には至らず、一八八六年に巣鴨に移転した東京府癲狂院に精神病学教室を置き、臨床教育の場とすることになった。東京府との取り決めにより、医科大学が患者の治療を負担した。また、東京府癲狂院の院長制を廃して、医長と事務長の二頭制とし、榊が医長に就任した。一八八九年に榊の「『癲狂院』の名は世人がいむから」との意見で「東京府癲狂院」は「東京府巣鴨病院」と改称された。院長制の復活は、呉秀三の教授時代の一九〇四年である。精神病学教室が本郷の東大構内に移転したのは、巣鴨病院が東京郊外の松沢村に移転し、一九一九年一〇月に東京府立松沢病院として開院する直前の同年八月だった。なお、東大精神科教授が病院の院長（榊および片山の時代は医長）を兼ねるという慣習は、一九四九年まで続いた（岡田靖雄：1987）。

第四節　精神病学の教育と研究

精神病学はわが国特有の帝国大学という安定した権力のもと、その教育研究体制を固め、アカデミズムの中で一定の市民権を獲得していった。だが、そこで教えられ、研究されていた精神病学の中味はどのようなものだったのか。また、精神病学をめぐるグローバルな学問的潮流とはどのようにつながっていたのだろうか。東大精神病学講座の黎明期に教授として活躍した榊俶、片山國嘉、呉秀三が依拠した学説や研究を中心に検討したい。

1　ドイツの精神医学

明治初年、日本は世界に冠たるとしてドイツ医学の導入を決めた。榊俶、片山國嘉、呉秀三が一九世紀終わり頃に留学したころのドイツの大学とは「世界最高の大学として多くの尊敬を集め、世界各地の大学のモデルとしてあがめられ」、「豪華絢爛たる学生文化が花開き」、「世界の学生のあこがれの的」であり、「この学問大国を目指して多くの学者が巡礼に赴いた」のである（潮木守一：1992）。

が、医学史家の小川鼎三（1964）は「もしもそれが十八世紀後半で（……）日本が自由に欧州の諸国から師をえらぶ立場におかれたら、恐らくドイツはその選にもれたことであろう。十九世紀の初めだったとしてもたぶんだめである」と述べている。とすれば、一九世紀なかばから急速に実力をつけていくドイツ医学の展開とはどんなものだったのだろうか。

それ以前のドイツはシェリング（Friedrich Wilhelm Joseph Schelling, 1775-1854）に代表されるロマン主義的な自然哲学に影響されて、医学は停滞していた。その停滞を破り、「ドイツ医学を毒した哲学的要素をふりはらって純粋に科学的なものとした第一の功績者」とされるのがヨハネス・ミュラー（Johannes Müller, 1801–1858）である。ミュラーはボン大学で医学を修め、一八三〇年に同大学教授、一八三三年にはベルリン大学の教授に迎えられ解剖学と生理学を講じたが、動物学、発生学、心理学、病理学など広範囲にわたる業績で名を馳せた。ミュラーがいなければ「ベルリン大学の医学の水準向上、さらにはドイツ医学の進歩はありえなかった」といわれる（潮木守一：1992）。

この頃、ミュラーの生理学の著作を熱心に読んでいたのがテューービンゲン大学の医学生グリージンガー（Wilhelm Griesinger, 1817–1868）であった。彼は同大学の哲学教授で医学者でもあるエッシェンマイヤー（Carl August von Eschenmayer, 1768–1852）の精神医学講義を拒絶していた（Dörner, K.：1984）。シェリング学派のエッシェンマイヤーは、テューービンゲン大学で最初に精神医学の講義を行った者の一人であった。グリージンガーの経歴は多彩である。テューービンゲンのあと、チューリヒ、パリにも学び、テューービンゲンおよびチューリヒ大学教授、カイロのエジプト総督（khedive）の侍医なども経て、一八六五年にベルリン大学の教授に就任した（Kreuter, A.：1996）。

グリージンガーが活躍する前のドイツの精神医学は、医学全般と同様に、ロマン主義的、思弁主義的な思想に依拠するものだった。ロマン主義的精神医学が台頭していた時代のいわゆる心理主義者を代表するハインロート（Johann Christian August Heinroth, 1773–1843）によれば、神への終局的随伴者は理性だが、これが欠けるのは人間の罪であり、そのために精神病になるのだと主張した。また、イーデラー（Carl Ideler, 1795–1860）は、ハインロートほど神学的ではないものの、精神病は情熱と同じ基盤から発していると考えた。しかし、イーデラーのベルリン・シャリテ（Charité）病院精神科の後任で、身体主義者の代表格とされるグリージンガーは、精神現象を解明するのは哲学ではなく経験的生理学であるとし、「精神病は脳の病気である」と（いう主旨を）述べた[15]。心理主義者と身体主義者との間の数十年にわたる論争の末、最終的には身体主義者が勝利した（De Boor, v. W., 1954）。

とはいえ、心理主義者と身体主義者との単純な二項対立図式を際だたせようとする誘惑からは、距離をおくべきかもしれない。グリージンガーの「精神病は脳の病気である」という身体主義的なテーゼが一人歩きしているようにみえるが、彼は単に脳の病理解剖的な変化に精神病の実体を求めただけではなく、無拘束主義にもとづく患者処遇の改善を提唱し、都市部に設置する精神病院（Stadtasyl）の構想をたてるなど、精神医学全般の近代化にも貢献していることを見過ごせない（小俣和一郎：2007）。一方、心理主義者は、身体主義者に駆逐されて何も残さなかった、というわけではない。そもそも、「精神医学」（Psychiatrie）は、初期のロマン派の医学者ライル（Johann Christian Reil, 1759–1813）の造語であり、「精神病」（psychose）という用語も心理主義の系譜につながるフォイヒテルスレーベン（Ernst von Feuchtersleben, 1806–1849）によるもので（ピショー、P.：1999：原著：1996）、精神分析の発展史の立場からは、むしろ心理主義者たちの「ロマンティックな、文化的・哲学的傾向は、その公的な生命は短く見えても、精神医学、特に二十世紀の精神医学に永続的な貢献をなしたことは疑問の余地がない」という見方も可能となる（ジルボーグ、G.：1958：原著：1941）(16)。

日本の医学者が「アカデミズムの先進国」ドイツにこぞって留学していたのは、グリージンガーの医学的な経験主義と実証主義から導き出されたドイツ精神医学の「二大潮流」（ピショー、P.：1999：原著：1996）が台頭していた時期に重なる。ひとつ目の潮流が脳病理学である。その道を切り拓いた者としてウェストファル（Carl Westphal, 1833–1890）が挙げられる。この人物の活躍は多岐にわたり、強迫神経症や広場恐怖といった臨床的な研究でも知られる一方で、脳の病理解剖の元祖として大脳精神医学の黄金時代を築いていく。ベルリン・シャリテ病院精神科のイーデラーのもとで働いていたウェストファルは、イーデラーの後任のグリージンガーとは馬が合わず、しばらく同病院の内科に勤務した経験がある。だが、ウェストファルは、グリージンガーの死後に精神科にもどり、やがてグリージンガーのポストを継ぐ形でベルリン大学の精神医学教授になった。同時代に解剖学的研究に携わった代表的な大脳精神医学者として欠かすことができない人物が、ウィーン大学のマイネルト（Theodor Hermann Meynert, 1833–1892）、およびマイネルトのもとで半年間学んだあとベルリン・シャリテ病院のウェストファルの助手をつとめたウェルニッケ（Carl Wernicke, 1848-1905）である。とりわけウェルニッケの学説は、グリージンガーとマイネルトの思想をさらに発展させ、精神機能を脳の特定の部位に直接的に結び付ける脳局在学に偏ったものであったために、精神医学界からは「脳神話学」（Hirnmythologie）と揶揄されたという（内村祐之：1972）。もうひとつの潮流が、経験主義に貫かれた臨床的疾病分類学である。ここでは経験と観察にもとづいて、患者とその症状を分類することに重点が置かれる。カールバウム（Karl Ludwig Kahlbaum, 1828-1899）とその弟子のヘッカー（Ewald Hecker, 1843-1909）は、それぞれ緊張病と破瓜病を記述した。これらが後の早発性痴呆（統合失調症）概念への道を開いたという点で、彼らの業績は現代の精神医学にも影響力をもっているクレペリン（Emil Kraepelin, 1856-1926）の疾病分類学と深く結びついていた（ピショー、P.：1999：原著：1996）。

続いてクレペリンに登場してもらう。近代的な臨床精神医学を築いたといわれるクレペリンは、身体主義者グリージンガーの反思弁的な姿勢を高く評価した。しかし、グリージンガーが主張する「単一精神病説」には同調できなかった。単一精神病とは、一見多様に見える精神病が、実はひとつの精神病が変遷するときの表現に過ぎないという考えにもとづいている。クレペリンは、精神病はひとつではなく、それぞれが独特の経過をもつ別々の疾患と捉えていた。だが同時に、個々の疾患単位を確立することにはかなり慎重だった。精神病として観察されているのは、ただの「症状群」（Symptomenkomplexe）に過ぎず、われわれに見えているのは症状群という影であり、疾患単位という実体は別に存在する。しかし、精神障害の病理解剖学、病因論、症候学という三つの側面から精神障害の分析を進めていけば、根本的な「自然の疾患単位」に到達できると考えた（ホッフ、P.：1996：原著：1994）。

ところで、クレペリンの疾患単位概念に確信を与えたのが、進行麻痺に関わる新たな研究動向だった。進行麻痺は、さまざまな精神症状とともに身体の衰弱が進行し、末期には荒廃状態に陥るものである。かつてこの病気で精神病院に入院していた患者は多かった。すでに一九世紀の前半にフランスのベイル（Antoine Laurent Bayle, 1799–1858）は病理解剖学的研究によって、進行麻痺を脳の器質的な病気として記載していた。さらに、一九世紀の終わり頃からニッスル（Franz Nissl, 1860–1919）らによって開発が進められた染色法による脳神経細胞の顕微鏡的な観察などによって、精神症状と脳の病変部位との対応関係を明確に示す精神病の疾患単位のモデルとなった。しかしクレペリンは、すべての精神病を、進行麻痺に代表されるような脳器質性の精神病として理解することには懐疑的だった（内村祐之：1972）。なぜなら、ほとんどの精神病については、病理解剖や顕微鏡的な観察によっても脳組織の病変をつきとめがたく、しかも発病の根本的な内因・外因をつきとめることもまた困難だからである。そのため、病気の経過を臨床的に観察し記述する症候学を最も重視した。つまり、脳組織の病変や病気の原因はとりあえず棚上げし、同じ経過をたどる症候をまとめてひとつの疾患を見出すのである。クレペリンは数多くの臨床データを駆使して、「早発性痴呆」と「躁うつ病」という疾患単位にたどり着いたと考えた。だが、やがてその疾患単位説は批判される。晩年のクレペリンは症状群重視に立ち戻ったのではないかと見られている。そこでは、症状と精神病との一対一の対応関係を否定し、人間が成長発達段階で普遍的に獲得する「既成装置」という生体内機構を仮定した。これを通して、異なる精神病でも同じ症状群が反復して現れると主張した。今日においても、クレペリンがめざしていた精神病の疾患単位を確立するという試みは完結しておらず、疾患単位自体の是非をめぐる議論が続いている（影山任佐：1999；久江洋企：2014）。

他方、クレペリンは精神病の疾患単位の確立には努力したが、精神病の治療分野ではあまり顕著な成果をあげたとはいえない。また、クレペリンの理論からは、神経症や精神療法などの重大な領域が欠落していた。その間隙を、クレペリンと同時代を生きながら交流関係はほぼなかったと考えられるフロイトの精神分析理論が埋めたといえるかもしれない（神谷美恵子：1982）。しかし、呉秀三をはじめとする日本の精神病学界全体がクレペリン学派の影響下にあったためだろう、フロイトの学説が戦前の大学アカデミズムの中で受容されることはほとんどなかった(17)。

2 日本の精神病学

以上がドイツ（語圏）における精神医学の概略である。では、それが日本の精神病学にどのような影響を及ぼしたのだろうか。とりわけ、グリージンガーやクレペリンの学説とどう向き合ってきたのだろうか。まずは東大精神病学教室の黎明期に教育研究の中心にいた榊俶、片山國嘉、呉秀三らがよりどころとした精神病の学説について検討したい。

呉秀三の「我邦ニ於ケル精神病学ノ学説樹立ニ関スル変遷ノ大綱」によれば、一八八六年に榊が帰国して初代精神病学教授になり、学説上、治療上で根拠としたのは留学先であったベルリン大学のウェストファルとメンデル（Emanuel Ernst Mendel, 1839-1907）の説であった（呉秀三：1912）。すでに述べたように、ウェストファルはグリージンガーのあとにベルリン大学教授に就任した脳病理解剖学の専門家である。メンデルは、ブレスラウ、ウィーン、ベルリンで医学を修め、グリージンガーにも学んだことがある。進行麻痺の病理解剖学や司法精神医学などの研究で知られ、一八八四年からベルリン大学精神科の員外教授となった。榊は、病気がちだった晩年のウェストファルよりも、メンデルに直接指導を受けることが多かったようである。榊が帰国後の早期に行った精神病学講義の内容は、文学部選科生・高嶺三吉の筆記録からうかがい知ることができるが、グリージンガーの教科書『精神病の病理と治療』（Die Pathologie und Therapie der psychischen Krankheiten）の影響が認められるという（岡田靖雄：1987, 2002a）。

再び呉の「大綱」にもどると、その後一八九二―一八九三年頃からクラフト・エービング（Richard von Krafft-Ebing, 1840-1902）の著書が日本にもたらされ、榊と呉がその説を徐々に採用することになった。さらに一八九四年から一八九五年にかけて出された呉の教科書『精神病学集要』がクラフト・エービングの著書を参照した結果、クラフト・エービングの説は「殆ど全部我邦医師の間に紹介せられたり」という（呉秀三：1912）。

とすれば、上記のドイツ精神医学の概略では言及しなかったものの、クラフト・エービングは日本の精神病学の黎明期には多大な影響を及ぼしたことになる。いったい彼はドイツ精神医学でどのような位置を占めていたのだろうか。クラフト・エービングはマンハイムに生まれ、ハイデルベルクおよびチューリヒ、さらに短期的にはプラハとベルリンでも、医学を修めた。チューリヒではグリージンガーにも学んだ。アルザス併合後のシュトラスブルク大学、オーストリアのグラーツ大学を経て、一八八九年からウィーン大学の教授をつとめた。彼の精神医学は、グリージンガーの身体主義的な器質論とフランスのモレル（Bénédict Augustin Morel, 1809-1873）の（病的な変異が遺伝し、その家系は滅亡に至るといった）変質概念を背景しながら、精神疾患の病因として身体的・精神的素質や遺伝を重視したところに特徴がある。進行麻痺の梅毒説を支持し、性にまつわる精神病理学的研究でも知られている（濱中淑彦：1994）。呉秀三が言及しているクラフト・エービングの著書とは、一八七九年から翌年にかけて刊行された教科書『臨床精神医学』（Lehrbuch der Psychiatrie auf klinischer Grundlage）のことである（Kreuter, A.：1996）。この全三巻本は一九〇三年出版の第七版まで版を重ね、クレペリンの教科書が出るまでは、もっとも広く用いられたものだという。呉秀三はウィーン留学中にクラフト・エービングと接する機会があったが、後に述べる同じくウィーン大学のオーバーシュタイナー（Heinrich Obersteiner, 1847-1923）ほどには親密な関係ではなかったようである（岡田靖雄：1982）。

一方、榊俶が一八九七年に若くして病没し、その後継者を期待されて呉秀三が欧州に留学している間、東大精神病学教室の教授を兼ねていた法医学者の片山國嘉の時代には、ツィーエン（Theodor Ziehen, 1862-1950）の説が流布したという。片山は裁判医学（法医学）研究のため、一八八四年から約四年間欧州で学んだ。呉によると、片山はウィーン大学に留学中はマイネルトらから精神医学を学んだが、日ごろからツィーエンの精神医学教科書を読み親しんでいたという（呉秀三：1912）。ツィーエンは一八八五年にベルリン大学で医学博士を取得したあと、ゲルリッツの病院で勤務医をしていたカールバウムのもとで助手を勤め、イエナ大学、オランダのユトレヒト大学などをへて、一九〇四年にベルリン大学の教授になっている（Kreuter, A.：1996）。ただ、片山が、当時クラフト・エービングやクレペリンの教科書とならびよく読まれたというツィーエンの教科書を選んだ理由はよくわからない。

ところが、呉秀三が留学中にドイツの「精神病上の意見」は一変して「所謂ハイデルベルク派首領のクレペリン」の所説に傾いた。帰国後はクレペリンの説を紹介することとなり、「西洋に於て精神病学説の変遷せしよりは我邦に於ては猶更に遽《すみやか》に其革新せるを見たり」（呉秀三：1912）という。日本の精神病学界で急速に「クレペリン化」が進んだことを表わしているようである。

既に述べたように、クレペリンは一九世紀から二〇世紀にかけて活躍したドイツの精神医学者である。精神疾患の分類体系を、自身の教科書『精神医学』（Psychiatrie）を次々に改訂する形で構築してきた。画期的なのは、一八九六年の教科書第五版で早発性痴呆（統合失調症）の輪郭を定め、一八九九年の第六版で躁うつ病を確立したことである。この段階で、今日的な疾患分類体系の基礎がつくられたと言われる。教科書の改訂は一九二七年の第九版まで続いた。呉はすでに欧州留学前に『精神病学集要』（「前編」一八九四年、「後編」一八九五年）を出版し、クレペリンに言及しているものの、当時の分類体系はまだ発展途上にあった。しかし、呉が留学を終えて日本に持ち帰ったのは、最新のクレペリン体系、つまり教科書第六版であった（内村祐之：1972）。このように、精神疾患の分類の基礎を築いたクレペリン体系をいち早く日本に導入したことが、呉秀三の功績のひとつにあげられる。ただし、呉自身も言及しているように、クレペリン体系がわが国に普及したのは、むしろ呉の弟子にあたる石田昇（一八七五―一九四〇）が一九〇六年に出した『新撰精神病学』に負うところが大きい（呉秀三：1912）。石田はアメリカ留学中の一九一八年に同僚を射殺して収監されたが、一九二二年の第九版まで改訂を続けた。一九二五年に帰国し、東京府立松沢病院に入院、一九四〇年に同病院に入院のまま死亡した（中根允文：2007）。呉はといえば、一九一六年に『精神病学集要』の第二版を出したものの未完に終わり、クレペリン体系の核心部分ともいえる早発性痴呆の記載には至らなかった。

3　ミクロとマクロの研究

これまで述べてきた精神病学説と精神医学教科書の導入と並んで重要なことは、精神病学における研究手法の習得と研究テーマの選択であろう。

榊は留学先のベルリンではウェストファルに師事し、おもにメンデルから研究指導を受けた。榊の一八八三年三月二三日の日記に「朝メンデル氏を訪ひ瘋癲患者脳を受く（Halluc. Verrücktheit）直ちに顕微鏡実見を始む」とある。おそらく、これに関連して同年五月のベルリンで開かれた学会で慢性患者の脳髄の顕微鏡的変化に関する演題を発表している。さらに、同年一〇月二二日の「ウエストファル氏より『テーマ』を受く脊髄癆の周辺変常検査なり」という記述は、翌年一月一四日の「伯林神経病界にて過日実験中の脊髄癆に付末梢神経に変化あるを演舌せり」へとつながっていく（内村祐之：1940）。こうして見ると、榊の研究テーマの設定と実験はベルリン大学における脳病理解剖学的な関心と方法論に強く影響されている。

脳研究は、榊が病没後に渡欧した呉にも引き継がれている。ただし、呉が最初に研究生活をはじめたのはウィーンだった。受け入れ先は、中枢神経系の解剖生理学が専門でウィーン大学教授のオーバーシュタイナーの研究室だった。オーバーシュタイナーはウィーンで私立精神病院を経営する精神科医の息子として生まれた。学位取得後にウィーン大学で中枢神経の解剖病理学を講じていたが、一八八〇年に自ら神経学研究所を立ち上げた。これは世界で最初の脳研究センターとなり、国外からも多くの学生を集めた。なかでも日本とアメリカからの学生が多かったという（Jellinger, K.A.：2009）。

呉は留学前からクラフト・エービングとともにオーバーシュタイナーの名を知っていた。すでに神経研究所に留学していた陸軍軍医の保利真直（一八六〇—一九二九）の紹介でオーバーシュタイナーのもとを訪れ、その日のうちに研究所で研究することが決まったようである（呉秀三：1923）。呉はウサギを実験動物として使い、最新の組織染色法（ニッスル染色）を駆使して三叉神経の細胞構造などを顕微鏡で観察し、その研究成果をドイツ語の論文にまとめた。それをウィーンで編集されていた医学専門雑誌に載せ、後に呉が東大に提出した博士論文の一部をなす業績となった（精神医療史研究会：1974）。

他方、榊や呉は統計という研究方法論にも早くから注目していた。患者や病気の数量的把握は、精神病研究の基礎となるからである。そもそも一九世紀末から二〇世紀のはじめにかけての自然科学や社会科学の中心はドイツであり、統計学でも主導的な立場にあった。ドイツの社会統計学の源流は、社会現象を可視化しようとする一九世紀ベルギーの統計学者ケトレー（Adolphe Quetelet, 1796–1874）の道徳統計あるいは社会物理学に求められる（竹内啓：2015b）。ケトレーは、自由意志をもつ捉えがたい個々人ではなく、個々人が構成する集団を観察することで、それを支配する自然法則を見出そうとした。道徳統計の主題には犯罪、自殺、教育などがあり、数量的な処理を経て、比較検討や原因探求が可能になると考えた（平野亮：2014）。ただし、社会統計学と違って医学統計の分野には特別な事情を考慮する必要もあるかもしれない。一九世紀の細菌学の驚異的な発展によって、どの病気にも特定の原因を求める特定病因論が優勢になり、疾病の多面的な理解が失われかねない事態に至った（豊川裕之：1984）。極論すれば、すべての病気が固有の細菌によってもたらされるのであって、医学統計によって発見された事実には、科学的な根拠がなく信用もできないということになる（竹内啓：2015a）。けれども、精神病学で統計という手法も重視されたのは、細菌学モデルだけでは精神病の原因は理解できないという認識のあらわれかもしれない。つまり、細菌学的手法と親和性のある顕微鏡を使う微視的な脳組織研究が重視される一方で、個々の患者では見えないものが、集団ではじめて見えてくるという巨視的な統計的手法も必要とされたのである。

いずれにしても、榊はベルリン留学時に統計的方法を学び、帰国後には東京府巣鴨病院の患者統計に関する論文をドイツの医学雑誌に掲載するなどしていた。呉は榊の学問的な関心を継承したとも考えられるが、わが国に統計学を根づかせたといわれる兄の呉文聰《あやとし》（一八五一―一九一八）か、あるいはドイツ留学中に統計学に深い関心を示していた森林太郎（鴎外）（一八六二―一九二二）の影響か、早くから統計への興味を持っていた。まだ医学生時代にドイツのエステルレン（Friedrich Oesterlen, 1812-1877）による一八七四年の教科書『医学統計学』（Handbuch der medicinischen Statistik, 2. Ausg.）を翻訳し、一八八八年にそれを専門誌に分割掲載している。さらに、一八八九年には、訳出した雑誌掲載論文をまとめた『医学統計論』を出した（岡田靖雄：1982）。

呉が統計的手法を自らの研究に活かした初期のものとして論文「精神病者ノ自殺症ニ就キテ」がある（呉秀三：1894, 1895）。冒頭で、わが国には自殺に関する論文は兄の呉文聰を含めて二編に過ぎない、自殺は一国の生産力に少なからざる影響を与える、などと自殺調査の重要性が述べられている。調査対象は、一八九三年のはじめから一八九五年三月末までに東京府巣鴨病院に在院した千三百人あまりの患者のうち、自殺企図があった一四七人（企図の回数にして一八九回）である。性別や年齢といった基本情報に加えて、自殺の方法、溺死企図の場所、頸傷に使用した器具といった詳細を統計的に分析するとともに、五九の症例も紹介している。この論文は一八九八年にドイツ語論文としても発表され、すでに述べた三叉神経の論文と同じく博士論文を構成する論文のひとつになった。

他方、呉の教科書『精神病学集要　第二版　前編』（1916a）では、精神病学の病因研究における統計の重要性が強調されている。それによると、「精神病の原因を講究するには、精神病の発生を善く明にしなければならぬ。其発生方《おこりかた》がよく分らなければ、原因要素の何であるかを弁へることも出来ない。原因要素の中で其関係の普浹なるものは、統計学の方法を借りて之を知るより他に途がない」という。

呉は精神病の原因として素因と誘因を挙げ、前者は発病の素地を作り、後者はその撥條《ばね》となると説明している。素因には普通素因と各殊素因（各人素因）とがあり、普通素因の一個人に与える影響は小さいが、各殊素因は病人の身体・精神の素質・発育史・生活史・生活方に基づく重大なものである。他方、誘因は身体上誘因と精神上誘因とに分けられ、各人の賦稟（素質）によってその影響は異なる、と。

たとえば、普通素因を、「社会及ビ生活状態」、「人種」、「気候」、「男女別」、「配偶者ノ有無」、「年齢」、「職業及生活状態ノ関係」、「宗教帰依」、八つのカテゴリーに分け、各カテゴリーに関わる統計を示している。「男女別」であれば、その精神病罹患率が性別によらずほぼ同じであるという統計を起点にして、精神病の原因を推し量るのである。このような精神病の原因を知るための手法として強調される統計は、精神病の社会構造的な決定要因をも視野に入れるという点で、社会や環境と健康や疾病との相互関係を解明する疫学（epidemiology）への志向がきわめて強いものだった。

また、呉の統計的手法は、精神医療行政に直接的に訴える力も持ち合わせていた。それは、一九一八年に呉秀三と樫田五郎の連名で発表された「精神病者私宅監置ノ実況及ビ其統計的観察」に見ることができる。この論文は、呉が一九一〇年から一九一六年にかけて東大精神病学教室の助手・副手一二人に全国各地の私宅監置や民間療法などの実況を調査させ、その結果を編集したものである。論文の緒論で強調されているのは、統計にもとづいたわが国の現状である。欧米の統計を平均すると、精神病者の全人口に占める割合は〇・二五三四％、この比率で計算すれば、日本の精神病者の数は、少なくとも一四〜一五万人である。しかるに、公立精神病院は東京府巣鴨病院（四四六床）のみで、官公立病院の精神病室は、東京帝国大学など一八ヶ所、合わせて約一千床。私立精神病院はおよそ三七ヶ所で計約四千床。公私立合わせて、精神病者の収容可能ベッド数は約五千床である。すなわち、全国一四〜一五万人の精神病者のうちのわずか三・三〜三・六％のみ収容されるに留まっており、精神病院の設置が喫緊の課題である、というものである。一九一九年の精神病院法の制定にも影響を与えたといわれるこの報告は、私宅監置における患者処遇の厳しい現状を伝えるとともに、全国の精神病統計が不備だった時代に、患者数の推計値を活用して病床不足を具体的に示した点に説得力があったと考えられる（精神医療史研究会：1964）。

第五節　もうひとつの精神病学

これまで述べてきたように、わが国の帝国大学における精神病学の展開は決して身体的なものだけに偏向したものではなく、むしろ集団や社会へと関心を広げるものでもあった。したがって、精神病学のすべてが身体主義的な観点で覆い尽くされているかような批判自体は的を射たものでない。しかし、精神病学のアカデミズムに不満を持つ人たちからの身体主義批判が、一定の力を獲得したのも事実である。

1　日本精神医学会

一九〇二年に呉秀三は、東京帝国大学の内科教授の三浦謹之助（一八六四―一九五〇）とともに、精神病学者、神経病学者、心理学者など四七人の賛成員を得て、日本神経学会（現・日本精神神経学会）を発足させた。同年に機関紙『神経学雑誌』を発行して、精神病学・神経学アカデミズムを牽引することになる学会は、精神科の職能団体あるいは国の精神医療政策への圧力団体という側面も合わせ持っていた（日本精神神経学会百年史編集委員会：2003）。

この学会に対抗するかのごとく、一九一七年に中村古峡が中心となって設立した日本精神医学会の設立趣意には、「今日の医学では、所謂物質文明の余弊を受けて、精神と肉体との此の関係を閑却し、只管生理的療法のみの研究に努めて、精神的療法の必要を忘れてゐる」と身体主義批判がストレートに表現されている。学会設立の背景には、実弟の精神病発病に関わって、古峡が精神病学の治療に疑念を持ったことにある。[18]この学会の機関紙として一九二六年まで刊行された『変態心理』は、狭義の（変態）心理学だけではなく、文学、医学、生物学、教育学、社会学などの研究者たちが寄稿していた大正期の発信媒体として、さまざまな読者を獲得した。帝国大学アカデミズムが専門領域の確定に躍起になっていた二十世紀初頭に、『変態心理』が扱う領域の「広範化志向」は特異なものだった。それはこの学会が「肉体」に偏向した精神病学に新しいパラダイムを導入することを意図していたためである。学会名に「精神病学」ではなく「精神医学」を導入したところにも、従来の「器質中心主義的な」精神病学に代わる、新たな「精神」の医学を建設する意図があったと考えられるという（竹内瑞穂：2014）。

しかし、日本精神医学会はそう長くは続かなかった。その活動は一九二三年の関東大震災後に徐々に衰退の一途をたどり、一九二六年には事実上停止している。また、あくまで学会という制度に依存しながら、学会設立に際して評議員や賛助員に帝国大学アカデミズムに近い人々を数多く抱え込んでいる。医学士の三人の評議員――黒澤良臣（一八八二―一九六六）、齋藤茂吉、森田正馬――は、いずれも東大出身で呉秀三の弟子にあたる。とすれば、日本精神医学会が帝国大学アカデミズムに真正面から対決しているとは到底思われない。中村古峡自身も、四〇歳を過ぎてから東京医学専門学校（現在の東京医科大学）に編入して医師となり、名古屋帝国大学から医学博士の学位も取得した（佐藤達哉、溝口元：1997；小田晋ほか：2001）。その意味では、アカデミズムという枠の中から大きく逸脱することはなかったといえよう。

2　精神療法と森田正馬

他方、身体主義的な精神病学への直接的な批判ではなく、身体主義的な精神病学だけではカバーできない領域、あるいはオルターナティブとしての精神療法について検討したい。そもそも、帝国大学アカデミズムは精神療法を排除していたわけではない。呉秀三はすでに渡欧前の一八九五年に出版した精神病学の教科書『精神病学集要　後編』の

「治法通論」において、「身体療法」とともに「精神療法」をあげている。この時は比較的簡潔な記述になっているが、一九一六年の『精神病学集要 第二版 前編』では、記述も充実度を増す。「治療通論」のなかで「薬物療法」、「外科的療法」、「理学的及食養的療法」と並んで「精神療法」が論じられている。精神療法の要点は「感情観念連想を利用して患者がなりたけ我病を治すのに心を傾ける様にする」ことだという。したがって、「隔離でも運動でも広く云へば精神的療法の一種」であるほどその「範囲は甚だ広大」だが、大きくは「直接精神療方」と「間接精神療方」に分けられる。前者として、催眠術、精神分析法、説得法など、後者として、教誨、説教（説法）、作業、慰楽及び遺散などを挙げている（なお、文中では「療法」と「療方」の語が混在している）。説教（説法）以外の各カテゴリーには、ドイツ語の呼称も併記されていることから、西欧で発展してきた療法に基づいていることは間違いない。さらに、同年発行の『日本内科全書 第弐巻 第三冊 精神療法』（呉秀三：1916b）で精神療法を比較的長く論じている。精神療法の基本的な構成要素は、『精神病学集要 第二版 前編』とほぼ同じである。これら呉の著作すべてに共通しているのは、精神療法の「精神」があまり強調されずに、作業や今日のレクリエーションに相当するものを媒介にした治療法が重視されていることである。この種の精神療法は、無拘束主義および開放的治療を意図した病院改革的な意識と深い関係にあり、呉は病院での作業活動を積極的に進めていく。一九一九年に巣鴨から移転して発足した東京府立松沢病院において、呉門下の加藤普佐次郎（一八八七―一九六八）らが行った作業治療は、わが国における本格的な作業療法の嚆矢とされている（加藤普佐次郎：1925）。他方、呉は精神療法としての催眠術あるいは精神分析法に対しては厳しい見方をし、とくにフロイトの精神分析法については、「漸次その信用を失ひ」「その色情的捜査は殊に神経病者に害ありて汎く用ゆべき療法にはあらず」と酷評している。

呉秀三の精神療法論は、教え子の森田正馬に引き継がれていく。森田はわが国で独自に生み出された精神療法である森田療法の開発者として、国内外でよく知られた人物である。森田は一九〇二年に東京帝国大学医科大学を卒業し、翌一九〇三年に呉の主宰する精神病学教室に入り、東京府巣鴨病院の医員となる。巣鴨で作業療法を担当した経験が、後に森田療法として発展していく彼の治療法の根幹を形成したといわれる[19]。入局と同じ年、呉の命により東京慈恵会医学専門学校で精神病学の講義を始めた。一九〇六年には巣鴨病院を辞して根岸病院顧問、一九二五年には東京慈恵会医科大学（一九二一年、専門学校から大学に昇格）の教授に就任した。森田が精神療法に本格的に取り組み始めたのは、一九一五年に治療した「精神性心臓症」の患者といわれ、下宿通院療法から家庭入院にかえた一九一九年に森田療法が確立したとされる（野村章恒：1974：岡田靖雄：2002b：島薗進：2003）。

上でも述べたように、森田は呉の精神療法論に負うところが大きい。しかし、限られた紙面で両者の精神療法論の全貌を比較することはできず、呉が『精神病学集要 第二版 前編』のなかで述べている「説得方」についてのみ検討したい。それによると「ヂュボア Dubois デジェリン Dejerine 二氏の唱へ出した方法で。患者に其観念することの迷誤なるを覚らせ、之を思ひ止まるべき方法を授け、又其生涯を覚悟させ、その愛他感情を引立てるもの」だが、幾分病識がある者に用いることができるものの、そうでない者には有害であるという。妄想を持っている者に、それが妄想であることを示す証拠をいくら見せても「判断能力の欠けた人に正い弁識を与へることは出来ない」のである。森田も自らの治療法の着眼点として、「デュボア氏のように、患者に説得的論弁をもって対することをしない」という。ただし、森田のオリジナリティは、「一定の方法によって患者の生活、行動、精神的態度等を指導し、それによって得た患者の体験に対して、その批評、断定と応用を教える」ということにある（森田正馬：2004）。すなわち、島薗進（2003）が指摘するように、患者が想念の悪循環を対象化できるのは、合理的な理解や認識よりも、むしろ事実を「体得」することにある。これは、禅の修行や武道の技の体得とも通じるきわめて日本的な精神文化と関わっている。

このように、森田は（西欧の理論に依拠した）呉の精神療法論をベースにしながら、自らが提唱した「神経質」に対する独自の精神療法を開拓していく。だが、当初は森田の神経質学説は専門学界からは受け入れられなかった（下田光造先生生誕百年記念事業会：1985）。その過程で一九一七年から中村古峡との交流がはじまり、日本精神医学会の活動に参加する。文科系の学者を多く抱えたこの学会で、医学士が社会啓蒙的な活動をすることは異端視されたに違いないものの、森田は自身の精神療法研究にとって、犯罪や非行などの社会問題や超心理などの問題に関わる必要を感じていたゆえに中村の学会に賛同したと考えられる。一見すると、アカデミズムとは袂を分かち、身体的な精神病学とは違う「もうひとつの精神病学」の旗手として独自の道を歩み始めたようだが、どうやらそれは違う。森田にしても帝国大学アカデミズムとの密接な関係の中で活動をし、その中でこそ評価されていく。学位論文のテーマとして当初考えていたのは「麻痺性痴呆の早期診断の瞳孔障碍」だった。これは当時の精神病学の主流である身体的な研究の一環と考えられるが、結局、このテーマは挫折したようである。それが日本精神医学会の評議員としての参加へと結びついたといわれるものの、呉秀三から「神経質の論文を博士論文に提出して見よ」と後押しされ、一九二三年に学位請求論文「神経質の本態及療法」を提出した。東京慈恵会医科大学の教授就任に際して、学位が必要になったこともあるだろう（野村章恒：1974）。ともかく、森田によれば、呉はその論文を気に入ったとみえ「朱筆を加へ、それを消しては又加へられて、紙面が真赤になる程に加筆して下さった」。論文は無事審査を通過し、翌年には医学博士を取得した（森田正馬：1933）。

「もうひとつの精神病学」というくくりで論じてきた。それは、精神病学の学説およびその治療法が、「生理的療法のみの研究に努めて、精神的療法の必要を忘れてゐる」（上記の日本精神医学会の設立趣意）、「物質的な面ばかり偏重し、精神的な面は無視して人生の実際を顧みない」（森田正馬：2004）という主張をもとにしている。だが、呉秀三を代表とする帝国大学アカデミズムにしても「物質医学」ばかりを研究し、他の研究領域を排除していたわけではない。むしろ、精神病学は「物質医学」に堕している、といういわば「仮想的な敵対意識」をアカデミズム全体で共有しなが

ら団結し、それでも精神病学の主流は「物質医学」研究を粛々と進めていった、というのが実際のところではなかろうか。(20)

第六節　精神病者の治療と処遇の法制度

精神病学の学説や治療法と並んで、精神病関連の法制度も精神病の治療思想と患者の処遇理念と密接に結びついている。次に、近代日本における精神病者の治療と処遇に関わる法制度の諸問題について検討したい。

1　相馬事件と大津事件

明治・大正期の精神病関連法制に重大な影響を与えたといわれる、相馬事件の概要からはじめたい。旧相馬藩当主・相馬誠胤《ともたね》（一八五二―一八九二）は精神病を患い、最初は座敷牢に、その後、東京府癲狂院などへの入院をへて、一八九二年に糖尿病で死亡した。ところがこの過程で、旧相馬藩士・錦織剛清（一八五六―一九二一）は、誠胤は精神病ではないのに家令らが陰謀をはかり相馬家を乗っ取ろうとして不当に監禁しているのだと主張し、訴訟を起こした。一八八七年一月三一日、錦織は東京府癲狂院に侵入し、入院中の誠胤を病院から連れ出したが、逃走途中で発見され取り押さえられた。錦織に東京府癲狂院から連れ出された誠胤は病院に戻り、短期間で退院した後に、帝国大学の榊俶の診察を受けている。このときは、「時発性躁暴狂」と診断され、自宅療養は可能だが、檻鎖は不可と判断された。榊は誠胤の死亡届にも署名し、死因を「時発性躁狂兼尿崩及糖尿症」としている。しかし、錦織は誠胤が毒殺されたものと告発したため、これに関連して榊も取り調べを受けた。一八八三年からはじまって、一八九五年に誣告罪で有罪が確定するまで続いた錦織の派手な活動は、書籍や新聞で世間に広く知られ、当時の人々の注目を集めた

（岡田靖雄：1987, 2002a）。

早くも一八八七年三月には、福澤諭吉（一八三五—一九〇一）が相馬事件へのコメントを出している。それによると、西洋諸国でも「医師に嘱して真の癲狂者なりとの診断を作らしめ、斯くて無理に入檻させ置く其中に、遂に真の癲狂病に陥るの事例少なからず」といった不法監禁の歴史があったが、今日では「癲狂者取扱法」によって手続きを厳格にしている。さらに、「我国にても其向きの人は此等の事例に思い当りて、今後癲狂者の取扱法上に尚一層の改正ありたらば、後来幾多の不都合を防ぐこととともならんか」と述べ、相馬事件を契機に明るみにされた、日本の精神病者監置の法制度的な未整備の解消を望むのである（福澤諭吉：1970）。福澤が指摘したことは、精神病者の監置手続きの厳格化などを目的にした一九〇〇年の精神病者監護法の制定により、ひとつの決着をみる。だが、そこまでの道のりは平坦ではなかった。

相馬事件がまだ係争中だった一八九一年五月十一日、日本滞在中のロシア皇太子ニコライ・アレクサンドロビッチ（後のニコライ2世）（一八六八—一九一八）が、滋賀県大津で警備にあたっていた巡査・津田三蔵（一八五五—一八九一）に切りつけられ負傷した。いわゆる大津事件である。津田は、皇太子が日本侵略を企て、その調査目的で来日したと信じ、殺害を図ったという。ロシアの報復を恐れる日本政府は、明治天皇自らが負傷した皇太子を見舞い、招きに応じて神戸に停泊中のロシア艦内にあえて赴くなど、異例の措置をとった。首相も司法に対し、外国の要人を襲撃した津田に極刑の判決を下すよう申し入れた。ところが刑法では、単なる謀殺未遂罪に死刑を適用できず、大津地方裁判所内で行われた大審院による一審で終審の裁判では、政府の干渉を排除し、法規どおり、被告に無期懲役が宣告された。この事件は、明治憲法施行から間もないころ、明治政府側の意図に対抗して司法権の独立が守られたケースとして意義深いとされている。

ところで、大津事件の発生時は、一八八二年に施行された旧刑法の時代である。精神病者の責任能力については、同法第七十八条で「罪ヲ犯ス時知覚精神ノ喪失ニ因テ是非ヲ弁別セサル者ハ其罪ヲ論セス」と規定されており、犯行時に「知覚精神ノ喪失」が認められれば、無罪となる。旧刑法および治罪法（刑事訴訟についての法律、一八九〇年刑事訴訟法施行により廃止）実施以降に限定すると、予審判事（判事が捜査手続を担うものだが、現行の刑事訴訟法にはない制度）が治罪法の明文により医師に精神鑑定を命じたのは一八八二年四月の藤崎ツキ事件[21]をもって嚆矢とされる（滝本シゲ子：2010）。

では、そもそも津田三蔵の精神鑑定は行われたのだろうか。津田の場合、滋賀県当局は発狂による犯行を第一に考えたことはほぼ間違いない。実際、事件を起こす数年前に、津田には短期間だが精神的変調のエピソードがあったことが知られている。ただ、犯行当日の夜、地元の大津病院長の野並魯吉が県警部の依頼により津田を往診したときには、異様な挙動はなかったとされる。その四日後の一八九一年五月一五日、野並は公判に備える大津裁判所の命により津田を診察した。診察の結論は「精神病の素因を有せず。本月十一日前後に於て更に精神病の痕跡を留《とど》めず。之に由て之を観れば、三蔵は其負傷前は全く無病健康なりしものと鑑定す。」というものだった。だが、野並は精神病学の専門医ではなく、自分の精神鑑定（厳密には「医師の証明」と称されている）については、専門の裁判医学家に命ぜられることを希望していた。野並が「裁判医学家」として想定するのは帝国大学の榊や呉のようである。しかし、彼の診断結果は予審判事に認定され、再鑑定はなかった。中谷陽二は、これが司法当局の「何らかの恣意」ではないかとの疑義について、「それは考えにくい」としている。というのも、「犯人自身がすでに正常に振る舞うようになっていたうえに、国家の存亡が問われる事態にあって、関係者には責任能力の問題に拘泥する余裕などなかった」と推察されるからである。いずれにせよ、裁判の争点は精神異常の有無ではなく、皇族に対する犯罪についての刑法の規定を外国の皇族に対する犯行にも適用するかどうかに集中した（中谷陽二：1997）。

大津事件が精神病者監護法の内容に直接的に影響を与えたとは思われないが、少なくとも法成立のスケジュールに影響を与えた可能性はある。というのも、幕末に結ばれたいわゆる不平等条約の改正を推進してきた外務大臣・青木周蔵（一八四四―一九一四）がこの事件の責任を負って辞任し、条約交渉が一時中断されたからである。結局、青木は駐英公使として一八九四年七月にイギリスとの間で日英通商航海条約を調印し、治外法権（領事裁判権）の撤廃を実現し、他の欧米諸国とも同様の新条約が締結されていく。この日英通商航海条約が発効し、廃止される外国人の居留地制に代わる内地雑居のはじまる一八九九年七月に合わせて、国内法の整備の一環として成立が急がれたのが精神病者監護法だと考えられる。一八九九年二月八日の帝国議会における精神病者監護法案特別委員会では、貴族院議員・名村泰蔵（一八四〇―一九〇七）の「此法律［注：精神病者監護法］は条約実施も近きにあって、矢張条約実施の準備のために設けられるように承って居りますが」という発言に対して、政府の説明員（松本郁朗）は「成るべく此条約の実施と共に此法律を実行する見込で立案したのでございます(22)」と答弁している。

2　精神病者監護法と精神病院法

ところで、精神病者監護法の成立には別の背景も存在した。この法律で規定している私宅監置室の一般的なイメージは、島崎藤村（一八七二―一九四三）の自伝的小説『夜明け前』の主人公で中山道馬籠宿の宿役人・青山半蔵が閉じ込められた、前近代的な古色蒼然たる座敷牢と重なるかもしれない。だが、半蔵のモデルとなった藤村の父・島崎正樹（一八三一―一八八六）を扱っている明治初期には、各府県が次々に瘋癲人規則を出して、近代的な監置制度の整備を進めていた。正樹が座敷牢に入れられたのは一八八六年九月頃だが、それより少し前の同年六月三日に長野県でも布達甲第八十三号で瘋癲人鎖錮出願手続を制定している(23)。内容は、瘋癲人（精神病者）を私宅で鎖錮（監置）するときには、親族および故旧はその病状や監禁を要する事実関係を記載して、所轄警察署または分署に出願許可を受けなければならないというものである。つまり、正樹の座敷牢は近代的な監置手続きにもとづいて行われたと考えられる（ただし、小説の中の半蔵は、無手続きで監置されたように読める）。類似の規定は全国の府県レベルで決められ、それら瘋癲人規則を統一する形で成立したのが、精神病者監護法と見ることができる（橋本明：2011）。

ここで精神病者監護法の概要を述べておきたい。まず、精神病者を監置する監護義務者の選任と監護義務者となる人の範囲（後見人、配偶者、親権を行う父または母など）を決めた。監護義務者でなければ患者を監置できない。次に、監置はあくまで監護義務者が申請し、地方長官（知事）が許可することではじめて成立する。ただし、監護義務者がいない、あるいは監護義務が果たされない場合は、市区町村長が監護義務者となって監置手続きを行う。さらに監置の場所を、私宅監置室、公私立精神病院、公私立病院の精神病室、の三つに限定した。しかし、場所の違いに関わらず監置の手続きは基本的に同じである。なお、監護にかかる費用は、本人や家族、扶養義務者の負担とされた。ただし、監護費用を負担できないときは、一八九九年の行旅病人行旅死亡人取扱法を準用し、市区町村長が一旦繰替え、後に道府県が支弁することになっていた（ここでいう「区」とは、北海道区制によるものである）。

精神病者監護法が施行された頃には、全国的に不足している精神病院をいちはやく建設し、私宅監置室の精神病者を入院させ、医療の恩恵を受けさせるべきだと盛んに主張された。一九一八年の東京帝国大学の呉秀三と樫田五郎による論文「精神病者私宅監置ノ實況及ビ其統計的觀察」での論述が代表的なものである。この論文の結末部分「意見」に書かれている、「我邦十何万の精神病者は実に此病を受たるの不幸の外に、此邦に生まれたるの不幸を重ぬるものと云ふべし」というフレーズはよく知られているだろう。しかし、私宅監置を批判するあまり、精神病者監護法の本質を見失ってはいけない。上に概要を示したように、この法の目的は精神病者を私宅監置室に閉じ込めることではない。むしろ、近代的な法制度のもとで監置の手続きを厳格にし、精神病者の不法監禁を防ぎ、精神病者の権利を遵守することに本来の意図があった。

だが、精神病院の不足はなかなか解消せず、相変わらず私宅監置室への依存が続いたことが、一九一九年の精神病院法の制定へとつながっていく。ただし、この法律には、病院の建設を促すという目的だけではない、患者処遇をめぐる重大な要素も含まれていた。精神病院法のポイントは以下のとおりである。

まずは、公立精神病院の設置である。主務大臣（内務大臣）は、道府県に精神病院の設置を命じることができるとされた。一方で、主務大臣は必要と認めるときは、法で定める公立精神病院以外の病院を、公立にかわる代用精神病院に認定した。

次に、地方長官の権限で精神病者を公立精神病院に入院させることができるようになった。この点が監護義務者の申請と地方長官の許可を基本にした精神病者監護法とは大きく違う点である。ただし、精神病院法第二条第一項で、入院させるべき者の範囲は以下のように規定されていた。

一　精神病者監護法ニ依リ市町村長ノ監護スヘキ者
二　罪ヲ犯シタル者ニシテ司法官庁特ニ危険ノ虞アリト認ムルモノ
三　療養ノ途ナキ者
四　前各号ニ掲クル者ノ外地方長官特ニ入院ヲ必要ト認ムル者

上記「一」と「三」はおもに貧困精神病者の入院を想定したものだろう。「二」の「犯罪を行った者について、司法官庁が将来の危険性を認定した場合、地方長官が入院を命じることができる」という趣旨の規定について、中谷陽二（2013）は「刑法三十九条にもとづいて心神喪失を理由に無罪を申し渡されるか予審免訴［注：今日的には不起訴のこと］とされた者に対して、裁判所あるいは検察庁が危険性を認定し、行政庁の権限で強制入院がなされる」と解釈されるものの、「刑法に規定のない危険性の有無について裁判所はどのような手続で認定を下したのか、疑問がもたれる」と述べている。

他方、一九一九年八月一三日の内務省発衛第一七九号「精神病院法施行ニ関シ注意事項ノ件」では、「司法官庁において危険と認めても、地方長官において設備の収容力その他の関係上、入院させないことも可能である」とし、「この場合、監置の必要があれば精神病者監護法の規定により監置させるべきである」としている。内務省のこの説明を見る限り、危険のおそれありと認める患者の処遇問題を正面から扱うことが回避されているようにみえる。いずれにせよ、精神病院法の効力があった一九五〇年までの、今日的には触法精神障害者と言われる人たちの処遇にはまだ不明な点が多い。今後の研究課題である。

同じく「精神病院法施行ニ関シ注意事項ノ件」によれば、上記「四」の地方長官がとくに入院を必要と認める者でおもに想定されているのは、私宅に監置されている患者で監護上精神病院に入院させるのが適当な者などが考えられていた。

ところで、精神病院法によって設置または認定された公立精神病院は東京、大阪、神奈川、福岡、鹿児島、愛知、兵庫、京都の八カ所の病院にとどまった。財政難などが理由とされる。しかし、国庫補助もあった。公立精神病院の建設や拡張に関わる初年度費用の二分の一を国庫が補助する、その他、経年的な諸経費に対しては六分の一を国庫が補助するというものである。さらに言えば、精神病院法による入院費は、道府県の負担が原則だが、患者から費用徴収も可能となっていた。また、道府県が代用精神病院に支出した入院費については、その六分の一を国庫が補助した。

しかしながら、各府県の負担も少なくないので、病院設置はおもに財源が比較的豊かだったと思われる地域に集中したと考えられる。全国的にみる公立精神病院の設置数の少なさに注目する限り、精神病院法は失策だったといえるかもしれない。しかし、公立の精神病院の設置こそ進まなかったが、少なくとも東京や大阪などの都市部を中心に、私立の精神病院が次々に開院した。その中には、代用精神病院に指定されたものも少なくない。内務省による明治・

大正期の「精神病患者数」統計には不備があり、一九二〇年代以降の患者統計からの推定であるが、精神病院の入院患者は明治期から太平洋戦争の前まではほぼ一貫して増加している。おそらく、一九二〇年代半ばには、精神病院の入院患者が、私宅監置患者（をメインとする病院外で監護されている患者）を上回ったと考えられる（厚生省医務局：1955）。国家の財政状況が逼迫するなか、すべてを国家財政でまかなえず、大都市を擁する府県と民間の力を借りて病床を増やしていくという手法が、精神医療後発国の日本の現実的な振る舞いだったという見方も可能だろう。

3　精神病院法と保安処分

さて、もう一度、精神病院法第二条第一項の「罪ヲ犯シタル者ニシテ司法官庁特ニ危険ノ虞アリト認ムルモノ」に戻りたい。というのも、この規定は犯罪と精神障害を扱う司法精神医学の歴史的な議論と深く関わっているからである。

一見わかりやすい議論を紹介したい。精神病院法制定のまえに起った精神病者による殺人事件が大きな引き金となり、「『精神病者は危険な存在である』という大多数の合意にもとづき」精神病院法のこの規定（もふくめた法全体が）が成立したのだという（織田淳太郎：2011）。その事件とされているのが、一九一六年に神戸で起きた連続殺人事件、いわゆる入江事件である。だが、果たして事件と法制定とは直接結びついているのだろうか。

兵庫県防犯研究会（1937）『捜査と防犯：明治大正昭和探偵秘話』によれば、犯人の入江三郎（一八九二？―一九一八）は最初に起こした殺人事件のあと、精神障害のために不起訴となり叔父宅で私宅監置されていた。だが、そこから脱出し、再び殺人を犯したまま逃走しているという状況で、市民は恐怖のどん底に落とされる。しばらくして発見され、今度は市内の湊川脳病院に入院したものの、一九一七年七月九日未明、病院の監置室を破って逃走する。警察は大非常線を張って、その日のうちに明石の山中で入江を発見したが、この一大騒動を新聞は大々的に報道した。(24)

同年、法学者の小河《おがわ》滋次郎（一八六四―一九二五）は、「精神病者を如何にすべきや」という論文のなかで、「入江某なる一狂人出でて京阪地方の人心を恟々《きょうきょう》たらしめしは最近の事実にして、今日尚ほ吾人の記憶に新たなる所なり」と、この事件が社会的な不安をもたらしたことを述べている。しかし、「人格を尊重するは文明国の通義」であり、「極悪非道の犯罪者と雖も、国家が其の刑罰権を行ふが為めに之を処遇する上に就ては、努めて人格保全の要義を徹底する」とし、ましてや「憐むべき弱者中の最弱者、不幸中の最不幸者とも謂ふべき精神病者」は「救療保護の対象たるべくして、如何なる場合にも決して取締処分と云ふが如き意味を有することの目的物たり得べき者に非ず」と、早くも「精神病者は危険な存在であるから取り締まるべきである」といった論議に釘を刺している（小河滋次郎：1917）。

小河の考えが精神病院法制定の議論にどの程度影響を与えたかは判然とない。だが、一九一九年二月の帝国議会の精神病院法案委員会での政府委員の答弁は、精神病者について「犯罪行為を致しまするが、併し是は実に憐むべき同胞の精神病になって来る所の結果」としたうえで、「精神病に関する立法は大体保護治療と云ふことを主と致して制定せらるべきものと考へて居ります、此度提出致しました精神病院法案も、専ら出来るだけ癒り得るものは皆な治療して癒したいと云ふやうな考を持って居ります」[(25)]と、小河の主張と同様に、精神病者を取締りの対象とするいわば警察モデルよりも、むしろ医療モデルを前面に出ている。また、加藤博史（1983）は、入江事件の新聞報道や小河の議論を丹念に追いながら、この事件が法制定を促したことは否定できないとするものの、精神病院法の制定によって「病者の取締り監置ではなく、療養と保護を進めていく社会的政策の依りどころが出来た」と結論づけている。

以上から総合的に考えると、精神病院法第二条第一項の「罪ヲ犯シタル者（……）」の規定は、精神病者をあからさまに「取締る」ために作られたとは考えにくい。また、既に述べたように、危険性を認定する司法官庁側の手続きが明示されておらず、実際上この規定にどれくらい効力があったのか疑問が残る。

さて、「罪ヲ犯シタル者ニシテ司法官庁特ニ危険ノ虞アリト認ムルモノ」の規定は、犯罪と精神障害に関わる保安処分の議論ともつながっている。戦後日本では、保安処分は「アプリオリに否定されるべきもの」として、その是非自体が問題外とされてきた歴史がある。保安処分の思想は一九世紀末から二〇世紀はじめの刑法学における、責任能力および限定責任能力の論争から生み出されたものである。一八七一年のドイツ帝国刑法典では、責任無能力を定めた。ただ、そこでは責任能力があるかないかの二分法であり、やがてその中間に限定責任能力の規定を置くべきという主張が強まった。当時の精神科医が精神病と正常との境界領域に関心を向けていたことに背景がある。しかし、限定責任能力を認めれば刑罰は減軽されることになり、それが累犯傾向を持つ者であれば、公共の安全を脅かす危険性がある。そこで、責任能力者には刑罰を、限定責任能力者には刑罰を軽くするかわりに、刑務所ではない特別の施設に収容するなどの措置を行う保安処分が考案された（中谷陽二：2013）。

既に述べたように、わが国の旧刑法の責任能力については、「罪ヲ犯ス時知覚精神ノ喪失ニ因テ是非ヲ弁別セサル者ハ其罪ヲ論セス」と、基本的には責任能力があるかないかの二分法であった。しかし、一九〇七年に改正された刑法第三十九条では、「心神喪失者ノ行為ハ之ヲ罰セス　心神耗弱者ノ行為ハ其刑ヲ減軽ス」となり、心神耗弱者という中間状態を置くことになった。日本の改正刑法は、先行した旧民法との整合をはかった結果と考えられる（旧民法では、禁治産と準禁治産について、それぞれ心神喪失者と心神耗弱者を対応させていた）。ただし、この改正刑法は一八七一年のドイツ刑法を参照したといわれるものの、ドイツでは責任無能力（心神喪失者）のみの規定だった。ドイツ刑法で限定責任能力（心神耗弱者）が規定されたのは一九三三年になってからであり、しかも保安処分の導入がセットになっていた。一方、日本の改正刑法は、ドイツに先駆けて心神耗弱者を導入したものの、彼らに対する処遇は精神病者監護法などに依存していたのである（中谷陽二：2013）。

呉秀三門下で東京府巣鴨病院医員を経て警視庁に奉職した杉江董《ただす》（一八八〇―一九二三）は、わが国の犯罪精神医学の先駆者であるが（影山任佐：2013）、心神耗弱者と保安処分との関係について、「我現行刑法は減軽説を取れり。然れども同時に保安処分の規定を設けざるは欠点とす」と述べている（杉江董：1912）。その後、一九二六年の「刑法改正ノ綱領」の項目の「二十一」に、さらに一九四〇年の「改正刑法仮案」の第十五章（第一二六条から第一四三条まで）にも、保安処分の規定が見られるものの（法曹会：1940）、保安処分に関する議論は決着を見ず、戦後まで継続していった。

第七節　「治療の場所」をめぐって

精神病学の近代化の議論には、学説や治療法あるいは法制度にも収まらない領域がある。それは、治療や看護に関わる施設の建築構造や、それが立地している場所や環境にまつわる諸問題である。以下では、構造物としての精神病院の近代化、さらにはもっと広く「治療の場所」という視点から、日本の精神病学の歴史を検討したい。

1　アルト・シェルビッツと松沢

一九一九年に新築された東京府立松沢病院は、精神病院建設の近代化を理解するうえで格好の素材である。そこで、この病院がドイツのアルト・シェルビッツ（Alt-Scherbitz）精神病院から少なからぬ影響を受けていたことに着目し、二つの病院を比較する形で論を進めていきたい。

まずはアルト・シェルビッツの説明が必要だろう。アルト・シェルビッツは、ライプチヒの中心部から北西に一〇キロくらいのところにある。鉄道や市電が通じており、もうひとつの中心都市ハレからも便利な場所にある。一八四四年、アルト・シェルビッツが位置するザクセン州のニートレーベン（Nietleben）に、はじめて精神病院が設立された。院長ダメロフ（Heinrich Damerow, 1798–1866）が提唱する「治療・療養結合型精神病院」（relative verbundene Heil- und Pflege-Anstalt）として建てられた。これは、治療病棟（Heil-Anstalt）と療養病棟（Pflege-Anstalt）とを回廊によって緩やかに結合させた（relative verbunden）、当時の最新式の構造である。従来、別々の場所に建てられていた治療病棟（病院）と療養病棟（病院）を、ひとつの病院の敷地内に置くことで治療的な効果の向上が期待された（Panse, F.: 1964）。

やがて、ニートレーベンの患者収容能力が限界に達したため、ザクセン州は一八七六年初旬にアルト・シェルビッツ騎士領のおよそ三〇〇ヘクタールの土地を購入し、第二の州立精神病院の建設に着手した。初代院長ケッペ（Johannes Koeppe, 1832–1879）は、広大な農場を有し、農作業を開放的な治療として導入する、いわゆる農村コロニー型の新しい病院を構想していたが、一八七九年一月に急逝し、計画は頓挫した。次の院長を担うペッツ（Albrecht Paetz, 1851–1922）は病院整備を引き継ぎ、一八八五年までには農村コロニーを備え、国際的にも高く評価されるアルト・シェルビッツ精神病院を作り上げた。

アルト・シェルビッツの敷地は、ほぼ東西に貫かれた街道によって大きく南北に二分される。通りの北側には管理棟および病棟などがある。南側はいわゆる農村コロニーで、患者や看護人などの住居、畑や果樹園、家畜小屋などが配置され、さらにその南の部分は森と草地のある低地で、その縁を川が流れている。

ペッツによれば、アルト・シェルビッツは旧来の分類に従えば治療病棟と療養病棟とが混合した病院であるが、いくつかの点で新しい。まず、ニートレーベンのような、複数の病棟を回廊でつないだコリドール様式（回廊式）ではなく、敷地内に独立した小病棟を点在させるパビリオン様式（分棟式）を採用した。この建築様式は一八七〇年代のドイツで徐々に普及していた。ペッツはコリドール様式の閉鎖的な性格と過剰な建設費を短所として強調した。また、前院長時代にはまだ存在していた病棟の庭を囲んでいた塀や窓格子をことごとく撤去した。

しかし、アルト・シェルビッツを世界的に知らしめたのは、患者が農作業を行うためのコロニーの設置であろう。コロニーの対象患者は、病棟での病状観察後になおも病院治療が必要とされたものの、開放的な治療が有効あるいは可能と見なされた者である。ドイツではすでに一八五〇―六〇年代から、ロラー（Christian FW Roller, 1802-1878）やダメロフが、閉鎖的な精神病院に収容する必要がない患者の増加から、コロニーの有用性・必要性を唱えていた。とくにグリージンガーは、フランスでの成功例を引き合いに出して、より自由な看護形態として農村コロニーを推奨した（Griesinger, W.：1868）。アルト・シェルビッツの場合、従来から暮らす住民の集落もコロニーのなかに取り込んでいたところがユニークだった。一八九三年のペッツの報告によると、この集落には患者や病院の看護人以外に、一七四人の住民が住んでいた。住民から不要になった家屋を徐々に購入し、荒れた建物を改修して患者を住まわせた。病院による廃屋の改修に刺激されて、住民の住環境向上へ意識は高まり、集落全体が快適な場所へと変化したという（Paetz, A.：1893）。

留学中の呉秀三がアルト・シェルビッツを訪れた一九〇〇年前後は、この病院の最盛期だった。一九一九年に東京・巣鴨から郊外の荏原郡松沢村に移転新築された府立松沢病院は、アルト・シェルビッツをモデルと考える呉秀三の考えが存分に反映されている。しかし、松沢を検討する前に、松沢に移転する前の東京府癲狂院・東京府巣鴨病院をふりかえっておきたい。

上述したが、一八七五年一〇月に養育院の中に設置された狂人室をベースに、一八七九年七月に東京府癲狂院が発足し、同年一〇月に養育院が移転すると、この建物を借り受けて東京府癲狂院として独立した。上野時代の癲狂院は、単に独房を横に連ねただけの構造をしていた（呉秀三：1912）。

ところで、東京府癲狂院の発足と同じ一八七九年、オーストリア出身の御雇外国人ローレッツが東京府病院院長の長谷川泰に東京府癲狂院の建設計画案を提出したと考えられる。ローレッツが示した病院の図面は、一見すると複数の小病棟（患者を分離する部屋）を配置したパビリオン様式にも見えるが、敷地中央の大病棟は廊下で接続されたコリドール様式という、いわば折衷様式になっていた。この計画案が、一八八一年に上野から向ヶ岡に移転した時の東京府癲狂院の建設に、どの程度活かされたのかは不明である。しかし、新しく建設された癲狂院の図面を見る限り、単に独房を連ねただけの上野時代とは違い、建物の平面構成は男子病棟と女子病棟とが完全に左右対象になるH字型のコリドール様式である。ドイツで発達した同様式では、H字型平面構成をなす男女の病棟は、病状の異なる患者によって住み分けられるべきもの、つまり、「静かな」患者を真ん中に、「暴れる」患者を周辺に、というコンセプトだった（Jetter, D.: 1981）。だが、向ヶ岡の新築癲狂院の病棟配置は、「自費」患者か「施療」患者かという所得階層による区分が前面にでており、患者の病状を配慮した空間配置ではなかった（田中英夫：1995）。

一八八六年六月に東京府癲狂院が向ヶ岡から巣鴨へ移転した時にも、コリドール様式は継承された。一八八九年に東京府癲狂院から東京府巣鴨病院へと改称され、一九〇一年に欧州留学から帰国した呉秀三が病院医長（一八八七年から一九〇四年にかけては院長制ではなく、病院には医長と事務長との二人のトップがいた）になると、病院の面目は一新された。呉は手枷・足枷などの拘束具を撤廃し、病室構造を改良し、作業や持続浴（温浴療法）などの新しい治療法を導入した。病院建築上で重要なのは、呉の前任者である片山國嘉医長の時代から計画されていたレンガ建ての病棟のうち、三棟が一九〇三年に、一棟が一九〇九年に落成したことである。呉秀三はこれらについて「アルトシェルビッツ等の病室の作方に倣ひ作りたる」と述べている（呉秀三：1912）。彼のアルト・シェルビッツ訪問記には、病棟見取り図が引用されている。それは、入口を入るとすぐに広い「昼の間（Tagesräume）」があり、それを囲むように病室やトイレ、浴室を接続させた見通しのよい構造をしている（呉秀三：1902）。おそらく巣鴨病院のレンガ建て病棟はこのような構造を模したと考えられ、三〇畳の大部屋に八畳の小部屋（病室）を組み合わせている。従来の、ひとつの廊下に病室が横に連なるという病棟とは大きく異なっている。また、呉は『精神病学集要 第二版 前編』でパビリオン様式を紹介するなかで、「東京府巣鴨病院の煉瓦建物もやはり之［注：パビリオン様式］に倣ったのである」とも述べている。ということは、病院敷地の一部ではあったが、レンガ建ての病棟周辺で、コリドール様式からの脱却が試みられ、不十分ながら一八七〇年代のドイツの建築様式に近づきつつあった。

ただ、レンガ建ての病棟は本来、自費患者用の全一二病棟（男子六病棟、女子六病棟）として計画されたものだが、財政上の理由から前記の四棟の完成をもってその計画は中止となった。この四棟は女子病棟として建設されたものの、実際には二棟が自費男子用に、二棟が自費女子用に使われていた。しかも、さまざまな病状の患者が、渾然と収容されている状況があり、呉は「看護上又治療上ノ大欠点」があると述べ、将来的に計画通りに病棟が建設されることを望んでいた（呉秀三：1912：東京府立松沢病院医局：1928）。

ところが、東京の市域が膨張し「喧騒繁劇の巷と化せしめ到底患者の静養に適せざるに至」った巣鴨病院に移転話がもちあがり、一九一九年に郊外の松沢村に移ることになった（東京府巣鴨病院：1917）。本格的なパビリオン様式の病院を建設できる機会が訪れたわけだが、松沢への移転までには紆余曲折があった。

一九一〇年の東京府通常府会で、巣鴨病院の拡張・移転関連予算がはじめて可決された。府会の調査委員会報告は、巣鴨病院は手狭で入院需要を満たせず、精神病院としてふさわしくない位置にある、と指摘している（東京府：1931）。一九一六年一二月の府会で行われた巣鴨病院移転先に関する初期の議論では、府下荏原郡駒沢村字深沢で建物は落成はしたものの、結局は開所に至らなかった被護人収容所（浮浪者収容所）を利用する案が出された。実地踏査を行った府会の調査委員からは、駒沢村以外にも、千歳村大字烏山、武蔵野村大字吉祥寺、野方村大字鷺宮も候補地に加えることが要望されたが、まだ松沢村の名前は出てこない。だが、病院新築土地選定委員に任命された院長・呉秀三や副院長・三宅鑛一（一八七六―一九五四）らは府会が挙げた先の四カ所の候補地のほかに、「東奔西走」して松沢を含めた九カ所を選定した。これら一三の候補地を先の条件によって比較検討した結果、駒沢と松沢に絞られ、最終的に松沢が選ばれた。アルト・シェルビッツをモデルにして病院整備を考える呉らにすれば、駒沢村の被護人収容所の建物をそのまま利用する案は容認できなかっただろう（東京府立松沢病院医局：1928）。

一九一七年の『東京府巣鴨病院年報』に示された移転先にふさわしい条件は、①交通の便（東京市街から近距離）、②通信、③用水、④排水、⑤風塵を避けうる、⑥地形（土地に高低あり、樹木あり、風致に富む）、⑦広い敷地を確保できる、であった。これらの条件は呉と三宅の意見を反映したといわれ、アルト・シェルビッツの立地を参照していると考えられる。このうち松沢が選ばれた最大のポイントは交通の便だった。上記『年報』では、交通が「患者運搬物資の供給病者見舞職員の補給一般医員の研究」などにとって重要な要素であり、アルト・シェルビッツの初代院長ケッペも大都会に近い位置での精神病院建設を唱えていたことを強調している。実際、松沢村へは新宿追分から京王電車の便があり、約二〇分の距離だった。しかも、病院開院とあれば線路を複線化して病院の門前に停留所を設置する、という鉄道会社からの申し出があった。玉川電車沿線の駒沢村に比べると、鉄道開通がやや遅れた京王電車沿線の松沢村の開発は遅れ、そのため坪単価は比較的安く、広い敷地が確保できるという事情もあった。加えて、松沢が駒沢より優れた点として、豊富で良質な湧出水が確保できることがあった。この水質・水量の調査は、東京帝国大学教授で地質学者の神保小虎（一八六七―一九二四）らが担当した。アルト・シェルビッツのペッツも病院立地に欠かせない条件として、さまざまな用途に使うための「豊富で良質の水」（gutes Wasser in ausreichender Menge）を挙げている（Paetz, A.：1893）。とりわけ呉秀三は「各棟の内には随意に湧き出づる持続浴を設備するそのために湧出の量の甚大な井戸」を必要としていた（加藤普佐次郎：1939）。もちろん、松沢が「未だ竹林と雑木林の点綴した昔乍らの武蔵野の面影を多分に残していた平和な村」という環境も評価されたのだろう（松沢村：1932）。

一九一八年三月に松沢病院の新築工事が起工された。一九一九年一〇月には開院式が行われ、同年一一月には巣鴨から全患者が松沢に移された。松沢病院ではパビリオン様式が全病棟で採用され、病院周囲の大部分が「高き厚き死垣」（呉秀三：1902）ではなく、生垣とされた。ただし、大枠では西欧の様式を採用しながらも、日本的なものにとどまっている部分もある。巣鴨病院は一部レンガ建ての病棟だったが、松沢病院の病棟はいずれも木造平屋建ての日本造りだった。また、アルト・シェルビッツをはじめとするドイツ並みの精神病院にはまだ手が届かなかったものとして、村落療法（農村コロニー）があり、それは「将来ノ企画」として残された（東京府立松沢病院医局：1928）。とはいえ、パビリオン様式と開放的な病棟の導入を重視した呉の構想は一九三〇年に松沢を訪れたハンブルク大学の精神科教授ワイガント（Wilhelm Weygandt, 1870-1939）にも評価された（Weygandt, W.：1933）。少なくとも松沢病院の西欧近代化は一定の成果を収めたと考えられる。

しかし、「近代的精神病院建設劇」における松沢は、周回遅れのランナーではなかっただろうか。東京府癲狂院・東京府巣鴨病院・東京府立松沢病院は、ドイツの精神病院の設計理念や建築様式を追い続けてきたが、向ヶ岡や巣鴨でコリドール様式を採用した時には、すでにドイツではパビリオン様式の時代だった。松沢病院の開院式で呉秀三が「茫漠たる敷地を利用して村落療法を試み」ることを高らかに唱えていた頃（東京府立松沢病院の開院式：1919）、すでに本家のドイツでは工業人口の増加により、アルト・シェルビッツをモデルにした農村コロニー型の精神病院建設の流行は下火になり、再び大病棟へと回帰現していたという（Panse, F.：1964）。

一九一九年の松沢病院開院直前に、巣鴨病院内にあった東京帝国大学精神病学教室は大学構内に移転されたものの、大学近くに建設される予定だった教室の附属病院の計画は実現しなかった。むしろ、松沢病院の設備が充実することで「今や松沢病院内の研究室は東京帝国大学精神病学教室研究室の一部延長たるが如」きだったという（東京帝国大学医学部精神病学教室医局同人：1928）。患者治療の施設という点では、呉秀三の開院時の言葉を借りれば、松沢は「本邦唯一といふべき（……）公立病院」であり、「其の職に至る吾人等の責任重且つ大」なのである。開院当初からすべての病棟に持続浴室を設け、一九三〇年代までには作業療法やインシュリンショック療法など西欧で体系化された身体的治療法を導入するなど、短い黄金時代を築くことになる（精神医療史研究会：1972）。

2　伝統的な「治療の場所」

ここからは、精神病院を離れて、伝統的な「治療の場所」について検討したい。まずは「場所」に関するやや唐突な話題からはじめたい。アメリカ西部を代表する作家ステグナー（Wallace Stegner）によると、移民によって形成された「場所を持たない人間」から成るこの国、つまりアメリカという国は、伝統的に記憶や連続した時間から切断された社会であり、ここには「場所（place）」ではなく、ただ「空間（space）」だけが存在してきたという。一方で、二〇世紀前半までのこうしたアメリカを中心とするモダニズム、つまり、「移動」や「根無し草」、「都市的な価値観」を中心に据えた思想に対して、同じくアメリカ西部の詩人スナイダー（Gary Snyder）らは、地域の多様性とアイデンティティの強調によって、生態学的な世界観へと転換すべきことを主張しはじめた（山里勝己：2006）。こうした文学の文脈を精神医療の歴史に援用すれば、モダニズムという思想を建築学的・景観的に表現してきた考えられる一九世紀・二〇世紀の精神病院の多くは、確かに「場所」ではなく、ただの「空間」と呼ぶにふさわしいものだったかもしれない。欧米モデルに追随してきた日本の精神病院には、地域社会から隔絶され、地域社会から人々を隔離し収容する、殺風景な空間というイメージがつきまとう。精神医療の近代化とは、非西欧医学的な治療観にもとづく民間治療をベースにした「治療の場所」、たとえば神社仏閣、滝場、温泉といった「場所」から、私宅監置室や精神病院といった無機質な「空間」への変化と同義であるという見方も成り立つだろう。「場所」にまつわるキーワードはローカル／リージョナル（local/regional）、エコロジー（ecology）、アイデンティティ（identity）といったものであり、それが「空間」においてはモダニズム（modernism）、デラシネ（déraciné）、ユニバーサル／ユビキタス（universal/ubiquitous）といったもので表されるものである。では、ローカル／リージョナル、エコロジー、アイデンティティといった概念で説明される「治療の場所」とは具体的にどんなものだろうか。

その代表例として、一九一八年の呉秀三・樫田五郎の論文「精神病者私宅監置ノ実況及ビ其統計的観察」にも記載されている富山県の大岩山日石寺を挙げることができるだろう。滝治療で知られた日石寺が位置する大岩周辺は、一九一五年のサンフランシスコ万博にその全景写真が出品され、日本の代表的な避暑地として紹介されている。また、日石寺は修験道の中心地として知られる立山の山裾に位置し、立山信仰と深く関わりながら発展してきた真言宗の寺院である。とりわけ明治以降になると、目の病気と精神病の患者が治癒を求めて集まる場所になった。今日も日石寺門前には、参拝客のための旅館が数軒ある。かつては、これらの旅館に精神病者とその家族が宿泊し、寺で加持祈祷を受けたり、境内にある滝（六本滝）をあびたりして、病気の治療を行っていた（橋本明：2005）。

東大精神病学教室の樫田五郎（一八八三―一九三八）が日石寺を視察したのは一九一四年七月だった。樫田の報告によれば、破瓜病（統合失調症）の一八歳の男性患者が、父親に連れられて滝治療のために日石寺にやってきた。二人は門前の旅館に泊まっている。この興奮した患者を強力《ごうりき》という介護人が抱き上げて、手足をしばって無理やり滝つぼへ連れて行く。約五分間、滝に浴びさせたが、患者の状態は前より悪くなった、というものである。樫田は、治療効果のない滝治療を批判し、人々の無知蒙昧に苛立っているようである。近代的な精神病学者の立場からは、当然の反応だろう。

けれども、宮城県の定義温泉のように近代的な精神病学から評価された事例がないわけではない。この温泉の精神病治療上の効能に、最初に特別な意味づけがされたのは中村古峡の『仙南仙北温泉游記』（一九一六）においてではないだろうか。古峡は、「入って見ると湯は非常に温い。摂氏三十八度と云ふのだから、然もあらうとは思はれる」と述べ、さらに「僕考えるに、湯が此の温さでは一旦入ると容易に出る気にならない。従つて浴客はどうしても長湯をする。其れが知らず知らず学理に適つて、（精神病学上、微温湯の持続浴は諸種の興奮性患者に対し、最も確実の効験ある物理的療法と認められてゐる）病気に好い結果を齎すこと、なるに相違ない」と続ける。ここでいう「微温湯の持続浴」とはドイツ語の Dauerbad の訳語である。呉秀三は『精神病学集要 第二版 前編』で、「持続浴 Dauerbad は微温浴の生理的作用殊に血圧増進作用を避け長くかかって其精神上の作用のみを利用せんとするものである。（……）近頃になりクレペリン氏 Kraepelin が盛に之を称揚した。現時に於ては精神病院は持続浴設備の多少を以て其良否を判ずる程であり」と紹介している。上記の呉秀三・樫田五郎論文には定義温泉の温泉治療が紹介されている。既に述べたが、この部分を担当した下田光造は「温泉の自然温度摂氏三十七度即ち専門家が持続温浴療法に最適当とする温度に全く一致する」と述べ、「定義温泉は精神病者の民間水治療法場として理想に近きものとす」と絶賛した。下田は中村古峡の温泉旅行記に言及しており、持続浴の概念を定義温泉に応用するという発想に共鳴したに違いない。ただし、これは西欧の学理にかなうという点において評価されていたことに注意する必要がある。[26]

精神病学という限定された文脈を離れたとき、日石寺や定義温泉に代表される伝統的な水治療をどのように理解したらよいのだろうか。それを、日本だけではなく世界中で見られた魔術的・宗教的なものを背景にした普遍的な治療思想と捉えることも可能だろうが（小俣和一郎：2003）、わが国固有の山岳信仰と身体的な修行という宗教学的な視点からの理解も欠かせない（岸本英夫：1975；鈴木正崇：2015）。とくに後者の点については、精神医学史研究が他研究分野と共同しながらさらに深めるべき研究課題である。また別の視点として、水治療、とりわけ滝治療に典型的に見られることだが、この治療を維持していくためには、さまざまな要素がまさに ecological に関わっていた、という社会資源論的な分析も有効だろう。つまり、患者、一緒にやってくる家族、宿泊先の旅館の人たち、患者の滝浴びを介護する強力、加持祈祷を行う寺の僧侶、逃走する患者を追いかける駐在所巡査といった人々が、大岩の自然・社会・経済的な固有の条件をうまく活用し、あるいは制約されながら、ひとつの「治療の場所」を形作っていたという見方である。なるほど、呉・樫田論文で批判されているように、滝自体には治療効果がなかったかもしれないが、独特の自然地理的な環境のもとで、家族や地域社会の人々が関与していた、大岩で行われていたような病気治療における共同作業は、精神病学の近代化とともに欠落してしまった要素だろう。

おわりに

冒頭で紹介した下田光造のキャリアとは、日本の近代的な精神病学の発展期にあって、これまで述べてきたすべての要素を取り込んで形成されたものである。それは、必ずしも西欧の精神医学を一〇〇%受容したとは言い切れない、わが国特有の精神病学構築の歴史を反映している。また、アカデミズムの周囲には、アカデミズムに対抗する学説や治療法だけではなく、精神病者処遇をめぐる医学的あるいは司法的な制度論、精神病院の建築コンセプト、伝統的治療の理解・解釈など多様な問題群があった。下田は精神病学者として、それらすべてに向き合うことになったに違いない。もちろん、このような状況は、彼に限らず、明治・大正期に精神病学を専攻した学者たちがある程度共有していたものではある。だが、脳の解剖から精神療法、温泉治療などにも興味を抱く下田の守備範囲はとても広かった。

また、ドイツ精神医学が世界を席巻していた時代にあって、わが国の多くの精神病学者も「ドイツ的世界」を共有していた（Hashimoto, A.：2013）。「ドイツ的世界」は、第一次世界大戦の混乱期にやや勢いを失ったが再び盛り返す。下田のドイツ留学も第一次世界大戦後の一九二〇年代だった。少なくとも一九三〇年代はじめまでは、ドイツ精神医学はその覇権を保っていたと考えられるが、周知のごとくナチスが台頭したあとはＴ４計画（精神障害者の大量虐殺）などにより壊滅的な打撃を受けた。

他方、下田は一九〇六年に東京帝国大学に入学し、一九四五年に九州帝国大学教授を退職したので、丸々帝国大学の時代に生き、帝国大学という世界でキャリアを積んできたことになる。一八八六年に制度化された帝国大学という枠組みは、その後六〇年あまり維持されたが、一九四九年には国立学校設置法により新制国立大学へと移行した。下田も戦後の新制大学である鳥取大学の教授および学長を務めた。

「ドイツ的世界」の崩壊と帝国大学の終焉は、その後のわが国における精神病学・精神医学の展開を大きく変える出来事であり、下田はそれ以前の近代日本の精神病学の発展と変容を見届けた、ほとんど最後の世代だったわけである。

註

（1）東大精神科の五代目教授・内村祐之（一八九七―一九八〇）の説にしたがって「一八八二」年としたが（内村祐之：1940）、すでに一八七五年の金沢の石川県病院教則に「精神病学」の語句が見られる（金沢大学医学部百年史編集委員会：1972）。なお、「精神病」の語は、ドイツの医学者 Christoph Wilhelm Hufeland（一七六二―一八三六）の著書 *Enchiridion medicum, oder Anleitung zur medicinischen Praxis, Vermächtnis einer fünfzigjährigen Erfahrung*（1836）のオランダ語訳本を、緒方洪庵（一八一〇―一八六三）がさらに和訳した『扶氏経験遺訓』（一八五七）にはじめて登場したという（岡田靖雄（2002a））。

（2）内村祐之（1968）によれば、「昭和十二年に、わが国の精神神経学会の最初の試みとして、統一用語の試案が発表され、私も委員の一人になった」際に、「自閉症」などとともに、「精神医学」という訳語を提唱したのだという。ただし、「精神医学」は、すでに一九一七年に中村古峡（一八八一―一九五二）らが中心となって発足した「日本精神医学会」に登場している。しかし、内村はそれについては何も言及していない。

（3）ただし、下田の卒業は病気で数ヶ月遅れ、実際には一九一一年三月であった（岡田靖雄：2000a）。

（4）このような京都癲狂院の設立理由に関して、中村治（2013）は岩倉の患者預かりの「ひどい処遇から精神病患者を救うために京都癲狂院が設立された」という通説は疑わしく、むしろ「貴顕紳士や華族が身内の『厄介之輩』を岩倉に預けて東京へ行ってしまうという事態に対処するためだったのではないであろうか」と推察している。

（5）たとえば、加賀藩で一八六二（文久二）年に設置された彦三種痘所および壮猶館（洋式武学校）は、一八六七年設立の卯辰山養生所を経て、明治以降には金沢医学館、金沢医学校、金沢医学専門学校、金沢医科大学、金沢大学医学部へと変遷した（金沢大

学医学部創立百五十周年記念誌編纂委員会（2012））。

（6）相良らが主張したのは、従来日本で多く読まれて、翻訳されてきたオランダ語の医書はドイツ語から訳されたものが多く、ドイツ医学こそが世界で冠たる隆盛を示している、ということだったという（東京大学医学部創立百年記念会：1967）。

（7）ミュルレルの著作（2008：原著 1888）の「まえがき」において訳者は、ミュルレルとホフマンが軍医であることから「彼らが日本に軍医養成の大学をつくったのだろう」という通説を、当時のカリキュラムから批判し、「真のドイツ式医科大学を東京につくることを企て」た、と述べている。なお、このテーマに関する最近の研究では、逢見憲一（2016）も旧来の「軍医養成」説に対して批判的な見解を示している。

（8）一八八〇年の時点で、ドイツ語による精神医学講座は一九に及んだが、フランスにはパリにひとつあったのみだという（ピショー、P.（一九九九：原著一九九六））。

（9）「精神医学」の講座と記したが、正確には“psychische Therapie”（精神的な治療）の講座であり、初代のハインロート（Johann Christian August Heinroth, 1773-1843）が当初に得たポストは、正教授職（ordentlicher Professur）ではなく員外教授職（außerordentlicher Professur）だった（Steinberg, H., 2004）。

（10）樫田五郎（一九二八）は、一九〇八年に「文部省は医学専門学校令を発布し、其教授課目中に精神病科を設置すべきことを規定す」としているが、これは一九〇七年の官立医学専門学校規程と取り違えている可能性がある。

（11）たとえば、愛知県立医学専門学校（専門学校令により愛知県立医学校から校名変更）では、一九〇五年の学則改正から精神病学が学科目に加えられた（作道好男：1977）。その後、一九〇七年に東京帝国大学医科大学助手から赴任した北林貞道（一八七二—一九四八）が精神病学を担当した。「ここに於いて始《ママ》めて本校［注：愛知県立医学専門学校］の精神病学は従来の内科学より一学科として全く分離独立し」たという（名古屋大学医学部精神医学教室：1958）。

（12）一九一七年の公立学校職員制の公布以前には、公立の専門学校および実業専門学校では、「教授」ではなく「教諭」と称されていた。

（13）一九二五年までに精神科教授になった東大精神病学教室出身者の人名と着任大学（当時は医学専門学校だったものもあり、カッコ内は現在の大学名称）を紹介すると、（榊、片山、呉は除外して）島村（島邨）俊一（京都府立医大）、大西鍛（阪大）、荒木蒼太郎（岡山大）、今村新吉（京大）、松原三郎（金沢大）、榊保三郎（九大）、三宅鑛一（東大）、森田正馬（慈恵医大）、石田昇（長崎大）、北林貞道（名大）、松本高三郎（千葉大）、齋藤玉男（日本医大）、黒澤良臣（熊本大）、和田豊種（阪大）、齋藤茂吉（長崎大）、下田光造（慶応大、九大）、林道倫（岡山大）、中村隆治（新潟大）、高瀬清（長崎大）、丸井清泰（東北大）など（岡田靖雄：2002a）。

(14) 教職に就く医員も多かったとはいえ、精神科自体は学生に不人気だったようである。齋藤玉男が大学卒業後に東大精神病学教室に入局した一九〇六年頃は、「精神科は不景気な教室で、卒業生の売れ残りが一時の腰掛けに利用するのが常識」だったとも語っている（齋藤玉男：1973）。

(15) 厳密にいえば、グリージンガーは「精神病は脳の病気である」（Geisteskrankheiten sind Gehirnkrankheiten.）とは述べていない。一八四五年に出されたグリージンガーの教科書『精神病の病理と治療』（Die Pathologie und Therapie der psychischen Krankheiten）の冒頭部分の“Zeigen uns physiologische und pathologische Thatsachen, dass dieses Organ nur das Gehirn sein kann, so haben wir vor Allem in den psychischen Krankheiten jedesmal Erkrankungen des Gehirns zu erkennen.”（下線部は筆者）が「精神病は脳の病気」の由来である。

(16) これに対して、ピショー（1999：原著1996）は「ジルボーグは（……）『心理主義者』を知られざる偉大な先駆者として称え、彼らの思い出は臨床生物学的な精神医学によって不当に抑圧されてきたと喧伝した」と皮肉っている。

(17) とはいえ、東北帝国大学の丸井清泰（一八八六―一九五三）および門下の古澤《こさわ》平作（一八九七―一九六八）は、近代日本における精神分析学説の紹介、受容あるいは発展に貢献した（Miyoshi, A., Shingu, K., 2003, 生田孝：2015）。

(18) 一九一七年の「日本精神医学会設立趣意」には、「私の一家、特に私と私の老母とは、此の弟の病を養ふために殆ど肉を剡ぎ骨を削るやうな苦しい思ひを経験致しました。けれども其後其の弟は、約二年間ほど病院生活を送りまして、主治医の方でも無論今日の医学に於ける最善の療法を施して呉れましたが、病勢は段々募るばかりで、終に某病院で悲惨な最後を遂げることになりました。私は此処に於て、我々今日の物質医学だけでは、人間の疾病、特に精神的疾患を治癒するには不完全であることを深く悟りまして」と書かれている（小田晋ほか：2001）。

(19) 森田療法が作業療法を重視していることは、森田の著作のなかで「一般神経質に対する余の特殊療法」として記述されている四段階のプロセスが、「第一期、臥褥療法」「第二期、軽き作業療法」「第三期、重き作業療法」「複雑なる実際生活」で構成されていることからも伺われる（森田正馬：2004）。

(20) 森田療法の開発の背後には、西洋とは異なる日本の精神文化、治療文化とその近代化の過程があったことは間違いない（島薗進：2003）。一方で、「洋行の夢」を抱きながら、留学経験を持たなかった森田には欧米への複雑な思いがあり、自分の学説を海外で認めてもらいたいという願望が一層強くあったようにみえる。森田は自分の神経質療法のドイツ語翻訳を下田光造に渡し、ドイツの医学雑誌に掲載の仲介を頼んだ。下田はかねてから懇意にしていたベルリン大学教授に原稿を送ったが、その内容の理解が困難という理由で二度も拒絶されたという。その後も下田は森田から「残念であるが何とかならぬであろうか、外国の通俗雑誌でもよいが」という手紙をもらったが、結局話はたち切れになったという（野村章恒：1974、下田光造先生生誕百年記念事業会：

1985)。

(21) 藤崎ツキ事件とは、東京府南葛飾郡千住南組の車夫某妻藤崎ツキがその実子を井戸に投じて殺したというもの。被告のツキが精神疾患であるや否かが鑑定された。鑑定人は警視庁御用掛医師安藤卓爾。ただしこの鑑定の具体的な内容、結論は不明という(滝本シゲ子:2010)。

(22) 第一三回帝国議会貴族院精神病者監護法特別委員会議事速記録第一号(一八九九年二月八日)。

(23) かつて馬籠宿は長野県に帰属していたが、二〇〇五(平成一七)年二月からは岐阜県中津川市に編入された。

(24) 入江が明石の山中で発見された際に、次のような新聞号外が出された。「九日午前二時湊川脳病院の監禁室を破り手錠のまま脱出したる殺人狂入江三郎は各署の厳重なる警戒線を突破し山伝ひに播州方面に逃走の途中九日夕明石郡押部谷村にて捜索隊の非常線に罹り逮捕されたり報により兵庫県警察部長、遠藤刑事課長其の他同地に急行せり押部谷は明石町を去る四里半の山間なり」大阪朝日新聞(一九一七年七月九日)。

(25) 第四十一回帝国議会衆議院 精神病院法案委員会議録(速記)第二号(一九一九年二月二六日)。

(26) 近代日本における温泉と医学をめぐる言説については、中尾麻伊香(2013)の論考が参考になる。

第七章　天変地異をめぐる科学思想

——関東大震災と科学啓蒙者たちを中心に

中尾麻伊香

はじめに——天変地異と科学啓蒙

地震、津波、噴火、隕石の衝突といった天変地異をめぐる科学思想について考えてみたい。それは、人々が天変地異をどのように想像し、経験し、解釈し、利用したか、ということだ。天変地異は自然災害であり、人間の意志を越えたところにあり、突然やってくる。しかし、地震、津波、噴火、といった自然現象は、科学的に説明されうるものである。それは一体、近代科学を本格的に摂取しはじめかつ多くの自然災害を経験した明治・大正期の日本において、どのようなものとして受容されてきたのだろうか。

天変地異をめぐる記述は古くからなされてきた。たとえば、日本最古の歴史書である『日本書紀』には、四一六年や五九九年、六八四年に起きた地震に関する記録がある。一三世紀に著された鴨長明の『方丈記』には、長明が経験した「安元の大火」「治承の旋風（竜巻）」、「養和の大飢饉」、「元暦の大地震」の様子が記されている[1]。同じく一三世紀に書かれた『古今著聞集』には、地震がくると予言した陰陽師の「超能力」に関する記述がある。残された資料から、人々がどのように自然災害を解釈してきたか、その一端をうかがい知ることができる。それではそのような天変地異、なかでも頻発した地震は、どのような原因で起こるものと考えられてきたのだろうか。『日本書紀』には、五九九年の地震が起きた際に推古天皇が「地震神」を祭るようにと命じたという記述があり、これは地震が神の祟りであるという当時の認識を示していると考えられる。橋本万平によれば、キリスト教宣教師によってアリストテレス流の自然観が日本に持ち込まれた室町時代末期以降、風が地震の原因であるとしたアリストテレスの地震説が普及していき、江戸時代には中国の陰陽説によって地震を説明した『天経或問』が出版され多くの学者に読まれていった(2)。また、仏教思想に由来するといわれる、地下に住む巨大な生物が動くことによって地震が起こるという地震説も古くからあり、江戸中期以降その生物は鯰であると考えられていくようになった(3)。一八五五年に起こった安政江戸地震の際には鯰を挿絵にした鯰絵が数多く発行され、地震の翌年に出版された『安政見聞録』や『安政見聞誌』には、鯰に関する様々な話が掲載された。鯰が地震予知をするという説や磁石で地震予知ができるという説も出てきており、地震予知に対する関心も高まっていたと考えられる。

本章があつかうのは明治・大正期の、天変地異が科学的に説明されうるようになった時代、地震学者が登場し、地震予知の主体が鯰から科学者へと変わった時代である。そうした時代における天変地異の経験は、近世以前のそれとは異なるものとなっただろう。ここでは明治・大正期の天変地異をめぐる科学思想を、科学啓蒙という文脈から検討したい(4)。天変地異をめぐる思想は、科学啓蒙と共に育まれてきたという側面がある。明治期以降、天変地異をめぐる近代科学の思想は、窮理書や科学読み物などの書物を通して人々に届けられていった。こうした書物の書き手を見てみると、明治初期には洋学者や翻訳家による西洋の科学知識を紹介するものにはじまり、明治後期から大正期にかけては科学者によっても地震学などの解説書が執筆されるようになった。また、石井研堂や原田三夫といった科学ジャーナリストの先駆的存在が登場し、彼らによっても解説書などの執筆が行われた。これら執筆者たち――ここでは科学啓蒙者とする――は、人々が自然災害を解釈する上でのインタープリター（仲介者）という役割を担っていた。彼らは自然災害をどのように捉え、一般の人々に伝えていったのだろうか。

明治・大正期の日本列島は地震をはじめ多くの自然災害を経験しているが、中でも多くの被害を生み出した自然災害には、江戸後期と昭和前期も含めると、一八四七年の善光寺地震（死者約一万人）、一八五五年の安政江戸地震（死者約七千人）、一八九一年の濃尾地震（死者約七千人）、一八九六年の明治三陸地震（死者約二万二千人）、一九二三年の関東大震災（死者約一四万人）、一九二七年の北丹後地震（死者約三千人）、一九三三年の昭和三陸地震（死者約三千人）、一九三四年の室戸台風（死者約三千人）、一九四五年の三河地震（死者約三千人）などがある。これらは一体、人々にどのように解釈されたのだろうか。本章ではとりわけ、明治・大正期の天変地異で最も深刻な被害を記録した、関東大震災に焦点をあてる。関東大震災は、大正デモクラシーが発展するとともに、天皇制の矛盾が顕在化し、第一次世界大戦による経済好況が行き詰まりをみせ、一部で社会の閉塞感も顕在化していた、そんな時代に人々を襲った。そのとき流行したのが、地震が天罰であるという天譴論である。関東大震災をめぐる歴史研究では、知的エリートが震災を社会変革の機会として利用したことが浮き彫りにされている。(5) ここで考えたいのは、この関東大震災時に、科学啓蒙がどのように行われ、どのように機能したかである。関東大震災は、日本が自立した科学・技術を擁するようになり、大衆メディアが成立し、科学知識の普及・啓蒙が盛んになされるようになったまさにその時に訪れた。科学者や科学ジャーナリストは震災に際して、どのような発信を行ったのだろうか。それはどのような動機に基づいていたのだろうか。

自然災害をめぐる社会史を検討してきた北原糸子の研究は、本研究にも多くの示唆を与えるものである。北原は自然災害とメディアの関係について、例えば安政江戸地震後の鯰絵に地震という災厄の両義性――禍と福――が反映されていることや、関東大震災が「大衆のメディア」を作り上げる素材の一つとなったことなど、重要な指摘をしている。(6) ただし北原の研究は、災害の社会史を明らかにするものであり、自然災害に関する人々の認識がどのように変化したかということや、自然災害に関する科学思想を問うものではない。また、科学啓蒙に関しては科学教育史や科学ジャーナリズムの観点からの研究の蓄積があり、日本の地震学については、グレゴリー・クランシー、金凡性、泊次郎らによる研究の蓄積がある。(7) そこで本論では、これらの先行研究を参照しつつ、地震・災害学と科学啓蒙との関わりを検討していきたい。

第一節　鯰から科学へ——地震学の誕生

1　科学的災害観の導入

すでに記したように、江戸期に地震の原因と考えられるようになったのは鯰であった。明治期になると、近代科学の説明によって人々に自然現象を理解させようという洋学者による試みが活発化した。明治の幕開けと同時期に起こったのが、窮理学の流行である。(8) とりわけ一八六八年に慶應義塾から出版された福澤諭吉の『窮理図解』と小幡篤次郎の『天変地異』がベストセラーとなり、日本初の科学啓蒙書ブームをもたらした。(9) 窮理学は、伝統的な自然観に対して、近代科学に基づいた自然観を提示するものであった。福沢諭吉の『窮理図解』が小学校の教科書などに広く採用されたことからもうかがえるように、窮理学書の出版は教育制度とも関係していた。(10) 窮理学ブームは、日本の近代的な学校制度のはじまりとなった「学制」が制定された一八七二年にピークを迎える。板倉聖宣によれば、日本の科学教育はこのとき、洋学者たちの手によって「伝統思想にかわる合理的な思想を育てるという高い理想のものに発足」した。(11) この年と翌年にはそれぞれ年間二〇冊から三〇冊の窮理学書が刊行されている。

これらの出版物で自然災害はどのように説明されていたのだろうか。小幡篤次郎の『天変地異』をのぞいてみたい。同書は、雷、地震、彗星、虹、月と太陽、流れ星、などの自然現象を説明するものである。(12) 地震について説明する箇所「地震の事」では、「その根源知り難きものなれども」としつつ、アナクサゴラスの「地の底に雲を醸し電を発すより斷る振動」説や、プリーストリーの越歷（エレキテル）が原因であるという説などを紹介する。[13] そして、「近代の発明にて地の底は一面の火なるに、岩の上皮を被り其上に土地を戴き人の住所をなれり。此上皮に隙ありて水漏れ、火の中へ流れ入れりしもの蒸されて湯気となり、積み出んとすれども出口なく、之が為振動を発すと云う信なる説なり」としている。地球の中心には火があり、この火によってつくられた蒸気が地震の原因になるという説は、一六世紀半ばにアグリコラによって唱えられていた説である。[14] 一九世紀半ばには、西欧で地震学（seismology）という言葉が登場しており、ポプキンス、マレット、フォルゲルらによって近代的な地震の原因説が提唱されていた。小幡はこれらの情報には接していなかったと考えられる。興味深い点は、「地震の事」の後半には、イタリアのヴェスヴィオ火山噴火の際のエピソードが紹介されており、「地震火山の災は一ヶ国或は一ヶ村の難義とはなれども、元と天より億兆の人民を救はんため設けられたるものなれば、心ある人々之がため天を怨むることなしと云ふ」とまとめられていることである。ここには、地震は局所的には災難となるが、より多くの人々を救うことになるため、地震を肯定的に捉えようというメッセージが込められている。「地震の事」に続く「彗星の事」でも、彗星が衝突する可能性が非常に低いことから、「彗星の現わるゝも恐るべきものにあらず」としている。最後の項目「陰火の事」では、陰火（墓地などで見られる青白い光）の正体は、生命が死んで土に帰る時に「気」が離れて燐火水素になったものだと説明し、「何ぞ恐るゝことのあるべけん」としている。これらの記述からは、同書に込められた、自然を恐れるべからずという強いメッセージが伝わってくる。

続いて、一八七五年から一八七六年にかけて文部省から出版された全一一巻からなる『牙氏初学須知』をのぞいてみたい。『牙氏初学須知』は、ガリグェーというフランス人によって著された自然科学全般を扱った書籍の翻訳で、理科教育の教材としてもっとも多く用いられたものである。第二巻の地質学の頁は、「地質学ハ古来地球塊ニテ数多ノ変遷を生ジ、之ガ為メニ其外形体貌ヲ換易レテ、遂ニ今日見ル所ノ地球ヲ渾成スルニ到レル大現象ヲ考究スルヲ以テ目的トスル」とはじまり、この目的のために星学（天文学）の次におかれる学科であると説明され、さらに「諸学科中ニ於キテ最新ノ学」であるとされている。ここでは、地球の形状が変化する要因には水力作用と噴火作用の二つがあるとして、「大地顚変ノ原因ハ、蓋シ地温ノ漸ク減少セルト地皮ノ之ガ為メニ凝結スルト、地下ノ流動塊ノ劇動トニ由ル、而シテ渣滓ノ地層ハ、水ノ運転ニ曲リテ生ジ、雰囲気寒暖井ニ海水ノ質等ノ急変ニ曲リテ、其質ト結構トヲ変ゼシ者ナリ」と説明している。これは、エドワード・ジュースやエリー・ド・ボーモンの唱えた地球の冷却・収縮によって地震がおこされるという説を受けているものと考えられ、同時代の科学の成果を反映した記述となっている。

明治初期に自然科学の教科書として出版された書物は、『天変地異』と『牙氏初学須知』以外に、関藤成緒訳『地文学』（文部省：1887）、島田豊訳『地文学』（共益商社書店：1887）、冨士谷孝雄訳補『芸氏地文学』（文部省：1887）、矢津昌永編述『日本地文学』（丸善：1889）、矢津昌永『日本地文図』（丸善：1892）などがある。[15] 一八八八年には磐梯山噴火が起こったが、この年には科学ジャーナリストの先駆け的な存在である石井研堂が『福島地理問答』を出版し、その活動をはじめた。石井の『福島地理問答』は、磐梯山噴火に触発されて執筆された可能性が高く、天変地異と科学啓蒙との関係をここに見いだすことができる。また、書籍のみでなく、自然科学を扱った雑誌も出版されるようになる。[16] 一八八八年には科学的な内容を取り扱った少年雑誌が国内で初めて発行され、その後数年間少年雑誌の発刊が続いた。

このように、明治初期のうちに科学的な自然観および自然災害観が科学啓蒙書を通して届けられていった。北原糸子は、磐梯山噴火に関する災害情報の分析から、噴火が理科教育に資した可能性に言及し、「学制以来の理科系教科書が西欧の当該記の地学研究、地理学研究の翻訳で占められ、これに触れた若い世代に前時代の災異観とは異なる科学的災害観が共有され始めていた」と指摘する。[17] ここで浮上する問いは、科学啓蒙書に記されていたような科学的災害観はどれほど共有されていたのだろうかということである。それは、関東大震災のあとに大きな世情不安が起こり、地震が天罰であるという天譴論が流行ったことをどう捉えればよいのかという問いにつながる。もちろん、自然災害を実際に経験することと、メディアを通して知識として知ることではその受け取り方は異なるだろう。とはいえ自然災害の経験がそれをめぐる知識を形成してきたことも事実である。それでは科学的災害観がどのように形成され得るかを考えるために、ここで学問として地震学が成立する様子を見ていきたい。

2　地震学の誕生

これまで自然災害を含む自然科学に関する科学知識の普及啓蒙活動が明治初期から活発に行われていた様子を見てきたが、同時期には国内での自然科学研究の体制も整えられていった。日本の学術界の誕生は、大学という名称を持つ高等教育機関が初めて成立し、日本最初の自然科学の学会「日本数物会社」とその機関誌である『数物学会誌』が創刊された一八七七年に見ることができる。一八七九年には東京地学協会が設立され、日本地震学会もほぼ同時期の一八八〇年に結成されている。日本地震学会設立の直接的なきっかけとなったのは、一八八〇年二月に起こった横浜地震である。このとき横浜に居住していた多くの外国人科学者・教師の関心を引くこととなり、地震学会の設立につながったのであった。日本地震学会では、ミルンやユーイングらが中心となって、地震観測装置の開発などに取り組んだ。日本地震学会は一〇年ほど活躍した後、日本政府の主導する地震研究が進展するのと同時に求心力を失い、一八九二年に解散することとなる。[18]

一八九一年に起こった濃尾地震を契機に、翌年に官立組織である震災予防調査会が設立され、日本地震学会の後継的存在となった。震災予防調査会は地震、津波、噴火等についての調査、研究、観測をすること、その結果を報告し、普及することをその課題としていた。同会は一八九七年から英語で学術雑誌を発行し、日本の地震学は世界の第一線にあるとみなされるようになっていった。これ以降、日本の地震学は、東大教授の大森房吉（一八六八―一九二三）を中心に進められていく。

地震学が一般社会を賑わすことになるのは、一九〇五年のことである。それは東京帝国大学地震学講座助教授の今村明恒（一八七〇―一九四八）が、雑誌『太陽』に「市街地に於る地震の生命及財産に対する損害を軽減する簡法」という論文を発表したことに端を発する。[19]今村は、一八七〇年鹿児島に生まれた、大森と同世代の地震学者であった。第一高等学校、東京帝国大学理科大学物理学科を卒業した後、大学院で地震学講座に進学する。一八九六年の明治三陸地震を受け、津波は海底の地殻変動によるものであるという説を発表していた。

今村が雑誌『太陽』に寄稿した論文はどのようなものだったのか。今村は、東京が繰り返し大地震に襲われていることから、前回の地震からすでに五〇年を経過している今、いつまた地震に襲われるか一刻の安心もできず、いま地震に襲われれば、東京は火の海になり、死者は一〇万人以上、存在は数億円以上にのぼるであろうと予想した。そこで、建物の耐震を強めることはもとより、火災を引き起こす石油ランプから電灯へ切り替えることを提案した。今村は同年、『地震学』という書物を出版し、同様のことを訴えた。翌年一月に今村の論文が『東京二六新聞』に掲載されると、その直後にやや強い地震があり、今村の説は影響力を持った。地震に対する人々の関心が高まっている中、『地震学』を出版した大日本図書は同書の広告を各有力紙に掲載した。この広告は、「東京地方は今より約五〇年以内に一大激震の襲来のあるべきこと学理上争ふべからざる事実なる……帝国々土の住人請う早く本書を講読して必然来るべき果災に備へよ」などと、人々の危機意識を煽るものであった。[20]

世間に今村説が広がっていくなか、それに異を唱えたのが、地震学の大御所であった大森房吉であった。大森は『読売新聞』に「大地震の襲来浮説に就きて」という文章を寄稿し、今村の説が「幾多の新聞紙にも記載され、其の結果世人に恐怖心を抱かせしめたること少々ならざる」として、地震に対する注意は怠らぬようにとしながらも、「安政以後五〇年を経たれば今にも東京全市が全滅する程の大地震が襲来すべしなどと想像するは全く根拠なき浮説なりと謂わざるべからず」と今村説を批判した。大森は一九〇六年三月に雑誌『太陽』に「東京と大地震の浮説」という論文を寄稿し、新聞各紙でも今村説の批判を繰り返した。今村はこの論争以降、関東大震災が起こるまで、不遇の身に置かれることとなる。

大森による今村批判は、世間による行き過ぎた不安を鎮めるという目的を有していた。すでに指摘されているように、大森はそれ以前、一九〇三年に発表した論文で、今後幾年かの後には東京で大地震が起こるであろうと述べ、その際には大きな被害がでるという今村と同様の指摘をしたことがあった(21)。そのように指摘していた大森が態度を変えたかのように今村説を批判するに至ったのは、彼の地震に対する考えが変わったからではなく、地震に対する世間の不安と混乱が生じたからであった。二人の論争から確認されることは、地震に関する情報発信が、世論に大きく左右されるということである。地震学者は防災という観点から情報の発信を積極的に行ったが、発信された情報は、地震学の内部から出てきたものというよりは、地震学と社会との関わりの中で出てきたものであったといえる。

これまで明治期の科学啓蒙と地震学の様子を見てきたが、地震学をめぐる科学啓蒙は、地震が社会に大きな影響を及ぼすという意味で、重要性の高いものであり、世間における地震学への関心も高かった。しかし肝心の地震予知に関しては、不確実性を有するというナイーブさを抱えていた。したがって地震学者による科学啓蒙は、不確実な知識をどのように伝えるかという難しさを有しており、正しい地震学の知識を伝えるということだけでなく、それがどのように世間に受け止められるかということについても考えてなされる必要があるとされたのであった。

第二節　天譴論――関東大震災とメディア

1　天譴論

一九二三年九月一日に起こったマグニチュード七・九の大地震は、大都市として発展していた東京に未曾有の惨禍をもたらした。大地震の原因としてしばしば語られたのは、安政江戸地震の際に語られた「鯰」ではなく、「天譴」であるという説であった。

天譴というのは、天が人間を罰するために災害を起こすという、関東大震災の後にしばしば唱えられた考えである。天譴論を唱えた論者の筆頭に挙げられるのは、実業家の渋沢栄一（一八四〇―一九三一）である。渋沢は九月一三日の『萬朝報』に、「今回の震災は未曾有の天災たると同時に天譴である。維新以来東京は政治経済其他全国の中心となつて我国は発達して来たが、近来政治界は犬猫の闘争場と化し、経済界亦商道地に委し、風教の退廃は有島事件の如きを賛美するに至つたから此大災は決して偶然でない」と、今回の地震が政界、経済会、風紀の乱れに対する罰であり、起こるべくして起こったものであるという論を展開した。幕臣、官僚を経て、実業界で活躍していた渋沢の影響力は大きかった。渋沢の天譴論は多くの人に支持された。たとえばキリスト教指導者の内村鑑三は、一〇月一日に刊行された『主婦の友』「東京大震災大火画報」に掲載された「天災と天罰及び天恵」において、渋沢の天譴論を支持している。内村は有島武郎の心中事件に言及し、「東京市民の霊魂は、其財産と肉体が滅びる前に既に滅びて居たのであります。斯かる市民に斯かる天災が臨んで、それが天譴又は天罰として感ぜらるゝは当然であります」などと記している。

坪内逍遥も、一九二三年九月二三日の『週刊朝日』に「大震災所感」という文章を寄稿し、「成金国の日本を、僥倖と虚栄とで腐爛せんとしていた日本を、首都東京を代表せしめて、大懲罰のスコルピオンを其真向に打下して、心身共に微塵となして、浄裸々の原真に帰せしむるの機会を供しているのだとも見られ得る。まことに今は世界の大過渡期であり、人間其物の根本的改革期である。列国とともに現下の好機を逸せしめてはならぬのだが、就中わが同胞は今度の此呪ひを転じて一大祝福とするの工夫を怠つてはならぬ」と記している。坪内は、経済的に豊かになったことで堕落していた日本の首都東京に、スコルピオンすなわちサソリによる懲罰が下されたというのである。これはまさに天譴論であり、「禍転じて福となす」ための根本的改革を促しているものである。

天譴論は、科学的な災害観とはかけ離れたものといえる。このような天譴論が関東大震災後に流行したのは何故なのだろうか。ひきつづき、出版メディアにおける関東大震災後の言説を検討しつつ、天譴論が流行った背景を考えてみたい。

2　『大正大震災大火災』

大震災は、人々の震災の全容や地震・火災の対応について知りたいという欲求を刺激した。各出版社は震災により壊滅状態になっていたが、素早い立て直しを図り、震災特集号を出版する。震災翌月の一〇月に刊行された雑誌は、『アララギ』の「震災特集号」（第一六巻第一〇号）、『改造』の「大震災号」（第五巻第一〇号）、『カメラ』の「大震災写真号」、『女性』の「文壇名家遭難記」（第四巻第四号）、『誌と音楽』の「震災紀念号」（第二巻第九号）、『主婦之友』の「東京大震大火画報」、『女性公論』の「自然の反逆号」、『新潮』の「凶災に当面して」（第三九巻第四号）、『中央公論』の「前古未曾有の大震・大火惨害記録」（第三八巻第一一号）、『婦人界』の「関東大震災写真実記」、『婦人公論』の「自然の反逆」（第三八巻第一一号）、『婦人世界』の「大震災写真画報」、『文芸倶楽部』の「凶災の印象東京の回想」（第八巻第一〇号）などがあった[22]。そのような震災関連の出版物はよく売れたが、とりわけ売れたのが、『大正大震災大火災』という書籍である。

大日本雄弁会・講談社から一〇月一日に発行された『大正大震災大火災』は、初版三五万部という大部数であったが、たちまち売り切れて、一〇万部の増刷を実現した。関東大震災は、大日本雄弁会が雑誌『キング』の出版を準備しており、印刷会社や取次との交渉をしていた矢先に起こった。そのため『大正大震災大火災』は、『キング』の創刊準備スタッフによって、『キング』のために準備されていた販売網を利用して販売された[23]。書籍でありながら雑誌の販売網を用いて販売されたことで、雑誌並に素早く広範に流通したのであった。爆発的な売れ行きを見た『大正大震災大火災』の成功は、これ以降の出版業界のあり方に多大な影響を与えた。同書は大日本雄弁会・講談社の薄利多売路線を決定づけたものでもあった。大正末期に創刊された国民雑誌『キング』は昭和期に大衆を「国民」として統一していくことになるが、北原糸子は『大正大震災大火災』の編集を扇情的なタイトルや署名のない記事が多い無責任な編集であるとして、関東大震災もまた「大衆のメディア」「大衆の時代」を作り上げる素材の一つを構成するものであったことを指摘している[24]。

『大正大震災大火災』は、一体どのような方向性を有したメディアであったのだろうか。同書の冒頭には、文学博士の三宅雄二郎、三上参次、幸田露伴、理学博士の今村明恒による序と、編集スタッフによる自序が記されている。自序は、「突如として大地が振動した。家屋は瓦落々々と崩壊した。火焔は渦巻いて起つた……」とはじまり、「苦しき試練は、人を偉大ならしめる。此の如き大災の人生に與ふる教訓は、深甚測りがたきものが存する。是を天下後世に伝へて、深く鑑戒せしむるところあらば、禍転じて福となることであらう。（略）是に由つて、此惨禍に遭遇せざりし多数の国民に、省慮の念を促すことが出来れば、我等の所願は足る。並に自ら巻頭に序して、本書公刊の由来を明らかにする次第である」と結んでいる。同書では、はじめに震災と火災の被害の記録に各種機関の活動が記され、中盤では震災時の秘話や美談が紹介され、後半では復興に向けた取り組みや地震時の注意事項、著名人地震に関する学術的内容、そして国民として持つべき覚悟などが記されている。後半の複数の記事以外は、編集部によって用意された署名なしの記事となっている。

続いて後半の署名記事をいくつかのぞいてみたい。関東戒厳司令官陸軍大将という肩書を持つ福田雅太郎による「戒厳下に於ける国民と軍隊と、吾人将来の覚悟」という記事は、軍隊の活動について自賛するとともに、国民に対しては、「願わくは止めるものも貧しきものも各々其の分に応じて此の秋益々忠誠を発揮し主義や主張の小異を捨て強固なる国家と、健全なる社会の建設に奉仕奉公せねばならないのである」などと記している。震災善後会副会長帝都復興審議会委員子爵という肩書を付せられた渋沢栄一の「一国民として」という記事は、「人は見衰へたるの故を以て、種々の職務は之を辞することを得るも、国民たるの務めは終生之を辞することが出来ない」とはじまり、「終りに、国民各自は、互に相戒めて、帝都復興の大業に参加し、世界に恥しからぬやうありたい。予も亦一国民として、及ばずながら、その務めに服する覚悟である」と終わる。両文章には、震災を契機に、国民を国家のもとに統合しようとする思想があらわれている。

詩人の大町桂月は、「震死諸君を弔ふ」と「罹災諸君を慰む」というそれぞれ見開き二頁に収まる文章を寄稿している。「震死諸君を弔ふ」は「天譴か、我れ知らず。神意か、我れ知らず」とはじまり、「我国は維新以来、順境に順境を重ね、戦勝に戦勝を積み、欧州の大戦乱も圏外に在りて利する所多く、国富み、気驕り、英華に酔ひ、文化に惑ひ、国家を外所にして、政党相鬩ぎ、労資相争ひ、過激の思想さえ乱入して、人心の頽廃底止する所を知らざりき。神意ありとすれば、之を慮りたるなるべし。(略) 今回の大震害は東京の人士のみならず、全国七千万の同胞を警醒したり。緩みし気は張れり、驕りし心は慎めり、頽廃の風一掃せられて、堅実の風起り、災禍却つて幸福の基となり、帝都の建直なさるゝと共に、人の心も立直されむとす」などと記している。同様のメッセージが、「罹災諸君を慰む」でも繰り返される。(25) 大町は地震が天罰であるとも神意であるとも断言はしないがそうした可能性を匂わせながら、頽廃した人々の心を立直す必要があると論じており、天譴論の主張と方向性を同じくしている。

これらの文章に見られる共通点は、地震を機に国民の統一を図ろうとしているものであり、震災後に唱えられたメッセージの典型的なものであった。このようなメッセージの背景には、当時の為政者の抱えていた難題があった。ロシア革命以後、民主主義・平和主義を希求する国民の「思想問題」は、為政者の大きな関心となっていった。各種会議では「浮華軽佻の風」の糾弾と「国民的精神の涵養」＝「思想善導」の文相訓示が繰返されていた[26]。文部省が国民に愛国思想の注入、「思想善導」の対応策を練っていたその矢先に起こったのが、大震災であった。大震災は、為政者たちの国民道徳の欠如に対する危機感を煽ることともなった。実際、朝鮮人の虐殺事件に象徴されるように、未曾有の大震災に遭遇した人々の混乱は大きかった。関東大震災後の九月七日には、治安維持のための緊急勅令「治安維持ノ為ニスル罰則ニ関スル件」が出された。大正デモクラシーによって社会における存在意義を低下させていた軍部は大震災時の動乱を収める役割を担い、その存在意義を世間の人々に示すことに成功した。大震災はこれ以降昭和期にかけての軍部の拡大の一因ともなった。文部省はこの機会を利用して、国民の教育を進めた。ジャネット・ボーランドは、一九二三年一〇月から一一月にかけて文部省が刊行した『震災に関する教育資料』を分析し、関東大震災が為政者や教育者たちによる国民道徳教育への取り組みを強化することになったことを指摘している[27]。一一月一〇日には「国民精神作興に関する詔書」が発布された。この詔書は大震災後の社会混乱を収めようとするものであったが、内容的に「教育勅語」と「戊辰詔書」の延長線上にあり、以前から準備されていたものに、関東大震災の文言を挿入した可能性が指摘されている[28]。

関東大震災は、教育者や為政者に国民を指導することの重要性を認識させるとともに、その口実を与えた。天譴論は、国家を管理する立場の者が国民をまとめ上げるという目的と合致した論理であった。天譴論が流行った背景には、人々が自由に地震を解釈し表現していた江戸期のかわら版メディアから、関東大震災時には大衆メディアが成立し、メディアが特定の人々の見解を広める場として機能するようになったというメディアの変化を指摘できる。ただしメディアにおける言説は一様であったわけではなく、同時代に天譴論を批判する言論活動を行った人々もいた。たとえば芥川龍之介、柳田國男、菊池寛などは、天譴論を批判した。そうした議論の基調となったのは、自然の冷淡さや自然に対する人間の無力さであった。芥川は、天譴であるならば政財界の人間が一番被害を受けるべきであるのに実際に被害を受けたのは一般の庶民であるであるとして、自然の無為を説いた。それでは科学界は、天譴論に対してどのような反応をしたのだろうか。

第三節　科学界の反応——関東大震災と科学啓蒙

1　原田三夫と科学書の出版ブーム

大正期になると、出版文化の興隆とともに、科学知識の普及啓蒙を目的とした雑誌や書物も多く出版されていった。(29)科学雑誌の刊行を見ていくと、一九一七年に『子供と科学』、一九一八年に『理化少年』、一九一九年に『理化少女』と、子供向けの科学雑誌が次々に創刊された。これらは短命ではあったが、その後の科学雑誌の出版ブームの先駆けとなった。一九二〇年代に入ると一般大衆向けの科学雑誌が続々と誕生した。二〇年代前半には『科学知識』『科学画報』『子供の科学』『自然科学』『科学の世界』等が創刊された。(30)

関東大震災はまさに、科学雑誌が多く出版された科学出版ブームの只中に起こった。これらの雑誌は大震災に際して何を伝えたのだろうか。本節では科学雑誌『科学知識』と『科学画報』における震災特集号から、科学者たちの発信を検討する。『科学知識』と『科学画報』はどちらも大正期に創刊された科学雑誌の代表的な存在である。両誌の創刊に関わっていたのが、大正期に数多くの科学啓蒙書を世に送り出した原田三夫（一八九〇—一九七七）であった。

ここで、原田が科学啓蒙の世界に入っていった経緯と『科学知識』と『科学画報』創刊の経緯から、この時代の科学啓蒙の様子をみていきたい。

原田三夫は一八九〇年に現在の愛知県名古屋市に生まれた。札幌農学校に進学し、この頃有島武郎に個人的に師事したが、病気などの理由で中退し、東京帝国大学理学部生物学科に進み海藻学を学んだ。原田は大学在学中に科学ジャーナリストを志向しはじめたが、そのきっかけは大日本文明協会という科学書出版会の理事をしていた石川千代松の紹介でエドウィン・グラント・コンクリンの『遺伝と環境』の翻訳を引き受けたことにあった[31]。この本が名著で、原田は自然界の驚異を知る感動を多くの人に伝える科学ジャーナリストに魅力を感じたという。東大卒業後に中学教師をしていた原田は一九一七年、東大の同級生で学習院に赴任していた図師尚武とともに『子供と科学』を創刊する。雑誌の運営のために中学校の業務に支障をきたした原田は退職を余儀なくされ、本格的に科学ジャーナリストとして活動をはじめる。一九一七年に『少年科学』、一九二三年に『科学画報』、二四年に『子供の科学』を創刊した。

原田は科学雑誌の編集だけでなく、子供向け科学読み物の執筆も行った。一九一九年から一九二二年にかけて誠文堂から『子供の聞きたがる話』シリーズ全九巻を刊行した。この『子供の聞きたがる話』シリーズについて板倉聖宣は、「この当時小学生だった人々の中には、同書を読んで科学に対する興味をかき立てられたと回想している人を筆者は何人も知っている。優れた科学読み物は学校の理科教育よりもより多くの影響を与えうることが証明される」と記している[32]。『子供の聞きたがる話』シリーズが成功した後、一〇冊前後をその分野の専門家が一人で書き上げるという科学読み物シリーズがいくつも登場することになる。

原田はまた、科学知識普及会が一九二一年に創刊した『科学知識』の編集主任も務めた。科学知識普及会は、化学工業新聞社社長であった石原俊明が東大教授高松豊吉の助けを得て、高峯譲吉の弟で東京硫酸の創設者である藤井栄三郎から化学普及事業のために一万円の資金を託されて発足した[33]。代表理事を務めたのは、応用化学を専門とし、東京大学教授、東京ガス社長、東京工業試験所所長を歴任していた、科学者としても実業家としても成功を収めていた高松豊吉（一八五二—一九三七）であった。第一次大戦後に日本の産業界は大きな発展を遂げ、理化学研究所の登場にみるように、国産の科学研究が産業に結びついていくが、科学知識普及会はまさにそうした時代の趨勢のなか登場したものであった。同会が『科学知識』を創刊するにあたって声をかけたのが、科学啓蒙の世界で頭角を現していた原田であった。

原田は『科学知識』の編集について次のように振り返っている。

一般を対象とする科学雑誌で、よい原稿を速く作るには口述取材、記者取材に限る。専門家に頼むと一般人に向かないことも書き時間がかかるが、口述取材ならば、一般人に必要で、一般人が知りたがり、興味を持つことだけを語ってもらえばよく、執筆はお手のものである。私は『科学知識』のとき、記事の大部分はこの方法を用いて迅速に編集したが、『科学画報』も大記事はこの方法を使い、記事の半分はポピュラー・サイエンスなど欧米の通俗科学雑誌に取材して私が作り、百ページの創刊号の編集を半月で片付けた(34)。

この回想からは、原田の編集方針について次のようなことがわかる。第一に彼は、科学雑誌の記者として一般人が知りたがり興味を持つことだけを伝えるよう心がけていた。第二に、『ポピュラー・サイエンス』誌などの欧米の科学雑誌の内容を日本の読者に紹介していた。第三に、迅速に記事を執筆するということである。こうした方針のために、専門家への口述取材で一般人が興味を持つことのみを伝えるという手法をしばしば用いていた。原田が迅速な編集を心がけた背景には、刊行スケジュールが決まっており、迅速に編集をこなしていかなければならないという逐次刊行物の特性があっただろう。

また、『科学知識』の創刊には、創刊直前に科学知識普及会内部で内紛が起こり、急遽原田に編集長が託されたという特別な事情があった。内紛は創刊号刊行後も続き、結局、石原と原田が追い出される形で科学知識普及会を去ることとなった。原田が科学知識普及会を去った背景には、原田の編集手法が理事会を構成するアカデミズム科学者たちの方向性と合わなかったという事情があったことも指摘できる。原田の編集方針は、一般受けは良かったが、科学者たちにとっては科学の卑俗化とも受け取られた。例えば同時代に一般向けの著述活動を行っていた寺田寅彦は原田の編集方針を嫌い、彼の編集する雑誌に一度も寄稿しなかった(35)。

科学知識普及会を去った原田が一九二三年に創刊した科学雑誌が『科学画報』である。『科学画報』は、新光社が原田に科学雑誌の創刊を打診したことで生み出された。創刊号の売れ行きは、新聞広告を惜しんだことなどからあまりよくなかったというが、状況を一変させたのがその年の九月一日におこった関東大震災であった。原田は大震災からほどなくして『科学画報』の「大震災号」を九月二五日に発行、さらに単行本『地震の科學』を一一月初旬に刊行した。原田の回想によればどちらもよく売れ、余震のあるごとに版を重ねた(36)。関東大震災は原田の科学啓蒙活動の大きな追い風になり、原田の手がける雑誌や書籍は多くの読者を獲得していった。

『科学知識』と『科学画報』は、どちらも一般の読者を対象とした科学雑誌であったが、その紙面構成には、アカデミズム科学者の意向が反映される雑誌と一般の人々の興味関心が反映される雑誌という相違があった。両紙は、大震災に際して何を読者に伝えたのだろうか。

2 『科学知識』

一九二四年一〇月二〇日に発行された『科学知識』の「震災号」は、ほぼ理学博士と工学博士による署名記事で構成されている。巻頭には、被害地を記した地図や、東京都内の惨状を映した写真に加え、一八九一年の濃尾地震の写真や一八五五年の安政江戸地震の惨状を描いたイラストが掲載されている。さらに、ユーイング、大森房吉、今村明恒の写真と彼らの考案した地震計の写真が掲載されている。これは、地震に関する科学知識を視覚的に示そうとした編集部の意図によるものと考えられる。また、建築学者の伊東忠太と地震学者の今村明恒による「巻頭画讃」には、風神と地震を引き起こす鯰が描かれている。

巻頭の辞として掲載されている文章で、科学知識普及会代表の高松豊吉は、「吾々は自然に順応する合理の道を秩序正しく歩み、始めて救はれるのである」として、復興は「秩序一貫する科学的精神と科学的知識」によってなされなければならない、とする。そして、惨事を予防できなかったのは、「科学的精神科学的知識が一般に普及徹底していないから」であるとする。

建築学者の伊東忠太は、「畏るべき天の威力」という記事を、天譴論に対する所感からはじめ、天譴を唱える漢学者と災害は自然界の現象であると捉える科学者、双方の感情に共有できるとする(37)。耐震や防火の用意をしなかったことに対して世間の人々と科学者のどちらにも責任があり、「斯くて今次の災害の責任は、国民一般に之を負はざるべからざるものである。天はこの災害を下して国民の怠慢を戒飾せりと云はんに何の不可かあるべき」というのである。「今次の災害は不可抗力の天災とは云へ、その斯の如き惨状を呈したのは蓋し人事を竭さなかつた国民の責任である」。「天を畏れて人事を竭せ」というメッセージを伝える。今回の大災害は、科学知識が普及していなかったことに原因があるとして、国民一般に責任があるというのである。

科学知識普及会の理事を務めていた化学者の亀高徳平は「大震災の教訓」という記事を寄せている。国民には防災の策を講じるようにと説き、「第一の急務は何といつても地震学の研究である」「第二には地震に関する知識を一般民衆に普及せしめること」「第三は火災を予防する注意を十分にすること」として、「今後益々科学的知識を普及せしめて今後の災厄に備へ、且つ科学的生活に改善して目下の窮境に処せんとするのである」と文章を閉じている。

三人の文章は、地震が起こった責任が国民にあるとはいわないものの、大災害の責任はその策を尽くさなかった国民にあるということ、そして今後の地震に備えるために科学知識の普及を図る必要があるという点で共通している。人々の暮らしの立ち直しや復興よりも教訓を記していることからうかがえるように、震災を利用して彼らの目標とするところの科学知識を普及することの重要性を強く訴えているといえる。なお、『科学知識』震災号はこれ以降、今村明恒の「大地震調査日誌」、佐野利器の「地震と建築」、藤原咲平の「大火災と気象」、横山又次郎の「地震学上から観た大地震」といった、学者による解説記事が続く。解説記事には執筆者の個人的感情はほとんど織り込まれていない。

3　『科学画報』

続いて、九月二五日に発行された『科学画報』「大震災号」を検討したい。

「大震災号」の扉には、新光社仮事務所による「重大なる使命を負ふて「科学画報」の復活」と掲げた文章が掲載されている。「今度の惨禍は、科学の力の未だ之れを防止するに至らず、且つ一国の帝都が如何に非科学的に建設せられていたかを、恐ろしき実例に依って立証しました。科学的思想の悲しき缺乏に依り、罹災後の世相は、更に一層暗黒な色に塗られた傾きがあります。非科学的な流言蜚語、科学を無視した衛生状態、剰りに政治的に過ぎた復興策、此々みな邦人の科学的訓練の不足を雄弁に語って居ります。／科学の民衆化を以って使命とする本誌の責任は、重且つ大なるものと確信いたします。（以下略）」。大震災の惨禍がさまざまなことが非科学的に行われている結果として生じたものであり、大震災によって日本人の科学的訓練の不足が露呈したと主張するこの文章は、編集を行った原田によって書かれたものと考えられる。

冒頭に掲載されている主幹（原田）による「科学に目ざむべきの秋」という文章は、次のようにはじまる。「私利にのみ耽りて公利を忘れ、反って私害を招くを知らざるは、わが国民の通弊にして、これがため社会の発達極めて不具的にして、文運の進歩極めて遅々たること、幾度も論じたるところなり。而して、その因をたづぬるに、偏に、国民が近視眼にして、遠き慮なく、何事にも科学的考察をめぐらさざるがためなり。われらが科学の普及を唱ふるものは、日常の物質的生活改良に資するにあるは、いふをまたざれども、また、国民をして科学的考察の習慣を養はしむるを、その大目的となすなり。／今回の大震災とても、もし市民と、その代表者が科学的考察力ゆたかにして、目前の事物にのみ眩惑せず、わが国が世界無二の大地震国たることに注目し、一日もはやく、その災変に備へたならば、かかる未曾有の惨事をしでかすこともなかりしならん」。科学的考察の欠如が惨禍を産みだしたという、扉の文言と同様の論調となっている。原田は、国民が科学的考察に乏しいことを嘆き、科学の尊さについて言及する。「もし今回の大損害の幾百分の一にても、地震学研究のために支出し、多数の学者をしてそれにあたらしめ、一方、科学を尊重して、学者の言に随ひしならんには、災禍を未然に防ぎ得たりしこと言をまたず」「科学に目ざむべき秋到る。のどもと過ぐれば熱さを忘るとかや。この焦土未だ残り、この屍臭未だ漂うあひだに、深く思ひて、自ら誓へ」。「永へに科学を尊ばんかな」。

『科学画報』の「大震災号」は、写真やイラストをふんだんに用いながら、地震計や地震調査の活動などを紹介する。記事の多くは原田によって執筆されたものと考えられるが、気象学者の藤原咲平、地震学者の今村明恒、建築家の大熊喜邦といった科学者による署名記事も十数本掲載されている。しかしこれらは原田が書き下したものと考えられる。例えば今村明恒の「地震の予報はできぬものか」という文章は、「大地震の予知といふことは目下のところ、専門の学者達には、出来さうに思はれるが、また、その域に達しないといふべきものでありませう」と締められているが、この記事には「この記事は、最初、今村博士に談話を承りそれを私が書きつづり、博士の名で出さうとしたのですが、検分を乞ふと、全く意味をとりちがへていると御叱りを蒙りました。私は博士の談話をそのまま配列したので、さういはれる筈はないと思ひましたから、兎も角、博士の名を掲げました。尤もこれは、九月の二十日頃に承った御話です。（原田）」という注記がされている。この注記からは、原田が、大地震を予言していた地震学者として関東大震災後に評判を得ていた今村の署名記事をどうしても掲載したかったのであろうこと、そのためには記事が今村の意に沿わないものであっても構わないという、原田の強引ともいえる姿勢がうかがえる。

原田は『科学画報』の紙面で、一貫して科学的考察の大切さを訴え、科学や学者を尊重することを訴えた。原田は大震災を、科学解説書を多くの読者に届ける機会として、彼の目標としていた科学啓蒙を実現する契機として利用したといえるだろう。

本節では、『科学知識』と『科学画報』における関東大震災直後の紙面を検討してきた。両誌ともに、大震災を契機に科学および科学啓蒙の重要性を訴えた。そこには、政財界を中心とする天譴論と変わらない思想が見て取れる。科学啓蒙者たちは、地震そのものが天譴であるというより、地震災害がそれに対する備えをしなかった人々への罰であるとして、科学者に耳を傾けることや科学的に考察することなどの重要性を訴えたのであった。それは、科学を軽んじて防災に取り組んでこなかった国民に対する戒めとしての天譴論的言説でもあった。

第四節　自然を征服する――予言と地震学者

1　地震学者、今村明恒

関東大震災のあとにメディアでの情報発信を積極的に行った科学者に、地震学者の今村明恒、気象学者の藤原咲平、中村左衛門太郎、物理学者の中村清二、民俗学者の藤沢衛彦などがいた。彼らはさまざまなジャンルの雑誌に登場し、地震に関する解説を行った。なかでもとりわけ地震に関する情報発信を行い、一躍「時の人」となったのが、地震学者の今村明恒であった。今村の署名記事は、本章でこれまで検討してきた『大正大震災大火災』、『科学知識』、『科学画報』の震災特集号のすべてに掲載されている。むろんこれらは、今村が震災後に数々の媒体に登場したうちのほんの一部でしかない。地震学者は地震に対して、国民に対してどのように向き合ったのか。ここで、今村の言動を見ていきたい。

関東大震災が起った九月一日、海外視察中であった大森に代わって震災予防調査会の会長兼代理を任されていたのが、今村であった(38)。大日本雄弁会・講談社の『大正大震災大火災』には今村の署名記事「地震の話」が掲載されている。今村は、世界における地震の記録を持ち出し、今回の地震が地震の大きさについては世界的に見ればそこまで大きいものではないのに、損害の大きさについては世界的記録であると記す。それは全て、大火災に起因する損害である。「もっとも恐るべき、災害として、絶叫した処の、その大火災が、不幸にも、自分の予想した程度に、爆発して、十万の死者、百億円の損害と号する損害を、我帝都に与へました」という文章からは、予測し警告を発していたのにも関わらず災害を防ぐことができなかった今村の痛恨の思いがうかがえる。それでも今村は、「地震学の泰斗大森博士は、震災と消防との関係につき深く憂ひ、水道設備の改良を促し、警告を発せられた事、再三、再四ありました」

と、自分を攻撃した大森をかばうような文章を記している。続けて、「自分も大森博士の驥尾に附して、機会ある毎に、大地震の際、消防機関として、水道の頼み難きを叫んだ一人であります。／それにも止まらず、自分は大地震の襲来を以て、我東京の、免るべからざる宿命なることを信じ、それが幾十年の間に、現実されさうに想像せられ、憂慮の余り、軽率にも之を公表しました」と、過去の自身の言動を振り返る。以降は、「東京附近に於ける大地震の発生地帯即ち地震帯」、「震源の定め方」、「東京に於ける歴史地震の比較」、「今後の注意」として復興に際して耐震耐火構造を採用することが重要であるとして文章を閉じている。今村は、地震そのものについての解説も行っているが、より強調しているのは、どのように地震災害を防ぐかである。

『科学知識』の震災号に寄稿している記事「地震の話」は、『大正大震災大火災』に掲載された記事と同じタイトルであるが内容は異なり、今村自身の個人的感情についてはほとんど記されておらず、地震学をめぐる学術的内容を紹介するものとなっている[39]。それでも、「我々は地震それ自体は、さまで恐るべきものではないと思ふけれども、之に伴ふ火災は実に恐るべきものである。それ故震災予防調査会は此の点につき当局若しくは社会に警告を発した事は、その幾度なりしかを数へ難い程である。但し此の警告が余り社会に重んぜられずして、今回の災厄を招いた事は誠に遺憾の次第であつた」という文章からは、やはり今村の無念がうかがえる。この記事の結末には、「大地震は左まで恐るべきものではない、真に恐るべきは之に伴ふ火災である」という標語が加えられている。この記事は、同じく『科学知識』の震災号に掲載された「大地震調査日誌」とあわせて、『地震講話』という単行本として翌年岩波書店から出版された。

関東大震災後、地震学をめぐる学界状況は大きく変わった。まずは、一九二三年のうちに亡くなった大森に変わって、今村が地震学界の指導的立場となった。一九二五年に地震研究所が設置されると同時に、震災予防調査会は廃止され、震災予防評議会が新たに設けられた。震災予防評議会の評議員三五人は震災予防調査会とほとんど同じ顔ぶれで、今村明恒が幹事となった。同評議会は震災予防に関する建議機関として活動した。評議会は関係官庁にさまざまな災害防止策を提案するほか、地震災害防止を訴えるパンフレットの作成や、国定教科書に地震に関する教材を掲載するよう文部省に働きかけるなど、震災予防の知識の普及に関しての活動も活発に行った[40]。

一九二九年には、今村を会長として地震学会が発足する。地震学会はこの年の一月から雑誌『地震』の発行をはじめたが、この雑誌は通常の学術誌とは異なり、地震の知識を社会に普及させることもその大きな目的としていた。「発刊の辞」で今村は、国民に地震の知識を普及することで震災をなくすことを提唱している。今村は地震と震災を区別することの重要性を説く。すなわち地殻の振動による地震は自然現象であるのに対し、造営物に対する地震の影響が主となる震災は人自らが招く災禍であるという認識である。「発刊の辞」に続いて掲載されている論文「関東並に近畿地方に於ける地震活動の循環と大震前の諸現象とに就いて」は、第四回日本学術協会における今村の発表した概要であるが、今村はここでも、前提として地震と震災との違いについて言及する。そして、「我が地震国の国民が此点に関して多少の努力を加へましたならば震災を根絶することも決して難事ではないと考へます」と述べている。

今村は、防災に向けた国民への普及・啓蒙活動を、地震学の研究と同じくらいに重要なことだと認識していた。今村の関東大震災後の普及啓蒙活動の取り組みの一環に、一九二六年に刊行された『地震の征服』という書物がある。この書で今村がどのように地震について啓蒙したかを検討したい[41]。緒言は、「地震は我々に取って元寇・兇露以上の強敵である。彼を征服しない限り、我国の安全は保たれない。又我民族の発展も望まれない。見よ、彼一度我が国土に侵入するや、我々は忽ち十萬の生霊を失ひ、五十五億の借金を拂ひ、彼を征服すべき我々が、却つて彼に征服されて仕舞つた。実に堪へ難い屈辱ではないか。（略）目覚めよ、我国民。己を知り、さうして敵を知れ。されば彼を征服し得ること必然である」とはじまる。そして自分が二〇年前にその征服を試みて失敗したのは、身の程を顧みず「徒らに妄動した為め」であったという。ここで注目したいのは、今村が地震を征服するという表現を用いていることとである。今村は同書の想定読者層を著述家や記者や学校の先生などとしていたが、地震を敵と見なし、それを征服するというわかりやすい構図で、地震への備えを普及させようとしたといえる。

『地震の征服』は、地震に対する「予言」と「予測」と「予報」の違いの説明にはじまる。今村は根拠が弱く的中する可能性も低いものを予言とした上で、大森は肯定的に地震の予言をすることは稀であったが「否定的には力めて予言された」として、「人に安心を与ふることを力行せられたと同時に、不安を起す様な言辞をひどく憎んで居られた様である」と記す。自分も地震の予言をすることがあるが、好んですることは決してなく、かつて予言をしたのはどうしても抑えきれなくなったからであるとして、二〇年前の予言は、五〇年以内に大地震が繰り返されるということよりも、大地震に襲われた際に東京がどのような惨禍に見舞われるかを力説したものであったとする。そして前者は予言といえるが後者は予測であるとして、当時の評論家たちから両者をあわせて流言であると批判を受けたことの恨みを記している。ここで、予言と予測という言葉を使い分けていることに注目したい。今村は地震がいつ起こるかということに関しては予言とし、地震が起こった際の災害については予測としていた。今村は地震予知の重要性を痛感していたが、自らがこれまでに行った地震予知の程度が予言であったと認識していたといえる。

『地震の征服』には、「地震国民の地震に対する理解」という章があるが、ここで今村は、「地震に対する我が国民の無理解、自分は此方が地震よりも恐ろしい」「地震に対する我が国民の無理解、此為めに我国民は迷信に囚はれ、流言に迷はされ易い」「噫、地震に対する地震国民の無理解程恐ろしいものはない」などと、地震に対する国民の無理解を嘆いている。今村は、「仮りに地震の予報が出来、予報は発せられるようになったとする。地震に無理解な国民には其弊害測り知るべからざるものがあるであらう」として、重要なのは地震予知ではなく、国民の地震に対する理解を深めることだと強調する。そして、震災の殆どが火災であることから、「大地震の際出火を消止める能力のある国民は大地震を恐れない様になる」としている。今村にとって地震の征服とは、地震に対する理解を国民が深めることであり、その理解というのは、地震に伴う火事を防げば地震そのものは怖いものではない、というものであった。

これまで見てきたように今村は、地震予知と防災を別けて考える必要があるという主張を繰返した。今村は、地震による災害を防ぐことができてこそ、地震学の存在意義があると考えていた。それは、過去に防げなかったことへの後悔の念からきたものであった。そして、防災のために今村が積極的に行ったのが、防災をめぐる科学啓蒙であった。繰返しになるが今村は地震予知も大事だと考えており、またそれは可能だと考えていた。しかし地震予知は科学的に確立したものとは言い難く、予言に近いものであった。そのため今村は、地震予知については積極的な科学啓蒙を行っていない。むしろ、地震という自然現象と火災などの人的災害をわけて捉えること、そして後者について備えることを再三繰返したのだった。

2　科学的終末論

自然災害がいつ起こるのかということ、とりわけ地球が滅亡するほどの大災害が起こり得るのかといったことは、予測することは難しく、予言に近い。しかしそのような予言もまた、社会には必要とされている。それは例えば、終末論的予言がしばしば流行することからもうかがえる。天変地異と終末論もまた関係が深い。関東大震災後に大震災と終末論を結びつけてベストセラーとなった書籍に、石井重美の『世界の終り』がある。[42] 一九二三年一一月に新光社から出版された同書は、科学啓蒙書として、一種の予言書として現れた。ここで同書を中心に、天変地異と終末論の関係を、科学啓蒙の観点から検討したい。

終末論的な思想は古今東西に見いだすことができるが、明治、大正期と同時代の西洋世界における終末思想は、天文学や地質学、進化論といった、近代科学の影響を色濃く受けたものとなっていた。例えば、一九世紀末に世界の終わりを描いた代表的な小説として知られる『世界の終わり（La Fin du Monde）』の著者カミーユ・フラマリオン（一八四二―一九二五）はフランスの天文学者であったが、とりわけ科学啓蒙に力を入れていて、一般向けの著作を多く執筆していた。フラマリオンが『世界の終わり（La Fin du Monde）』を出版したのは一八九四年であったが、そこには当時の科学知識がふんだんに織り込まれていた。この小説は二五世紀の世界を推理する第一遍と一千万年後の世界を推理する第二編から成る。第一遍は二五世紀に地球と彗星が衝突することで大規模な災厄が起こるというものであるが、そこでは、大災害のもたらす力学的、気象学的、政治的な結果が入念に検討されている。フラマリオンはダニエルやノストラダムスといった歴史上の預言者や占星術師たちの予言に言及し、それらについて彼の科学知識を用いて解釈しなおした。フラマリオンは終末論の伝統を批判的な眼差しで分析したうえで、予言ではなく科学的な方法を用いて、終末論で描かれた混沌や天変地変を自分の小説に取り入れたのであった[43]。

日本の終末思想は、民衆伝承として存在していた弥勒信仰という観念や、近世後期から明治期にかけてあらわれた天理教、丸山教、大本教などの世直し思想に見ることができる[44]。日本の民衆宗教における世直し思想を検討した安丸良夫は、その発展が未熟で社会変革へとつながらなかったことの理由に、それらの思想が民族信仰的な神道説の系譜のものであったことを指摘している[45]。ここでは、日本の民衆宗教における終末論には科学思想が入り込んでいなかったであろうことが推測できる。

明治期以降、天変地異をめぐる科学知識――主に地質学、天文学――が流入していくのと相互して、西洋における終末思想も日本で紹介されるようになっていった。それは、カミーユ・フラマリオンらによって生み出された、近代科学と結びついた科学的終末論であった。フラマリオンは一九一〇年のハレー彗星接近の際、彗星の尾に含まれる窒素が地球上の酸素と化合した場合、地球人は窒息死してしまうという説を唱え、西洋世界でパニックを巻き起こしたが、この説は日本のメディアでもしばしば取り上げられた。『世界の終わり（La Fin du Monde）』の邦訳書は関東大震災直前の一九二三年四月、『此世は如何にして終るか：科学小説』というタイトルで改造社から出版された[46]。関東大震災は、このように西洋における科学的終末論が日本に紹介されつつあった時に起こった。

石井重美の『世界の終り』はもともと『東京日日新聞』に連載されていたもので、ちょうど連載が終った頃に大地震が発生した。単行本は大地震から二か月半後の一一月一七日に出版され、初版から一か月で一〇版を記録した。まさに時宜を得た出版によって、売上げを伸ばしたのであった。作者の石井は東京大学で生物学を学んだ生物学者で、原田三夫の先輩でもあった(47)。石井は一九一八年頃から一般向けの著述を開始していたが、『世界の終り』は石井を一躍有名人にすることとなった。

一九二三年九月一三日付けの同書の「序言」は、「『世の終りが近い。』といふ言葉が、何処からともなく聴える」と、重苦しい悪夢のような一種の社会不安が全世界に広がっていると伝える。「自分の筆にして居るやうな事柄が、しかも自分の踏んで居る足の下から、突如に湧起しやうとは、全く夢想だにしなかつた。〔略〕しかしながら、想ひがけなくも、新聞に掲載されてからまだ二た月と經過しない今日、自分の記述が一種の豫言のやうになつた悲しい事實を面のあたりに視なければならないことになつた。〔略〕実際、今回の震災では、方々で、『世の終りが来たのではないかと思つた。』といふやうな話を聞いた」。ここで著者は、震災と終末を端的に結び付けている。そして「世界の終り」に対してできることとして、迫り来る自然の襲来に対抗するため人類同士の争いをやめること、「全人類の和合」と「自然界への挑戦」を呼びかける。

同書の序説は、「偏狭な愛国心とウエルズの所謂『原子弾』」と題し、「現在のやうに、各国が分立して、互に他を猜疑し、敵視し、時代に適合せぬ（即ち環境の推移に伴はぬ）偏狭固陋な愛国心や軍国主義に執着する結果、終に、エツチ・ジー・ウエルズの所謂「原子弾」（"Atomic bomb"）のやうなものが現はれ、全世界の文化が、一時に殆ど全く壊滅に帰するといふやうなことはあるかもしれない」という言葉にはじまる。H・G・ウェルズは一九一四年に刊行した小説『解放された世界（The World Set Free）』で、原子爆弾という言葉を生み出した(48)。ただし石井はウェルズの原子爆弾に言及しているが、ここではウェルズが描いたような人間同士の戦いについては考察されず、「地球の死」といった自然現象による地球の終わり、すなわち世界の終わりの可能性が考察されている。石井は同書で、「疾病による地球の死」「衝突に因る地球の死」「地球の自然的死」という三つの項目に大別して、様々な地球滅亡の可能性を伝えている。その内容は、序言のように著者の個人的な経験や見解を押し出すものではなく、さまざまな科学の知見を紹介する科学解説書のようなものとなっている。

地球が滅亡する様々な可能性を科学的に描写した『世界の終り』は、丁寧な科学啓蒙書として読むことができる。同書の参考文献として挙げられているものは、欧米における地質学や天文学を中心とした書物である。冒頭には、作家のジョセフ・マケイブ（Josepf Mccabe）や天文学者のM・W・メイヤー（Max Wilhelm Mayer）による『世界の終わり』が挙げられている。参考文献として挙げられている書物リストを見ると、石井が天文学や地質学を中心としながらも、同時代の幅広い分野の科学書を参照にしていたことがわかる。すなわち、石井の連載「世界の終り」はもともと科学啓蒙を意識して執筆されたものであったが、関東大震災を経て、世界の終わりをめぐる予言書としての色彩を強めて出版されることとなった。そして、同書が予言書としての色彩を強めることになった背景には、原田三夫の存在があった。原田は後に、「ちょうどそれ［石井の連載］が終ったころに、世界の終りが来たかと思わせるような大地震があったのだが新光社はそれを単行本にして儲けた。もっとも石井は名儀だけで、専ら私が編集した」と書いている[49]。ここで原田のいう編集が何を指しているのかは判然としないが、一つの可能性として「序言」を執筆したことが考えられる。原田はこの頃、石井と国民図書会社の『最新科学講座』の責任編集を共同担当しており、両者には密な関係があったことが推測される。

原田が執筆したと考えられる『世界の終り』の「序言」は、科学的終末論と関東大震災を結びつけた。『科学画報』の大震災号の巻末には、『世界の終り』の宣伝が掲載されている。そこには、「戦慄すべき地球の運命と世界終末を予言する近代人への一大警告書」というキャッチコピーが寄せられている。さらに宣伝文には、地球も一種の生物であり死期があるとして、「大地震再来が学界の権威者により予言せられつつある今日、本書の実現は文化を誇る近代人に更に一大暗示を與ふるものである」などと記されている。これらの文章は、原田が執筆したものであろう。それは読者の不安を煽るようなもので、震災後の社会不安に乗じて書かれたといってもよい。このようなスタイルは原田の科学啓蒙の一環と捉えることができるが、その科学啓蒙は、読者の不安を煽り、自然を敵と見なしてその驚異に対抗するという志向を有したものであった。科学の普及啓蒙を生業としていた原田にとって、出版物の売り上げを上げることは死活問題でもあった。売れるものをつくろうとすると、センセーショナリズムに偏りやすい。原田の大震災後の科学啓蒙は、原田の科学啓蒙の姿勢を如実にあらわしたものと捉えることができる。そしてそれらは、大日本雄弁会・講談社の『大正大震災大火災』と同様に多くの読者を獲得した。

本節では地震学者今村と、石井・原田の科学啓蒙を検討した。両者の姿勢は大きく異なるものであった。例えば今村は、過去に世間の誤解を生んだ反省から、予測と予言、天災と人災をわけて捉える見方を普及することに腐心した。そして、地震は対策をすれば恐れるべきものではないということを訴えた。一方、石井・原田の科学啓蒙は、どちらかというと不確かな予言に近い事柄に関しても、積極的に伝え、人々の不安を煽るものであった。このように両者の科学啓蒙の姿勢は全く異なるものであったが、どちらもその主張を人々に訴えるため、自然と人間との対立を明確化するという一つの同様の帰結を生みだしていた。

おわりに——科学と天譴

本章では関東大震災を中心に、明治・大正期の天変地異をめぐる科学啓蒙がどのようになされてきたかを検討してきた。明治期の科学啓蒙書においては、科学的災害観の確立が目指され、天変地異は恐るべきものではないということが説かれた。一方、国内での地震研究も進んでいき、地震学者たちは将来起こりうる地震についての発信を行ったが、不確実な地震予知をめぐる発信は、課題を残すものであった。今村と大森の対立を思い出してみよう。今村は地震への備えが重要であるとして、近い将来東京を地震が襲うという不確かな事柄についても発信した。それは世間の不安を煽ることになり、大森による今村批判へとつながった。こうしてみると、明治期の科学啓蒙は、天変地異を恐れることなかれという姿勢が支配的であったと考えられる。世情不安を収めることは、啓蒙家や教育者たちの大きな関心事であった。その関心は、大正期にも引き継がれた。関東大震災を迎えると、世情不安を鎮める必要性がさらに認識され、それは数多くの啓蒙的な言説を生みだした。その最たるものが、天譴論であった。天譴論は、国民を戒めるという目的を有していたが、それは何らかの目的を達成しようという人々に、その説を支える根拠としてとりわけ用いられた。

関東大震災をめぐる科学啓蒙の検討から浮かび上がってきたことは、科学啓蒙者たちにとっても震災がチャンスであったこと、彼らもまた震災を己の目的達成の機会として利用したことである。「災害」が「機会」をもたらすこと、とりわけ関東大震災が為政者や教育者にとっての社会変革の契機となったことはこれまで指摘されてきた。一方で、科学界はそうした人々が用いた天譴論に立ち向かったと理解されてきた。例えばジェニファー・ワイゼンフェルドは次のように指摘している。「日本の地震計の記録がひっきりなしに視覚的に提示されたことも、科学界からの発信も、［リスボン地震後のヴォルテール］同様に、地震の原因を道徳に期するのではなく、理性と倫理を用いて説明しようとする試みだったのであり、それによって、論争における『天譴』言説に対抗しようとしたものだった。こうした努力によって『地震学はナマズを、地震予知によって打ち負かそうとした』のだとクランシーは考えている」[50]。たしかに天譴論は、地震が起こるメカニズムを科学的に解明し説明しようとしていた地震学に対抗するものと捉えることができる。しかし科学界は一枚岩ではなかった。『科学知識』の震災号からうかがえるように、科学界もまた、天譴論を利用して、科学啓蒙を促進しようとした。また、地震を用いて自らの思想を普及させようという原田らの科学啓蒙の姿勢も、天譴論におけるそれと似通ったものだと捉えることができる。関東大震災を契機に科学の重要性を訴えようとする人々は、天譴論者となったのであった。

これらを踏まえると、明治・大正期の地震災害をめぐる科学啓蒙は、「鯰」から「科学」へと進展したのではなく、「鯰」から「天譴」へと進展した、ということができる。その理由をめぐって、もう少し考えてみたい。地震予知が不確実な科学であったことによる、そのような不確実な科学をめぐる科学啓蒙の難しさである。科学啓蒙という言葉には、科学知識を持たない人間にそれを授けるという含意がある。それは、科学知識は専門家から非専門家へと一方的に流れていくものであるという、「科学の公衆理解（Public Understanding of Science）」に関する「欠如モデル」の思考を有しているといえる。欠如モデルにおいては、不確実な知識は専門家集団の中に留められるため、地震予知に関して、原理的には科学者たちが科学啓蒙を行うことは不可能であると考えられる。また自然災害を恐れるか恐れないかといったことは、科学的にそれを理解しているか否かとは関係ない、科学啓蒙とはまた次元の異なる問題である。自然災害のメカニズムを理解しているからそれを恐れる人もいれば、その逆もいるだろう。明治・大正期の天変地異をめぐる科学啓蒙は、啓蒙思想の限界を示しているようである。

明治・大正期の科学啓蒙者たちは、己の目的達成のため、天変地異に関する人々の不安を煽ったり、また逆に鎮めたりしてきた。それは、意図的になされることもあれば、無意識のうちになされることもあっただろう。不安を煽る言説と不安を鎮める言説は、振り子の両端に共存してきたといえる。不確実な科学知識をめぐる言説がしばしば科学的ではなく政治的に生み出されていることは、これまでさまざまに指摘されてきた。本章が記してきた科学啓蒙者たちの言動は、そうした言説が政治的な理由によるもののみならず、自らの価値観を信じて疑わない人々の信念によっても生み出されることを物語っている。不確実な現象をめぐる科学知識の「啓蒙」は、どのように可能なのだろうか。現在なお解決されていない難問は、明治・大正期の科学啓蒙という試みのなかに現出していた。

註

（1）資料展示〈歴史に見る災害：『方丈記』『安政見聞誌』〉http://library.rikkyo.ac.jp/_asset/pdf/archives/exhibition/hojoki.pdf

（2）橋本万平『地震学事始——開拓者・関谷清景の生涯』朝日新聞社、一九八三年、一三—一四頁。『天経或有』は江戸中期までは禁書とされていたが、一七二〇年に解禁となり、西川正休による翻訳版が出版された。

（3）豊臣秀吉や松尾芭蕉が鯰と地震を結びつけた記述をしていることもよく知られている。

（4）ここでいう科学啓蒙には、科学知識のみならず科学思想の普及・啓蒙活動も含まれる。

（5）例えば次のような文献がある。Charles Schencking, *The Great Kantō Earthquake and the Chimera of National Reconstruction in Japan* (New York: Columbia University Press, 2013). Gregory Smits, *When the Earth Roars: Lessons from the History of Earthquakes in Japan* (Rowman and Littlefield, 2014).

（6）北原糸子『地震の社会史——安政大地震と民衆』吉川弘文館、二〇一三年。北原糸子『関東大震災の社会史』朝日新聞出版、二〇一一年。

（7）Gregory Clancey, *The Earthquake Nation: The Cultural Politics of Japanese Seismicity, 1868–1930* (Berkeley/Los Angeles: University of California Press), 2006. 金凡性『明治・大正の日本の地震学——「ローカル・サイエンス」を超えて』東京大学出版会、二〇〇七年。泊次郎『日本の地震予知研究１３０年史——明治期から東日本大震災まで』東京大学出版会、二〇一五年。

（8）なお、窮理学の流行は幕末から活躍していた洋学者の活躍によってもたらされたもので、明治期以前と連続性を持った現象であると捉える必要がある。

（9）明治初年までの科学啓蒙書については次の文献がある。「明治初年までの科学啓蒙書の出版」日本科学史学会編『科学技術大系9 教育1』第一法規出版、一九六五年、一〇九—一一三頁。

（10）遠山茂樹編『日本近代思想体系14　科学と技術』岩波書店、一九八九年。

（11）板倉聖宣『日本理科学教育史』仮説社、二〇〇九年、一八頁。

（12）以下の資料を参照した。八田秀夫、八田明夫「〈資料〉小幡篤次郎著「天変地異」全文紹介」、鹿児島大学教育学部附属教育実践総合センター編『鹿児島大学教育学部教育実践研究紀要』第一二巻（二〇〇二年）、一―一五頁。

(13) 電気についての著作もいくつか発表している自然哲学者のジョゼフ・プリーストリー（一七三三―一八〇四）のこと。また、ミャンマーの「きるちえろ」、イギリスの「すちゆけり」の説についても言及されている。

(14) 泊『日本の地震予知研究130年史』、四頁。

(15) 北原糸子「磐梯山噴火に関する災害情報の社会史的分析」『火山』第四三巻第五号（二〇〇七年）、二九七―三二一頁。

(16) 東徹「明治中期の少年雑誌における科学ジャーナリストの役割　中川重麗の場合」『科学史研究Ⅱ』第二五号（一九八六年）、二四五―二五四頁。

(17) 北原「磐梯山噴火に関する災害情報の社会史的分析」、三二〇頁。

(18) 一八九五年に帰国したミルンを最後に、日本に外国の地震学者はいなくなる。

(19) 今村明恒「市街地に於る地震の生命及財産に対する損害を軽減する簡法」『太陽』第一一巻第一二号（一九〇五年）、一六二―一七一頁。

(20) 泊『日本の地震予知研究130年史』、一〇一頁。

(21) 泊『日本の地震予知研究130年史』、一〇一頁。

(22) 石井正己『文豪たちの関東大震災体験記』小学館、二〇一三年。北原『関東大震災の社会史』。

(23) 佐藤卓己『『キング』の時代：国民大衆雑誌の公共性』岩波書店、二〇〇二年。

(24) 北原『関東大震災の社会学』、五五頁。

(25)「罹災諸君を慰む」では、この大震災を「日本国民一同の災害也」として、「維新以来、日本国民は、外に戦ひたるも、内は太平に慣れて、文弱となり、傲慢となり、浮華となり、軽佻となり、生れながらにして財産を擁する者は、奢侈に耽りて、財産を成したる祖父の奮闘を忘れ、財産なきものは、財産ある者を嫉み、憎み、呪い、理非を弁へず、国家をも無死して、毒牙を揮ひ、惰気漫気、邪気、毒気横逸して、迷霧国内を蔽ひたりしが、このたびの災害は、国民の惰眠を覚ましたり。一大不幸の中に、一大光明を見る。云はゞ、天が一大試金石を日本国民に下したる也。」などと記している。

(26) 荻野富士夫『戦前文部省の治安機能――「思想統制」から「教学錬成」へ』校倉書房、二〇〇七年。

(27) Janet Borland "Stories of Ideal Japanese Subjects From the Great Kanto Earthquake of 1923," *Japanese Studies*, Vol. 25, No. 1 (2005): 21-34.

(28) 副田義也『教育勅語の社会史――ナショナリズムの創出と挫折』有信堂、一九九七年、二五七―二七〇頁。

(29) そのような書物は一九二一年をピークに隆盛した。板倉聖宣「大正デモクラシー時代の科学読み物の隆盛」、板倉聖宣、永田英治編著『理科教育史資料　第6巻（科学読み物・年表・人物事典）』東京法令出版、一九八七年、一四九―二二六頁。高田誠二は、一九一八年から一九二七年までを、日本物理学史のなかで物理学が世の中に出た時代と特徴づけている。高田誠二「世の中に出た物理学（一九一八～一九二七）」日本科学史学会編『日本科学技術史大系　一三　物理科学』第一法規出版、一九七〇年、二四三―二七六頁。

（30）なお、昭和戦前期までみていくと、一九三一年には岩波の『科學』が、一九三六年には『科學ペン』が創刊される。四〇年代になると日米開戦とほぼ時期を同じくして、科学雑誌が続々と創刊された。一九四一年一一月に『科學朝日』が、四一年一二月に中央公論社の『図解科學』『科學文化』が、四二年四月には『科學日本』が創刊された。また、第二次世界大戦後にも科学雑誌の出版ブームが訪れる。

（31）荒俣宏『大東亜科学綺譚』筑摩書房、一九九一年、六三頁。コンクリン（原田三夫訳）『遺伝と境遇』大日本文明協会事務所、一九一六年。

（32）板倉他著『理科教育史資料　第六巻』、一五〇頁。板倉は、このシリーズ第一巻の『子供の聞きたがる話――発明発見の巻』を読んで科学に深い関心を持った人として、武谷三男や三浦つとむを挙げている。『理科教育史資料　第六巻』、一七四頁。

（33）原田三夫『思い出の七十年』誠文堂新光社、一九六六年、一二一〇頁。

（34）原田『思い出の七十年』、二三七頁。

（35）高田誠二「科学雑誌の戦前と戦後」『日本物理学会誌』第五一巻第三号（一九九六年）、一八九―一九四頁。

（36）原田『思い出の七十年』、二六一頁。

（37）「渋沢子爵は今次の大震大火を天譴だと言つたが、之と感を同じくする人は少なくない様である。漢学者流をして言はしむれば、近時世道人心荒廃の極に達し、世を挙て奢侈淫佚に流れ、奇矯危険の思想に陥り、学者は曲学阿世を事とし、為政者は秕政を行つて国家を忘れ、実業家は私利を営んで社会を毒す。天即ち一大災害を下して之を懲戒す。と喝破するのであらう。／科学者は今次の災害を以て偶然なる自然界の一現象であると解し、所謂世道人心とは全然没交渉であると考へ、彼の漢学者流の激語を狂人の囈語として葬り去るであらう」。

（38）汎太平洋学術会議に参加するために滞在していたオーストラリアで関東大震災の報を受けた大森房吉は、急遽帰国の途につき一〇月四日に帰国するが、体調悪化のため翌月に脳梗塞で死去する。

（39）今村明恒「地震の話」『科学知識』震災号（一九二三年）、六八―九〇頁。

（40）泊『日本の地震予知研究』、一五八頁。

（41）今村明恒『地震の征服』南郊社、一九二六年。今村は同書を「操觚者」（著述家、記者など）「小学校の先生達」に勧めており、彼らの力で、今村のいわんとしていることを国民に伝えてもらいたいと記している。

(42) 石井重美『世界の終り』新光社、一九二三年。

(43) エルヴェ・ドレヴィヨン、ピエール・ラグランジュ（伊藤進監修、後藤淳一訳）『ノストラダムス――予言の真実』創元社、二〇〇四年、六九―七一頁。

(44) 柳田国男「みろくの船」『柳田国男集　第一巻』筑摩書房、一九六八年。宮田登『ミロク信仰の研究』（改訂版）未来社、一九七五年。安丸良夫『日本の近代化と民衆思想』青木書店、一九七四年。安丸良夫『近代天皇像の形成』岩波書店、一九九二年。

(45) もともと天理教、丸山教、大本教などの神道説は、天皇制とは無関係な民間信仰的なものであったが、教義体制をととのえて教団を発展させる際に、伊勢神道や記紀神話を利用せざるを得なくなり、天皇制と結びついていったという。安丸良夫「「世直し」の論理の系譜」『日本の近代化と民衆思想』青木書店、一九七四年、八七―一四六頁。日本の民衆宗教における終末思想については以下の文献でも大枠として安丸説が踏襲されている。歴史学研究会『再生する終末思想』青木書店、二〇〇〇年。川瀬貴也「世界戦争と終末思想」、和田春樹他編『世界戦争と改造一九一〇年代（岩波講座　東アジア近現代通史　第3巻）』岩波書店、二〇一〇年、一二〇―一二二頁。

(46) カミイユ・フラマリオン（高瀬毅訳）『此世は如何にして終るか：科学小説』改造社、一九二三年。

(47) 石井の名前は、大正初期には、『水産試験所講習報告』や『動物學雑誌』に見ることができる。

(48) H. G. Wells, *The World Set Free: a Story of Mankind* (London: Macmillan and Co., 1914).

(49) 原田『思い出の七十年』、三二二頁。

(50) ジェニファー・ワイゼンフェルド（篠儀直子訳）『関東大震災の想像力――災害と復興の視覚文化論』青土社、二〇一四年、二一六―二一七頁。引用にあたって翻訳を一部修正している。

第八章　千里眼は科学の分析対象たり得るか

――心理学の境界線をめぐる闘争

一柳廣孝

はじめに

明治末年、文系、理系双方の研究者のみならず、広く世間一般の関心を惹起する研究対象が現れた。千里眼（透視）、念写といった超常能力を発現するという人々の登場である。その代表的な存在が、御船千鶴子（一八八六―一九一一）と長尾郁子（一八七一―一九一一）だった。御船千鶴子の透視（千里眼）、長尾郁子の念写が新聞メディアで大きく取り上げられ、彼女たちは一躍時の人となった。そして、彼女たちに注目が集まれば集まるほど、彼女たちの超常能力が実際に存在するのかどうかが話題になり、その事実認定をめぐって、マスコミとアカデミズムは翻弄された。彼女たちの動向に深く関わった心理学者の福来友吉（一八六九―一九五二）は、後に東京帝国大学を追われることとなる。現代では鈴木光司『リング』（一九九一）のモデルとなったことでも知られる(1)この一連の騒動は、千里眼事件（一九一〇―一一）と呼ばれている。

千里眼事件についてはすでに複数の論述が存在する(2)。それらを踏まえて本章で注目したいのは、超常能力の有無をめぐる論争のなかで図らずも示された、各学問ジャンルから見た「科学」観である。当時の（現代にあっても）科学的な認識フレームのなかで処理することが難しい「千里眼」についていかなる態度を取るかということは、それぞれの学問の独自性と深く関わっている。しかも千里眼事件にあっては、こうした学問的な認識のありようが新聞メディアを通じて刻々と報道されていた。結果的に千里眼事件は、一般社会に向けて個々の学問ジャンルがそれぞれの価値をアピールするための、重要な舞台となったのである。

本章では、主に新聞報道を取り上げて千里眼事件に対する各学問ジャンルの反応を確認するとともに、福来友吉が正統的な心理学アカデミズムから排除されていくプロセスを確認する。と同時に、新聞報道の言説から垣間見ることができる、一般社会で編成されたであろう「科学」イメージの内実について考えてみたい。なお、新聞記事を含めた当時の言説の引用は、全て現代語表記に改めている。

第一節　今村新吉「透視に就て」の問題機制

熊本在住の御船千鶴子の透視能力について、当時催眠術研究の第一人者と目されていた東京帝国大学助教授の福来友吉が知ったのは、一九〇八（明治四一）年の春だった。翌九（明治四二）年二月、福来は千鶴子に対して通信実験を試み、驚嘆すべき結果を得る。また同時期に、京都帝国大学医科大学教授の今村新吉（一八七四―一九四六）は福来に先だって熊本へ赴き、直接彼女の実験を行った。今村もまた彼女の能力を認め、福来に連絡を取った。二人の共同実験は、同年の四月一〇日から一五日にかけて行われた。ここでの実験結果も、きわめて良好だった。この時の実験結果を今村がまとめたのが、大坂朝日新聞の一面に一九回にわたって連載された「透視に就て」（明治四三・六・二七―七・一五）である。

今まで千里眼事件は、学者側の主役としては常に福来友吉がクローズアップされてきた。彼が千里眼の実在を主張しつづけ、実験結果をまとめた『透視と念写』（一九一三）刊行後に東京帝国大学を追われたというドラマティックな軌跡を示したがゆえである。しかし実は、千里眼事件のスタート時点において、今村は福来以上に活躍していた。初めて中央紙で千鶴子の存在を公にしたのは彼である。そして後述するとおり、この今村の連載には、後に千里眼事件で顕在化する複数の問題点がすでに示されていた。にもかかわらず、千里眼事件における今村のポジションについては、触れられることが少ない。それは、彼が千里眼事件終盤にフェイドアウトしたためである。以後彼は、この事件について長く沈黙を貫く。また、彼が所属する京都帝国大学が、この事件との関係を隠蔽する方向で動いたかのように報道されたことも大きい。これらの点については、後で触れる。

さて、今村の所属する京都帝国大学の設置は東京帝国大学に遅れること二〇年の、一八九七（明治三〇）年。医科大学の設置はそれから二年後の九九（明治三二）年、精神病学教室の創設は一九〇三（明治三六）年である。この教室の初代教授が、四年あまりの欧州留学から帰国した今村だった。彼は妄想性精神病、神経症などの研究を進め、日本における精神病理学の先駆者と評されている。では、今村はいかなる経緯で千鶴子の存在を知ったのか。福来の場合は、当時熊本高等工業学校に勤務していた友人の高橋正熊経由だった。今村の場合は、おそらく木下廣次を経由してのことだったと思われる。

木下と千鶴子の関係については「不思議なる透見法」（明治四二・八・一四、東京朝日新聞）に次の記述がある。「前の京都大学総長法学博士木下廣次氏は此程井芹熊本済々学長の紹介に依り同校の舎監清原猛夫氏の妹なる河地千鶴子（二十三）を京都の自宅に引見し同女の研究発明せる不可思議なる透見法の試験を為し引続き其心理的治療を受くること三回に及びたり」「是の透見法は厳封したる袋の中の物は言うに及ばず鉱物の如き又身体の如きも透見して其内容を探り得べく患者の治療の如きは神通自在の奇なる療法なり」「手術を受くる際も同様の態度にて宛も禅宗坊主の三昧に入るが如くにて患部を撫で下すまでなるが病気の方は左まで著るしき効験を見るに至らず」。

木下は京都帝国大学の初代総長に任ぜられたものの長く肺を病み、一九〇八年に辞職して以来京都で静養に努めていた。木下は旧熊本藩士で、その縁で井芹経平と繋がっていたのだろう。ちなみに、当時の千鶴子は河地某に嫁いでいたが、後に離婚して旧姓の御船に戻った。千鶴子の父、御船秀益も熊本の士族の出身である。また福来も、一九〇九年の春に井芹の訪問を受け、千鶴子の研究を勧められていた。千鶴子の動きの背景には熊本コネクションとでもいうべき人脈が存在しているのだが、今村もまた、木下の治療を通じて千鶴子を知ったようだ。と同時に、木下に対する治療が千鶴子と京都帝国大学を結びつけたとも言える。

「千里眼婦人の来阪」（明治四三・八・二九、大阪朝日新聞）には、以下の記述がある。「去年の秋法学博士木下廣次氏が肺を病んで臥床中千鶴子は熊本から木下氏の肺を透覚したところ左の方は回復し難いほどわるいその後上洛中木下氏は更に透覚を請うたがここでも熊本でも同じである、癒るかと木下氏は問う、千鶴子は癒ると答えた、同席には今村医学博士などの諸先生がいた、千鶴子は端座して木下氏に向いあなたが肺病の菌を打ち殺す精神と私の癒すという精神とが一致すれば癒ると云った、是は実に赤心の凝った然も美わしき鋭い一言であると今での語り草となっている」。この記事によれば、木下が千鶴子の治療を受けたとき、今村は同席している。木下は、一九一〇（明治四三）年八月二二日に逝去した（「木下廣次氏逝」、明治四三・八・二三、東京朝日新聞）。「千里眼婦人の来阪」が掲載されたときには、木下はすでにこの世にいなかった。

あらためて、今村「透視に就て」に戻ろう。今村も福来も、それぞれの実験成果を早い段階で公表していた。今村は三月一九日に開かれた京都医学会第六〇回例会で演説を行い、その大略を「透見ニ就テ」（明治四三・四、『京都医学雑誌』七巻二号）と題して活字化している。そこには「透見ナル能力ノ存在ハ信ズ可キノ事実ニシテ、透見ハ一ノ特殊ナル感覚的心象ナルベク、其対照ハ物質的実在ト認ムベキモノナランン」「此種ノ能力ハ常人ノ正常的精神生活ニ於テモ存ス可ク、唯他ノ明確ナル感覚ノ為メニ圧服セラレ、意識ニ上リ来ルノ明度ヲ達セズシテ不明ノ中ニ了ルモノナラン」とある。

また福来は、熊本から戻ってすぐの四月二五日に東京帝国大学で研究成果を発表、さらに五月七日、法医学第三二番教室で開かれる通俗心理学教室でも調査結果を報告することになっていた（「天眼通の研究　熊本の婦人千鶴子　福来文学博士の驚嘆」、明治四三・四・二五、東京朝日新聞）。

こうした経緯のもと、大阪朝日新聞に今村「透視に就て」連載の予告が掲載される。そこで示されているのは、透視に関する学術的なアプローチが、心理学と精神病学からなされることの宣言である。「俗に天眼通と称し包覆したる物体若くは遠距離の事象を透見し之を命中する一女性熊本にあり先には福来文学博士之を心理学上より実験せしが今又京都医科大学教授医学博士今村新吉氏は精神病学上より最も真面目に之を研究し其結果を本紙上にて発表する事となれり如何に其実験の有益にして将来学術界の一問題となるかは請う之を次号の本紙より見よ」（「透視研究」、明治四三・六・二六、大坂朝日新聞）。

かくして始まった今村の連載だが、なかには福来が執筆している回もあり、実質的には二人の合作となっている。ここでは今村が代表として振る舞っているということになる。今村は連載の冒頭で、透視をいかなる学問的文脈の下に位置づけるのかを明記した。次に、その箇所を引用する。

最近に於ける万有学の進歩は実に吾人をして驚嘆せしむるも猶不可思議なる領域頗る広く、殊に精神生活に関する諸多の現象に於て然りとす。此不可思議的精神現象は一方には能動の方面に現れ、一方には所動の方面に於て来り、就中後者に此の事実の所在を認め居りしも、メスメール氏動物磁気の発見以来専ら此の派の人士によりて唱導せられ、次で新世界に於ける幽霊説の勃興と共に之を信ずるもの漸く多しと雖も、是れ多くは俗間の信仰に止まり、之が科学的研究は実に最近のことに属す、余等偶々此の種の能力を示せるもの一人を見たり、本人は二十五歳の女性、熊本県宇土郡松合村士族御船秀益氏の次女にして千鶴子と称す（「透視に就て」（一）、明治四三・六・二七、大阪朝日新聞）

今村が「メスメール動物磁気の発見」から「新世界に於ける幽霊説の勃興」の流れのなかに透視を位置づけるのは、彼が専門とする精神病学の文脈から見れば正当な手続きと言えるだろう。一八世紀後半にフランツ・アントン・メスメル（一七三四―一八一五）が提唱した動物磁気説と、それを応用した治療法としてのメスメリズムは、一八四三年にジェイムズ・ブレイド（一七九五―一八六〇）によってヒプノティズム（催眠術）と命名される。オカルティックな神秘的現象としてのメスメリズムから、主体の脳内で起きる生理的な作用としての「催眠術」への転換である(3)。

大脳のメカニズムを強調したブレイドによって、催眠術は心理学、生理学の研究対象となった。これらの学問ジャンルにおいて、催眠術が最新の研究対象として意識されたのは一八九〇年代前後である。催眠の機構を心理面から考察し、暗示の効果を研究の中心に据えたナンシー学派と、人格的要素よりも物理的因子を重視し、物理的刺激による身体的状態と催眠を定義することで医学の考察対象としたサルペトリエール学派の動向は日本でもリアルタイムで紹介されている。「催眠術の解説」（明治二一・八、『哲学会雑誌』一九号）は「方今催眠術は生理学及心理学を研究する者の大に注意を置くところの問題」と記し、「催眠術彙報」（明治二二・一〇、『哲学会雑誌』二一号）は、一八八〇年以降に刊行された欧米の催眠術書が、実に七百種類に及ぶと記した。

日本においても催眠術は話題になり、明治三六年以降には、社会問題になるぐらい流行が拡がっている(4)。催眠術によって生じる不思議な精神現象の存在は、すでに一般的に認知されていた。こうした状況のなかで、学問的な立場から積極的な発言を行っていたのが福来である。福来は催眠の心理学的研究で学位を取得、その研究成果を『催眠心理学概論』（明治三八・六、成美堂）、『催眠心理学』（明治三九・三、成美堂）にまとめていた。また今村が「メスメール氏動物磁気の発見以来専ら此の派の人士によりて唱導せられ」と言うのは、オカルティズムとしてのメスメリズムから脱却して「之が科学的研究は実に最近のこと」というナンシー学派、サルペトリエール学派の動向に至るまでのプロセスを指している。

一方、今村の言う「新世界に於ける幽霊説の勃興」とは、一九世紀半ば以降に欧米を席巻したモダン・スピリチュアリズム（心霊学）の動向を指す。霊の科学的研究を標榜するＳＰＲ（Society for Psychical Research）の設立は、一八八二年。ＳＰＲが具体的な研究対象としたのはテレパシー、幽霊屋敷、霊媒による物理的心霊現象などだが、このなかには催眠術の研究も含まれていた。催眠術研究の動向と同じく、心霊学の動きもまた一九〇〇年代以降、日本で活発に紹介されている(5)。こうした世界的な動きのなかに、今村は「不可思議的精神現象」の研究を位置づけるのである。

こうして自らの研究の正当性を担保した今村は、ついで千鶴子の示す不可思議な現象のなかから、研究対象を絞り込む。彼は言う。「千鶴子に見る不可思議能力は先ず之を三種に分って観察することを得べし、曰く包覆せる近接物体の透視曰く睡遊状態に於て遠隔せる事情の遠感曰く近き未来に於ける簡単なる事象の予言是なり／此の三種の現象中其の第二第三は其の対照に至大の困難あるべきを以て余等は先づ之を措き、第一の被覆物体透視の実験のみを主として之を行いたり」。

今村の言うとおり、催眠状態における遠隔透視や近未来の予言が科学的実験に適するとは考えにくい。その結果、透視の実験に絞り込んだということだが、それは当然、科学的な手続きに則った形で今後の考察を進めるということの宣言になる。つまり、精密な科学実験を経ることなしに、事実認定は行わないということである。したがって、すでにこの段階で、全ては実験のお膳立てにかかっている。

しかしこの連載においても、すでに実験に対する懸念は表明されていた。具体的な実験装置のレベルというよりも、千鶴子の実験時の態度についてである。実験のさい、彼女は同席者に背中を向けるか、ひとり別室で透視を行っていた。面前で行うと、格段に成績が落ちた。今村は「欧州に於ける此の種の術者にありて屢詐欺行為の発見せられしこと又は睡遊状態にありては無意識的になせる巧妙なる冒侵の結果たることの発見せられし例あれば」と注意を促しつつも、千鶴子の性情からいって「詐欺又は無意識的冒侵は之を除外し得べきものと信ず」とする（「透視に就て」（十五）、明治四三・七・一一、大阪朝日新聞）。だが、このとき今村が抱いた不安は、後に現実のものとなった。

今村の専門は精神病学であり、福来は変態心理学である。ともに実験に携わる領域とはいえ、物理学などの実験手順に精通していた訳ではない。専門家たちの反論が予測される段階で「透視に就て」が発表されたのは、この後、京都や大阪、東京で行われる千鶴子の公開実験が決定していたためだろうか。そこであらためて、科学者の判断を仰ぐと決めていたのだろうか。

事実、福来が四月二五日に東京帝国大学で行った熊本出張中の実験結果報告会では、長岡半太郎から次のような質問があったという。千鶴子が密閉した封筒のなかの文字を読むのは、カーボンから一種の光線が出ているからではないのか、今村が携帯した二重箱のなかの文字を読むことができなかったのは、黒い文字を黒いビロードで包んだ結果、文字が発する光線を黒布の線と混同したためではないのか、もしそうだとしたら、赤い文字なら読み取れるのではないか。この長岡のコメントを受けて、福来は千鶴子に対し、追加の通信実験をおこなっている（「透視に就て」（十四）、明治四三・七・一〇、大阪朝日新聞）。

また、今村が挙げている千鶴子の能力のなかには、木下廣次に施した「禅宗坊主の三昧に入るが如くにて患部を撫で下す」という「心理的治療」（「不思議なる透見法」、明治四二・八・一四、東京朝日新聞）は含まれていないし、そもそも言及自体がなされていない。のちに霊術と呼ばれることになる、催眠術を応用した治療法との類似を恐れたのか。または医学者という立場から、最初から千鶴子の心霊治療には疑問を抱いていたのかは、わからない。少なくともここで言えることは、千鶴子に備わっているとされた複数の能力のなかで、まず三種類に絞り込み、さらにそのなかから透視を選択したという、二段階での絞り込み作業が行われているということである。

こうしたいくつかの疑問を孕みつつも、今村は千鶴子への実験結果を次のように総括している。千鶴子に対する透視実験は、都合五二回。そのうち、完全に的中したケースが三六回、不完全的中とすべきケースが一〇回、全くの誤謬が六回。完全的中率は、実に六九パーセントということになる。ここで今村はシャール・リシェの同種の実験やSPRの問題提起を示しつつ「其の的中率は決して偶然的事実と認むべからず」と断言する（「透視に就て」（十六）、明治四三・七・一二、大阪朝日新聞）。そして「一種の知覚的能力」「物質的実在を対象とする五官以外の一感覚」の存在を仮定してみせるのである（「透視に就て」（十八）、明治四三・七・一四、大阪朝日新聞）。

さらに今村は、ここから一歩踏み込む。もし千鶴子に「五官以外の一感覚」があるとすれば、次の問題は「此の一感覚は千鶴子に於て新に生じ来れるものなりや、又然らずとするも千鶴子に於てのみ存するものなりや、将又万人に通有のものなりや」という点にある。今村は、一般人も同様の感覚を持つかどうかは断定できないが、おそらく万人に通有のものではないかと言う。高等生物の五感が原始感覚から分化したものだとすれば、千鶴子はこの原始感覚の持ち主なのではないかとするのである。そしてこの点の解明については、細胞生物学の研究に期待したいとする（「透視に就て」（十九）、明治四三・七・一五）。後に触れるとおり、生物学者の丘浅次郎が尾長蜂を例に出して千里眼の説明を試みているが、この今村の仮説はそれと重なる。

また、同じくこの連載を終えるにあたって、今村はきわめて重要な指摘をしている。まず第一に、彼が千鶴子の能力に関心を示した動機である。「精神病に見る諸種の症候は従来の生理学及び心理学の智識によりて説明するのみなるを以て尚不十分なる点少からざるも、今後或は此の種の不可思議心象に関する智識の啓発によりて此の欠点を補填し得るの期あるべきか」とある。つまり今村は、自らの専門たる精神病学の領域にあって、透視の研究を進めることで精神病のいくつかの症状が解明されるのではないか、という期待を抱いていたことになる。世紀末ヨーロッパでは、一般社会において心理学や精神病学に対する関心が極度に高まり、精神療法の新しい体系が探求されていた。[6] その様々な取り組みの文脈のなかに、今村の関心も位置付けることができるだろう。

第二に、今村はすでにこの段階で、福来との共同実験で得たデータの有意性に不安を抱いていた。「余等の千鶴子に就きて為せる実験手続きは猶物理学者及び化学者の方面より見て恐らく多大の欠点の存するある可く、此方面の人士に対しては殊に示教の労を取られんことを望むや切なり」とある。今村のこのコメントは、物理学者や化学者への、共同研究の呼びかけのようにも見える。

第三に注目すべきは、後に丸亀で長尾郁子に対して今村が行った写真乾板による実験が、他の学者からのアドヴァイスにもとづくものだったことが記されている点である。次のようにある。「四十三年六月一日京都帝国大学文科大学開催の講演に於て中澤博士は日光曝洒を施して未だ現像せざる写真乾板を目的物となして試験を行うこと及び補色を重ねたるものにて実験せば興味ある可しとの注意を与えられたり」。この中澤の助言が、郁子の「念写」実験に生かされたのではないか。また、今村が丸亀で乾板を用いた実験を行うさいに、あらためて中澤に相談した可能性も否定できない。この助言者とは、当時京都帝国大学理工科大学長で、京都高等工芸学校（現、京都工芸繊維大学）初代校長を兼務していた化学者の中澤岩太（一八五八―一九四三）と思われる。このあたりから今村の透視研究が、徐々に個人の単位から京都帝国大学内で拡がりを見せていったのかもしれない。

以上確認してきたのは、今村「透視に就て」が作り上げた「千里眼」をめぐる認識フレームの存在である。心理学や精神病学では行き届かない、厳密な科学的実験を経たうえでの事実認識を判断基準とする枠組みである。そもそも「千里眼」とは仏教用語だが、今村の提示したフレームには宗教学や哲学からのアプローチは含まれていない。以後の千里眼事件は、基本的にこのフレームを遵守する形で展開される。言い換えれば千里眼事件は、この認識フレームを強化するかのように進行していったのである。この設定のもとに、事態は次の舞台へと移る。千鶴子の上京である。

第二節　千鶴子の透視実験と各学問ジャンルの対応の諸相

一九一〇（明治四三）年八月二八日、御船千鶴子は義兄清原猛雄、実母らとともに大阪入りした。二九日に阪神電鉄主催の学術講演会に出席した後、三一日に京都に移動、一週間ほど滞在して、彼女たちが宿泊していた俵屋旅館で非公式の実験を行ったあと、九月九日に上京。一四日、一五日、一七日に東京で透視実験を公開し、帰路には大阪でも二四日、二五日に透視実験を行った。

ただし、この時の上京の主な理由は、旧熊本藩主細川護立夫人博子が、結婚後四年を経て子宝に恵まれないことの理由を明らかにすること、および東京見物だったという（「千里眼婦人来る」、明治四三・九・一一、東京朝日新聞）。あくまで熊本コネクションの関係で上京したにすぎず、たまたま千鶴子の体調が良ければ透視実験をすることもあるというスタンスである。しかしこの報道は、鵜呑みにはできない。おそらくは、東京で千鶴子が実験を行わない場合の予防線だったと思われる。その理由は、千鶴子が京都で過ごした一週間の内実と関わる。

千鶴子の透視実験における最大の懸念は、今村が「透視に就て」で言及していた実験データをめぐる問題だった。この不安は、福来も共有していた。東京での学者立ち会いの公開実験の前に、千鶴子が京都で一週間滞在したのは、科学者たちの視線に耐え得る実験のための準備だったようだ。東京での公開実験の前に、福来は次のような発言をしている。「京都及び大阪に於ける実験は主として千鶴子が器物中の物を透視するに当り、其器物の封を開くや否や千鶴子が巧妙なる手段を以て其器物の封印を開封したりとすれば如何なる方法を以て其物を開封するや否やと云える点に就きて研究したのであって、千鶴子の有する無限の透視力には固より些の疑いも無い事実である」（「無限の心眼力」、明治四三・九・一〇、東京日日新聞）。つまりは、千鶴子のトリックの可能性をチェックしていた訳だ。

この点について、福来は強力な対策を用意した。「先づ事実の正確であることを確めて而して研究しなければならぬ実験の方法に就てもいろいろ考えて何人が見ても疑う余地の無い方法で遣て居る即ち厚い鉛で字を書いた紙片を包み手の力では到底開くことの出来ぬ様にシッカリとハンダで継ぎ合わせる」「実験する際には其中から何れでも一つ取ってそれを黒い布で包み厚さ凡そ一寸もある錫の鉢へ入れ更にそれを木の箱に入れて封印するのだから方法としては如何にしても疑う余地はない」（「千鶴子の能力」、明治四三・九・一三、東京朝日新聞）。

また、このとき福来は、物理学者へ向けたメッセージも用意していた。「千鶴子の透視力が暗示でもなく伝心でもなく、又何等技術に手段なしとすれば全く理学上に於ける何等かの線に作用せらるるものにあらずやと思わる、其の線が果して如何なるものなりやは今日の処説明し難いので、或は此の機会に千鶴子の透視が物理学者をして前代未知の線を発見せしむるの動機となるかも知れないのである」（「無限の心眼力」）。X線、ポロジウム、ラジウム、アルファ線、ベータ線、ガンマ線など、続々と未知の光線が発見されていたこの時期に、新たな光線発見への期待感は物理学界に強く存在していた。こうした関心が、山川健次郎（一八五四―一九三一）や田中舘愛橘（一八五六―一九五二）といった物理学者を実験に参加させたのかもしれない。

では、複数おこなわれた実験に対して、参加した学者はいかなる反応を示したのか。

まず、九月一四日に大橋邸で行われた実験は、うまくいかなかった。千鶴子が誤って、福来が練習用に与えていた鉛管の中身を透視したためである。実験におけるセッティングの不備については、長山靖生の指摘がある。[7]ここで明らかになったのは、実験管理の杜撰さであり、それゆえの実験の信憑性の低さである。今村も福来も、被験者との間に信頼関係がないと能力が発現しないという点に縛られ、彼女たちの身体チェックなどを怠っていた。この問題は、後の彼らの実験にも尾を引くこととなる。

実験終了後、医学者の大澤謙二（一八五二―一九二七）は次のような提案をしている。「人体を透覚せしめたら好かろうと思う、之はX光線だの膀胱鏡だの言う物があって医者にも判る事であり且其手段方法等に関して疑念を挟むべき点が最も少いものだろうと思う」（「十博士と千鶴子」、明治四三・九・一六、東京朝日新聞）。この大澤の提言は、大阪での実験で実行された。

また、この実験に対する山川の感想は「透覚実験の問題」（明治四三・九・一七、東京朝日新聞）で、次のように報じられた。「千鶴子は鉛で包んだ透覚物の実験に馴ないと云うのだから今まで遣った馴れて居る方法でしたら良かろうと思う。一体婦人は非常に感情の鋭敏なもので物理学者が其材料を取扱う様に此方法で出来るものなら他の方法で出来ぬ筈はないと云ても理屈通に行くものではない、殊に千鶴子の如きは吾々が見て何でもないと思うことでも精神統一に非常な障碍となるので一寸場所が変るとか実験する物の形が変るとかした為に巧く行かないというのは決して不当なことではあるまいと思う」。

千鶴子への理解を含む思いやりに満ちた発言ではあるが、一方で、センセティブな領域について、しかも女性を被験者として物理的な実験を行うことがいかに困難なことであるかをさりげなく強調している。千鶴子への実験に不備が生じるのはやむを得ないとしても、彼女に対して同一条件下における複数の厳密な実験が不可能である以上、物理学からの検討は難しい、と語っているようにも思える。

次いで、九月一五日に千鶴子の投宿する関根屋で行われた実験は、福来と今村が新聞記者を招いてセッティングしたもので、彼ら以外の学者は参加していない。この時は鉛管から、千鶴子が慣れ親しんでいた紙で封印した錫壺に装置が変更され、その結果「心神通」の透視に成功したという。この成功を受け、一七日に関根屋で行われた再実験では、紙で封印した錫壺のなかの紙片を読み取る形に変更された。山川の提言した方法である。十数名の学者が集結し、この時は山川の書いた「道徳天」の透視に成功した。

多くの学者がコメントを残しているが、興味深いのは物理学者の田中舘愛橘の発言である。彼は言う。「成程見事な成功だ、併しエキザクト、サイエンスと言われるものは一度では奈何も合点が行かぬ、疑いはせんさ、併し僕は今一度試らして見たい、骰子を二つ取って恁うカラカラスポンと伏せたのを当て貰えば夫で満足だ」（「十四博士の驚嘆」、明治四三・九・一八、東京朝日新聞）。では、なぜサイコロ実験なのか。「文字を記すことは記したる本人との中に感応的作用あるかの問題あり、賽は投ずるものも無意識なり、何等其所に特殊の感情なし公明無我なり」（「千里眼婦人最後の実験」、明治四三・九・一八、東京日日新聞）。

つまり、誰かが紙片に文字を記した場合、その誰かの思考を読み取ったから的中したというケースも考えなくてはならなくなる、その点、サイコロならば無意識に転がしている訳で、思考感応の可能性を考えなくてもよくなる、という訳だ。シンプルで、しかも追試験が容易な実験方法の提言である。田中舘の言うとおり、今回の実験は単なる顔見せ興行にすぎない。ここから本格的な実験調査が始まる。では、それだけの価値があると物理学者たちは考えたかというと、微妙としか言いようがない。

この実験直後、実験心理学者の元良勇次郎（一八五八―一九一二）は「千鶴子の透覚は熱の作用にて何等か或物が物体を透して一種の感覚を与うるものなるべし」という仮説を示し、山川も「千鶴子は五感以上に或るトランスの感覚ありて其作用なること勿論なり」と感想を漏らしたと報道されている（「千里眼婦人最後の実験」）。しかし彼らの本音は、例えば次のような元良の談話のなかに現れているのではないか。

当人に対しては失礼の言であるが何分にも活きたる人間を対手にしての試験故、例えば草臥れたと言わるれば其れを強いてと云う訳にも行かず、又是迄の習慣に違うとあれば其れも背き難いと云う次第で、普通物体を取扱うが如くに自由勝手に試験を遂げ得ざる憾みあり……〈中略〉……元来西洋にては此種の問題に対し何処迄も緻密なる科学の力によりて解釈を試みんと努力する傾向あるに反し由来東洋にては超然的に唯だ不思議として之れを押し付けんとする風あり即ち印度、支那、日本の全体に亘りて神通力とか天眼通とか不可思議力とか称する信仰が古くより発達し居りて之が各種の事物に対しての精密なる研究を阻害せし趣きあり……〈中略〉……此の千里眼女清原千鶴子なるものが果して何れほど心理学研究に有力なる目的物となるかが疑問である何故かと言えば古来洋の東西に於て此の種の人間の出現は頗る多く其れに就ての研究は殆ど悉くが失敗して居る……〈中略〉……私は千里眼女の如き心理学界に珍しからぬものを研究の目的としないで他の確実な方面から研究して見る考えです(8)

いわゆる千里眼が注目を集めた理由のひとつとして、仏教などを通じて馴染んでいた概念であるために、信仰のレヴェルではその実在に疑いを抱いていなかったという点がある。哲学者の井上哲次郎が「科学で之を説明することは到底出来ぬ私は哲学上の問題だろうと思うが然し哲学と云っても普通の哲学では到底説明する事は出来ぬ是等は超越的精神力であるから霊的方面に於いて説明するより外に道は無かろうと思う或は其結果は宗教に依って説明されるものかも知らぬ」と語っているのは（「透覚の研究」(一)、明治四三・九・一九、東京朝日新聞）、おそらくこの点に関わる。

しかしそれは、実験対象に最初から先入観が入り込んでいるという点で、科学的な考察の対象にしにくいということでもある。その意味でも、元良が彼女の研究を忌避したことは納得できる。明治四三年の一〇月ごろ、三浦恒助が元良のもとを訪問したさい、透視のことが話題となり「考えの上では如何しても可能的の事とは思われぬ。兎に角今一層厳重に確める必要がある。今度は今少しかわった方面の側の人から実験されたらよかろう。やって見ては如何かと云う事で序に伊太利のエウザピアの瞞着を観破した話など」を元良から聞いたという(9)。

こうした元良の態度は、福来からすれば大きな痛手であり、誤算だったと思われる。元良は東京帝国大学文科大学にあって同じ心理学・倫理学・論理学第一講座の上司であり、なおかつ福来の恩師でもある。また元良は、催眠術によって生じる精神の異常現象にも理解を示し、福来とともに平井金三や松村介石が立ち上げた心霊現象研究会に参加したこともあった。その元良から、透視は心理学研究に適さないと断言されたのは、痛い。東京での実験前から懸念を抱いていたものの、鉛管のなかの紙片を透視するという方法を福来は元良に伝え、実際にその鉛管を見せて「之なら疑うことは出来ぬ」と言質を取っていただけに（「千鶴子の能力」）。しかし一方で、精神物理学から実験心理学へと歩を進め、日本で最初に心理学実験室を設立して心理学の科学化を推進していた元良から見れば、千鶴子の能力が科学的検証に耐えられないことは自明の理だったようだ。

では、今村と専門領域の重なる呉秀三（一八六五―一九三二）はこの実験に参加して、いかなる感想を抱いたのか。呉はまた、今村の恩師でもある。まとまったコメントを残しているので、少々長くなるが全て引用する。

日本にも西洋にも従来之に類したことは随分あった　学者の研究を企てた者もあるが調べて見ると詐欺だったり贋物だったり或は逃げて終ったり立派に研究されたのは殆ど無い　今度の如く学者が多勢集って実験し透覚の事実を確め得たのは珍らしいのである　今後各方面から研究されるだろうが其研究は勿論心理学の方面であろうと思う　然し脳の組織に変った処でもあって研究されるならば心理学と共に医学の方面からも研究することが出来るし又下等動物などに人間の五感以外の感覚があってそれと似て居ると云うならば動物界の方面からも研究することが出来る　又ラヂユーム線とか写真線とか云うものの働きに関係があるならば物理学の方面からも研究しなければならぬ

要するに何故金属などに包まれた中の物が見えるのか少しも分らない　狐憑などが人の手に握って居るものを中てたり自分の後に在るものを中てたりすることは催眠術などで説明すると精神が其処へ許り集注して他の物は見えずそれのみ見えるのだと云い又厚い紙で字を書いて其裏から見えると云うのは紙は見えないと云う暗示を与え

るから字が見えるのだと説明して居る　然し何故に紙が見えずに字が見えるのかそれは分らない、或は千鶴子の如きは精神統一をすると平生働かない一種の不可思議な精神現象を呈して何か分らぬ光線の様なものが包んだ物体を透して目的のものと通ずるのではあるまいかとも思われる
又或は透覚しようと思う字なら字から一種の分らない光線の様なものが発してそれを観ずるのではあるまいか何れにしても千鶴子の字を透覚する時は字が目に見える様に見えると云うのだから精神統一の際は余程視覚の中枢神経が鋭敏になるものと思われる(10)

呉はまず、透視に類する特殊な精神現象のほとんどが研究に値するものではなく、今回のように多くの学者が参加したケースはきわめて珍しいと言う。そして、透視の研究は心理学が行うべきであるとしつつも、医学、生物学、物理学からのアプローチも可能とする。ただし彼は、この現象の原理がまったく不明である点を強調する。いくつかの仮説を提示するものの、それはあくまで仮説に止まる。要するに呉は、今回の実験を主導している福来と今村にエールを送りつつ、結局この実験が不毛に終わるのではないかと、遠回しに忠告しているようにも読み取れる。

千鶴子は東京での実験を終えたあと、九月二四日に大阪で医学者たちが提案した実験を行っている。「佐多、安永両博士は医学上よりの透覚研究に専ら重きを置きて病原の診断、解剖の対照等臨床的実地研究をなし医術界に新紀元を開くべき希望を以て当日会場に動物を持ちゆき動物の透覚実験を行う都合なり」と「千里眼婦人の実験」（明治四三・九・二四、大阪朝日新聞）にある。具体的には、木箱に入れた妊娠中の兎の子宮内を透視し、透視の内容に合致しているかどうか、その場ですぐ解剖して確かめるというもの、および色インキで書いた文字の字とその色を透視する実験である。しかし前者は残酷だということで取りやめとなり、代わりに大阪病院に入院していた二名の妊婦が呼ばれ、彼女たちの体内の透視が行われた（「大阪に於ける千里眼」、明治四三・九・二六、東京朝日新聞）。ともに結果は上々

だったようだ。この実験結果について佐多は「曰く実に哲理上の大問題だ、今日斯く現に的中したことに依って僕はますます学術上を飛び離れて一種の興味を感じた」「追って大阪病院へ請じて病理と千里眼研究をやる考えです」とコメントしている（「諸博士の意見」、明治四三・九・二五、大阪朝日新聞）。

明くる二五日には「患者の病原透視」が行われた。三名の患者の病症を透視するものである。立ち会った佐多は「多く適中せるも前日の妊婦透視とは異り医術上より的確に診断する事の難き病症なりしかば此研究は物体透視の如く適中と否とを明言する事能わず」とした（「大阪に於ける千里眼」、明治四三・九・二七、東京朝日新聞）。

実験やコメントの内容を見る限りでは、彼ら医学者の関心は治療に応用できるかどうかという、きわめて実践的、臨床的なものである。イメージとしては、X線透視の代用、といったところだろうか。したがって、佐多が「学術上を飛び離れて」と言うとおり、学問的な厳密性という観点とは一線を引く必要がある。この佐多博士とは、当時府立大阪医学校校長で同病院長を兼務していた、佐多愛彦（一八七一－一九五〇）だと思われる。二五日の実験には、高崎知事、古荘控訴院長、柿原大阪地方裁判所所長、山本検事正、植村市長など数十名が来席し、あたかも一大イヴェントショーのごとき装いだったようだ。

また、この二度にわたる医学関係の実験で、千鶴子の治療に関しては全く触れられていないことも興味深い。一九〇八年に施行された催眠術処罰令によって、催眠術を用いた治療が全面的に禁止されたことと関わっているのだろう。千鶴子の治療は、この法令に抵触する可能性が高い。「千里眼婦人来たる」（明治四三・九・九、名古屋新聞）には、次の一節がある。「女子の療法は唯、患者四五名を並べて、無我の境に入らしめ、患部の辺りを軽く触れんばかりにして、女子も又無我の境に入り、精神の統一から漸次治療するに至るものである、遠隔の治療法も、ある一定の時間を定めて、女子及び患者が同時間遠距離を離れながら、互いに瞑目し天地宇宙に合体して始めて其治療の意志を通ずるのである　此方法は成績が顕著で、目下各地に幾百人と受けて居るものがあるそうな」。

同記事によれば、名古屋でもこの時点で、名古屋屈指の旅館のひとつだった百春楼の主人、深野一三愛知県知事の令息亮、繊維専門商社瀧定社長、二代目瀧定助の令息弘三郎などが千鶴子の遠隔治療を受けており、さらに名古屋実業界の辣腕家として知られていた服部小十郎なども、彼女の治療を受けることになっていると言う。なお深野一三は、熊本出身である。ここでも、熊本コネクションが大きく関与している。

ともあれ、だからこそ福来は、千鶴子の透視を治療と切り離そうとしていた。福来は言う。「千鶴子の透視は医者が患者に投薬する以前其の患部に就いて診察するのに効があるので若し之れが医学上に用いて実際医師の診断し難い患部に就いて容易に之れを発見し得たならばそれは強ち無益な方法ではあるまいと思う、其故千鶴子の医術上に於ける透視は病気其ものを直ちに治療するではなく病気の治療を助けて多大の効があるのである」（「千里眼の治療」、明治四三・九・一一、東京日日新聞）。

千里眼が巷で騒がれはじめた頃には、透視による施術はふたたび危険視されつつあった。「千里眼の取締」（明治四四・一・二四、東京日日新聞）は、その模様を次のように伝えている。「御舟千鶴が一たび透覚実験を発表せし以来所在に同種の施術者続出し最近丸亀の長尾郁子の透覚並に念射実験の能否に関しては学者の係争問題となり今尚お解決せざるも多数千里眼施術者中には修験道類似のものあり名を疾病済生に託し曖昧なる手術を施し不当の利益を貪る傾向あるより内務当局に於て学界の疑問解決を待ち司法当局と打合せの上果して世を害するものありと認め得る場合は相当の取締を為すに至る可しと云う」。

さて、このように異なる学問的な立場から多種多様な意見が新聞に掲載された訳だが、これらの記事を読み、自分の意見も新聞に掲載してほしいと申し込んだ学者がいる。日本における社会進化論の紹介者として知られる、法学者の加藤弘之（一八三六―一九一六）である。加藤の主張は、透視の研究方法をめぐるものである。「井上（哲）博士の如きは哲学に依って或は宗教とか心霊とか云うもので説明しなければならぬと云って居た様であるが私は之に対しては何処迄も反対である　何となれば心霊論などは現在の学術から云うと一足飛の話で科学的に証明し得可きものではない　科学を基礎として次第に研究し然る後達したものなら好いが左うでない心霊などに依って解釈しようとするのは甚だ間違って居る」「之を研究する学者は分らぬからと云って直に分らない心霊や宗教に依って解釈せずに何処迄も科学的に一歩一歩研究する事が最も必要である」（「透覚研究の態度」、明治四三・九・三〇、東京朝日新聞）。

ここで加藤が「心霊」や「心霊論」に拘っているのは、今村が提示した科学的なフレームを相対化する思想として、にわかに心霊学に関心が集まりはじめていたからである。例えば加藤の論考が東京朝日新聞に掲載された八日後には、静観廬主人「科学と超科学」（明治四三・一〇・八、東京日日新聞）が「方今の学界に二つの思潮流る、一は科学的精神、一は超科学的精神。論者相嘲りて帰一する所を知らず、吾等果して其孰れに与みす可き乎」と疑問を投げかけ「研究心の委縮は科学的精神を軽んず、今日の科学が学術的に千里眼を説明し得ざればとて、直ちに以て阿頼耶識なり心霊的なり等の放言を為し、以って研究の労と説明の難とを免れんとするが如きの輩は、到底学理研究上無能力者と見做さざる可らず」という木村鷹太郎の発言を紹介する一方で、「科学の隆盛、是れ固より歓迎す可き事なれども、或は其の価値を過信して科学以外に人間の智識の尊ぶ可きもの無きが如く考え、或は其の価値を妄信し、科学上の智識を以て確固不動なるものに考うるは、是れ即ち凡人の迷信で大に排斥す可き事である。蓋し科学は衆愚の哲学にして、哲学は天才の科学である、哲学の要は、五官以上に超越し現象の奥底に深入りするに在る」という河上肇の言及を取り上げている。

ここでは両極の議論を掲げたのちに、両者の「融合帰一」を良しとするのだが、この後も、科学の相対化を図る言説は新聞紙上にたびたび登場する。例えば長梧子「神通力の研究」（明治四三・一〇・二八、東京朝日新聞）は「自然科学、及び精神科学は泰西に於て十九世紀の初めから二十世紀にかけて非常に発達し、人類の幸福は一日も科学を離れて存在することが出来ぬものと思われて居る」が「宇宙に於るすべての現象を科学にのみ依って解釈することの出来ない限り、吾人は科学にのみ信頼し科学にのみ満足することは出来ないのである」と述べ、人格を根拠とし、人格の五感から超脱することのなかった科学は「心霊上の奇蹟や、精神上の不可思議現象があっても、斯くの如きは科学に疎き者の迷信のみとして排斥し更に顧みなかったのである」と、その頑迷さを激しく非難した。

こうした一般的な科学者の傾向に真っ向から立ち向かった学者として長梧子が称揚するのが、福来である。「数年前催眠術が勃興し民間に之を行う者が盛んに出て来た時学者の多くは之を詐欺的或は迷信的行為の如く思って学術的に研究す可き価値あるものだと云うことをさとる者は殆んど無かった　唯僅に福来博士一人のみに従って真面目に研究された許りである其後催眠術は次第に隆盛となり福来博士の努力に依って之が初めて組織的の学問となった時漸く他の学者も之を認める様になったのである。実在する催眠術の事実を見て尚且之を詐欺或は迷信として一瞥をも与えなかった学者も心理学の上から科学的に証明さるるに至っては最早之を承認しない訳には行かない　兎に角彼等は常に実在する事実を見てすら之を信ずることの出来ぬ程頑迷だったのだ」（「神通力の研究　二　排斥されたる迷信」、明治四三・一〇・二九、東京朝日新聞）。長梧子は福来を、柔軟な発想で不可思議な精神現象に切り込む理想的な科学者として位置付けてみせる。

同じく福来の存在を取り上げているのが、局外生「所謂新しき科学」（明治四三・一〇・一五、東京日日新聞）である。「心霊研究は輓近欧米学界に於ける注意の一焼点となった。日本にも平井金三氏を中心とする心象研究の一団がある。その目的は矢張りサイキカル・レサーチャーと同一らしいが、科学的研究的態度が乏しいと云うので、多くの心理学者は信用を置いて居らない様である。と言って心理学者仲間から、顕著な研究の成果も示されて居ないらしいが、変態心理学のオーソリチーたる福来博士などは、先ず日本に於ける一箇のサイキカル・レサーチャーに数えらる可きであろう。死後の生活という方面に幾何研究の歩を進めて居るか知らんが、千里眼の実験に就いては、既に江湖の知悉する所である。兎も角も心霊現象の研究は、学界の一大興味である。之を名けて新しき科学と謂う」。

こうした論調に対する冷静な反論も、当時の新聞記事にある。「所謂『新科学』」（明治四三・一一・三、万朝報）は「今日の科学より外に別様なる新科学」が将来現れることはないと断言する。「科学は人間の知識欲の一部分を担当する者にして其範囲は人間の五官を基礎とし確実に実験し得べき事柄に止まる」ものであって「科学の範囲に入らざる知識をば不問に置く」。この万朝報の記事が主張する姿勢こそ、もともと今村が「透視に就て」で提示していた認識フレームだった。ならば、千里眼に関する実験については、現状にあってはこれ以上語ることはできないはずである。

その意味で、先の記事が示す福来のポジショニングは微妙なものとなる。西洋における心霊学の流行とリンクしつつ、既存の科学の相対化を図る革新的な研究者として語られている訳だが、しかし彼は透視実験に関しては、今村とともに科学的な認識フレームに則ってふるまうことを要請されていた。そうした立場と新聞記事が称揚する彼の姿は、明らかに矛盾する。にもかかわらず、福来自身が、自らの立ち位置を変えてしまうのである。

福来は「透覚の研究」（明治四三・一〇、『心の友』）で明言する。「私は透覚の如き五感で解する事の出来ぬ事実を五感を基とした心理学で説明することは全然不可能だと思う」「私は何処迄もメンタルポシビリチー（潜在精神）で解釈したいのである」。この発言は、当初設定されていたフレームから逸脱している。と同時に、当時主流となりつつあった実験心理学の否定でもある。さらに福来は言う。「要するに透覚は人格以上の能力である、だから人格を基礎として人格以外に出ぬ西洋の哲学で之を解釈するのは到底不可能である」「従って西洋の哲学のみに依って凝り固まった学者の頭から見れば、唯不可思議の事実として疑われる許りで到底何事も判るまいと思う」。

こうした福来の言説は、既存の科学的アプローチの全否定とも取れる。いわゆる新科学、心霊学の流行と連動する福来の発言は、加藤の懸念が現実のものとなったことを示している。また同時に、この段階で福来はすでに、既存の科学的な探求に踏ん切りをつけていたことがわかる。すでに彼は、今村が提示したフレームの中にいない。

さて、千里眼をめぐる諸説のなかで加藤がもっとも関心を示したのは、日本における進化論の紹介者として知られる、生物学者の丘浅次郎（一八六八―一九四四）の説だった。加藤もまた、丘と同様の感想を抱いていたと言う。「元来人間の五感と云うものは精神的方面が発達すると共にだんだん退化して来た　即ち頭の方が発達すれば五感はそれ程鋭敏に働く必要が無いものと見える　然し時として耳の動く者や視覚や臭覚の非常に強い者の生れることがある」「千鶴子の透覚も或はズット以前に人間の持って居て何時しか退化して終った能力が再び現れたものではあるまいか」と加藤は推測してみせる。

丘の仮説とは、次のようなものだ。「千里眼の能力は恐らく本能的なもので、例えば馬尾蜂が樹幹中に棲む天牛《かみきりむし》の幼虫の体に、樹皮の上から其所在を透視して、彼の針上になっている長き産卵針で樹を刺し貫いて卵を生み附けると同じく、所謂御船千鶴子の千里眼とはコンナ本能的なものではあるまいか」（「千里眼を馬尾蜂で説明問題」、明治四三・一二・五、万朝報）。はたして馬尾蜂が透視しているかどうかについては、札幌農学校の小熊稈《まもる》との間で論争となったものの[11]、丘の仮説は今村と相通じ、先の加藤以外にも福来、石川千代松の賛同を得るなど好評だった。しかしそれは、仮説として味が好いという話にとどまる。加藤もまた、丘の説を支持しつつも「今俄に之を説明し断定することは出来ないが之を研究するに当っては想像や推察や心霊でなくて充分に研究す可き材料を集めそして徹頭徹尾科学的に研究しなければならぬ」と全体を結んでいる。

この加藤の言説は、最初に今村が提示した透視に対する認識フレームを、再度確認させてくれる。だからこそ、加藤の提言は重く響く。なぜならば、厳密な科学的プロセスをたどることができない対象に、科学者は手を出すべきではないからだ。また加藤が懸念したとおり、心霊学だけでなく、科学的な次元とは異なるレヴェルでの千里眼の解釈を提示するケースが現れはじめていた。古神道の川面凡児による、千里眼を霊魂の発作と捉え「人間に霊魂がある以上は、其働きで知覚すべき透覚即ち千里眼が千鶴子一人の特有でなく、人類一般の通有性」と意味づける例を紹介した記事などである（「千里眼は通有性」、明治四三・九・二三、万朝報）。このように見た場合、東京での千鶴子の実験は、明らかに失敗だったと言える。

透視の存在をアピールするという意味では、もちろん大成功である。千鶴子は一躍全国区のスターになり、模倣者が続出した。「千里眼」は時の流行語となり、一般社会での認知を得た。しかし、この実験のそもそもの目的は何だったのか。それは今村「透視に就て」が明言していたとおり、精密な実験が可能な物理学者を取り込んで、透視に対する科学な検証を進めるための足場を作ることではなかったのか。今村、福来だけでは実施し得ない、より厳密な科学的実験を繰り返し行うことで、精度の高いデータを収集することができる。そのためには、専門家の参加が必須である。しかし東京での実験では、彼らの関心を惹くことはできなかった。東京帝国大学での合同チーム結成は、幻に終わった。

ただし、千鶴子の登場は新たな能力者の登場を促した。彼らの存在を、新聞メディアは次々に報道した。福来は新たな研究対象を求めて、彼らを積極的に訪ねている。結果、彼は逸材を発見する。四国丸亀の、長尾郁子である。福来は、今村との共同実験に着手した。

第三節　念写の登場と京大光線の発見

一九一〇（明治四三）年一一月一四日、郁子に実施した四回目の実験で、今村は「大学の助手に命じて造らしめたる写真の原板に文字を書かしめたるもの」を使用した。今村は「原板が毫も光線に触れざるに拘らず現像に際しガラス全部が光線に感じ居たるは実に不思議なることにて之が透視と関係あるか否や頗る研究を要すべし」と述べている（「驚く可き女の能力」、明治四三・一一・一七、東京朝日新聞）。今村が「透視に就て」で触れていた、中澤博士からのアドヴァイスを実行に移したと思われる発言である。またこの実験には、透視する際に「透視物の現るるやさらりさらりと光となりて現るるは不思議なる現象なり」と郁子が語ったことが影響していると思われる（「百発百中の透視」、明治四三・一二・一四、東京朝日新聞）。透視と光線の関係の暗示である。

この実験は、福来によっても実行されている。「完全なる透覚」（明治四三・一二・一四、東京朝日新聞）には「此程今村福来両博士連合実験の折今村博士が京都大学教授連の考察に成る学術上最も参考となるべき写真の現象せざる儘の乾板を箱に入れ置きたるものを今回福来博士より同乾板二箇を丸亀中学校教諭菊地文学士の手を経て送附し来り其後の進歩を試験することとなり」とある。ここで注目すべきは、「京都大学教授連の考察に成る」とあるとおり、今村の写真乾板実験の背後に、京都帝国大学の複数の学者の影が見えはじめることである。

写真乾板を用いた実験が、今村個人の営みから京都帝国大学とともに動き出したという印象は、大阪に現れた新たな千里眼能力者、塩崎孝作に関する記事からも窺える。次の記事である。「京都大学の今村医学博士は樋口助手と共に十八日午後二時大阪朝日新聞社に来り彼の千里眼少年塩崎孝作に就て透視の実験を行わん事を望みたれば記者は直に南堀江一丁目なる孝作方に同伴したり、折柄同文科大学哲学科の三浦恒助氏も学長松本文学博士の命を受けて出張し共に二階六畳の間に於て実験を行いたり」（「少年千里眼の実験」、明治四三・一二・二〇、東京朝日新聞）。

それまでは今村と福来による個別の、また時に二人の共同作業として進行してきた透視研究に、ここで新たな人物が姿を現わした。三浦恒助である。しかも彼は「学長松本文学博士の命」で動いているという。この松本とは、当時の京都帝国大学文科大学長、松本文三郎（一八六九―一九四四）と思われる。彼はインド文化、仏教美術史が専門で、大学ではインド哲学史を教えていた。したがって井上哲次郎のケースと同じく、千里眼に関心を抱くのは仏教の文脈からいってわからないでもない。しかし、学長の命を受けて行動しているのが、なぜ一介の学生に過ぎない三浦だったのか。

さらに三浦はこの直後、丸亀へ飛ぶ。「長尾いく子の能力に就き京都大学の教授連は今や全力を尽して研究中なるが同大学文科大学長松本博士及天谷、松本（亦）の諸博士は同文科大学哲学科生徒三浦恒助氏をして実験物を齎し数日間丸亀に派遣し種々の物品に依りいく子の能力を試験したるが中にも松本大学長の写真乾板は透視の結果、乾板現象に際し以前今村博士の試験の如く果して科学的変化を生じたるに於ては一問題ならんとの旨通知し来れり／其他天谷博士の専ら生理的方面よりの考察に成れる実験物の如きも透視の結果に依りては是亦生理学上の一問題を惹起するに至るべしと云えり尚三浦氏はエッキス光線の実験及び耳音機にていく子の透視中に於ける聴力を実験せるに驚くべき聴力にて耳音機の極度を聴けりと」（「有難い千里眼」、明治四三・一一・二二、東京朝日新聞）。

実は三浦は、ひと月前の一一月一九日、二〇日、二二日、二三日の四日にわたって、すでに郁子の実験を単独で行っていたのだが、[12]先の東京朝日新聞の記事によれば、今村とは別系統の調査チームが立ち上げられ、そのチームから与えられた研究課題の実行役として動いていたようなのだ。しかも三浦に権限を与えているのは、松本文三郎文科大学長らしい。そして、写真乾板に関する実験は、この松本大学長が統括しているように見える。先の今村「透視に就て」に従えば、この写真乾板実験の提案者は、京都帝国大学理工科大学長だった中澤岩太の可能性が高い。また天谷博士とは、おそらく京都帝国大学医科大学で生理学を担当していた天谷千松（一八六〇—一九三三）と思われる。そして松本（亦）とは、東京帝国大学で元良勇次郎に師事した、実験心理学者の松本亦太郎（一八六五—一九四三）をさす。

だとすれば、三浦の背景には京都帝国大学の文科、医科、理工科にまたがる巨大な学際型総合研究プロジェクトが存在することになる。一介の学生だった三浦にそれほどの責務が与えられるとはにわかに信じがたいのだが、同様の記事は、先の記事の二日前にも登場していた。次の記事である。「京都大学文科にては過日同大学哲学科三年生三浦恒助氏を丸亀市に派遣し千里眼長尾いく子の能力を実験せしが其成績実に驚くべきものあるより今回同大学にては愈千里眼に対する根本的解決を与えんと松本文科大学長及び心理学専門の松本（亦）博士中心となり医科理工科両大学の諸博士よりも意見を徴し心理生理物理の各方面より参酌したる実験物を作成し三浦氏をして再び実験せしむることとなり同氏は二十一日丸亀に至り実験に着手したり」（「千里眼に関する研究」、明治四三・一二・二〇、東京朝日新聞）。

こうした報道が、丸亀で京都帝国大学文科大学を中心にした一大プロジェクトが動いているという印象を与えたことは間違いない。御船千鶴子に対する東京での実験では、東京帝国大学の学者たちの不協和音が目立ったことを想起すれば、東京帝国大学ではなし得なかった事業が動いていることとなる。当初、あたかも京都帝国大学文科大学を軸とするプロジェクトが進行中であるかのような報道が許容されたのは、東京帝国大学に対するライバル意識や、文科大学に向けられていた当時の批判的な眼差しを意識していたためかもしれない。

京都帝国大学文科大学の「振わなさ過ぎる」状態に対して「世間は時には広告が必要である」と主張する赤門陣人「文科大学不振論」（下）（明治四三・七・一九、東京日日新聞）は、松本文三郎をはじめ、相当の腕がある教授陣を揃えているのだろうが、あまりにも「現代に活動しないから、健在を疑われる。疑う者が悪いかも知れぬが、之が為に人気が立たないのが不振の原因となり、今年などは入学者の数が教師の人数より少くなるという始末になるのではあるまいか」と疑問を投げかけていた。三浦の動きは、こうした京都帝国大学文科大学に対する批判を一掃するものだったろう。

この意味で三浦は、大学が期待していたであろう、世間へのアピールポイントがきわめて高い研究成果を公にした。一二月二一日から行った実験の結果、郁子が透視を行うさいに、彼女の人体、おそらくは頭脳から放射線が発せられていることを発見したというのだ。頭脳から放たれる放射線についてはフランスでも研究が進んでいるが、彼女の透視能力の研究によってこの問題が解決されるかもしれないと三浦は述べ、この解明のために「大学に向って早速教授一名の派遣を請求」したという（「透覚と光線の関係」、明治四三・一二・二四、東京朝日新聞）。こうして、物理学が狙っていた未知の光線が、丸亀で見いだされた。千鶴子の透視については確実な科学的実験が困難だったが、ここに至って物理学は、精密な実験の可能な、そして世界において今もっともホットな研究課題と遭遇したのである。

そして、さらに三浦は語ってしまった。「いく子の頭脳より一の光を放射し之が総ての障碍物を透徹して目的物に映じ即てその目的物の何なるかを意識するに至るならんとの新問題を発見し仮にその光を京大光線と称け」たと言うのだ（「神通自在の少年」」、明治四三・一二・二六、大阪朝日新聞）。また「写真感光及びフォスコレッテンズ（蛍光）の二つの方法」から、さらに新放射線の存在を確かめるべく「デレクトロメートル及びデレクトロスコープを用いて此放射線がラシオクヒービーを有するや否やを実験する」必要があるため「直に目下両機械の送付方を京都大学に請求したり」と言う（「透視実験の確定」。明治四三・一二・二六、東京朝日新聞）。

これらの報道は、三浦が京都帝国大学合同研究プロジェクトチームの一員として、最前線で働いているという印象を読者に与えたはずだ。よって彼がこの新光線を「京大光線」と命名したところで、違和感を持つ者はなかっただろう。もしいたとすれば、それは三浦に先行して研究に着手していた今村と福来以外にない。そもそも二人は、京都帝国大学の中澤博士から示唆を受けた写真乾板による実験を、三浦よりも早く行っていた。しかしこの時、今村も福来も丸亀にはいなかった。報を受けた福来は二四日早朝に東京を出立、二五日に丸亀に到着した。今村が丸亀に着いたのは、さらに遅れて二七日になる。

写真乾板に反応する光線発見の経緯については、剣山生「『京大光線』（千里眼に関する新研究）」（明治四四・一・三、万朝報）がまとめている。以下、引用する。

透視に際して人体より一種のエネルギーを発する事実は、今村博士が熊本の千里眼御船千鶴子の実験に於て、透視されたる写真乾板に一種の光を感じ居たる事実より、寧ろ偶然に発見したる所に係る、当時之を発表するには余りに実験不充分なりしを以て他日を期し便宜上その協同研究者たる福来博士に之を告げ、之に関する第一次の実験を丸亀の長尾夫人に就て行う手筈となしたり　然るに当時京都文科大学にも透視に関する研究熱興り、就中三浦恒助氏の如きは尤も熱心之に当りしが、事多く生理学にも関連する所あるより、去十一月十六日今村博士に就いてその意見を叩く所あり　博士はその発見に係る人体光線の事実より説き起し、仏国ナンシー派の首唱するN光線の事等を引援して説示し、三浦氏大に得る所あり、依て更に同理科大学に就いてその実験方法を究め、同月十九日両博士に先だちて丸亀に来り、長尾夫人に就て該人体光線の有無を実験し、愈よその写真試験に依りてその存在を確め、自ら直に之を京大光線と命名して世に公にしたり、或は之を以て三浦氏の京大光線発見と称す

この記事によれば、三浦は発見に先んじて今村から研究上の示唆を受けていたようだ。ならば今村に一言あってもよさそうなものだが、待ちきれなかったのだろうか。このあたりから、三浦を取り巻く状況が変わりはじめる。まず、郁子の夫である長尾判事が三浦の実験を断わった。「学術の為めの実験には喜んで之に応ずるも以前実験したる事を幾度も繰返し根本の解決に努めず実験ばかりして居ては何時迄経ても不可解なり今後斯の如き事を幾度も繰返さるる事は御免を被るべし」と語ったというのだ（「透視界の新実験」、明治四三・一二・二八、東京朝日新聞）。しかし、実験は何度も行うものである。このあたりの理解が行き届いていないのか。または、他の断わるべき理由があったのか。いずれにせよ、これで三浦は再実験ができなくなった。

一方福来は丸亀到着後、すぐに郁子の実験を再開し、精神線を発見したと発表した。「千里眼の研究」（明治四三・一二・三〇、万朝報）によれば、福来は「郁子の脳髄より発する光りは精神線にて、本体は物理的（何なるかは物理学に譲る）なるも、心の作用にて自由に使い分ける点が余の発見なり」「心の観念の念ずる儘に光線を放射して写真に映すものなれば、観念次第何事にても写し得べく（観念の写真）やがては西洋に行わるる幽霊の写真なども説明し得べきか」と述べるとともに、三浦の実験には疑問を呈した。

乾板に写し込まれた像の透視実験において、乾板が感光しているという状況をどう判断するか。三浦はそれを、郁子の頭脳から発せられる光線が原因と考えた。後に物理学者たちは、何者かが事前に乾板を見ようとしたため、光があたって感光したのだと主張した。しかし福来は、透視するために集中した郁子の精神エネルギーが、乾板を感光させたと考えたのだ。それは、精神が物質に影響を与えるという主張となる(13)。

万朝報記者は同記事で、両者の違いを「要するに博士の研究は、メンタルポッシビリチーなる仮定より演繹的に進むため、実験に於て足らざる嫌いあり、三浦氏のは帰納的なる丈実験精密なるも最後の断定は前途遼遠なり、精神線対京大光線は今や鎬を削れるも、其本質の物理的なる一点は共に認め、其働きに付き、福来博士は心にて之を支配し得となし、三浦氏は此点に至らずして寧ろ脳髄線として研究せるが如し」とまとめている。この論点整理に従えば、的確な物理実験抜きに、この議論がもはや進まなくなっていることは明らかだろう。福来に至っては、精神線の本体の解明は物理学に譲ると、丸投げする始末である。

この後、三浦の立場はさらに怪しくなる。福来の精神線発見の報を聞き、松本文科大学長は次のように発言したという。「三浦氏より詳しき報告なき為め断言なし難し、されど人体より一種の光線出ずとは学者間に唱えらるるも物理学者は猶否定す、三浦氏は幾子より出ずる光線が乾板に現像する事疑なしと云うも、其光線が果して人体より出ずるや否、完全なる暗室の装置なき処にての実験なれば或は他に原因せる光線なるやも知れず、世間にては幾子の光線を既に京大光線と命名せるが如く伝うるも、京都大学にてさる名を附したる事なし、又三浦氏とても大学より派遣せしにあらず全く氏が単独にて熱心に研究する次第なり、要するに今回の事は形而上的に研究するは説明困難なるより主として物理的生理的の研究を三浦氏に注意したれば氏は目下此方面より研究中なり」(「福来氏の発見」、明治四三・一二・二九、万朝報)。

松本は、三浦は大学から派遣した訳ではなく、あくまで彼一個人の行動であると言うのだ。同様の発言は「松本博士の意見」（明治四四・一・六、東京朝日新聞）にも見られる。東京朝日新聞の電話取材に対して、松本は次のように応えたという。「御船千鶴子が世に現れて以来各地に千里眼が出来たが丸亀の長尾いく子大阪の塩崎孝作此二人は卓越して居る、いく子の方は京都文科大学の三浦君が実験して居るが同氏は千里眼に就て非常に趣味を持って居る人で態々研究の為め理工科大学の人とも相談して諸種の材料を携えて丸亀に赴いた、実験の結果はまだ判明して居らぬ京大光線ですかアレはまだ京大光線と命名した訳でも何でもない唯三浦君が坐談に先ず京大光線とでも名ければ宜いと云うたのが端なくも伝えられたのだと同君の書面にも認めてあった、兎に角写真感光は不思議の現象であるが私は実験する暗室が完全のものであるか否かを疑う」「要するに今日の場合まだ纏まった意見とてはなく医科、理工科其他の人々とも談合して愈々研究した後でないと発表することが出来ぬ」。

京大光線の命名については、後に三浦も「千里眼問題」（八）（明治四四・二・一五、扶桑新聞）で次のように述べている。「この京大線は話しの後に座談に話した事が端なくも伝えられたので自分の意志で発表した者ではなかった、又元来新聞紙で実験の結果を発表すると云う事も初めからの意志ではなかった、今では致し方ないが元来未定の透視の様な事は学者が独りで静かに研究すればよい事で必しも社会の好奇心に委せて発表する必要はない、加之こんな事は甚だ危険であって百害有って一益ない事である事は好く承知して居る」。

とはいえ、なんとも奥歯にものの挟まったような松本の物言いである。三浦の個人プレイであることを強調しつつ、一方で松本は三浦から適宜連絡を受けているようだ。また三浦の実験に医科や理工科の研究者が関わっていることは否定していない。実際、三浦「透視の実験研究」（明治四四・一、『藝文』二年一号）によれば、彼が丸亀で使用した実験物は、京都帝国大学理工科大学物理学教室の暗室内で木村正路助教授立会いの下に作成していた。では、三浦はいきなり梯子を外されたのか。それとも、最初から全てが三浦の妄想だったのか。または、新聞報道が事実を誇張していたのか。

三浦が、この一件で大学から処分された形跡はない。さらに彼は、京都帝国大学文科大学内の京都文学会が刊行していた『藝文』に、二度にわたって執筆の機会を与えられている。「透視の実験研究」（明治四四・一、『藝文』二年一号）、および「余が実験したる所謂千里眼」（明治四四・四、『藝文』二年四号）である。前者には「明治四十三年十二月七日稿」の一文があり、また冒頭に「此の実験を行うに当り理工科大学助教授木村正路氏は有益なる助言と助力とを与えられ長尾与吉氏及同夫人は多大の同情を以て実験に応ぜられたる事を茲に感謝す」とある。

したがって前者の論文は事態が紛糾する以前に、すでに投稿済みだったことになる。事実「透視界の新実験」（明治四三・一二・二八、東京朝日新聞）に「三浦氏はいく子の頭脳より発する光線即ち放射線の存在を確実に認めたる次第にて同氏研究の顚末は文科大学の命に依り一月一日発行の雑誌「藝文」に発表さるべし」とある。しかし後者の論文は、一連の事態が落ち着いた後に書かれたものである。もし前者が「文科大学の命」によって執筆されたのなら、後者も同じではなかったか。

いずれにせよ、京都帝国大学を主体とする新聞記事は、以後姿を消す。そして丸亀での問題は、正確かつ厳密な物理学実験の遂行という点に移行する。松本文三郎は「今回の事は形而上的に研究するは説明困難」と、暗に福来の仮説を批判していた。「物理的生理的の研究」を山川健次郎が長尾家に申し込み、それが受諾された旨が報道されたのは、松本の発言の前後である。山川らの実験グループがいかなる結論を出すのか、ある程度の予想は着いていた。ならば、松本が判断を下すのは容易だったろう。結果的に松本の、もしくは京都帝国大学の判断は正しかった。「京大光線」の看板を早々と下ろしたことで、被害は最小限度に押さえられ、三浦もまた、それほどの被害を受けずにすんだ。

実は今村も、ほぼ無傷で懲罰などを免れている。全てをかぶったのは、福来である。千里眼事件直後、福来は世間を騒がせたということで馘首の危機にあったらしい。「学者迫害さる」（明治四四・三・五、東京朝日新聞）に、次の一節がある。「博士が千里眼問題に於て理科大学教授連と説を異にするや博士は忽ち詐欺漢の称号を辱うし、遂に同博士の文科大学助教授を罷めしめんとする運動は始まれり、僅に井上（哲）博士が之を弁護するのみにて今や其運動効を奏せんとするに似たり」。

のちに福来は、かなり早い段階から大学当局の注意喚起を受けていた旨を公にしている。一九一〇年一一月、千鶴子や郁子の実験を終えて東京に戻った福来は坪井学長に呼び出され「君が大学の教員として透視や念写を研究すると迷信を喚起するからおおいに困る」と告げられ、さらに浜尾総長から「君が学者としておのれの信ずるところをあくまで主張するのもよいが、しかし事柄による」と言われたという。さらに一九一一年五月には元良に呼び出され「千里眼問題に対する君の考えは大学諸教授とは非常に相違しているから、それを研究するには一時学校から離れてやった方が君のためにも学校のためにもよい。君の今の研究は心理学者に同情がない」と告げられたという（「福来博士の告白」、大正二・一〇・三〇、万朝報）。

元良が言う「君の今の研究は心理学者に同情がない」という言葉は、非常に重い。精神や心という抽象概念を、実験によって定位する試みを悪戦苦闘しつつ切り開いてきた元良から見れば、福来の主張は到底受け入れがたいものであり、しかも、心理学の今後の新たな展望を示すはずの実験心理学の未来を、一刀両断のもとに切り捨てる所業に見えたのではないか。すでに福来の千里眼研究は、従来の心理学に接続する術がない(14)。

さて、三浦の介入後、事態は急速に進展した。年が明けた一九一一（明治四四）年一月、山川健次郎の主導した丸亀での物理学実験は不可解な事態が生じて中断する。その後、実験に参加した研究者が「郁子の能力はペテンである」と記者会見で主張、その直後に御船千鶴子が自殺、さらに東京帝国大学物理学グループによる『千里眼実験録』が刊行され、長尾郁子も病死。年明けのわずか三か月で、それまでの流行が嘘だったかのように「千里眼」騒動は終息した。良くも悪くも事態を沈静させたのは、物理学である。そして福来の主張は、物理学的な認識とはかけ離れていた。と同時に、彼を守るべき心理学アカデミズムから見ても、福来を斥ける必要性が生じていた。

第四節　千里眼は科学の分析対象たり得るか

東京帝国大学に心理学実験室が完成したのは一九〇三年、また哲学科中の一学科として心理学専攻生が誕生したのは一九〇四年である。この間、心理学を担当したのは、一八八八年九月にアメリカ留学から帰国した元良勇次郎だった。担当は精神物理学である。彼の精神物理学の講義が、日本における実験心理学の最初の講義だったとされている。この講義名にも明瞭なごとく、元良の心理学的な関心は、精神現象を物理法則で解明することにあった。この点について佐藤達哉は、当初は物理学の技術的な側面から精神にアプローチしていた元良が、晩年には思想としての物理学を援用することで心理学を構成しようと試みていたと指摘する。ただし、元良が後世に与えたもっとも大きな業績は、実証的な心理学の導入だったとする。(15)

東京帝国大学に先だって単独の心理学講座を開設したのは、京都帝国大学だった。一九〇六年の文科大学設立とともに開設された京都帝大の心理学講座は、心理学の補助科目として生理学、精神病学、人類学、生物学などの講義も聴講することが可能となっており、学際的な心理学の研究を志向していた点が注目されている。三浦の研究は、こうした京都帝大心理学講座のありようと無縁ではなさそうだ。

講座の初代教授は、東京帝国大学で講師を務めていた松本亦太郎である。ほぼ同時に、東京帝大卒業生の野上俊夫（一八八二―一九四三）が助手として赴任した。松本は東京帝国大学で元良を助けて心理学実験室を開設した経験を生かし、京都帝国大学にも心理学実験室を開設して実験研究を進めるとともに、講義ではヴントの著書を和訳して用いていた。三浦はこの松本（亦）研究室に所属し「色彩感情及色彩命名」について研究していたらしい。(16)

帝国大学において心理学的な実験が可能な研究室の整備が進むことで、実験心理学の優位が確立した。その背景には、大学内において心理学が独立した講座や学科として自立するために、科学的な心理研究の成果が社会に、さらには国家政策として認められる必要があったという事情が存在する。[17] このように、日本の心理学アカデミズムは元良、松本（亦）に代表されるヴントの実験心理学の影響下に組み立てられた。先に紹介した三浦「透視の実験的研究」には「この実験は半ば年来の希望疑問とする処を試さんため半は元良博士の慫慂に出でたのである」とある。三浦は、彼の直接の師が松本亦太郎であること、併せて元良から示唆を得ていることを強調することで、自らの立ち位置を正統な心理学アカデミズム上に置いた。

丸亀での二度目の実験において、三浦は写真乾板と鉛の十字架を用いた透視実験を試みていた。すると、長尾与吉に拒絶された。このとき長尾は、次のように説明したという。「その理学的の試験丈けは止めて欲しい。理学的の実験は必ずして呉れるなと云う事は呉れ々々今度（二三日前）福来博士が頼んで置いて行かれたから。其の理由は理学的の試験などしては大切な透視の能力を損ずる恐れがあるからと云う事であった。そして福来博士に向って今度京都大学からこれこれの人が見えてこれこれの事をいたしましたと云う事を話したらそんな事をしてはいかぬ。そんな理学めいた試験やなぞをするのは無益だ。そんなことは行って見んでも一寸考えたらわかる事だ。それに理学的の様な試験に応じたら折角の透視の能力を失うかも知れぬから決して応じてはいけませせぬぞ」。

三浦がわざわざ「透視の実験的研究」で、新聞報道とは内容の異なるエピソードを披露しているのも、彼の立ち位置と関わる。物理学的知見に基づく実験心理学の発想から、福来がいかに逸脱しているかをアピールできるからである。そして福来は、すでにこの三浦のエピソードを裏づけるかのごとく「透覚の研究」（明治四三・一〇、『心の友』）で「私は透覚の如き五感で解する事の出来ぬ事実を五感を基とした心理学で説明することは全然不可能だと思う」「私は何処迄もメンタルポシビリチー（潜在精神）で解釈したいのである」と語っていた。

三浦は「透視の実験的研究」において、自らの厳密な実験のプロセスを強調しつつ「透視は事実であると云う事を茲に断言して憚らない」と宣言する。ただし、多様な学問ジャンルからのアプローチが必要であり、説明を急がず、あくまで事実の精査を第一とし、同様の現象があれば一致する点を比較するなどして慎重に結論を下すべきであるとして、さらに次のように述べる。

僅かに一回の研究で半年立つや立たずに根本的の結論を与えて天下に吹聴するならば学者の態度としては甚だ軽率と云わねばならぬ。科学の研究には未知を説明するに未知を以てするならば何の益もない。例えば文学博士大学助教授福来友吉氏の如きは無限のメンタルポスビリテーが縁に触れて活躍するのであるとか根本識即識元の状態に復るのであるとか或は心眼だとか六大神通の一だとか乃至潜在的精神無我一念の状態に依るのであるとか説明を与えて居られる。こんな説明なら甚だ容易である。けれどもこんな独断的な仮定的な神秘的なことを云った処で宗教か芸術ならそれも好かろうが学問としてはあまり益がない。近年は一般社会が余程神秘的迷信的に傾いて来たと云う事は事実である。これは決して喜ぶ可き現象ではない。……〈中略〉……学者の一挙一動は社会に影響する処が甚大であるから注意せねばならぬ。

このように三浦は、物理的な実験作法に基づく研究成果としての透視の実在を誇示しつつ、福来の主張と一線を画することを忘れない。この後、三浦の主張は同じ『藝文』誌上で修正されていった。まずは「透視の実験的研究」が掲載された翌月の『藝文』に掲載された、野上俊夫「透視の実験に就て」（明治四四・二、『藝文』二年二号）である。

野上は透視の有無を判断する注意点として、まず第一に「新聞雑誌の報道、又は他の学者若しくは実験者の述ぶる所を直ちに事実として信ず可からざること」を挙げる。第二に注意すべきは「物に関する実験と、人に関する実験との差より起る実験難易の度の相違」である。人間に関する実験の場合、被験者の人格を尊重する必要があると同時に、人格を無視して自然研究の一部分とみなすことが必要不可欠となる。そしてこのふたつの立場は、往々にして衝突し、矛盾を生ずる。第三としては「其の実験及び実験の結果の判断に対する主観的感情若しくは私心の混入」という問題がある。さらに野上は第四の注意点として「透視を行う人、若しくは之れと関係ある人人に於いて詐欺の行為が無きか否かという事」を問題とする。被験者と親しくなることで相手を信用してしまうゆえである。仮に詐欺がなかったとしても、被験者、または実験者やその周囲にいる人々の自己欺瞞が実験に誤謬を来たすと、野上は言う。

すでに指摘した報道の誤り、解釈の誤謬、詐欺といった問題と比較して、自己欺瞞は学者がもっとも陥りやすい誤謬である。今回の透視の研究においても、もっとも警戒し、注意すべきはこの点にある。よって、透視の実験にあっては、学者はきわめて慎重な態度が必要であり、結論を急がぬことが肝要だと野上は主張する。同時に、透視によって科学が破壊され、新たな精神的学問に取って代わるなどということはないとする。科学は、新事実の発見によって更新されてきた。「在来の学説は破壊するけれども、科学は決して破壊せぬ」のである。

以上の野上の論考を経由する形で、三浦「余が実験したる所謂千里眼」（明治四四・四、『藝文』二年四号）が公にされた。副題として「余は未だ千里眼の事実を認めず。透視を認むと言いし前言を取消す」と付されている。また括弧書きで「明治四十四年三月稿」とある。すでに千里眼問題が終焉しつつあるなか、この研究に預かった一人として責任態度を明らかにしておくため、筆を執ったと彼は言う。ではなぜ、いちど認めた事実を翻すのか。それは後の研究で、実験の手続きに根本的な欠陥があり、また実験結果に怪しむべき点があって、透視の事実認定が軽信即断であったことを発見したためであると三浦は言う。

三浦は野上の指摘を踏まえつつ、つぎのように反省してみせる。「自分は或る程度まで先方の人格を認めて取り懸り、先方の要求する条件にも或る程度まで応じて而も是れならば普通には確かと思われる範囲で行った。然し思うに透視と云う事は若し有りとするも極めて非常な事である。この非常な事に対するには非常の覚悟と非常な準備が必要である。自分の実験に於ては意外の悪意に対する防御と云う点に於て根本的の手落ちがあった。この点に於いて山川博士はその実験に於て完全に、用意に於て周到であったと思う。以上の理由により余が是迄透視感光の事実を認むと云う発表は全部取り消す」。

かくして問題は三浦個人の見解のなかに収斂され、京都帝国大学という組織的な関与の影は跡形もなく消滅した。野上が言うごとく、新聞報道を鵜呑みにしてはいけないのである。また、透視に関する判断基準も明記された。あくまでそれは、厳密な実験によってのみ保証されるものである。しかも人間を研究対象とする心理学的な実験は、きわめてハードルが高くなる。野上が提示した条件設定をクリアできないという理由で、三浦は前言を翻したことになるだろう。

また一方で注目すべきは、三浦が福来に対して示す、露骨なほどの嫌悪感である。実験心理学を基盤に発展の途上にあった心理学アカデミズムにあって、福来の主張は受け入れられるものではない。学問の方法論のレベルで、福来の逸脱は強く印象付けられた。変態心理学というフレームが問題だったのではない。科学的な証明の手続きそのものを否定した福来の姿勢にこそ、問題は内包されていた。

今村は山川の実験後、大阪朝日新聞の取材に応じて次のように述べている。「従来の実験から見れば厳密なる意味に於て手落のある事を予自身は認めて居るが左りとて……」「此の際自分は力めて冷静の考えを以て事の闡明に盡さねばならぬ　昨今の状態を見れば信ずる者も疑う者も激せるの余り常軌を逸せんとする虞がある　此は注意すべき事であろうと思う」（「今村博士の談」、明治四四・一・一九、大阪朝日新聞）。今村は自らの戒めを守るがごとく、以後、沈黙した。

おわりに

山川らの実験が頓挫したのち、東京朝日新聞の記者は懇意の友人一四、五名と千里眼について激論を交わしたという。その詳細が漱仙「千里眼の疑問」(明治四四・一・一六、東京朝日新聞)にまとめられている。議論の結果「今後幾度も極めて厳密なる学術的実験を経なければ有るとも無いとも断言することが出来ぬと云う論が大体に於て勝を制した」。そのなかで漱仙は、甲と乙の意見を取り上げる。乙は実験の不備を指摘するとともに、学者が研究する以上、徹底した疑念を抱いて実験を行わなければ「真正の事が分るものじゃない」と主張する。一方、甲の意見は次のとおりである。

自分は透視或は千里眼の如き能力が有り得可きものであるか有り得可からざるものであるかは知らぬ然し青山博士の如く実験もしない前から有り得可からざる事と断じて終うのは科学者の態度ではあるまいと思う従来は分つことが出来ないと信じられて居た原子が学術の進歩に依って分解された如く世の中には吾々の知って居る事実以外に何んなことがあるか分らない苟も科学者が科学万能などと信じて居る者はあるまいが現在の科学で分らないからと云って之を否定する理由は毫もない、何処までも事実が慥かであるか何うかを学術的に実験して見る必要がある、然し学者が之を実験する以上はあらゆる方面から観察して疑う可き点は何処迄も疑って実験せねばならぬのであるが今迄の実験だけでは仮に千里眼が有り得べき事実としても未だ学術的に証明するまでに進んで居らぬ巻に巻き起こった千里眼ブームは、科学認識をめぐる本質的な議論へと発展していた。右の甲の主張は、科学的な認知の階梯を踏んでいない対象については判断を保留するしかないという、きわめて穏当な結論を導き出している。甲の言うとおりであるならば、千里眼に関する研究は、東京での千鶴子の実験を契機に打ち切るべきだったのかもしれない。それが継続することになったのは、千里眼をめぐる一連の議論が時代の問題とリンクしたからである。

急速に進行する科学教育と、唯物論的な世界認識に疑問を抱く人々との落差。西欧の心霊学が流入することでにわかに活気づいた精神主義の主張。それと連動した催眠術ブームと、暗示療法にもとづく霊術の発生。あわせて、三浦や野上が指摘している新聞報道の問題も大きい。日露戦争以後、急速に発展した新聞メディアは、三面記事を読者獲得の武器とした。千里眼事件は、新聞メディアによって膨張し、物語化した側面を持つ。

一九一三（大正二）年八月、『透視と念写』（宝文館）を刊行して超常現象の実在を高らかに宣言した福来は、再度物理学者に実験を呼びかけるとともに、今村に参加を要請した。しかし今村は、応じなかった。物理学者もまた、誰一人手を挙げなかった。ふたたび福来と今村が顔を合わせたのは、一九二五（大正一四）年六月二七日、京都に本部を置く霊術団体、日本心霊学会の創立一八周年記念講演会の席上である。ふたりは、福来が「無我一念精神統一の妙味」、今村が「強迫観念と恐怖心」という演題で講演を行った。

日本心霊学会は「固定せる心理及生理学を超越したる「力」としての観念、即所謂念力を基としたる呼吸式感応式治療法」にもとづく実践的な心霊治療を特徴とする、霊術団体である。[18] 東京帝国大学を離れた福来は、関西移住後日本心霊学会との関係を深め、同学会の機関紙『日本心霊』に多くの論考を寄せた。それらの論考は『観念は生物なり』（大正一四）、『精神統一の心理』（大正一五）などにまとめられ、日本心霊学会出版部から刊行されている。日本心霊学会もまた、福来が唱えた観念＝生物説を巧みに治療理論に取り入れていったため、福来は当学会の理論的な主柱のごとき様相を呈していた。[19] 今村もまたこの団体との関係は深く、同じく日本心霊学会出版部から『神経衰弱に就て』（大正一五）を刊行している。同書は『日本心霊』に転載された先の講演筆記を、さらに改編したものである。また、日本心霊学会が出版社へ移行したときに、社名を「人文書院」と名づけたのは今村だった。

奇しくも千里眼事件から一五年後に、ふたりは再会する。このとき二人の間で何が話されたのか。今のところ、その内容はわかっていない。

註

（1）なお鈴木『リング』が知られるようになったのは、一九九八年の映画化が大きい。
（2）例えば一柳（一九九四）『〈こっくりさん〉と〈千里眼〉日本近代と心霊学』、寺沢龍（二〇〇四）『透視も念写も事実である　福来友吉と千里眼事件』、長山靖生（二〇〇五）『千里眼事件　科学とオカルトの明治日本』など。
（3）詳しくはアンリ・エレンベルガー（一九八〇）『無意識の発見　力動精神医学発達史』上下参照。
（4）一柳（一九九七）『催眠術の日本近代』。
（5）一柳（一九九四）『〈こっくりさん〉と〈千里眼〉日本近代と心霊学』。
（6）アンリ・エレンベルガー（一九八〇）『無意識の発見』下巻、四二三頁。
（7）長山（二〇〇五）『千里眼事件　科学とオカルトの明治日本』。
（8）元良「透視の実験と諸博士」、明治四三・一〇、『心の友』六巻一〇号。
（9）三浦「透視の実験研究」、明治四四・一、『藝文』二年四号。
（10）呉「透覚の研究」（一）、明治四三・九・一九、東京朝日新聞。
（11）小熊「千里眼を馬尾蜂にて説明するの愚」（明治四三・一二、『太陽』）、丘「千里眼馬尾蜂問題」（明治四三・一二・七、万朝報）、小熊「千里眼馬尾蜂問題」（明治四三・一二・二四、万朝報）、小熊「千里眼と馬尾蜂（再論）」（明治四四・四、『太陽』）など。
（12）三浦「透視の実験研究」。
（13）サトウタツヤ（二〇一〇）「心理学の中の論争」、西川泰男・高砂美樹編『改訂版心理学』所収。
（14）ただし大泉溥は「明治教学としての心理学の形成」（一九九八）（心理科学研究会歴史研究部会編『日本心理学史の研究』）において、福来の心理学について次のように指摘している。「彼の心理学は元良勇次郎のそれと対立するものではなく、むしろその精神物理学から出発して催眠心理を経て超心理の研究へと進んだものである。また、日常眼前の問題を科学的に解決しようとした点でも元良勇次郎の科学観を継承するものであった。いや、それだけではない。彼は元良勇次郎教授の葬儀で卒業生総代として弔辞を読んでおり、本来なら元良の後を襲い教授となる立場にあった。その後の研究が世間を惑わすものであり、研究テーマとして不適当だと決めつけ「物議を醸した」として退職に追い込んだのは誰なのか。もちろん、元良勇次郎教授ではない。元良は当時すでに重い病床にあった。したがって、これは前東大総長で物理学界の重鎮だった山川健次郎までも動かすことが可能だったもの、すなわち明治の教学、帝国大学アカデミズムだったということになる。」

(15)　佐藤達哉（二〇〇二）『日本における心理学の受容と展開』。
(16)　佐藤達哉・溝口元編（一九九七）『通史　日本の心理学』。
(17)　大泉「明治教学としての心理学の形成」。
(18)　渡辺藤交（一九二四）『心霊治療秘書』。
(19)　一柳（二〇一六）「田中守平と渡辺藤交　霊術家は〈変態〉か」、竹内瑞穂・「メタモ研究会」編『〈変態〉二十面相　もうひとつの近代日本精神史』所収。

あとがき

橋本　明

本書の序章で予告したように、この序章（と、この「あとがき」）を私が書くことになった経緯を説明しなければならない。編者の金森修氏から私に原稿依頼のメールが来たのは、二〇一四年一二月だった。その時まで、金森氏とは全く面識はなかったし、原稿依頼の「背後関係」がわからなかったのでいかにも唐突に感じたが、お引き受けすることにした。ただ、時々送られてくるメールから読みとれる、発刊期日を急いでいる様子が気になっていた。それが死期を悟っていた金森氏の隠されたメッセージだったと知るのは、ずいぶん時間が経ってからである。二〇一六年一月三〇日には、氏から執筆者全員に「ひょっとすると、一回もお会いできずに、ということもありえます」というメールが送信されている。それが現実のことになってしまった。二〇一六年五月末、金森氏逝去の数日後に、勁草書房編集部の橋本晶子氏から私にメールが来た。金森氏の「遺言」で、私に編者の代わりになってもらいたいというのである。この依頼も唐突に思われたが、「遺言」ならば引き受けるほかあるまい。それから、さらに一年以上が経過して、「あとがき」を書いているこの瞬間にも、金森氏の容貌も、声や話し方も、つまり身体に関わることはなにも知らないままだ。ネットで検索すれば、それなりの情報も集められようが、どうしてもそれができない。残されたメールの行間から、私なりに空想する「いつか会うかもしれない金森氏」のままであってほしい、という身勝手な感傷に浸っているからだろうか。

と、ここまで綴ってきたものの、序章を担当することになった経緯の核心部分は相変わらず語られていない。それを了解したのは、比較的最近の二〇一七年四月、勁草書房の会議室で開かれた最初で最後の執筆者同士による原稿検討会の時であった。私がそこではじめて知ったのは、本書の第五章を執筆されている奥村大介氏が、本書の成り立ちや執筆者の人選に深く関わっておられるということである。奥村氏とは某学会を通じてわずかながら接点があった。私に送られた唐突とも思えたいくつかの依頼メールは、いわば舞台裏で本書の完成にむけて尽力されていた奥村氏の周到なプランの一環だったということだろう。このあたりの事情も含めて、金森氏の研究姿勢や科学思想史に寄せる思いについては、奥村氏による本書の「附記」で詳細に述べられている。読者の方々には是非読んでいただきたい。

そもそも私は、金森氏だけではなく、本書の執筆者の大半の方々とも面識がなかった。だが、短期間ではあったものの『明治・大正期の科学思想史』という共通の課題に取り組んできて、いまは旧知の友のような気がしている。また、勁草書房の橋本晶子氏にはとてもお世話になった。編集の過程で何度もメールを交換しながら、適切なアドバイスをいただき、本書の完成に無事たどり着くことできた。そして最後に、科学思想史という視点から私自身の研究を捉えなおす機会を与えてくださった金森氏に改めてお礼を申し上げて、「あとがき」を結びたい。

附記

奥村大介

本書『明治・大正期の科学思想史』は金森修の編著としてこれまで勁草書房から刊行された『科学思想史』(二〇一〇年)、『昭和前期の科学思想史』(二〇一一年)、『昭和後期の科学思想史』(二〇一六年)とシリーズをなし、このシリーズの最終巻となる(本書を含む四冊を〈勁草・科学思想史〉シリーズと呼ぶことにしよう)。以下では、本書とシリーズ全体、さらには金森の編著全体との関わりや成立経緯、そして本書の基本的スタンスについて補足し、本書のために金森が執筆するはずであった論攷についても一言する(金森は私にとって師であり、先生とお呼びしたい気持ちがあるが、論集のなかで執筆者が編者に敬称をつけることは通例でない。以下、すべての人名の敬称を略する)。

成立経緯——金森の共同研究と編著論集

一九八〇年代の後半にフランス科学認識論関係の膨大な翻訳を手掛け、その後一九九〇年代初頭から旺盛な書き手として数多くの論攷・著書を世に問うてきた金森は、二〇〇〇年代初頭まで〈一匹狼〉を自任し、自らを〈リベラルな個人主義者〉と称しており、基本的には単独で研究を進め、単著の書き手であり続けた。金森には共著や分担執筆の作品も数多くあったが、論集の編者になる仕事は、行なわなかった。共同研究の中心となることも少数・小規模にとどまった。その金森に心境の変化があったのが二〇〇四年頃のことである。金森は当時二〇代や三〇代を中心とする若手の研究者に声をかけ、フランス系の科学論の共同研究を呼びかけた。それは「フランス科学文化論研究会」という集まりになり、二〇〇五年には文部科学省科学研究費補助金基盤研究（B）（2）「フランス科学文化論の歴史的展開及び現代的意義に関する思想史的・哲学的包括的研究」（課題番号17320003、研究代表・香川知晶）が採択された。そして、その後四年間にわたる共同研究の成果は『エピステモロジーの現在』（慶應義塾大学出版会、二〇〇八年）に結実した。これは金森が組織した大規模な共同研究として事実上初めてのものであり、この論集が金森にとって初の単編著となった。その後、金森は同様の手法で共同研究をオーガナイズし、勁草・科学思想史シリーズのほか、『合理性の考古学――フランスの科学思想史』（東京大学出版会、二〇一二年）、『エピステモロジー――20世紀のフランス科学思想史』（慶應義塾大学出版会、二〇一三年）という編著群を作った。いずれの編著論集にあっても、まず前提となる研究会が開催された。年に数回、金森の職場であった東京大学教育学部の大会議室、あるいはその他の大学や学士会館が会場となることもあったが、大きな部屋をとって基本的には論集の執筆者全員、ときに何名かのオブザーヴァーも参加して、朝から夕方まで議論する。論集の各章にあたる内容を執筆者が発表し、それを参加者全員で討論して、挙げられた意見を執筆者は持ち帰り、自身の原稿を加筆・修正する。これを数回経て、完成稿に到達する。だから、金森の編んだ論集は、一つの章は、編者のみならず、残りの章の執筆者全員の目を経た上で改稿されており、結果、どの論集のいずれの章も、質の高い査読を経て学術誌に掲載される論文と同じかそれ以上のクオリティを有していた（こうした研究会は、昼間は長時間にわたって、ときに手厳しい意見も飛び交うシヴィアな討議の場であったが、夕刻からは必ず懇親の席が設けられ、酒を愛し、知的な仲間との酒場での歓談を愛した金森がそれを研究会そのものと同じほどに楽しみにしていたことを書き添えよう）。

しかし、このような全執筆者参加の研究会による原稿の検討という方法を本書はとっていない。二〇一四年の夏、金森の病気が発覚した。実はこの時点で重病であることは判明していたのだが、その事実は限られた関係者のみが知るところであり、金森は研究・教育の仕事を続けながらの療養生活に入った。金森が本書の構想を練り始めたのは二〇一四年一二月頃のことである。私は本郷の研究室で、一二月八日に金森からこの構想を聞かされた。翌日から二週間ほどのうちに、金森と私の間で、扱うテーマや人選についてのやりとりが電子メールで十数往復している。この時期、金森はすでに病気の治療を受けていたが、まだそこまで切迫した状況ではなく、金森は論集のための研究会を開くことも念頭に置いていた。そして降誕祭の日に執筆者の陣容が確定。二〇一五年一月一二日に執筆者全員に本書の「趣意書」が金森からメール送信され、二〇一六年一二月を期日として、各人約一〇〇枚（四〇〇字原稿用紙換算）の原稿を用意するようにという指示がなされた。執筆者は約二年間のあいだに原稿を完成させることになったわけである。だが、この二年の月日を、金森は生きることが叶わなかった。懸命の治療／闘病が続けられたが、徐々に病状が悪化し、原稿検討のための研究会を開催することはついにできなかった。そして、二〇一六年五月二六日に金森は永眠する。それに先立つ五月一日、すでに病気の症状と治療の副作用とで苦痛は極限に達していたにもかかわらず、本書をシリーズ前三作と比べてもいささかも遜色のない論集たらしめようという編者としての強い使命感を抱き続けた金森は、執筆者全員に向けてメールを送り、実質的な編者を橋本明が引き継ぐこと、ただし編者名は企画・人選を行なった金森のままとすることなどを伝えた。そのメールの末尾には、残された時間が少ないことを悟っていた金森が書きつけた「私の〈魂〉が、書店でこの本を探し回る様子がいまから想像できます」という悲痛な一文がある。

このような経緯で成立した本書は、各原稿を金森と執筆者全員が検討する場を経ていないのみならず、金森自身が編者として目を通すことのできた完成原稿は一本もなかった。だが、金森は辛い療養のさなかにも、執筆者からのメールに常に応答し、執筆途中の原稿の方向性についての相談に丁寧にこたえ、編者としての助言を与えている。そして、金森の逝去した後、原稿が出そろった段階ですべての原稿データが全執筆者により共有され、自身の分担した章以外もすべての原稿に目を通すという作業が各執筆者によって行なわれた。その上で、担当編集者・橋本晶子の呼びかけにより、二〇一七年四月某日、国内各地に在住する執筆者全員が勁草書房の会議室に結集した（海外に在住していた執筆者は電子会議システムにより参加した）。諸般の事情から日程直前の呼びかけとなり、年度初頭の繁忙期であったにもかかわらず、首都圏以外に在住する執筆者も含めて全員が参加したことは、金森の遺志にこたえ、この論集をシリーズ前三冊と並べても決して見劣りのしない完成度に高めたいと願えばこそであったはずだ。ここでは、実質的な後継編者となった橋本明が中心となり、出たばかりの初校をもとに、各執筆者は自分の担当章についてプレゼンテーションを行ない、全参加者がそれに対して意見を出すという作業が、朝から夕刻まで、ほぼ不休で行なわれた。そこでは、かつて金森が東大の会議室で開催したときと同様に、無数の意見が飛び交い、それは各執筆者の原稿を確実にブラッシュアップしたはずである。金森が企画した本書の制作は、主《あるじ》の亡き後、このように進められた。その過程の最後まで金森が立ちあうことは叶わなかったが、金森が構想し、人選を行ない、企画の趣意書を起草して、すべての章の統一書式を作成し、執筆の基本的スタンスを執筆者全員で共有することを求め、病気加療中もつねにメールでのフォローアップを途絶えさせることなく、それは死の二五日前まで続けられた。そして、金森がこれまでの編著でとった編集／制作のスタイルを、金森亡き後、後継編者・編集者・執筆者全員が引き継いだ。金森自身の文章が一切収録されていないにもかかわらず、本書が金森修の編著として正真正銘のものである所以である。

基本スタンス

本書には、金森による序論・あとがきが附され、金森自身の論攷も収録される予定であった。だが、いずれも執筆する時間がないままに金森は世を去った。本書の企画ために作られた「趣意書」によれば、金森は序論のなかで本書のスタンスを説明する予定であった。それがもし書かれていたらどのような文章となったのかは、今となっては誰にも知り得ない。だが、勁草・科学思想史シリーズの最初の巻にあたる『科学思想史』の第一章「〈科学思想史〉の哲学」のなかで、金森は次のように述べている。

〈科学思想史〉の本当の研究対象は、自然というよりは〈自然についての知識のあり方〉、またはその〈作られ方〉である。〈科学思想史〉は、自然界の条理を探ろうとする人間の精神のあり方、つまり観察、概念構築、理論構成などを可能な限り緻密かつ複層的に捉えようとする。それは、こと概念世界に関する限り、最初から無関係なものとして排除する要素を最小限に留めようとする。何が関係しているのか、あるいは何が関係していないのかが、そう簡単には分からないからだ。その意味ではそれは文化的存在としての人間を、その全体性において把握しようとする。それは一種の哲学なのである。／しかもそれは単に後から見て正しいことが分かった理論群などを自然の厚みの中から拾うことに専念するのではない。〔……〕或る時点でそのように考えられたということを、人間史の一つの〈事実〉としてみるということだ。それが正しいか正しくないかに関係なく、或る一定の緊張感と理をもって考えられたものは、人間史の一種の〈事実〉である。だから、「何かを考えるなどということは別に大したことではなく、その考えたことが実在の構成原理を掴むか掴まないかということが大切なのだ」とする考え方を、科学思想史は採用しない。真理、半・真理、反・真理の混乱した海の中に溺れそうになっても、別に構わない。なぜならそれらは、人間によって考えられたことなのであり、それは、〈世界の条理〉と同じくらいに貴重なものだからだ。このようなスタンスをとることで、科学思想史は一種の文化史としての自己定位をするのである。（三六―三七頁、強調原文）

この〈科学思想史〉観は、その後の勁草・科学思想史シリーズの企画・編纂に際しても一貫して金森のなかにあった基調であるように思う。金森は本書のための「趣意書」のなかで、このシリーズが日本篇で三部作、西欧篇『科学思想史』と合わせて四部作をなすものとしている。したがって、シリーズ最終巻の本書の基本的スタンスも、文化の歴史をできるかぎり幅広く見渡し、そのなかに科学思想の歴史を位置づけるというもので、「趣意書」に書かれた金森の言い方を引用するなら「科学思想史は科学文化史でもあるという暗黙の前提を著者たちは共有している」ということになる。そして、このことは、本書が過度に専門的な記述となって科学思想史研究者にしか理解できないような論集となることを避け、「一般知識人が他の文化的文脈と関係づけながら通読しても面白いリーダブルなもの」（同「趣意書」）となることを金森が望んだこととも関係する。むろん、学問的な精確性や実証性を軽んずるという意味ではいささかもないが、こと本書について言えば、日本が科学思想を含む西欧の思想文化に出会い、その出会いが遭遇、対峙、咀嚼、展開といったさまざまな様相をとる〈明治〉という時代を考えようとする多くの読者に届き、読者を触発し、あるいは読者からの真摯な批判を得ることができるとすれば、このようなコンセプトのもとで書かれたもの以外ではありえないだろうという判断が金森にはあったはずだ。本書の著者たちは、こうした基本姿勢を共有し、原稿を準備した。このことは、さきに述べた原稿の相互検討のための研究会を開催した際にも確認された。

幻の論攷

最後に、本書に金森が執筆しようとした文章について一言しておきたい。先述のとおり、金森は序論とあとがきに加えて、これまでの金森の編著論集がすべてそうであったように、金森自身も一つの章を執筆する予定であり、それは「疾病の統治——明治の〈生政治〉」という仮のタイトルで構想されていた。金森が著書『〈生政治〉の哲学』（ミネルヴァ書房、二〇一〇年）で独自の吟味を加えた〈生政治〉概念を背景として、明治期の健康政策を見ようとするもので、具体的な疾患としてはコレラと脚気が想定されていた。それらの病気についての明治政府の対応や、当時の社会で議論されたことの言説分析を行ない、公衆衛生学という学問に伏在する統治思想を解明しようとするものであったことが「趣意書」のなかで示されている。かねてより後藤新平（一八五七［安政四］―一九二九［昭和四］年）に対する興味を語っていた金森らしい構想で、ミシェル・フーコー（Michel Foucault, 1926-84）の〈生政治〉概念に精通していた金森の目に、明治の権力や統治はどのように見えたのだろうか。今となっては知る術がない。結局、この論攷は完成を見ず、本書は金森の編著のなかでただ一冊、金森自身が分担する章のない構成となった。

金森　修　遺伝子改造　四六判　三〇〇〇円
金森　修　自然主義の臨界　四六判　三〇〇〇円
金森　修　負の生命論　認識という名の罪　四六判　二五〇〇円
金森　修　フランス科学認識論の系譜　カンギレム・ダゴニェ・フーコー　四六判　三三〇〇円
金森　修編著　科学思想史　A5判　六六〇〇円
金森　修編者　昭和前期の科学思想史　A5判　五四〇〇円
金森　修編者　昭和後期の科学思想史　A5判　七〇〇〇円
金森　修
中島秀人編著　科学論の現在　A5判　三五〇〇円
廣野喜幸
市野川容孝編著　生命科学の近現代史　四六判　三四〇〇円
林　真理
森岡正博　生命学に何ができるか　脳死・フェミニズム・優生思想　四六判　三八〇〇円
森岡正博　生命学への招待　バイオエシックスを超えて　四六判　二七〇〇円
小松美彦　死は共鳴する　脳死・臓器移植の深みへ　四六判　三〇〇〇円
香川知晶　生命倫理の成立　人体実験・臓器移植・治療停止　四六判　二八〇〇円
香川知晶　死ぬ権利　カレン・クインラン事件と生命倫理の転回　四六判　三三〇〇円

＊表示価格は二〇一七年八月現在。消費税は含まれておりません。

編者略歴

1954年札幌生まれ.
東京大学大学院人文科学研究科博士課程単位取得退学, 博士（哲学・パリ第一大学）.
筑波大学講師, 東京水産大学助教授などを経て, 東京大学大学院教育学研究科教授.
専門は, フランス哲学, 科学思想史, 生命倫理学.
著書に,『バシュラール』(講談社, 1996年),『サイエンス・ウォーズ』（東京大学出版会, 2000年：新装版, 2014年),『科学的思考の考古学』（人文書院, 2004年),『〈生政治〉の哲学』（ミネルヴァ書房, 2010年),『科学の危機』（集英社, 2015年),『知識の政治学』（せりか書房, 2015年),『科学思想史の哲学』（岩波書店, 2015年）他.
2016年５月, 逝去.

明治・大正期の科学思想史

2017年８月10日　第１版第１刷発行

編　者　金《かな》　森《もり》　　修《おさむ》
発行者　井　村　寿　人

発行所　株式会社　勁《けい》　草《そう》　書　房

112-0005　東京都文京区水道2-1-1　振替　00150-2-175253
電話（編集）03-3815-5277／FAX　03-3814-6968
電話（営業）03-3814-6861／FAX　03-3814-6854
港北出版印刷・牧製本

ISBN978-4-326-10261-7　　Printed in Japan

＊落丁本・乱丁本はお取替いたします。
http://www.keisoshobo.co.jp

執筆者紹介

編者

金森　修（かなもり　おさむ）
1954年北海道出身
東京大学大学院人文科学研究科博士課程単位取得退学
博士（哲学・パリ第一大学）
筑波大学講師、東京水産大学助教授などを経て、東京大学大学院教育学研究科教授
専門　フランス哲学、科学思想史、生命倫理学
著書
『バシュラール』講談社、1996年
『サイエンス・ウォーズ』東京大学出版会、2000年：新装版、2014年
『科学的思考の考古学』人文書院、2004年
『〈生政治〉の哲学』ミネルヴァ書房、2010年
『科学の危機』集英社、2015年
『知識の政治学』せりか書房、2015年
『科学思想史の哲学』岩波書店、2015年
他
編著
『エピステモロジーの現在』慶應義塾大学出版会、2008年
『科学思想史』勁草書房、2010年
『昭和前期の科学思想史』勁草書房、2011年
『合理性の考古学』東京大学出版会、2012年
『エピステモロジー』慶應義塾大学出版会、2013年
『昭和後期の科学思想史』勁草書房、2016年
2016年5月、逝去

執筆者

橋本　明（はしもと　あきら）
1961年静岡県出身
東京大学大学院医学系研究科博士課程中退
博士（医学・東京大学）
東京都立大学人文学部助手、山口県立大学看護学部助教授などを経て、現在、愛知県立大学教育福祉学部教授
専門　精神医療史
著書
『治療の場所と精神医療史』（編著）日本評論社、2010年
『精神病者と私宅監置』六花出版、2011年
W. Ernst (ed.) *Work, Psychiatry and Society, c. 1750–2015*（分担執筆）Manchester University Press, 2016年
他

執筆者紹介

金子　亜由美（かねこ　あゆみ）
1983年茨城県出身
早稲田大学大学院文学研究科人文科学専攻日本語・日本文学コース博士後期課程単位取得満期退学
博士（文学・早稲田大学）
現在、日本大学経済学部非常勤講師ほか
専門　日本近代文学
主要論文
「『草迷宮』における「感情」の形象化――「声」と「まなざし」の効果を中心に」『日本文学』9月号、2015年
「一坪半の異界――泉鏡花と小さな生き物たち」『生物学史研究』No. 94、2016年
他

夏目　賢一（なつめ　けんいち）
1974年大阪府出身
東京大学大学院総合文化研究科博士課程単位取得満期退学
博士（学術・東京大学）
東京大学共生のための国際哲学交流センター研究員などを経て、現在、金沢工業大学基礎教育部准教授
専門　科学技術史、科学技術社会論
著書
金沢工業大学・科学技術応用倫理研究所編『本質から考え行動する科学技術者倫理』（共著）白桃書房、2017年
論文
「1950-60年代日本における産学協同の推進と批判」『科学技術社会論研究』第13号、32-47、2017年
他

藤原　辰史（ふじはら　たつし）
1976年北海道出身
京都大学人間・環境学研究科博士過程中退
博士（人間・環境学）
京都大学人文科学研究所助手、東京大学農学生命科学研究科講師を経て、現在、京都大学人文科学研究所准教授
専門　農業史、環境史、ドイツ現代史
著書
『決定版　ナチスのキッチン――「食べること」の環境史』共和国、2016年
『稲の大東亜共栄圏――帝国日本の「緑の革命」』吉川弘文館、2012年
『カブラの冬――第一次世界大戦期ドイツの飢饉と民衆』人文書院、2011年

米家　泰作（こめいえ　たいさく）
1970年奈良県出身
京都大学大学院文学研究科博士後期課程修了
博士（文学・京都大学）
日本学術振興会特別研究員、愛知県立大学文学部講師・助教授を経て、現在、京都大学大学院

文学研究科准教授
専門　歴史地理学
著書
『中・近世山村の景観と構造』校倉書房、2002 年
A Landscape History of Japan（分担執筆）、京都大学学術出版会、2010 年
訳書
『モダニティの歴史地理』（共訳）、古今書院、2005 年

奥村　大介（おくむら　だいすけ）
神奈川県出身
慶應義塾大学大学院文学研究科博士課程単位取得退学
修士（哲学・慶應義塾大学）
日本学術振興会特別研究員、慶應義塾大学・東京大学非常勤講師を経て、現在、東京大学特任研究員、明治大学兼任講師、明治学院大学非常勤講師
専門　文化史、比較文学、科学思想史
著書
今村純子責任編集『現代詩手帖特集版　シモーヌ・ヴェイユ』（共著・編集）、思潮社、2011 年
化学史学会編『化学史事典』（分担執筆）、化学同人、2017 年
訳書
レイノルズ&マコーミック『20 世紀ダンス史』（共訳）、慶應義塾大学出版会、2014 年
他
論文
「ささめく物質――物活論について」（『現代思想』2014 年 1 月号）
「青空の見える窓――金子國義の部屋」（『ユリイカ』2015 年 7 月臨時増刊号）
他

中尾　麻伊香（なかお　まいか）
神奈川県出身
東京大学大学院総合文化研究科修了
博士（学術・東京大学）
日本学術振興会特別研究員、マックス・プランク科学史研究所ポストドクトラルフェロー、コロンビア大学客員研究員などを経て、現在、立命館大学衣笠総合研究機構専門研究員
専門　科学史、科学文化論
著書
『核の誘惑――戦前日本の科学文化と「原子力ユートピア」の出現』勁草書房、2015 年

一柳　廣孝（いちやなぎ　ひろたか）
1959 年愛知県出身
名古屋大学大学院文学研究科博士後期課程満期退学
博士（文学・名古屋大学）
名古屋経済大学専任講師などを経て、現在、横浜国立大学教育学部教授
専門　日本近現代文学・文化史
著書
『〈こっくりさん〉と〈千里眼〉――日本近代と心霊学』講談社、1994 年

執筆者紹介

『催眠術の日本近代』青弓社、1997 年
『オカルトの帝国―― 1970 年代の日本を読む』(編著)、青弓社、2006 年
『無意識という物語――近代日本と「心」の行方』名古屋大学出版会、2014 年
竹内瑞穂＋「メタモ研究会」編『〈変態〉二十面相――もうひとつの近代日本精神史』(分担執筆)、2016 年、六花出版
『怪異の時空』全 3 巻 (監修)、2016 年、青弓社
他

人名索引

事項索引

文献表

第一章

安西敏三（1995）『福沢諭吉と西欧思想』名古屋大学出版会
アンダーソン，B.（1997：原著 1983）『増補版　想像の共同体　ナショナリズムの起源と流行』白石隆／白石さや訳，NTT 出版
板倉聖宣（2009）『増補　日本理科教育史』仮説社
植手通有（1974）『日本近代思想の形成』岩波書店
上田博・瀧本和成編（2001）『明治文芸館Ⅰ　新文学の機運　福澤諭吉と近代文学』嵯峨野書院
大久保利謙（1988）『明治の思想と文化』吉川弘文館
興津要（1960）『転換期の文学——江戸から明治へ』早稲田大学出版部
興津要（1993）『仮名垣魯文——文明開化の戯作者』有隣堂
柄谷行人（1988）『日本近代文学の起源』講談社
柄谷行人（2002）『日本精神分析』文藝春秋社：講談社，2007 年
甘露純規（2011）『剽窃の文学史』森話社
國學院大學明治初期文学研究会編『明治初期文学資料集』（國學院大學文学部日本文学第 8 研究室／2006 年）
國學院大學仮名垣魯文研究会編『幕末・開化期文学資料集』（國學院大學文学部日本文学第 1015 研究室／2010 年）
三枝博音（1944）『技術史研究』十一組出版部、『三枝博音著作集』11 巻，中央公論社
三枝博音（1956）『日本の唯物論者』英宝者，『三枝博音著作集』11 巻，中央公論社
坂本多加雄（1991）『市場・道徳・秩序』創文社
佐々木力（1997）『学問論 ポストモダニズムに抗して』東京大学出版会
絓秀実（1995）『日本近代文学の〈誕生〉——言文一致運動とナショナリズム』太田出版
絓秀実（2001）『「帝国」の文学——戦争と「大逆」の間』以文社
絓秀実（2008）『吉本隆明の時代』作品社
絓秀実（2014）『天皇制の隠語《ジャーゴン》』航思社
周程（2010）『福澤諭吉と陳独秀　東アジア近代科学啓蒙思想の黎明』東京大学出版局
多田顕（1977）「福沢諭吉と自由の概念」『福澤諭吉年鑑』4，27-43
谷川恵一（2008）『歴史の文体　小説のすがた——明治期における言説の再編成』平凡社
辻哲夫（1973）『日本の科学思想——その自立への模索』中央公論社

土屋礼子（2002）『大衆紙の源流――明治期小新聞の研究』世界思想社
平岡敏夫（1992）『日本近代文学の出発』塙書房
西田谷洋（2010）『政治小説の形成――始まりの近代とその表現思想』世織書房
野崎左文（1927）『私の見た明治文壇』春陽堂
平田由美（1995）「ワシントン豪傑物語――蘭学はいかにして婦女童蒙むけ海外知識《からっぱなし》になるか」『人文学報』第75号，61-86
平山洋（2008）『福澤諭吉――文明の政治には六つの要訣あり』ミネルヴァ書房
廣重徹（1973）『科学の社会史』中央公論社
福澤諭吉『福澤諭吉全集』全21巻・別巻（岩波書店）
前田愛（1972）『幕末・維新期の文学』法政大学出版局，『前田愛著作集』第1巻，筑摩書房
前田愛（1973）『近代読者の成立』有精堂，『前田愛著作集』第2巻，筑摩書房
松原真（2013）『自由民権運動と戯作者――明治一〇年代の仮名垣魯文とその門弟』和泉書院
丸山真男（1942）「福澤諭吉の儒教批判」『丸山眞男集』2巻，139-161
丸山真男（1947）「福澤における「実学」の転回――福澤諭吉の哲学研究序説」『丸山眞男集』3巻，107-131
丸山真男（1947）「福沢諭吉の哲学――とくにその時事批判との関連」『丸山眞男集』3巻，163-204
柳田泉（1965）『明治初期の文学思想』上下，春秋社
山本正秀（1965）『近代文体発生の史的研究』岩波書店
ラクラウ，E／ムフ，C（2012：原著1985）『民主主義の革命――ヘゲモニーとポスト・マルクス主義』西永亮／千葉眞訳，筑摩書房
和田繁二郎（1973）『近代文学創成期の研究――リアリズムの生成』桜楓社

第二章

赤塚徳郎（1993）『スペンサー教育学の研究』東洋館出版社
阿部武司（2006）「殖産興業」『歴史学事典――所有と生産』第13巻，弘文堂，294-295
石川千代松（1905）「武士道と淘汰説」秋山梧庵編『現代大家武士道叢論』博文館，426-428
井上勲（2004）「文明開化」『歴史学事典――宗教と学問』第11巻，弘文堂，583
井上哲次郎（1905）「現代大家武士道叢論序」秋山梧庵編『現代大家武士道叢論』博文館，1-2
遠藤芳信（1994）『近代日本軍隊教育史研究』青木書店
大蔵省（1937）『明治大正財政史』第5巻，財政経済学会
大淀昇一（2009）『近代日本の工業立国化と国民形成』すずさわ書店
大日方純夫（1999）「富国強兵」『歴史学事典――戦争と外交』第7巻，弘文堂，614-

加藤弘之（1912）『自然と倫理』実業之日本社
菊池寛（1943）『明治文明綺談』六興商会出版部
北九州市立自然史・歴史博物館編（2009）『安川敬一郎日記』第 2 巻，北九州市立自然史・歴史博物館
木下秀明（1982）『兵式体操からみた軍と教育』杏林書院
九州工業大学編（1959）『五十年——開学五十周年記念』九州工業大学
九州工業大学百年史編集委員会編（2009a）『九州工業大学百年史——通史編』明専会
九州工業大学百年史編集委員会編（2009b）『九州工業大学百年史——資料編』明専会
桑木彧雄（1944）『科学史考』河出書房
桜井懋（1967）『山川浩』大日本印刷
参謀本部（1915）『明治卅七八年日露戦史』第 6 巻，偕行社
下出隼吉（1925）「明治社会学史資料」『社会学雑誌』第 18 号，68-80
尚友倶楽部史料調査室・小宮京・中澤俊輔編（2014）『山川健次郎日記——印刷原稿第一～第三，第十五』芙蓉書房
鈴木淳（2006）「富国強兵」『歴史学事典——所有と生産』第 13 巻，弘文堂，525-526
大日本工業学会編（1940）『手島精一先生遺稿』大日本工業学会
田代茂樹（1992）「田代茂樹——必要ならどんなに高値でも」日本経済新聞社編『私の履歴書：昭和の経営者群像』第 4 巻，日本経済新聞社，153-226
辰野隆（1947）『青春回顧』酣灯社
田中治彦（1995）『ボーイスカウト——二〇世紀青少年運動の原型』中央公論社
田中彰（2000）『北海道と明治維新——辺境からの視座』北海道大学図書刊行会
帝国議会貴族院（1916）「第三十七回帝国議会貴族院　理化学ヲ研究スル公益法人ノ国庫補助ニ関スル法律案特別委員会議事速記録第一号」大正 5 年 2 月 27 日
手島精一（1876）「教育論　英国スペンセル氏教育書抄」『教育雑誌』第 82 号（明治 9 年 3 号），21-25
手島精一（1909）「商人道と武士道」『日本及日本人』第 517 号，24-28
東京大学百年史編集委員会編（1984）『東京大学百年史——資料編一』東京大学出版会
日本統計協会（1987）『日本長期統計総覧』第 1 巻，日本統計協会
日本統計協会（1988）『日本長期統計総覧』第 5 巻，日本統計協会
花見朔巳編（1939）『男爵山川先生伝』故男爵山川先生記念会
日比野利信（2011）「解題　大正時代の安川敬一郎（上）」北九州市立自然史・歴史博物館編『安川敬一郎日記』第 3 巻，北九州市立自然史・歴史博物館，①-⑫
平岩昭三（2003）『検証藤村操——華厳の滝投身自殺事件』不二出版
平田諭治（1991）「第一回万国道徳教育会議における日本政府参加の経緯と影響関係」『日本の教育史学：教育史学会紀要』第 34 集，97-110
飽翁道人（1902）『英文・武士道評論』裳華房

北条時敬（1913）「ボーイ，スカウトに就きて」広島高等師範学校教育研究会編『教育研究会講演集』第 6 集，広島高等師範学校教育研究会，18-33
星亮一（2007）『明治を生きた会津人　山川健次郎の生涯――白虎隊士から帝大総長へ』筑摩書房
松原厚（1938）「薄田中尉と私」薄田精一『万年中尉』富強日本社
瑞穂太郎（1898a）「発軔の声」『武士道』第 1 号，1-5
瑞穂太郎（1898b）「武士道」『武士道』第 2 号，1-5
三好信浩（1999）『手島精一と日本工業教育発達史』風間書房
明治鉱業株式会社社史編纂委員会編（1957）『社史　明治鉱業株式会社』明治鉱業株式会社
文部省（1979）『資料　臨時教育会議』第 2 集，文部省
安川敬一郎（1909）「明治専門学校設立趣旨」『私立明治専門学校一覧――自明治四十三年至同四十四年』明治専門学校（1911），47-49
安川撫松（1935）『撫松余韻』松本健次郎
山内晴子（2010）『朝河貫一論』早稲田大学出版部
山川健次郎（1889）「物理学ヲ学ブ者ノ心得（明治二十二年二月）」故山川男爵記念会編『男爵山川先生遺稿』故山川男爵記念会（1937），665-668
山川健次郎（1901）「卒業式祝辞（明治三十四年七月）」『男爵山川先生遺稿』183
山川健次郎（1904）「帝国大学令公布記念祝賀式演説（明治三十七年三月）」『男爵山川先生遺稿』184-187
山川健次郎（1905）「帝国大学令公布記念祝賀式演説（明治三十八年三月）」『男爵山川先生遺稿』187-193
山川健次郎（1906）「学生諸君に告ぐ（明治三十九年二月）」『男爵山川先生遺稿』194-199
山川健次郎（1909a）「訓示（明治四十二年四月一日仮開校式に於て）」『私立明治専門学校一覧――自明治四十三年至同四十四年』明治専門学校（1911），50-63
山川健次郎（1909b）「ジェントルマン（明治四十二年七月）」『男爵山川先生遺稿』285-289
山川健次郎（1910a）「明治教育史上現文部省の罪悪として特筆大書す可き事項（明治四十三年八月）」『男爵山川先生遺稿』598-599
山川健次郎（1910b?）「自殺論（明治四十三年？）」『男爵山川先生遺稿』747-751
山川健次郎（1911a）「千里眼実験録の序文に代へたる書状（明治四十四年一月）」『男爵山川先生遺稿』756-577
山川健次郎（1911b）「学生へ訓示（明治四十四年四月）」『男爵山川先生遺稿』235-239
山川健次郎（1911c）「教育者懇親会席上演説（明治四十四年四月）」『男爵山川先生遺稿』600-603
山川健次郎（1912）「第一回卒業式に於ける告辞（明治四十五年七月）」『男爵山川先生遺稿』242-245

山川健次郎（1913a）「第二回卒業式に於ける告辞——露国に於ける猶太人虐待（大正二年）」『男爵山川先生遺稿』245-251
山川健次郎（1913b）「第一回卒業式に於ける訓示（大正二年三月）」『男爵山川先生遺稿』319-323
山川健次郎（1913c）「新入学生宣誓式に於ける告辞（大正二年十月）」『男爵山川先生遺稿』199-202
山川健次郎（1914）「宣誓式に於ける訓示（大正三年九月）」『男爵山川先生遺稿』232-234
山川健次郎（1916）「東京帝国大学々生入学宣誓式に於ける山川総長の告辞」『学士会月報』345号（1），17-20
山川健次郎（1917a）「結婚を勧む（大正六年三月）」『男爵山川先生遺稿』735-737
山川健次郎（1917b）「尚武教育（大正六年五月）」『男爵山川先生遺稿』684-688
山川健次郎（1917c）「宣誓式に於ける演説（大正六年十月）」『男爵山川先生遺稿』211-214
山川健次郎（1918）「休戦条約締結祝賀会の演説（大正七年十一月）」『男爵山川先生遺稿』221-223
山川健次郎（1919a）「帝国大学令公布記念日祝賀式に於ける演説（大正八年三月）」『男爵山川先生遺稿』223-226
山川健次郎（1919b）「無形的軍備の拡張——国際連盟の将来如何（大正八年三月）」『男爵山川先生遺稿』359-362
山川健次郎（1920）「第八回卒業式に於ける演説（大正九年三月）」『男爵山川先生遺稿』365-367
山川健次郎（1922a）「昇格案議事録（大正十一年三月）」『男爵山川先生遺稿』615-626
山川健次郎（1922b）「会津振興策に就て（大正十一年十月）」『男爵山川先生遺稿』139-141
山川健次郎（1923）「愛国心と尚武心（大正十二年六月）」『男爵山川先生遺稿』468-469
山川健次郎（1925a）「国家興隆の基礎——国本社千葉支部設立を喜びて（大正十四年五月）」『男爵山川先生遺稿』479-488
山川健次郎（1925b）「日本勃興の武器（大正十四年六月）」『男爵山川先生遺稿』488-499
山川健次郎（1926a）「武士道（大正十五年三月）」『男爵山川先生遺稿』511-522
山川健次郎（1926b）「職員学生に対する訓示要旨（大正十五年十月）」『男爵山川先生遺稿』379-381
山川健次郎（1926c）「歓迎会席上訓話要旨（大正十五年十月）」『男爵山川先生遺稿』381-383
山川健次郎（1929a）「日本国の使命（昭和四年四月）」『男爵山川先生遺稿』708-719
山川健次郎（1929b）「マルクス主義は科学にあらず（昭和四年九月）」『男爵山川先

生遺稿』543-548
山川健次郎（1929c）「六十年前外遊の思出」『男爵山川先生遺稿』42-73
山川健次郎（1929d）「乃木大将の殉死（昭和四年十二月）」『男爵山川先生遺稿』552-557
山川健次郎（1929e）「武士道に就て（昭和四年十二月）」『男爵山川先生遺稿』557-573
山川健次郎（1937）「欧洲大戦争の三大教訓」『男爵山川先生遺稿』391-396
山川健次郎顕彰会（2013）『評伝山川健次郎——士君子の肖像』山川健次郎顕彰会
與謝野晶子（1918）「粘土自像」『太陽』第24巻1号，72-80
渡辺正雄（1960）「山川健次郎とエール大学の関係」『科学史研究』第53号，9-13
渡辺正雄（1961）「物理学者としての山川健次郎」『科学史研究』第57号，22-28
渡辺正雄（1976）『日本人と近代科学——西洋への対応と課題』岩波書店
Chittenden, Russell H.（1928）*History of the Sheffield Scientific School of Yale University 1846-1922*, New Haven: Yale University Press.
Fiske, John（1894）*Edward Livingston Youmans: Interpreter of Science for the People*, New York: D. Appleton.
Nitobe, Inazo（1905）*Bushido: The Soul of Japan*, revised ed. New York: G. P. Putnam's Sons.
Page, Edward D. et al. eds.（1912）*Record of the Class of 1875: Sheffield Scientific School Yale University*. New Haven: Tuttle, Morehouse and Taylor.
Sheffield Scientific School of Yale College（1876）*Eleventh Annual Report of the Sheffield Scientific School of Yale College, 1875-76*, New Haven: Tuttle, Morehouse and Taylor.
Spencer, Herbert（1864）*The Classification of the Sciences: to which are Added Reasons for Dissenting from the Philosophy of M. Comte*, New York: D. Appleton.
Spencer, Herbert（1864-67）*The Principles of Biology*, 2 vols., New York: D. Appleton.
Youmans, Edward（1872）"Editor's Table," *Popular Science Monthly*, vol. 1, 113-117.（unsigned）

第三章

秋岡伸彦（1996）「ドキュメント横井時敬——その足跡を「読売」記事でたどる」金沢夏樹／松田藤四郎編著『稲のことは稲にきけ——近代農学の始祖横井時敬』家の光協会
飯沼二郎（1974）「日本における近代農学の成立——林遠里と横井時敬」『人文学報』第37号
飯沼二郎（1995）「農学栄えて農業亡ぶ——横井時敬と近代農学」日本農業研究所研究報告『農業研究』第8号
石黒成男（1927）「横井先生を弔ふの記」『大日本農会』第565号
小倉武一（1953）『近代日本農政の指導者たち』農林統計協会

文献表（第三章）

小野武夫（1927）「横井博士と日本の社会」『大日本農会』第565号
金沢夏樹（1972）「横井時敬と農業経営学」東京農業大学農業経済学会『農村研究』第33，34合併号
金沢夏樹／松田藤四郎編著（1996）『稲のことは稲にきけ――近代農学の始祖横井時敬』家の光協会
川上正道（1957）「横井時敬の農業経済学説（上）――現代日本農業理論の源流――」東京農業大学農業経済学会『農村研究』第8号
川上正道（1959）「横井時敬の農業経済学説（下）――現代日本農業理論の源流――」東京農業大学農業経済学会『農村研究』第11号
川上正道（1972）「横井時敬博士の小農論」『東京経大学会誌』第76号
熊澤恵理子（2011）「駒場農学校英人化学教師エドワード・キンチ」『農村研究』第113号
クロポトキン，ピョートル・アレクセイヴィッチ（1970）『クロポトキンⅡ』長谷川進，磯谷武郎訳，三一書房
小林政一（1971）「横井時敬博士の農政思想Ⅰ」『山梨大学教育学部研究報告』第20号
小林政一（1972）「横井時敬博士の農政思想Ⅱ」『山梨大学教育学部研究報告』第21号
社会政策学会（1976）『明治大正農政経済名著集一三　小農保護問題』農山漁村文化協会
佐藤寛次（1927）「横井博士の追憶」『大日本農会報』第165号
絓秀実／木藤亮太（2017）『アナキスト民俗学――尊皇の官僚・柳田国男』筑摩選書
須々田黎吉（1972）「横井時敬の塩水撰種法」東京農業大学農業経済学会『農村研究』第33，34合併号，東京農業大学農業経済学会
武内哲夫（1960）「農本主義と農村中産層」『島根農科大学研究報告』第8号
大日本農会（1925）『横井博士全集』第1巻―第10巻，横井全集刊行会
筑波常治（1961）『日本人の思想――農本主義の世界』三一書房
綱沢満昭（1994）『日本の農本主義』紀伊國屋書店
東京農大榎本・横井研究会編（2008）『榎本武揚と横井時敬――東京農大二人の学祖』東京農大出版会
東畑精一（1955）「横井時敬」中山伊知郎編『経済学大辞典』東洋経済新報社
友田清彦（2009）『横井時敬の足跡と熊本』東京農大出版会
友田清彦（2011）『生誕一五〇年記念　横井時敬の遺産』東京農大出版会
西村卓（1997）『「老農時代」の技術と思想――近代農事改良史研究』ミネルヴァ書房
橋本伝左衛門他編（1931）『横井時敬先生記念論文集　農業経済の理論と実際』明文堂
橋本伝左衛門（1973）『農業経済の思い出』橋本先生長寿記念事業会
藤原辰史（2014a）「戦争を生きる」山室信一，岡田暁生，小関隆，藤原辰史編『現代の起点　第一次世界大戦』岩波書店

藤原辰史（2014b）『食べること考えること』共和国
福田徳三（1914）「欧州戦乱期に於けるイギリス，フランス両国大小農制度に関するアーサー　ヤングの研究」社会政策学会『明治大正農政経済名著集一三　小農保護問題』農山漁村文化協会
村上保男（1965a）「横井時敬論（1）――ロマン的農政学」『社会科学論集』埼玉大学経済研究室
村上保男（1965b）「横井時敬論（2）――ロマン的農政学」『社会科学論集』埼玉大学経済研究室
山田龍雄（1972）「L・L・ゼーンスと横井時敬博士」『農村研究』第33，34合併号，東京農業大学農業経済学会
横井時敬（1882）「塩水ヲ以テ稲種ヲ水選スル法」『大日本農会報告』14号
横井時敬（1891）『興農論集』農学会
横井時敬（1891）『重要作物塩水撰種法』産業時論社
横井時敬（1892）『農業読本　上下』博文館
横井時敬（1907）『小説　模範町村』読売新聞社
横井時敬（1917）『合関率』成美堂書店
横井時敬（1927）『小農に関する研究――日本の農業及農村に関する根本的研究』丸善
横山健堂（1911）『旧藩と新人物』敬文堂

第四章

朝日新聞社（1906）『満韓巡遊船』朝日新聞社
足立栗園（1894）『朝鮮志』益友社
網島聖（2010）「明治後期地方都市における商工名鑑的「繁昌記」の出版――山内實太郎編『松本繁昌記』を事例に」『史林』93巻6号，837-862
荒川五郎（1906）『最近朝鮮事情』清水書店
有山輝雄（2002）『海外観光旅行の誕生』吉川弘文館
李重煥（2006）『択里志――近世朝鮮の地理書』平木 實訳，平凡社
李成市（2004）「コロニアリズムと近代歴史学――植民地統治下の朝鮮史編修と古蹟調査を中心に」，寺内威太郎ほか『植民地主義と歴史学――そのまなざしが残したもの』刀水書房，71-103
石幡貞（1878）『朝鮮帰好余録』日就社
伊藤長次郎（1905）『韓国及九州談』（自家出版）
植村寅（1919）『青年の満鮮産業見物』大阪屋号書店
宇津木貞夫（1883）『鶏林地誌』内外兵事新聞局
大田才次郎（1894）『新撰朝鮮地理誌』博文館
太田敬孝（1894）『清韓沿海沿江地名箋』水交社
岡田俊裕（2011）『日本地理学人物事典　近代編1』原書房

小川隆三（1901）『渡韓見聞録』静岡民友新聞社
小田内通敏（1925）「朝鮮の人文地理学的諸問題」『地理学評論』1巻6号，1-19
小田部雄次（1988）『徳川義親の十五年戦争』青木書店
学習院輔仁会（1907）『満韓旅行記念号』輔仁会雑誌71号別冊，学習院
香月源太郎（1902）『韓国案内』青木嵩山堂
金森修編（2010）『科学思想史』勁草書房
川合一郎（2006）「明治・大正期における雑誌『歴史地理』――同時代の研究者による評価を中心に」『歴史地理学』48巻4号，19-42
川合一郎（2011）「喜田貞吉の歴史地理学――未発表の講演録・講義ノートの分析を中心に」『人文地理』63巻5号，431-446
神田孝治（2003）「日本統治期の台湾における観光と心象地理」『東アジア研究』（大阪経済法科大学）36号，115-135
神田孝治（2011）「日本統治期台湾における国立公園の風景地選定と心象地理」『歴史地理学』53巻3号，1-26
魏徳文・高博棋・林春吟・黄清琉（2008）『測量臺湾――日治時期繪製臺湾相関地圖一八九五――九四五』国立臺湾歴史博物館
貴志俊彦（2004）「日清戦争勃発前年の北東アジアの政治と社会――原田藤一郎『亜細亜大陸旅行日誌并清韓露三国評論』を通じて」『島根県立大学メディアセンター年報』4巻，2-11
金科哲（2008）「韓国における近代地理学の黎明期―張志淵の『大韓新地誌』を中心に―」，千田稔編『アジアの時代の地理学』古今書院，123-143
桑村常之丞（1904）『清韓露渡航案内』小川尚栄堂
京釜鉄道株式会社（1905）『京釜鉄道案内』京釜鉄道株式会社
蕨山生（1900）『朝鮮半島の天然と人』（『兵事雑誌』第五年二号），兵事雑誌社
蕨山生（1901）『露国と絶東』兵林館
小島泰雄（2009）「岸田吟香・矢津昌永・米倉二郎の中国地誌」『神戸市外国語大学外国学研究所研究年報』46号，1-22
小林茂編（2009）『近代日本の地図作製とアジア太平洋地域――「外邦図」へのアプローチ』大阪大学出版会
小林茂・岡田郷子・渡辺理絵（2010）「東アジア地域に関する初期外邦図の編集と刊行」『待兼山論叢 日本学篇』44号，1-32
小林茂（2011）『外邦図』中央公論社
小松運（1888）『朝鮮八道誌』東山堂
米家泰作（2007）「植民地朝鮮における焼畑の調査と表象」『季刊東北学』11号，72-86頁
米家泰作（2012）「「近代」概念の空間的含意をめぐって――モダン・ヒストリカル・ジオグラフィの視座と展望」『歴史地理学』54巻1号，68-83
米家泰作（2014a）「近代日本における植民地旅行記の基礎的研究――鮮満旅行記にみるツーリズム空間」『京都大学文学部研究紀要』53号，319-364

米家泰作（2014b）「近代林学と国土の植生管理——本多静六の『日本森林植物帯論』をめぐって」『空間・社会・地理思想』17号，3-18
近藤保禄（1876）『朝鮮国地誌摘要』書籍会社
坂根達郎（1881）『朝鮮地誌』（自家出版）
櫻井義之（1979）『朝鮮研究文献誌　明治大正編』龍谿書舎
佐藤敬吉（1894）『支那朝鮮兵要地理案内　一名清韓地図之解説』杉山書店
佐藤甚次郎（1996）『公図——読図の基礎』古今書院
柴田陽一（2016）『帝国日本と地政学——アジア・太平洋戦争期における地理学者の思想と実践』清文堂
澁江桂蔵（1924）『新編朝鮮地誌』朝鮮弘文社
澁谷鎮明（2008）「植民地下朝鮮の日本人地理学者——砺波散村地域研究所所蔵「浅香幸雄先生資料」解題」，千田稔編『アジアの時代の地理学』古今書院，221-237
澁谷鎮明（2010）「朝鮮半島における近代都市図作成の展開——朝鮮全図に掲載されたソウル都市図を中心に」『歴史地理学』52巻1号，87-104
島津俊之（2002）「明治政府の地誌編纂事業と国民国家形成」『地理学評論』75巻2号，88-113
島津俊之（2004）「河田羆の地理思想と実践——近世と近代のはざまで」『人文地理』56巻4号，1-20
島津俊之（2006）「河井庫太郎と未完の『大日本府県志』——吉田東伍になり損ねた男」『空間・社会・地理思想』10号，37-56
釈尾春芿（1918）『最新朝鮮地誌——朝鮮及満洲叢書』朝鮮及満洲社
白幡郁之助（1894）『朝鮮地理大戦争』一二三館
末松保和編（1980）『朝鮮研究文献目録　単行書篇』汲古書院
青華山人（李重煥）（1881）『朝鮮八域誌』近藤真鋤補訳，日就社
関根録三郎（1883）『朝鮮国志』丸善
瀬脇壽人・林 深造（1876）『雞林事略』英仏書林
染崎延房（1874）『朝鮮事情』丁字屋・大島屋
田中啓爾（1933）「朝鮮の人文地誌学的研究——東北・中央・西南日本との対比」『地理学論文集』古今書院，639-694
田淵友彦（1905）『韓国新地理』博文館
田淵友彦（1907）『満韓旅行記』時習舎
ダレー，C.（1876：原著1874）『朝鮮事情』榎本武揚訳，丸屋善七
朝鮮史編修会編（1938）『朝鮮史　巻首・総目録』朝鮮総督府
地理研究会編（1910）『朝鮮新地理』田中宋栄堂
鶴田憲次（1978）『因伯青春の系譜——鳥取一中の巻』鳥取西高等学校同窓会
東京地学協会（1908）『樺太地誌』大日本図書
東條保（1875）『朝鮮誌略』松風堂
中西僚太郎・関戸明子編（2008）『近代日本の視覚的経験——絵地図と古写真の世界』ナカニシヤ出版

文献表（第四章）

中根隆行（2004）『〈朝鮮〉表象の文化誌――近代日本と他者をめぐる知の植民地化』新曜社
仲間照久編（1930a）『日本地理風俗大系第十六巻　朝鮮地方上』新光社
仲間照久編（1930b）『日本地理風俗大系第十七巻　朝鮮地方下』新光社
名越那珂次郎（1919）「朝鮮地誌資料に就て」『歴史と地理』4巻1号，100-103
如囚居士（本間九介）（1894）『朝鮮雑記』春祥堂
農商務省山林局（1905：原著1900）『韓国誌』農商務省山林局
野口保興（1910）『続帝国大地誌　韓国南満洲』目黒書店・成美堂書店
長谷川奨悟（2012）「明治前期の名所案内記にみる京名所についての考察」『歴史地理学』54巻4号，24-45
原象一郎（1917）『朝鮮の旅』巌松堂書店
原田藤一郎（1894）『亜細亜大陸旅行日誌　並清韓露三国評論』青木嵩山堂
樋口節夫（1988）『近代朝鮮のライスマーケット』海青社
広島高等師範学校（1907）『満韓修学旅行記念録』広島高等師範学校
福崎毅一（1912）『京仁通覧』日韓書房
福間良明（2003）『辺境に映る日本――ナショナリティの融解と再構築』柏書房
藤戸計太（1918）『最新朝鮮地理』巌松堂京城店
堀内松治郎（1894）『雞林紀游』須原屋茂兵衛
堀内泰吉・竹内政一（1906）『韓国旅行報告書』神戸高等商業学校
枡田一二（1939）「濟州島の聚落の地誌学的研究」『地理』（大塚地理学会）2巻1号・2号，27-41・159-170
松本謙堂（1894）『朝鮮地誌要略』中村鍾美堂
三木理史（2010）「日本における植民地理学の展開と植民地研究」『歴史地理学』52巻5号，24-42頁
三橋僊史（1894）『朝鮮地名案内』学農社
源昌久（2000）「わが国の兵要地誌に関する一研究――書誌学的研究」『空間・社会・地理思想』5号，37-61
源昌久（2003）『近代日本における地理学の一潮流』学文社
宮嶋博史（1991）『朝鮮土地調査事業史の研究』東京大学東洋文化研究所
村上勝彦（1981）「解説　隣邦軍事密偵と兵要地誌」陸軍参謀本部編『朝鮮地誌略1』龍渓書舎，1-48
村瀬米之助（1915：初版1905）『南日本韓半島　雲烟過眼録』竹村書店
矢津昌永（1894）『朝鮮西伯利紀行』丸善
矢津昌永（1904）『韓国地理』丸善
矢津昌永（1905）『高等地理　清国地誌』丸善
山田天山・安藤北洋（1913）『北朝鮮誌』博通社
山室信一（2006）「国民帝国・日本の形成と空間知」，山室信一編『岩波講座「帝国」日本の学知8　空間形成と世界認識』岩波書店，19-76
山本三生編輯代表（1930）『日本地理大系第十二巻　朝鮮篇』改造社

楊普景・渋谷鎮明（2003）「日本に所蔵される一九世紀朝鮮全図に関する書誌学的研究――『大東輿地図』および関連地図を中心に」『歴史地理学』45巻4号，15-26
吉田英三郎（1911）『朝鮮誌』町田文林堂
リヴィングストン，D.（2014：原著2003）『科学の地理学――場所が問題になるとき』梶雅範・山田俊弘訳，法政大学出版局
陸軍参謀局（1876）『朝鮮近況紀聞』陸軍参謀局
陸軍参謀本部（1977：原著1889）『朝鮮地誌略　慶尚道之部』朝鮮図書復刻会
陸軍参謀本部（1981：原著1889）『朝鮮地誌略1』龍渓書舎
陸軍参謀本部（1985：原著1889）『朝鮮地誌略2』龍渓書舎
臨時土地調査局（1918）『朝鮮土地調査事業報告書』臨時都市調査局
臨時土地調査局（1919）『朝鮮地誌資料』臨時都市調査局
渡邊一民（2003）『〈他者〉としての朝鮮――文学的考察』岩波書店
최혜주（2008）「『조선서백리기행（朝鮮西伯利紀行）』（1894）에 보이는 야즈 쇼에이（矢津昌永）의 조선 인식」（『朝鮮西伯利紀行』にみる矢津昌永の朝鮮認識），『동아시아문화연구』44巻，57-93
Agnew, J. A. and Livingstone, D. N. eds.（2011）*The SAGE Handbook of Geographical Knowledge*, Sage.
Komeie, T.（2006）"Colonial environmentalism and shifting cultivation in Korea: Japanese mapping, research and representation", *Geographical Review of Japan*, 79（12）, pp. 664-679.
Koto, B.（1904）"An Orographic Sketch of Korea", *Journal of the College of Science, Imperial University of Tokyo*, 19, pp. 1-61.

第五章

姉崎正治（1903a）「ジエームス氏の宗教的経験に就きて」，『哲学雑誌』，第18巻第201号
姉崎正治（1903b）「ジエームス氏の宗教的経験に就きて（完）」，『哲学雑誌』，第18巻第202号
荒俣宏（2004）『奇想の20世紀』，NHK出版
石川貞吉（1910）『精神療法学』，南江堂
井上円了（1896）『妖怪学講義　合本第一冊』，哲学館
井上克人（2007）「明治期におけるショーペンハウアー哲学の受容について――井上哲二郎，R・ケーベル，三宅雪嶺に見る本格的一元論の系譜」，『ショーペンハウアー研究』，第44号（2007年6月）
内田魯庵［無記名］（1905）「露国文学研究の栞」，『學鐙』，第9巻第12号（1905年12月号），丸善
鹿野政直（1971）「ナショナリストたちの肖像」，鹿野責任編集『日本の名著 三七 陸羯南・三宅雪嶺』中央公論社［『鹿野政直思想史論集』第6巻，岩波書店，2008年

に再録］
桑木厳翼（1902）『ニーチエ氏倫理説一斑』，育成社
佐々木健一（1995）『美学辞典』，東京大学出版会
佐藤恵子（2015）『ヘッケルと進化の夢《ファンタジー》——一元論，エコロジー，系統樹』，工作舎
佐藤卓己（2012）『天下無敵のメディア人間——喧嘩ジャーナリスト・野依秀市』，新潮選書
鈴木貞美（1995）「「大正生命主義」とは何か」，鈴木編『大正生命主義と現代』，河出書房新社
セミョーノヴァ＆ガーチェヴァ編（1997：原著 1993）『ロシアの宇宙精神』西中村浩訳，せりか書房
棚橋一郎（1888）「帝室と人民」，『日本人』，政教社，第 18 号（1888 年 2 月 18 日）
田邊龍子［三宅花圃］（1888）『藪の鶯』，金港堂［『日本の文学　七七　名作集（一）』，中央公論社，1970 年に収録］
田邊元（1915）『最近の自然科学』，岩波書店
田邊元（1922）『科学概論』，岩波書店
田邊元（2010a）『種の論理』藤田正勝編，田辺元哲学選第一巻，岩波文庫
田邊元（2010b）『懺悔道としての哲学』藤田正勝編，田辺元哲学選第 2 巻，岩波文庫
田邊元（2010c）『哲学の根本問題・数理の歴史主義展開』藤田正勝編，田辺元哲学選第 3 巻，岩波文庫
田邊元（2010d）『死の哲学』藤田正勝編，田辺元哲学選第 4 巻，岩波文庫
長尾伸一（2015）『複数世界の思想史』，名古屋大学出版会
長妻三佐雄（2002）『公共性のエートス——三宅雪嶺と在野精神の近代』，世界思想社
長妻三佐雄（2012）『三宅雪嶺の政治思想——「真善美」の行方』，ミネルヴァ書房
西周（1874）『百一新論』上下巻，山本覚馬
西田幾多郎（1911）『善の研究』弘道館［下村寅太郎解説，岩波文庫版，1979 年．小坂国継全注釈，講談社学術文庫版，2006 年．藤田正勝注・解説，岩波文庫版，2012 年］
埴谷雄高（1948）『死靈　第一巻』，真善美社
埴谷雄高（1976）『定本　死霊』，講談社
埴谷雄高（1981）『死霊　六章』，講談社
埴谷雄高（1984）『死霊　七章』，講談社
埴谷雄高（1986）『死霊　八章』，講談社
埴谷雄高（1995）『死霊　九章』，講談社
埴谷雄高（1998）『埴谷雄高全集　第三巻　死霊』，講談社
埴谷雄高（1999）『埴谷雄高全集　第一一巻「死霊」断章ほか』，講談社
埴谷雄高（2001）『埴谷雄高全集　別巻　復刻・死靈ほか』，講談社
福澤諭吉（1868）『訓蒙　窮理圖解』，慶應義塾［『福澤諭吉著作集　第二巻　世界国尽　窮理図解』中川眞弥編，慶應義塾大学出版会，2002 年に収録］

増本河南（1909）『冒険怪話――空中旅行』，福岡書店
丸山幹治（1975：初出 1937）「三宅雪嶺論」，本山幸彦編『三宅雪嶺集』，近代日本思想大系第 5 巻，筑摩書房
三宅雪嶺（1997）『自伝・自分を語る』，人間の記録第 43 巻，日本図書センター
三宅雪嶺［雄二郎名義］（1886a）『日本仏教史』，集成社
三宅雪嶺［雄二郎名義］（1886b）『基督教小史　第一冊』，集成社
三宅雪嶺［雄二郎名義］（1889）『哲学涓滴』，文海堂
三宅雪嶺［雄二郎名義］（1891a）『真善美日本人』，政教社
三宅雪嶺［雄二郎名義］（1891b）『偽悪醜日本人』，政教社
三宅雪嶺［雄二郎名義］（1892）『我観小景』，政教社
三宅雪嶺（1913）『明治思想小史』，丙午出版社［鹿野政直責任編集『日本の名著 三七 陸羯南・三宅雪嶺』中央公論社，1971 年に収録］
三宅雪嶺［雄二郎名義］（1915）『想痕』，至誠堂
三宅雪嶺［雄二郎名義］（1925）『解説「宇宙」』青柳有美解説，実業之世界
三宅雪嶺（1946）「各自能力の世界への放出」，『世界』第 1 号（1946 年 1 月号），岩波書店
三宅雪嶺［雄二郎名義］（1955）『妙世界建設』，実業之世界社［本山幸彦編『三宅雪嶺集』，〈近代日本思想大系〉第五巻，筑摩書房，1975 年に一部収録］
三宅雪嶺（1896）「人生の両極」，『日本人』1896 年 8 月 20 日―11 月 20 日全 7 回連載［本山幸彦編『三宅雪嶺集』，近代日本思想大系第 5 巻，筑摩書房，1975 年に収録］
三宅雪嶺（1967）『三宅雪嶺集』柳田泉編，明治文学全集第 33 巻，筑摩書房
三宅雪嶺（1971）『日本の名著 三七 陸羯南・三宅雪嶺』鹿野政直責任編集，中央公論社
三宅雪嶺（1975）『三宅雪嶺集』本山幸彦編，近代日本思想大系第 5 巻，筑摩書房
村上陽一郎（2002）『近代科学と聖俗革命』（新版），新曜社
本橋幸彦（1975）「解説」，本山編『三宅雪嶺集』，近代日本思想大系第 5 巻，筑摩書房
柳田泉（1956）『哲人三宅雪嶺先生』，実業之世界社
山室信一（1990）「国民国家・日本の発現――ナショナリティの立論構成をめぐって」，『人文学報』，京都大学人文科学研究所，第 67 号
和辻哲郎（1935）『風土――人間学的考察』，岩波書店［岩波文庫版，1979 年］
横田順彌（1994）『百年前の二十世紀――明治・大正の未来予測』，筑摩書房，ちくまプリマーブックス
Arnott, Neil (1861) *A Survey of Human Progress*, London, Longman, Green, Longman and Roberts
Arrhenius, Svante August (1907) *Die Vorstellung vom Weltgebäude im Wandel der Zeiten*, Leipzig『宇宙開闢論史』一戸直蔵・小川清彦訳，大倉書店，1912 年．寺田寅彦訳『史的に見たる科学的宇宙観の変遷』，岩波文庫，1931 年

文献表（第五章）

Bachelard, Gaston（1928）*Essai sur la connaissance approchée*, Paris, J. Vrin『近似的認識試論』豊田彰・及川馥・片山洋之助訳，国文社，1982 年

Brooke, John Hedley（1991）*Science and Religion: Some Historical Perspectives*, Cambridge [England], Cambridge University Press『科学と宗教——合理的自然観のパラドクス』田中靖夫訳，工作舎，2005 年

Crowe, Michael J.（1986）*The Extraterrestrial Life Debate, 1750-1900: The Idea of a Plurality of Worlds from Kant to Lowell*, Cambridge [England], Cambridge University Press『地球外生命論争 1750-1900——カントからロウエルまでの世界の複数性をめぐる思想大全』鼓澄治・山本啓二・吉田修訳，工作舎，2001 年

Du Bois-Reymond, Emil（1872）*Über die Grenzen des Naturerkennens*, Leipzig『自然認識の限界』坂田徳男訳，生田書店，1924 年

Foucault, Michel（1985）« La vie : l'expérience et la science », *Revue de métaphysique et de morale*, janvier-mars 1985, repris dans *Dits et écrits*, t. IV, Paris, Seuil / Gallimard / Hautes Etudes, 1994「生命——経験と科学」，蓮實重彦・渡辺守章監修／小林康夫・石田英敬・松浦寿輝編『ミシェル・フーコー思考集成』，第 10 巻，筑摩書房，2002 年

Hartmann, Eduard von（1869）*Philosophie des Unbewussten*, Berlin, Duncker

Humboldt, Alexander von（1845-62）*Kosmos. Entwurf einer physischen Weltbeschreibung*, 5 vols

James, William（1892）*Psychology*（*Briefer Course*）, New York, 1892『心理学精義』福来友吉訳述，同文館，1900 年

James, William（1902）*The Varieties of Religious Experience: A Study in Human Nature*, New York『宗教的経験種々』佐藤繁彦・佐久間鼎訳，星文館，1914 年.『宗教的経験の諸相』桝田啓三郎訳，岩波文庫，1969-70 年

Kant, Immanuel（1755）*Allgemeine Naturgeschichte und Theorie des Himmels, oder Versuch von der Verfassung und dem mechanischen Ursprunge des ganzen Weltgebäudes nach Newtonischen Grundsätzen abgehandelt*, Königsberg; Leipzig「天界の一般自然史と理論」高峯一愚訳，『カント全集　第一〇巻』，理想社，1966 年

Kropotkine, Pierre（1892）*La Conquête du Pain*, Paris.『麺麭の略取』平民社訳，平民社，1909 年

Kropotkine, Pierre（1902）*Mutual Aid: A Factor of Evolution*, London『相互扶助論』大杉栄訳，同時代社，2017 年

Lowell, Percival（1895）*Mars*, Boston, Houghton, Mifflin and Co.

Lowell, Percival（1906）*Mars and its Canals*, New York, Macmillan

Kuhn, Thomas（1962）*The Structure of Scientific Revolutions*, Chicago, University of Chicago Press『科学革命の構造』中山茂訳，みすず書房，1971 年

Kuhn, Thomas（1977）*The Essential Tension: Selected Studies in Scientific Tradition and Change*, Chicago, University of Chicago Press『科学革命における本質的緊張』安孫子誠也・佐野正博訳，全 2 巻，みすず書房，1998 年

Lombroso, Cesare（1888）*L'uomo di Genio*, Trino, Bocca『天才論』辻潤訳，春秋社，1926 年
Nietzsche, Friedrich（1883）*Also sprach Zarathustra*, Chemnitz『ツァラトゥストラ』手塚富雄訳，中公文庫，1973 年
Platon（2008a）« Phédon » : Trad. fr. par Luc Brisson dans *Œuvres complètes* de Platon, Paris, Flammarion
Platon（2008b）« Phèdre » : Trad. fr. par Luc Brisson dans *Œuvres complètes* de Platon, Paris, Flammarion
Renan, Ernest（1890）*L'Avenir de la science : pensées de 1848*, Paris.
Robida, Albert（1883）*Le Vingtième Siècle*, Paris『開巻驚奇　第二十世紀未来誌　巻之一』富田兼次郎・坂巻邦助訳，稲田佐兵衛，1883 年．『20 世紀』朝比奈弘治訳，朝日出版社，2007 年
Shelley, Mary（1818）*Frankenstein: or The Modern Prometheus*, London, Lackington, Hughes, Harding, Mavor & Jones『フランケンシュタイン』森下弓子訳，創元推理文庫，1984 年
Teilhard de Chardin, Pierre（1955）*Le phénomène humain*, Paris『現象としての人間』（新版）美田稔訳，みすず書房，2011 年
Voltaire（1752）*Le Micromégas*, Londres『ミクロメガス』川口顕弘訳，バベルの図書館第七巻，国書刊行会，1988 年
Wells, Herbert George（1898）*The War of the Worlds*, London, William Heinemann『宇宙戦争――科学小説』光用穆訳，秋田書院 1915 年．『宇宙戦争』中村融訳，創元 SF 文庫，2005 年
White, Andrew Dickson（1876）*The Warfare of Science*, New York『科学と宗教との闘争』森島常雄訳，岩波新書，1939 年
White Jr., Lynn（1968）*Machina ex Deo*, Cambridge［Mass.］, MIT Press『機械と神』青木靖三訳，みすず書房，1972 年
Willis, A. J.（1997）"The ecosystem: an evolving concept viewed historically", *Functional Ecology*, vol. 11, issue 2, April 1997, pp. 268-271.

第六章

天野郁夫（2009）『大学の誕生（上）帝国大学の時代』中央公論社
天野郁夫（2012）「大学令と大正昭和期の医師養成」（坂井建雄編）『日本医学教育史』東北大学出版会，149-185
天野郁夫（2014）「七帝大物語 第二話 帝国大学の誕生（一）――東京・京都」『學士會会報』第 907 号，121-126
De Boor, v.W.（1954）*Psychiatrische Systematik: ihre Entwicklung in Deutschland seit Kahlbaum*, Berlin: Springer
Dörner, K.（1984）*Bürger und Irre*.（*Neuauflage*）. Frankfurt am Main: Taschenbücher

Syndikat / EVA Band 27.
藤田俊夫（1997）「明治の精神科医 高松彜」『医譚』第 72 号，4220-4230
福澤諭吉（1970）『福澤諭吉全集 第一一巻』岩波書店
Griesinger, W.（1845）*Die Pathologie und Therapie der psychischen Krankheiten, für Ärzte und Studierende*. Stuttgart. In: Deutsches Textarchiv〈http://www.deutschestextarchiv.de/griesinger_psychische_1845/15〉
Griesinger, W.（1868）“Ueber Irrenanstalten und deren Weiter-Entwickelung in Deutschland”, *Archiv für Psychiatrie und Nervenkrankheiten*, vol. 1, 8-43.
濱中淑彦（1994）「Krafft-Ebing, Richard von（1840～1902）：十九世紀末のウィーン精神医学」（松下正明編著）『続・精神医学を築いた人びと 上巻』ワールドプランニング，99-113
橋本明（2002）「虚構としての岩倉村――日本精神医療史の読み直し」『愛知県立大学文学部紀要（社会福祉学科編）』第 51 号，29-44
橋本明（2005）「特集 研究会@大岩山日石寺」『近代日本精神医療史研究会通信』第 5 号，3-11
橋本明（2011）『精神病者と私宅監置』六花出版
Hashimoto, A.（2013）“A ‘German world’ shared among doctors: a history of the relationship between Japanese and German psychiatry before World War II”, *History of Psychiatry*, vol. 24, no. 2, 180-195.
平野亮（2014）「道徳は〈測定〉可能か？：近代統計学の対象としての道徳」『研究叢書（神戸大学）』第 20 号，39-51
久江洋企（2014）「精神疾患において『疾患単位』は到達可能な目標か」『臨床精神医学』第 43 巻第 2 号，187-193
ホッフ，P.（1996：原著 1994）『クレペリンと臨床精神医学』那須弘之訳，星和書店
法曹会（1940）『改正刑法仮案』
兵庫県防犯研究会（1937）『捜査と防犯：明治大正昭和探偵秘話』
生田孝（2015）「古澤平作のドイツ語訳『阿闍世コンプレックス』論文をめぐって」『精神医学史研究』第 19 巻第 2 号，45-60
Jellinger, K.A.（2009）“Kurze Geschichte der Neurowissenschaften in Österreich”, *Journal für Neurologie, Neurochirurgie und Psychiatrie*, vol. 10, no. 4, 5-12.
Jetter, D.（1981）*Grundzüge der Geschichte des Irrenhauses*, Darmstadt: Wissenschaftliche Buchgesellschaft.
影山任佐（1999）「精神医学の歩み――②クレペリン以後」『こころの科学』86 号，32-45
影山任佐（2013）「日本犯罪学会および犯罪学の歴史的研究 I ――日本犯罪学会誕生と犯罪精神医学の先駆者（杉江　董）」『犯罪学雑誌』第 79 巻第 4 号，101-132
神谷美恵子（1982）『神谷美恵子著作集 八 精神医学研究 二』みすず書房
金沢大学医学部百年史編集委員会（1972）『金沢大学医学部百年史』
金沢大学医学部創立百五十周年記念誌編纂委員会（2012）『金沢大学医学部創立

百五十周年記念誌』金沢大学十全同窓会
樫田五郎（1928）「日本に於ける精神病学の日乗」：復刻版　呉秀三（2003）『我邦ニ於ケル精神病ニ関スル最近ノ施設 附 日本ニ於ケル精神病学ノ日乗』創造出版
加藤普佐次郎（1925）「精神病者ニ対スル作業治療並ビニ開放治療ノ精神病院ニ於ケル之レガ実施ノ意義及ビ方法」『神経学雑誌』第25巻第7号，371-391
加藤普佐次郎（1939）「松沢病院の出来た頃」『救治会々報』第58号，32-35
加藤博史（1983）「保安処分の源流――大正時代の入江三郎事件を中心に」『歴史と神戸』第22巻第1号，31-41
岸本英夫（1975）『信仰と修行の心理』渓声社
厚生省医務局（1955）『医制八十年史』印刷局朝陽会
Kreuter, A. (1996) *Deutschsprachige Neurologen und Psychiater*, München: K.G.Sauer.
呉秀三（1894）『精神病学集要 前編』島村利助，吐鳳堂書店
呉秀三（1895）『精神病学集要 後編』島村利助，吐鳳堂書店
呉秀三（1894／1895）「精神病者ノ自殺症ニ就キテ」『東京医学会雑誌』第8巻，690-691，743-747，818-821，852-866，903-908，第9巻，74-76，484-496，737-743，837-840
呉秀三（1902）「アルトシェルビッツ癲狂院」『中外医事新報』第523号，51-56，第524号，122-124，第526号，275-277
呉秀三（1912）『我邦ニ於ケル精神病ニ関スル最近ノ施設』東京医学会事務所
呉秀三（1916a）『精神病学集要 第二版 前編』吐鳳堂書店
呉秀三（1916b）『日本内科全書 第弐巻 第三冊 精神療法』吐鳳堂書店
呉秀三（1923）「オーベルスタイ子ル先生を追悼す」『神経学雑誌』第22巻第7号，377-396
呉秀三，樫田五郎（1918）「精神病者私宅監置ノ実況及ビ其統計的観察」復刻版（1973）精神医学神経学古典刊行会
京都大学医学部精神医学教室編（2003）『精神医学京都学派の一〇〇年』ナカニシヤ出版
京都府立総合資料館編（1972）『京都府百年の資料 四 社会編』京都府
松沢村（1932）『松沢村史』松沢村役場
Miyoshi, A., Shingu, K. (2003) "History of Psychoanalysis in Japan", (eds. by Hamanaka, T., Berrios, G.E.) *Two Millennia of Psychiatry in West and East*, Tokyo: Gakuju Shoin. 新宮一成編（2012）『三好暁光論文集 描画と病跡』ライフメディコム，211-221
持田治郎編（1968）『斎藤玉男先生の横顔』多摩病院
森田正馬（1933）「呉先生の思ひ出」（呉博士伝記編纂会）『呉秀三小伝』，117-120：復刻版（1973）精神医学神経学古典刊行会
森田正馬（2004）『新版 神経質の本態と療法』白揚社
ミュルレル，L.（2008：原著1888）『東京―医学』石橋長英，小川鼎三，今井正訳，学術社

名古屋大学医学部精神医学教室編（1958）『教室五拾年史』
中脩三（1979）「日本の精神医学一〇〇年を築いた人々　第七回 下田光造」『臨床精神医学』第8巻第5号，567-573
中根允文（2007）『石田昇と精神病学』医学書院
中村古峡（1916）『仙南仙北温泉游記』古峡社
中村治（2013）『洛北岩倉と精神医療』世界思想社
中尾弘之（1988）「持続睡眠療法――下田光造のストーリー」（大原健士郎，渡辺昌祐編）『精神科・治療の発見』星和書店，263-276
中尾麻伊香（2013）「近代化を抱擁する温泉――大正期のラジウム温泉ブームにおける放射線医学の役割」『科学史研究 第Ⅱ期』52巻，no. 268，187-199
中谷陽二（1997）『精神鑑定の事件史』中央公論社
中谷陽二（2013）『刑事司法と精神医学』弘文堂
日本精神神経学会百年史編集委員会編（2003）『日本精神神経学会百年史』日本精神神経学会
野村章恒（1974）『森田正馬評伝』白揚社
織田淳太郎（2011）『精神医療に葬られた人びと』光文社
小田晋ほか編（2001）『『変態心理』と中村古峡――大正文化への新視角』不二出版
小河滋次郎（1917）「精神病者を如何にすべきや」『救済研究』第5巻第2号，118-137
小川鼎三（1964）『医学の歴史』中央公論社
岡田靖雄（1982）『呉秀三――その生涯と業績』思文閣出版
岡田靖雄（1987）「榊俶先生伝」（榊俶先生顕彰会）『榊俶先生顕彰記念誌』，157-217
岡田靖雄（2000a）『精神病医 齋藤茂吉の生涯』思文閣出版
岡田靖雄（2000b）「日本で最初の精神病専門医高松彝と全漢文のその著書『精神病学綱要』」『日本医史学雑誌』第46巻第3号，362-363
岡田靖雄（2002a）『日本精神科医療史』医学書院
岡田靖雄（2002b）「作業療法の先達の肖像 五 森田正馬」『OTジャーナル』第36巻第5号，437
小俣和一郎（2003）「日本における精神病院の起源とその類型（明治維新以前）」『精神神経学雑誌』第105巻第2号，200-205
小俣和一郎（2007）「W・グリージンガーと近代精神医学の倫理（上）」『思想』第1001号，139-153
逢見憲一（2016）「明治中期以前の東京（帝国）大学医学教育カリキュラムにみる“ドイツ医学”の変容」『日本医史学雑誌』第62巻第2号，143
小野尚香（1993）「京都府立『癲狂院』の設立とその経緯」『日本医史学雑誌』第39巻第4号，477-500
Paetz, A. (1893) *Die Kolonisirung der Geisteskranken in Verbindung mit dem Offen-Thür-System, ihre historische Entwickelung und die Art ihrer Ausführung auf Rittergut Alt-Scherbitz*, Berlin: Julius Springer.

Panse, F.（1964）*Das psychiatrische Krankenhauswesen: Entwicklung, Stand, Reichweite und Zukunft*, Stuttgart: Georg Thieme.
ピショー，P.（1999：原著 1996）『精神医学の二十世紀』帚木蓬生，大西守訳，新潮社
齋藤玉男（1973）『八十八年をかえりみて――斎藤玉男先生回顧談』大和病院
坂井建雄（2012）「明治初期の公立医学校」（坂井建雄編）『日本医学教育史』東北大学出版会，61-113
作道好男編（1977）『名古屋大学医学部百年史』財界評論新社
佐藤達哉，溝口元編著（1997）『通史 日本の心理学』北大路書房
精神医療史研究会編（1964）『精神衛生法をめぐる諸問題』松沢病院医局病院問題研究会
精神医療史研究会（1972）『松沢病院九〇年略史稿』
精神医療史研究会編（1974）『呉秀三先生――その業績』呉秀三先生顕彰会
島薗進（2003）『〈癒す知〉の系譜』吉川弘文館
下田光造先生生誕百年記念事業会（1985）『下田光造先生 論文集』九州大学医学部神経精神医学教室
Steinberg, H.（2004）“Die Errichtung des ersten psychiatrischen Lehrstuhls: Johann Christian August Heinroth in Leipzig” *Der Nervenarzt*, vol. 75, 303-307.
杉江董（1912）『犯罪と精神病』巌松堂書店
鈴木正崇（2015）『山岳信仰』中央公論新社
竹内啓（2015a）「歴史の中の統計学（一九）――ケトレーの遺産」『統計』第 66 巻第 10 号，63-68
竹内啓（2015b）「歴史の中の統計学（二一）ドイツ社会統計学の盛衰」『統計』第 66 巻第 12 号，63-69
竹内瑞穂（2014）『「変態」という文化――近代日本の〈小さな革命〉』ひつじ書房
滝本シゲ子（2010）「刑事司法精神鑑定の研究――日本における制度の生成と展開」『OSIPP Discussion Paper』DP-2010-J-003
田中英夫（1995）『御雇外国人ローレツと医学教育』名古屋大学出版会
東京大学医学部創立百年記念会編（1967）『東京大学医学部百年史』東京大学出版会
東京府（1931）『東京府史 府会篇 第五巻』
東京府立松沢病院医局（1928）「東京府立松沢病院ノ歴史」（杉田直樹編）『呉教授在職二十五年記念文集第三部』呉教授在職二十五年祝賀会，1-106
「東京府立松沢病院の開院式」（1919）『東京医事新誌』第 2147 号，1915-1917 年
東京府巣鴨病院（1917）『大正六年東京府巣鴨病院年報』
東京帝国大学医学部精神病学教室医局同人（1928）「東京帝国大学医学部精神病学教室ノ歴史」（杉田直樹編）『呉教授在職二十五年記念文集第三部』呉教授在職二十五年祝賀会，107-138
豊川裕之編（1984）『疫学』メジカルフレンド社
内村祐之（1940）「榊俶先生と東京帝国大学医学部精神病学教室の創設」『精神神経学

雑誌』第44巻第1号，63-79
内村祐之（1968）『わが歩みし精神医学の道』みすず書房
内村祐之（1972）『精神医学の基本問題』医学書院
海原亮（2012）「江戸時代の医学教育」（坂井建雄編）『日本医学教育史』東北大学出版会，1-33
潮木守一（1992）『ドイツの大学』講談社
Weygandt, W. (1933) "Japanische Irrenfürsorge", *Zeitschrift für psychische Hygiene*, vol. 6, 73-85.
山里勝己（2006）『場所を生きる——ゲーリー・スナイダーの世界』山と溪谷社
ジルボーグ，G.（1958：原著1941）『医学的心理学史』神谷美恵子訳，みすず書房

第七章

石井重美（1923）『世界の終り』新光社
石井正己（2013）『文豪たちの関東大震災体験記』小学館
今村明恒（1905）「市街地に於る地震の生命及財産に対する損害を軽減する簡法」『太陽』第11巻第12号，162-171
今村明恒（1923）「地震の話」『科学知識』震災号，68-90
今村明恒（1926）『地震の征服』南郊社
ドレヴィヨン，H.／ラグランジュ，P.（2004）『ノストラダムス——予言の真実』伊藤進監修，後藤淳一訳，創元社
荻野富士夫（2007）『戦前文部省の治安機能——「思想統制」から「教学錬成」へ』校倉書房
板倉聖宣，永田英治編著（1987）『理科教育史資料　第6巻（科学読み物・年表・人物事典）』東京法令出版
板倉聖宣（2009）『日本理科学教育史』仮説社
金子務（2005）『アインシュタイン・ショック〈2〉日本の文化と思想への衝撃』岩波書店
フラマリオン，C.（1923）『此世は如何にして終るか：科学小説』高瀬毅訳，改造社
北原糸子（2007）「磐梯山噴火に関する災害情報の社会史的分析」『火山』第43巻第5号，297-321
北原糸子（2011）『関東大震災の社会史』朝日新聞出版
北原糸子（2013）『地震の社会史——安政大地震と民衆』吉川弘文館
金凡性（2007）『明治・大正の日本の地震学——「ローカル・サイエンス」を超えて』東京大学出版会
佐藤卓己（2002）『「キング」の時代——国民大衆雑誌の公共性』岩波書店
ジェニファー・ワイゼンフェルド（2014）『関東大震災の想像力——災害と復興の視覚文化論』篠儀直子訳，青土社
大日本雄弁会講談社編（1923）『大正大震災大火災』大日本雄弁会講談社

泊次郎（2015）『日本の地震予知研究 130 年史――明治期から東日本大震災まで』東京大学出版会
中尾麻伊香（2015）『核の誘惑――戦前日本の科学文化と「原子力ユートピア」の出現』勁草書房
日本科学史学会編（1965）『科学技術大系 9　教育 1』第一法規出版
日本科学史学会編（1970）『日本科学技術史大系 13　物理科学』第一法規出版
遠山茂樹編（1989）『日本近代思想体系 14　科学と技術』岩波書店
橋本万平（1983）『地震学事始――開拓者・関谷清景の生涯』朝日新聞社
八田秀夫，八田明夫（2002）「〈資料〉小幡篤次郎著「天変地異」全文紹介」，鹿児島大学教育学部附属教育実践総合センター編『鹿児島大学教育学部教育実践研究紀要』第 12 巻，1-15
原田三夫（1966）『思い出の七十年』誠文堂新光社
原田三夫（1924）『地震の科学』誠文堂新光社
副田義也（1997）『教育勅語の社会史――ナショナリズムの創出と挫折』有信堂
安丸良夫（1974）『日本の近代化と民衆思想』青木書店
歴史学研究会編（2000）『再生する終末思想』青木書店
Borland, Janet（2005）"Stories of Ideal Japanese Subjects From the Great Kanto Earthquake of 1923," *Japanese Studies*, Vol. 25, No. 1. 21-34.
Clancey, Gregory（2006）*The Earthquake Nation: The Cultural Politics of Japanese Seismicity, 1868-1930*, Berkeley/Los Angeles: University of California Press.
Hunter, Janet（2015）"Earthquakes in Japan: a Review Article," *Modern Japanese Studies*, Vol. 50, No. 1. 415-435.
Schencking, Charles（2013）*The Great Kantō Earthquake and the Chimera of National Reconstruction in Japan*, New York: Columbia University Press.
Smits, Gregory（2014）*When the Earth Roars: Lessons from the History of Earthquakes in Japan*, Rowman and Littlefield.

第八章

一柳廣孝（1994）『〈こっくりさん〉と〈千里眼〉――日本近代と心霊学』講談社選書メチエ
一柳廣孝（1997）『催眠術の日本近代』青弓社
一柳廣孝（2014）『無意識という物語――近代日本と「心」の行方』名古屋大学出版会
今村新吉（1926）『神経衰弱に就て』日本心霊学会出版部
苧阪直行編（2000）『実験心理学の誕生と展開――実験機器と史料からたどる日本心理学史』京都大学学術出版会
エレンベルガー，H.（1980）『無意識の発見――力動精神医学発達史』上下，木村敏・中井久夫監訳，弘文堂

文献表（第八章）

佐藤達哉・溝口元編（1997）『通史　日本の心理学』北大路書房
佐藤達哉（2002）『日本における心理学の受容と展開』北大路書房
佐藤達哉編（2005）『心理学の新しいかたち２――心理学史の新しいかたち』誠信書房
心理科学研究会歴史研究部会編（1998）『日本心理学史の研究』京都法政出版
鈴木光司（1991）『リング』角川書店
竹内瑞穂・「メタモ研究会」編（2016）『〈変態〉二十面相――もうひとつの近代日本精神史』六花出版
寺沢龍（2004）『透視も念写も事実である――福来友吉と千里眼事件』草思社
長山靖生（2005）『千里眼事件　科学とオカルトの明治日本』平凡社新書
西川泰男・高砂美樹編（2010）『改訂版心理学』日本放送出版協会
福来友吉（1913）『透視と念写』宝文館
福来友吉（1925）『観念は生物なり』日本心霊学会出版部
福来友吉（1926）『精神統一の心理』日本心霊学会出版部
藤教篤・藤原咲平（1911）『千里眼実験録』大日本図書
山下恒男（2004）『日本人の「心」と心理学の問題』現代書館
渡辺藤交（1913，改版 1924）『心霊治療秘書』日本心霊学会本部